所得課税の
国際的側面

渕　圭吾

有斐閣

本書は公益財団法人全国銀行学術研究振興財団の助成を得て刊行された。

目　次

序説　所得課税の国際的側面を探究すること ——————————— 1
　　1　本書のねらい　(1)　　2　本書の概要　(3)　　3　本書の位置づけ　(5)

第1部　取引・法人格・管轄権をめぐる考察

緒　論 ————————————————————————— 9
　　1　本書の目的　(9)　　2　問題意識　(13)　　3　研究の対象　(17)
　　4　本書第1部の構成　(18)

第1章　日本法の沿革と現状 ——————————————— 19

　第1節　基本的構造 …………………………………………… 19
　　第1款　初期の規定と学説　19
　　　1　所得税の草創期　(19)　　2　明治32年改正　(20)　　3　大正9年改正　(22)　　4　大正15年改正と学説の展開　(27)　　5　昭和15年改正　(31)　　6　昭和22年改正　(33)　　7　昭和27年改正　(33)
　　第2款　昭和37年改正法の構造　34
　　　1　前史——租税条約の締結　(34)　　2　昭和37年改正　(35)　　3　昭和40年改正　(37)
　　第3款　2000年代初頭における状況　38
　　　1　自然人と法人に対する同一のルール　(38)　　2　納税義務者と所得に関する二分法　(39)　　3　二つの課税方式　(40)
　　第4款　小　括　42
　第2節　法人格内部での国際的移転に関する平成26年改正前の状況 …………………………………………………… 43

目　次

　　第1款　はじめに——用語法について　*43*

　　第2款　スタティックなルール——ソース・ルール　*44*
　　　　1　はじめに（*44*）　2　事業所得に関するソース・ルール（*44*）
　　　　3　資産からの所得に関するソース・ルール（*49*）　4　源泉徴収の範囲を定めるソース・ルール（*52*）

　　第3款　ダイナミックなルール——移転に対応するルール　*53*
　　　　1　日本法の現状（1）棚卸資産の場合——事業所得（*54*）　2　日本法の現状（2）固定資産の場合——キャピタル・ゲイン（*62*）　3　日本法の現状（3）その他（*66*）

　第3節　法人格内部での国際的移転を利用した租税負担の軽減
　　　　　　　　　　　　　　　　　　　　　　　　　　　　　　　68

　　第1款　はじめに　*68*

　　第2款　外国法人であるSPCを用いた証券化　*69*
　　　　1　仕組み（*69*）　2　租税法上の問題点（*70*）　3　法人格内部の移転のもたらす問題（*74*）

　　第3款　組織変更規定の利用——オウブンシャホールディング事件　*75*
　　　　1　事案と裁判所の判断（*75*）　2　旧法人税法51条がもたらした問題（*77*）

　　第4款　まとめ　*79*

第2章　租税条約ネットワークの形成 ──────────── *81*

　第1節　国際連盟における基本的な考え方の成立 ……………… *81*

　　第1款　はじめに　*81*
　　　　1　初期の国際的二重課税排除の手法（*81*）　2　国際連盟時代の報告書（*82*）

　　第2款　1923年の「四経済学者による報告書」　*84*
　　　　1　報告書の概要（*84*）　2　評　価（*87*）

　　第3款　1925年の報告書　*88*
　　　　1　報告書の概要（*88*）　2　結論に至るまでの議論（*90*）　3　国際的二重課税排除の方法（レオンデュフォーによる付録）（*92*）　4　1925年報告書における事業所得に対する課税（*93*）

ii

目　次

第2節　国際連盟における租税条約草案の成立過程（その一）
　………………………………………………………………… *102*

第1款　1927年の条約草案とその解説　*102*
　1　総　説（*102*）　2　事業所得に関する規定（*105*）

第2款　1928年の租税条約草案　*110*
　1　総　説（*110*）　2　事業所得に関する規定（*112*）

第3款　1929年以降の議論　*114*
　1　第1回会合（*114*）　2　第2回会合（*116*）　3　第3回会合（*118*）　4　第4回会合（*119*）

第3節　キャロルの報告書（1933年）についての考察 ………… *120*

第1款　キャロルの報告書　*120*
　1　セリグマンの議論との比較（*120*）　2　本節での叙述（*121*）

第2款　報告書第12章の内容　*122*
　1　全体の構成（*122*）　2　課税所得配賦方法についての総論（*122*）　3　商工業における所得の配賦（*127*）　4　銀行業における所得の配賦（*137*）

第3款　いくつかの注目すべき点についてのコメント　*141*
　1　法人格の扱い（*141*）　2　商工業についての2種類の所得算定方法の対比（*141*）　3　銀行業についての所得算定方法（*142*）

第4節　国際連盟における租税条約草案の成立過程（その二）
　………………………………………………………………… *143*

第1款　1933年の租税条約草案　*143*
　1　総　説（*143*）　2　条約草案の内容（*144*）　3　第5回以降の会合における条約草案の改訂（*149*）

第2款　メキシコ草案（1943年）とロンドン草案（1946年）　*150*
　1　総　説（*150*）　2　モデル租税条約メキシコ草案（*151*）　3　モデル租税条約ロンドン草案（*153*）

第5節　OECDモデル租税条約第7条 …………………………… *155*

第1款　OEECにおける議論　*155*

第2款　「恒久的施設への所得の帰属」——1994年の注釈改訂　*159*
　1　はじめに（*159*）　2　独立当事者間取引の法理の位置づけ（*161*）

iii

目　次

　　　3　恒久的施設の帳簿 *(161)*　　4　本支店間取引と「実現」 *(162)*
　　　5　費用を損金算入するための条件 *(163)*　　6　企業内部における「貸付」からの「利子」 *(164)*
　　第3款　「多国籍銀行業への課税」――1984年報告書　*165*

　第6節　小　　　括……………………………………………………*166*

　補説　国際課税と通商・投資関係条約の接点………………………*168*
　　第1款　はじめに　*168*
　　第2款　通商・投資関係条約と所得課税　*170*
　　　1　通商・投資関係条約における等しい待遇を定める規定 *(170)*　　2　通商・投資関係条約と租税の関係がなぜ問題となるのか *(173)*
　　第3款　モデル租税条約の形成期における議論　*175*
　　　1　経済委員会におけるその後の議論 *(175)*　　2　租税委員会におけるその後の議論 *(187)*
　　第4款　むすびにかえて　*190*

第3章　ドイツ法―――――――――――――――――― *193*

　第1節　ドイツの国際課税の仕組み………………………………*193*
　　第1款　はじめに　*193*
　　第2款　「事業所」概念の重要性　*194*

　第2節　国内法上の諸概念……………………………………………*196*
　　第1款　所得の帰属について　*197*
　　第2款　利益実現　*199*

　第3節　財産の移転について…………………………………………*200*
　　第1款　はじめに　*200*
　　第2款　裁判例と行政実務　*202*
　　　1　1969年判決 *(202)*　　2　行政実務 *(206)*
　　第3款　学　　　説　*208*
　　　1　ティプケ *(208)*　　2　コイク *(209)*　　3　フォーゲル *(211)*
　　　4　ノイバウアー *(213)*　　5　クンプ *(215)*

第4款　財務省通達　*217*
　　　　1　はじめに（*217*）　2　1990年2月12日通達（*217*）　3　1992年6月3日通達（*220*）　4　評価（*221*）
　　第5款　まとめ　*221*

　第4節　利子について………………………………………………*222*
　　第1款　序　論　*222*
　　　　1　はじめに（*222*）　2　付与資本（*223*）
　　第2款　付与資本算定の諸方法　*224*
　　　　1　はじめに（*224*）　2　資本鏡像説（*224*）　3　通常性の基準による方法（*225*）　4　企業の決定に委ねる方法（*226*）　5　機能的関係を重視する方法（*226*）
　　第3款　本支店間「貸付」を認識するか　*227*

　第5節　小　括………………………………………………………*228*

第4章　アメリカ法────────────────── *231*

　第1節　国内租税法における諸原則──実現概念を中心に………*231*
　　第1款　所得概念　*231*
　　【補論　ヘイグ（Robert Murray Haig, 1887-1953）の所得の概念について】　*232*
　　第2款　実現と不認識　*236*
　　　　1　はじめに（*236*）　2　「課税に適する事件」の範囲（*238*）　3　不認識（*243*）
　　第3款　法人への課税　*243*

　第2節　アメリカの国際課税の基本原理──課税管轄権の概念を中心に………………………………………………………………*244*
　　第1款　概　観　*244*
　　第2款　課税管轄権について　*245*
　　　　1　ビールの見解（*245*）　2　マグワイアの見解（*248*）
　　第3款　セリグマンとT・S・アダムズの所説について　*250*

目　次

　　　1　序　論（*250*）　　2　セリグマンと四経済学者報告書（*253*）　　3　アダムズの二重課税論と事業課税論（*254*）

第3節　財産の移転について ……………………………………… 256
　第1款　序　論　*256*
　第2款　ソース・ルールの変更——1986年改正　*259*
　　　1　概　観（*259*）　　2　1986年以前の所有権移転基準（title passage test）（*260*）　　3　1986年改正による内国歳入法典865条の新設（*266*）
　第3款　複合源泉所得に関するソース・ルール——内国歳入法典863条b項2号　*270*
　　　1　概　観（*270*）　　2　1996年改正以前（*270*）　　3　*Intel Corp. v. Commissioner* 判決（1993）（*272*）　　4　1996年改正後（*273*）　　5　まとめ（*273*）
　第4款　不認識取引への例外——内国歳入法典367条　*274*
　　　1　概　観（*274*）　　2　1984年以前——「租税回避」要件の存在（*275*）　　3　1984年改正——租税回避要件の削除（*277*）
　第5款　その後の動向　*278*

第4節　利子費用の配賦について ………………………………… 280
　第1款　序　論　*280*
　第2款　控除項目の配賦に関する一般論　*281*
　第3款　利子費用の配賦（1）——内国法人の外国税額控除の局面　*284*
　　　1　概　観（*284*）　　2　「金銭の代替可能性」（*284*）　　3　資産への着目（*285*）　　4　「金銭の代替可能性」への例外（*287*）
　第4款　利子費用の配賦（2）——外国法人課税の局面　*287*
　　　1　概　観（*287*）　　2　算定方法（*288*）
　第5款　国内法のソース・ルールと租税条約の関係　*289*
　　　1　はじめに（*289*）　　2　ナットウエスト事件（*289*）

第5節　小　括 …………………………………………………… *295*

結　論 ———————————————————————— *297*
　　　1　これまでの検討のまとめ（*297*）　　2　おわりに（*306*）

補論　租税法と私法の関係 —————————— 309

第1節　租税法と私法の関係をめぐる従来の議論 309
- 第1款　序　　論　309
- 第2款　借用概念の解釈　312
- 第3款　私法上の法律行為に瑕疵がある場合の扱い　314
- 第4款　課税物件の帰属　317
- 第5款　租税回避とその否認　321
- 第6款　租税法の適用（課税要件事実の認定）　323

第2節　従来の議論の再構成 324
- 第1款　は じ め に　324
- 第2款　取引の前提としての私法　327
- 第3款　租税法の解釈に際して参照される私法　330
- 第4款　暫定的なまとめ　331

第3節　広義の租税回避否認をめぐって 333
- 第1款　は じ め に　333
- 第2款　いわゆる「事実認定による否認」論における私法の位置づけ　334
- 第3款　当事者の意図について　338
- 第4款　いわゆる租税回避論の再構成へ　339

第2部　タックス・ヘイブン対策税制とは何か

第1章　タックス・ヘイブン対策税制の意義と機能 —————— 345

第1節　は じ め に 345

第2節　タックス・ヘイブン対策税制の起源と発展 346
- 第1款　1937年の foreign personal holding corporations に関する

目　次

　　　　　税制　*346*
　　　1　Foreign personal holding corporations に関する税制の内容　（*346*）
　　　2　Foreign personal holding corporations に関する税制が採らなかった方法　（*349*）
　第 2 款　1950 年代のサリーの見解　*350*
　第 3 款　1962 年のサブパート F 税制　*352*
　　　1　ケネディ大統領の提案　（*352*）　2　実際の立法　（*353*）　3　何が変わったのか　（*354*）　4　租税条約との抵触に関する議論　（*358*）
　第 4 款　近年の改革論　*360*
　　　1　みなし配当という法律構成への批判　（*360*）　2　外国税額控除制度の改革に伴う議論　（*361*）

第 3 節　タックス・ヘイブン対策税制の意義と機能は何か……*363*
　第 1 款　タックス・ヘイブン対策税制は課税繰延防止のための
　　　　　制度か　*363*
　第 2 款　タックス・ヘイブン対策税制は租税回避防止のための
　　　　　制度か　*365*
　　　1　序　論　（*365*）　2　配当しないことが租税回避か　（*366*）　3　子会社に所得が生じることが租税回避か　（*367*）
　第 3 款　租税回避防止論についての補足　*368*
　　　1　租税回避行為とインセンティブの構造の区別　（*368*）　2　主観面は問題とならないことについて　（*369*）
　第 4 款　タックス・ヘイブン対策税制の機能　*370*
　　　1　内国親会社の「適正な」所得を算定する手段としてのタックス・ヘイブン対策税制　（*370*）　2　タックス・ヘイブン子会社の利用に対するディスインセンティブとしてのタックス・ヘイブン対策税制　（*371*）

第 4 節　タックス・ヘイブン対策税制の法律構成……………*373*
　第 1 款　実質論と法律構成の乖離　*373*
　第 2 款　みなし配当方式　*373*
　第 3 款　外国子会社に対する直接の課税　*374*
　第 4 款　「内国親会社に対する課税」という法律構成　*375*
　　　1　序　論　（*375*）　2　租税条約との関係　（*375*）

第5節　むすびにかえて……………………………………………… *377*

第2章　タックス・ヘイブン対策税制と同族会社の留保金課税の共通性——————————————— *379*

第1節　はじめに………………………………………………………… *379*

第2節　アメリカ法……………………………………………………… *381*

 第1款　留保利益税とは何か　*381*

 第2款　留保利益税の本質——*Helvering v. National Grocery Co.*, 304 U.S. 282 (1938)　*383*

  1　問題状況（*383*）　2　事案の概要（*384*）　3　会社の内部関係への規制ではないか（*385*）　4　PENALTY であって所得税ではないのではないか（*387*）　5　目的ないし心理状態に対する課税であって所得税ではないのではないか（*387*）　6　適正手続違反（*388*）　7　白紙委任禁止原則違反（*388*）　8　小括（*389*）

 第3款　留保利益税適用のための主観的要件——*United States v. Donruss Co.*, 393 U.S. 297 (1969)　*389*

  1　問題状況（*389*）　2　事案の概要と判旨（*390*）

第3節　日本法…………………………………………………………… *391*

 第1款　大正9年改正による法人の留保所得への課税　*391*

  1　規定（*391*）　2　立案担当者による説明（*393*）

 第2款　大正12年改正による配当の擬制　*395*

 第3款　大正15年改正による同族会社の留保所得に対する加算課税　*396*

 第4款　同族会社の留保所得に対する加算課税に関する戦前の議論　*398*

  1　行政裁判所の判例（*398*）　2　美濃部達吉の見解（*399*）　3　田中二郎の見解（*399*）　4　小括（*401*）

第4節　若干の考察……………………………………………………… *401*

 第1款　個人所得税の補完税としての法人課税　*401*

目　次

　　第2款　中立性確保のための法的仕組み　*403*

　　第3款　株主に対する課税の補完であることによる法的な問題点
　　　　　404

　　第4款　この場面での課税の中立性は適切な目標か　*405*

　　第5款　組合に対するパス・スルー課税との異同　*406*

　　第6款　同族会社の行為・計算否認規定について　*406*

　　第7款　今後の検討課題　*407*

あとがき　*409*

索　引　*413*

序説　所得課税の国際的側面を探究すること

1　本書のねらい

(1)　本書執筆の動機

　本書は，租税や租税制度を法的側面から分析・検討する学問分野である租税法の面白さ・奥深さを読者の方々に知ってもらいたいと願って，私がこれまでに執筆した論文のうち国際租税法と呼ばれる分野に関するものを集めて一冊の書物にしたものである。

　私は，1998年に大学を卒業し，大学に残って租税法の研究を始めた。学生時代に私は，官界あるいは実業界に出て，広い意味で社会の役に立つような生き方をしたいと考えていた。ところが，企業からの内々定をもらって就職活動を終えた後，大学4年の前期に，租税法を含む幾つかの大学の授業に出席している中で，法学研究者として社会に貢献することに，というよりも社会に貢献できるような研究者になれるかどうかわからないがそうなるべく努力するという道に，魅力を感じ始めた。そこで，企業の内々定を断って，大学での研究の道を選んだ。

　本書には，このようにして法学研究の道に入った私が最初に執筆した長編論文およびそれと問題意識を共通にする数編の論文を収めた。これらを執筆する際に，私は，大学における勉強や就職活動から得た社会に対する興味関心を維持しつつも，役所や会社に入らずに法学研究者を選んだ以上，法学研究者だからこそ書けるような論文を書こうと考えていた。国際取引に対する課税という事象に対して，できるだけ法的な側面を重視して接近しようとしたのである。

　このような試みがうまくいっていると言えるかどうか，自分ではよくわからない。もしかすると，アカデミックな手法を採るにしても，政治学や国際関係論のアプローチからより豊かな成果が得られるのかもしれない。しかし，少なくとも，本書に収録した諸論文において，私は次のような研究成果を示すことができた。

(2)　本書で示した研究成果

　まず，第1部に収録した論文では，次のような成果が得られた。

　第一に，国際租税法の分野においてもっとも古くから議論が行われており蓄

積の多い中核的な論点に正面から取り組んで，私法上の法律関係に準拠した租税法の仕組みと，国家管轄権の限界とが緊張関係にあるということ，またその解決のあり方について一定の方向性を示すことができた。本研究を踏み台として，移転価格税制をはじめとする国際租税法全般について，今後考察を深めていくつもりである（第 1 部の緒論から結論まで）。

第二に，1920〜1940 年代の国際連盟における議論や各国の国際課税の基本枠組みについて，一次資料を丹念に読み込んでその内容を紹介・分析した。特に，League of Nations Official Journal という国際連盟の月報を通じて，公表された報告書の位置づけや議論の様子を明らかにすることができた（第 1 部第 2 章）。ドイツ法についても，「離脱（Entstrickung）」という概念を中心に，これまで日本ではほとんど紹介されていなかった裁判例や学説の展開を紹介することができた（第 1 部第 3 章）。

第三に，前述の歴史研究に基づき，外国法人の支店に対する課税について，もともと内国民待遇（national treatment）の考え方が基礎にあったことを明らかにすることができた。外国の文献も含めて，先行研究においては全く指摘されていなかった点である（第 1 部第 2 章）。

第四に，私法上の法律関係および国家管轄権に注目して叙述を行うことで，国際経済学や貿易論ではなく，法学の立場から国際租税法を描くことができた（第 1 部の緒論から結論まで）。とりわけアメリカ法について，これまであまり知られていなかった，私法上の法律関係に着目した裁判例や学説をやや詳しく紹介することができた（第 1 部第 4 章）。

第五に，租税法と私法の関係について，租税法と私法が関わる複数の局面を分節して整理することができた（第 1 部補論）。

次に，第 2 部に収録した論文では，以下のような成果が得られた。

第一に，タックス・ヘイブン対策税制が，外国子会社配当益金不算入制度（平成 21 年度改正で導入）の前後を通じて，課税繰延の防止のための制度ではなく，内国法人や居住者の納税額が外国子会社を利用することによって本来あるべき額よりも低くなってしまうことへの対抗措置であることを明らかにした（第 2 部第 1 章）。

第二に，同族会社の留保金課税も，タックス・ヘイブン対策税制と同じような制度趣旨に立脚しているばかりでなく，そもそも両者が外国の同一の制度に

起源を有するということを指摘した（第2部第2章）。

　総じて，本書に収録した各論文は，国際租税法という研究分野を，私法との関係を重視して発展してきた日本の（国内）租税法の議論の一応用分野として位置づけることに挑戦したものである。国内租税法の側から見れば，所得課税の国際的側面について検討したのが本書であるということになる。

2　本書の概要
(1)　第1部の概要

　第1部は，法人格内部の「取引」（財産の移転，役務の提供）を素材として，法人格を単位とした国内租税法の規律が，国際的な側面を考慮することでどのような変容を迫られるのか，考察する（なお，第1部を構成する論文の主要部分は1999年から2001年にかけて執筆したものであり，また，これらの論文の初出は2004年から2010年であるが，本書に収録するに際しては立法・判例・学説等の情報のアップデートは原則として行わなかった。その主たる理由は，初出後に日本の平成26年度税制改正，OECDのBEPSプロジェクトをはじめとする大規模な法改正や議論の進展があり，アップデートしてしまうと，かえって論文執筆当時の問題意識がわかりにくくなってしまうと考えたからである）。

　緒論では，国際租税法の研究と国内租税法の研究の間にアプローチの面で距離があったことを指摘し，本書でその距離を埋めることを目指していることを述べる。

　第1章では，日本の所得課税の歴史を振り返った上で（第1節），法人格内部の「取引」に関する平成26年改正以前の実定法の規律を略述する（第2節）。ここでは，日本法が法人格内部の「取引」という問題を自覚してはいるものの，実定法上のルールは網羅的ではなく，また，これらのルールを支える一貫した理論が読み取れるわけではないことが明らかになる。さらに，複数のSPC (special purpose company) を設立し，SPCの法人格内部の「取引」を利用することで，租税負担の軽減を図るスキームが存在すること，また，平成10年改正で廃止された法人税法51条を通じて，本来行われるべき課税が行われないまま財産（に含まれるキャピタル・ゲイン）が日本の課税管轄権から離脱してしまう事例が存在していたこと，を紹介する（第3節）。

　第2章では，租税条約ネットワークの形成過程を，現在のOECDモデル租

税条約7条に相当する事業所得の課税に関する規定がどうやって出来上がったか，ということに焦点を当てて，描いていく。1920年代，国際連盟において，租税条約に関する国際的な議論が本格的に行われるようになった。1923年の報告書では居住地国の課税権を優先する考え方が示されていたのであったが，1925年の報告書では源泉地国の課税権を優先する考え方が示され，こちらがその後の議論の方向性を決定づけることになる（第1節）。また，1925年の報告書には，通商の公平取扱いを定める国際連盟規約23条e項が影響を及ぼしていた（補説）。その後，1920年代の後半から1930年代初頭にかけて，事業所得の課税に関する規定が徐々に形作られてくる。その過程で「恒久的施設（permanent establishment）」という概念が中心的な役割を果たすことになる（第2節）。事業所得の課税に関する理論的な枠組みを固めたのは，アメリカ人のキャロル（Mitchell B. Carroll）であった。彼が1933年に国際連盟に提出した報告書では，法人格内部の「取引」を擬制することを通じて国家間の課税権を配分するという方法が明確に述べられている（第3節）。キャロルの報告書を受けて，その後も国際連盟では議論が続けられ（第4節），この議論は第二次世界大戦後にはOECDに引き継がれていく（第5節）。

　第3章では，ドイツ法において国内租税法の諸原則が国際的な側面を考慮することでどのように修正されているのか考察する。まず，ドイツの国際租税法における基礎的な概念であり「恒久的施設」と同義である「事業所（Betriebsstätte）」概念を紹介し（第1節），また，国内租税法の諸原則がどのようなものであるか確認する（第2節）。続いて，法人格内部での国際的な財産の移転に際して国内租税法のルールがどのように修正されるのか，という問題に関する財政裁判所の判決，行政実務およびそれに関連する学説を紹介する（第3節）。ここでは，財産が課税管轄権の範囲から外に出ることを意味する「離脱（Entstrickung）」という考え方が重要である。これに対して，法人格内部で国際的に資金を融通する場合については，別途の考慮が必要であり，支店等の事業所が有しているとみなされる固有の資本である「付与資本（Dotationskapital）」の算定方法について議論がある（第4節）。

　第4章では，アメリカ法において，法人格内部の「取引」や組織再編税制の定める不認識（nonrecognition）に伴う課税管轄権の範囲からの離脱が，どのようにして防止されているかを考察する。そのための準備作業として，アメリカ

の国内租税法の基礎的概念である「実現 (realization)」の内容について確認し（第1節），アメリカにおける課税管轄権に関する議論を振り返る（第2節）。そして，法人格内部での国際的な財産の移転という問題に対して，アメリカ法では課税管轄権を拡張することによって対処しているということを示す（第3節）。これに対して，法人格内部で国際的に資金を融通する場合に，国内法のルールにおいては金銭の「代替可能性 (fungibility)」という概念が重要な役割を果たしている（第4節）。ところが，ナットウエスト事件が示すように，そのような国内法のルールと（OECDモデル租税条約7条に対応する）租税条約上のルールとの間に緊張関係が存在する。

結論では，そこまでの議論をまとめた上で，国際的な事業所得の配賦・配分の問題，本支店間「取引」の問題とは，「実現」と課税管轄権の緊張関係の問題に他ならないことを指摘し，今後の議論の方向について展望する。

第1部の補論では，租税法と私法の関係として論じられてきた事柄は，租税法規範に取り込まれた私法上の概念の解釈が問題になる場合と，課税の対象たる経済的成果の発生の根拠として私法が機能している場合という，大きく二つの問題に分けられることを指摘し，それぞれについてこれまでの議論の整理を行っている。

(2) 第2部の概要

第1章では，タックス・ヘイブン対策税制が，タックス・ヘイブンに子会社を持つ内国親会社の適正な所得を算出するためのものであることを指摘する。そして，同税制の法律構成については，外国子会社から内国親会社への配当の擬制または外国子会社の所得への課税と考えるのは適切でなく，むしろ端的に内国親会社に対する課税と考えるべきであることを明らかにする。

第2章では，同族会社の留保金課税とタックス・ヘイブン対策税制がともに，課税繰延を防止するための制度ではなく，一定の者に着目して組織形態にかかわらず中立な課税を行うための法的仕組みであるということを立法当時の資料や判例・学説から裏づける。

3 本書の位置づけ

本書に収録した諸論文は，日本では1980年代，海外では1990年代に始まった，租税法，特に国際租税法の分野において制度の起源に遡ってその本質を見

極めようとする研究動向に触発されて執筆された。

　日本では，1983年に公表された谷口勢津夫の論文[1]，同じ著者によるモデル租税条約の形成過程に関する1985年の（残念ながら未完の）論文[2]，そして1987年に公表された水野忠恒の論文[3]が，それぞれ国際租税法の分野での制度の形成と発展を跡づけようとしてきた。

　海外に目を移すと，まず，イギリスのピチオット（Sol Picciotto）は1992年に刊行した国際課税に関する書物において，アメリカの外国税額控除制度の導入にあたってアダムズ（Thomas Sewall Adams）が重要な役割を果たしたことを指摘し[4]，また，国際連盟におけるモデル租税条約の形成に向けた動きを紹介していた[5]。続いて，アメリカのグラッツ（Michael J. Graetz）とオヒア（Michael M. O'Hear）が1997年の論文で，アメリカの外国税額控除制度の導入に際してアダムズが果たした役割を詳細に紹介するとともに，それまで国際課税関係の文献で必ず紹介されてきた1923年の四経済学者による報告書の果たした役割が実は限定的なものにとどまることを指摘した[6]。

　私の研究は，日本語で書かれた先行業績に加えて，研究を始めた頃にちょうど公表されたグラッツ＝オヒア論文の採った手法の影響を強く受けていると思う。1920年代の資料からこれまで指摘されていないことを発見できるのではないかと期待して，古い文献を少しずつ読み進めた。その格闘の記録が本書第1部第2章である。なお，同じくグラッツ＝オヒア論文の影響を受けながら本書よりも大胆に国際課税の機能を腑分けしてあるべき方向を指し示したのが本書の元になった論文と同時期に執筆された浅妻章如の博士論文である[7]。是非とも，本書と合わせて参照されたい。

---

1) 谷口勢津夫「外国企業課税に関する帰属所得主義と全所得主義（1）（2・完）」税法学389号1頁，390号1頁（1983年）。
2) 谷口勢津夫「モデル租税条約の展開（1）」甲南法学25巻3＝4号77頁（1985年）。
3) 水野忠恒「国際租税法の基礎的考察」菅野喜八郎＝藤田宙靖編『憲法と行政法（小嶋和司博士東北大学退職記念）』731頁（良書普及会，1987年）。後に，水野忠恒『国際課税の制度と理論』1頁（有斐閣，2000年）に収録。
4) Sol Picciotto, International Business Taxation, 1992, 13.
5) Picciotto, *supra* note 4, 18-37.
6) Michael J. Graetz & Michael M. O'Hear, The "Original Intent" of U.S. International Taxation, 46 Duke L. J. 1021 (1997).
7) 浅妻章如「所得源泉の基準，及びnetとgrossとの関係（1）〜（3・完）」法学協会雑誌121巻8号1174頁，9号1378頁，10号1507頁（2004年）。

第1部　取引・法人格・管轄権をめぐる考察

緒　　論

1　本書の目的
(1)　租税法解釈学と国際課税

租税法の研究，とりわけその中心たる所得課税に関する法的な考察が本格的に始まってから，はや80年が経過している[1]。包括的所得概念を中核とする租税法解釈学[2]は，アメリカやヨーロッパのみならず我が国においても蓄積を重ねている[3]。他方で，所得に対する課税が各国で行われるようになって以来，国際的な二重課税[4]防止のための様々な枠組みが形成されてきた。国際課税に

---

1) 租税法の研究は，ドイツやアメリカにおいては戦間期に始まった。所得課税が大衆化し，税率が上昇するに従って，取引に対する租税の影響力が強まり，また紛争も増加した。それによって，租税に関する法的な研究が要請された。初期の研究の中には，今も参照する価値があるものが多い。しかし，初期の研究で当時の議論状況に基づいて前提とされていたことが，今も暗黙の前提として無批判に受け継がれていることも多いと考えられる。

2) 法解釈学という言葉は様々な意味で用いられるが，ここでは，制定法の個々の規定の意味を解明するという作業ではなく，場合によっては立法論も含む，法命題によって構成される体系の首尾一貫性を追究する活動，というような広い意味で用いる。

3) 租税実体法に限っていえば，大きく二つの方向に整理できる。その一つは金子宏「租税法における所得概念の構成」同『所得概念の研究』1頁（有斐閣，1995年，初出1966〜1975年）を嚆矢とする所得概念論であり，もう一つは同「租税法と私法」租税法研究6号1頁（1978年），村井正『租税法と私法』（大蔵省印刷局，1982年），水野忠恒「『租税法と私法』論の再検討（1）（2・完）」法学45巻1号1頁，51巻2号236頁（1981年，1987年）に代表される課税要件法と私法の関係についての研究である。

4) 国際的な二重課税とは，ある法人格（自然人ないし法人）に帰属するある課税物件（例えば，所得）に対して，複数の国家が課税権を及ぼすことをいう。必ずしも，国際的二重課税によって，単一の国家による課税権しか及ばなかった場合と比べて重い租税負担が生じるとは限らない。例えば，両国が税率を半分ずつに抑えれば，重い租税負担は生じない。もっとも，実際には，たいていの場合，国際的二重課税によって租税負担は重くなるのであり，それが防止されるべきであるとされる。国際的二重課税については，多少古いが簡潔に問題の所在を明らかにしている，木村寛富「国際的調整——国際的二重課税とその防止」金子宏ほか編『租税法基礎理論（租税法講座第1巻）』77頁（帝国地方行政学会，1974年）参照。また，二重課税等も存在しうることを考えると「重複課税」という用語のほうが適切であるとも考えられるが，本書では，人口に膾炙した二重課税という語を用いる。用語法については，神戸正雄「重複課税の本質」経済論叢22巻1号1頁（1926年），3頁

第1部　緒　　論

関する包括的な研究も続々と登場している[5]。

　もっとも，国内法に関する租税法解釈学と国際課税に関する議論は，これまで別々に論じられることが多かった。そのことによって国際課税に関する議論がゆきづまっているように思われる。そこで，本書は，所得概念および租税法と私法の関係をめぐる議論を中心とする租税法解釈学と，国際課税に関する考察とを架橋することを目的とする。

　(2)　国際課税に関する二つの系譜

　国際課税に関する研究の多くは，所得課税に関する法的な考察，ないし課税一般に関する考察と切り離された形で議論を進めている。このような国際課税に独特の議論の代表は，移転価格税制である[6]。移転価格税制とは，端的にい

――――――――――
参照。
5) 外国法を参照した本格的な研究として，単独の著者による単行本だけでも，中里実『国際取引と課税』（有斐閣，1994年，初出1985～1993年），占部裕典『国際的企業課税法の研究』（信山社，1998年，初出1990～1995年），谷口勢津夫『租税条約論』（清文社，1999年，初出1987～1997年），水野忠恒『国際課税の制度と理論』（有斐閣，2000年，初出1987～2000年），木村弘之亮『国際税法』（成文堂，2000年）などがあるほか，概説書，教科書，共著の論文集も数多い。
6) 移転価格税制が国際課税に独特の議論である，という本文での記述は多少不正確であるので，ここで補足しておきたい。
　各国の移転価格税制はアメリカ法を範としているが，アメリカの内国歳入法典482条は，国際取引に関する移転価格の問題に対処する規定であるのみならず，一般に関連企業グループ内での所得の分割に関して「独立当事者間基準」（これについては本文参照）に従って取引価格を計算しなおす権限を内国歳入庁に与えるものである。この点を踏まえて，我が国でも，法人税法22条2項の規定する無償取引に関する解釈論のためにアメリカの内国歳入法典482条を参照する，画期的な研究が存在する。金子宏「アメリカ合衆国の所得課税における独立当事者間取引（arm's length transaction）の法理」同『所得課税の法と政策』254頁（有斐閣，1996年，初出1980～1981年），同「無償取引と法人税」同書318頁（初出1983年）がそれである。
　そして，内国歳入法典482条と連結納税制度の双方を視野に入れた二つの優れた研究が現れる。第一は，「482条をめぐる様々な議論は，結局，関連グループのメンバー各々を別個独立のものと考えるタックス・パリティーの考え方と，関連グループ全体を一つのまとまりと考える強制的連結申告に端を発する考え方の，相剋の問題としてとらえることができる」と指摘する，岡村忠生「関連法人グループと内国歳入法典482条（1）～(3・完)」税法学404号17頁，405号11頁，406号22頁（1984年，引用は406号37～38頁）である。この研究はさらに，同「無利息貸付課税に関する一考察（1）～(5・完)」法学論叢121巻3号23頁，5号1頁，122巻1号1頁，2号1頁，3号32頁（1987年）へと発展する。
　第二は，ドイツ法をも参照して，会社間取引に関しては，「個別法人単位の規律の下で生じる所得振替の誘因を個別的に除去」し，必要に応じて「正常取引があったものとして関連会社の所得を計算しなおす規定を設け」，さらに「限定された範囲の結合企業に損益通算をみとめ」ることを提唱する，増井良啓『結合企業課税の理論』（東京大学出版会，2002年，初出1991～1996年。引用は同書261頁）である。

えば，関連者間の国際的な取引に対する課税の面での規整である。例えば，親子会社間で国際的な取引を行ったとする。そのとき，移転価格税制によれば，取引に関わる会社がある二つの国は，それぞれの会社が独立な当事者であったとして成立するような価格（独立当事者間価格 arm's length price）で取引がなされたものとみなして課税することになる。このような規整の基準は独立当事者間基準（arm's length standard）と呼ばれる。以上のような移転価格税制はアメリカの内国歳入法典482条に起源を持つが，国際的な所得の移転を防止するための方策として，ドイツや我が国など多くの国に継受されている。

もっとも，独立当事者間基準に対しては，根強い反対説が存在する。それはユニタリー・タックスないし定式配分法（formulary apportionment）と呼ばれる考え方である。これによると，関連会社集団全体の所得というものが観念された上で，それが何らかの形式的な基準によって各国に配分され課税の対象となる。移転価格税制については，独立当事者間基準の考え方と定式配分法の考え方とが対立しているといってよいが，前者が支配的であり，後者は前者の考え方ではうまくいかない場合に補充的に認められるのみである[7]。

ところが，移転価格税制の解釈論としては少数説にとどまるこの考え方は，実は，外国法人・非居住者に対する課税の基本的な二つの考え方の一つである全所得主義に極めて近い。全所得主義とは，国内で事業を行う外国法人の総合課税の対象となる所得の範囲を，当該法人のあらゆる国内源泉所得であるとするものである[8]。すなわち，この法人の所得の全貌をいったん把握した上で，

これらの研究の存在は，もちろん，移転価格税制に関する議論と国内法の議論との関連を物語っている。しかし，1986年に立法された我が国の移転価格税制は国際的な面しか規律していない。また，法人税法22条2項の無償取引について，アメリカの内国歳入法典482条と同様の規律を行うことは，解釈論としては無理であるという見解も有力である。それゆえ，基本的には，移転価格税制に関する議論と法人税法22条2項に関する議論は別個に行われているといってよいと考えられる。

7) アメリカにおいては，1980年代以降，独立当事者間基準が理論的に批判にさらされ，定式配分法を含むいわゆる「第四の方法」が重要性を増した。この点については，中里実「アメリカのトランスファー・プライシング税制における arm's length price」同・前掲註5) 281頁以下（初出1993年）参照。

8) 全所得主義と（後述の）帰属所得主義については，谷口勢津夫「外国企業課税に関する帰属所得主義と全所得主義（1）（2・完）」税法学389号1頁，390号1頁（1983年）参照。なお，全所得主義は総合主義といわれることもある。国税庁『非居住者，外国法人及び外国税額控除に関する改正税法の解説』7頁以下（1962年，植松守雄氏の講演録）。

そのうち国内源泉所得にのみ課税を及ぼす，という考え方である。

逆に，外国法人・非居住者に対する課税に関するもう一つの考え方である帰属所得主義は，むしろ，独立当事者間基準に類似する。帰属所得主義は，総合課税の対象を国内に存在する事業に帰属する所得に限定する考え方である。

さらに，内国法人・居住者に対する国際的二重課税排除の方法として，国外所得免税方式と外国税額控除方式の二つが知られるが，いずれもある法人の所得の全体をいったん把握するという意味では，全所得主義に近いといえなくもない。

以上を要するに，国際課税については独立当事者間基準の系譜の考え方と定式配分法の系譜の考え方という二つの相反する見解が存在し，様々な局面で拮抗しているといえる。

(3) 租税法解釈学との関係

ところが，残念なことに，この二つの相反する考え方は，所得課税についての基本的な問題，すなわち，課税の対象とりわけ所得という概念をどのように解するか，また納税義務者の単位をどのように設定するか，といった諸問題と，必ずしも結びつけて検討されてはこなかった[9]。国際課税に関する二つの系譜は，それだけで，独立して論じられることが多かった。それどころか，移転価格税制の解釈論として，あるいは外国法人・非居住者課税の制度設計に際して，といったように，個別の論点で独立に論じられてきたに過ぎなかった。それゆえ，二つの系譜の対立は，ともすれば，妥協の余地のない神学論争となり，あるいは，どちらか選べばすむような単なる技術的問題として放擲された。

(4) 本書の課題

本書は，このようなこれまでの国際課税の研究状況を打開するために，二つの系譜の背後には，課税の対象（人税か物税か，所得概念），課税管轄権（あるいは，主権・管轄権一般），法人格・企業（そして，それらに対する課税のあり方）についてどのような理解があったのかということに関して検討を加える。すなわち，所得課税一般に関する議論がいかに国際課税の枠組みに影響を与えているのか（場合によっては与えていないのか）ということを検討する。

---

[9] 数少ない例外のひとつとして，小松芳明「所得課税の国際的側面における諸問題」租税法研究21号1頁（1993年）がある。この論文は，「国内租税法と国際租税法の競合及び乖離」を指摘する（同10頁）。

そして，そのために，日本法だけでなく，日本法に影響を与え，しかも二つの系譜を共に含む，ドイツ法，アメリカ法および OECD モデル租税条約を分析の対象とする。

以下，まず問題意識を敷衍しよう。

2 問題意識
(1) 私法上の取引の所得課税にとっての重要性

現代国家の多くは，自然人ないし自然人によって形成される団体（正確にいえば，それらの総財産[10]）について所得を観念し，それを課税の対象としている。所得とは元来，ある自然人の欲求充足に用いられうる財貨の価値を金銭で評価したものである[11]。そして，近代以降において，財貨の獲得はほとんどの場合，私法秩序に基づいた取引活動によって行われる。さらに，団体について所得を観念するとき，団体自体には自然人と同じ意味での欲求が存在しない以上，所得は単なる計算上の存在となる[12]。このため，団体にとっては私法によって規律される取引こそが所得発生原因のほとんど全てである[13]。

こうして，課税所得の算定は，私法に基づくところの取引活動と密接に関わってくる。より正確にいえば，取引活動を正確に認識することが，課税所得の

---

[10] 団体ないし組織というより，むしろ自然人から独立した財産こそが重要である点についての素描として，渕圭吾「法人税の納税義務者について――財産の独立性の観点から」日本エネルギー法研究所月報 164 号 1 頁（2003 年）参照。責任財産の独立性につき，奥田昌道「責任財産」芦部信喜ほか編『岩波講座基本法学 5 責任』259 頁，特に 286 頁以下（岩波書店，1984 年）参照。また，委任，会社，信託等はいずれも他人のために財産を管理・運用する類似した制度として連続的にとらえられるという，道垣内弘人『信託法理と私法体系』168 頁（有斐閣，1996 年）も参照。さらに，渕圭吾「所得の構成要素としての純資産増加」金子宏ほか編『租税法と市場』92 頁（有斐閣，2014 年）を参照されたい。

[11] 所得の概念については，金子・前掲注 3)「所得概念」参照。

[12] 中里実「法人課税の再検討に関する覚書」租税法研究 19 号 1 頁（1991 年），3 頁は，法人の所得とは「個人の所得と類似の方法で計算された何らかの理念的な存在」に他ならないと喝破する。

[13] 取引によらずに，一定の財産が団体に帰属する，あるいは取引によらずに一定の財産を団体が喪失する，ということはありうる。それは自然人の場合と同様である。しかし，団体は定義上，消費を行わない。それゆえ，包括的所得概念において純資産増加と消費の合計としてとらえられる所得のうち，団体において問題となるのは前者のみである。フリンジ・ベネフィット，帰属所得，余暇といった，所得のうち消費の部分に関わる難問（これらについては，中里実「所得の構成要素としての消費」金子宏編『所得課税の研究』35 頁〔有斐閣，1991 年〕）は，問題とならない。なお，不法利得については，団体についても観念できるのではないかと思われる。不法な手段によって団体に財産が帰属することがありうるからである。

第1部　緒　　論

算定にとって最初のそして最大の課題となる[14]。

　そして，このことを裏づけるように，所得課税において，納税義務者の単位は，私法上の法人格と原則として一致している。私法上の財貨の帰属が，そのまま，所得の帰属の判定基準となる。

(2)　私法上の取引によって汲み尽くせない場面

　しかしながら，以上に述べたような私法に基づいた所得課税の仕組みが，困難に逢着することがある。

　そのひとつは，団体（正確にいえば，特定の自然人に排他的に帰属しない一連の財産）があって，その団体自体は納税義務者にならないものの，団体から経済的利益を受ける者たちが所得課税の対象になっている場合である。例えば，家族，組合，信託，共有関係があってそこから利益を受けている者がいるとき，この者たちへ帰属する所得を認定することは，難しいことが多い[15]。

　もうひとつは，（多少不正確な言い方であるが）法人格ないし取引が複数の課税管轄権[16]に及ぶ場合である。もちろん，国家が行使することのできる課税権力すなわち課税管轄権の及ぶ範囲は，少なくとも立法管轄権に関しては特に制約がないといわれている。しかし，現実には，世界各国は，国内法または条約によって自国の課税管轄権に対して限界を設けている。このため，国際的な取引

---

14)　もちろん，理論的にはともかく，実際的には，所得を直接認識することはできない。そこで，商業帳簿という技術を通じて，間接的に認識することになる。

15)　このような場合には，便宜的に，一連の財産自体を納税義務者とする，あるいはこの財産に関係する一定の者に所得が帰属するとみなして課税する，といった方策がとられる。前者は実体型，後者は導管型の課税ルールといわれる。増井良啓「組織形態の多様化と所得課税」租税法研究30号1頁（2002年），10頁以下参照。

　　吉村政穂「出資者課税――『法人税』という課税方式 (1)～(4・完)」法学協会雑誌120巻1号1頁，3号508頁，5号877頁，7号1339頁（2003年）は，法人税を「株主」という特定の種類の出資者に対する課税であるとみて，その限界を――特にそのほかの形態の出資者との関係で――探っている。これに対して，非営利公益法人には株主が存在しない，すなわちownerが観念されない。それゆえ，こうした法人に対する法人課税は，出資者に対する課税として理解することができないかもしれず，難しい問題を孕む。非営利公益法人に対する課税については，藤谷武史「非営利公益法人課税の機能的分析――政策税制の租税法学的考察 (1)～(4・完)」国家学会雑誌117巻11＝12号1021～1129頁（2004年），118巻1＝2号1～110頁，3＝4号220～322頁，5＝6号487～599頁（2005年）を参照。

16)　課税管轄権（tax jurisdiction）については，中里実「国際租税法上の諸問題」総合研究開発機構編『多国籍企業の法と政策』89頁，97頁（三省堂，1986年），水野忠恒「国際租税法の基礎的考察」同・前掲註5) 4頁（初出1987年）参照。

が行われる場合，また，自然人ないし団体が複数の国家において活動する場合に，法人格ないし取引が複数の課税管轄権に及ぶといってよい。そしてこのとき，複数の国家が専ら自国の課税管轄権に属する所得の範囲を画そうとする。その判断は，私法に基づいて行うことは不可能である。

　もっとも，取引が複数の課税管轄権に及ぶとき，つまり国際的な取引が行われるとき，実際には，国内法ないし租税条約上のソース・ルールによって，取引によって生じた所得に対する課税権の在処が決められる。例えば，A国の居住者であるRがB国の法人から配当を受け取る場合，「一方の締約国の居住者である法人が他方の締約国の居住者に支払う配当に対しては，当該他方の締約国において租税を課することができる」[17]といった租税条約の規定に従って，この配当所得についてB国が課税権を持つことになる。

　しかし，国際的な本支店間取引が行われるような場合，この「取引」は私法上の取引であるとはいえないため，ソース・ルールによって課税権を配分することは不可能である[18]。本書は，まさにこうした局面を対象とする。

(3)　法人所得課税か企業課税か

　ところで，所得に対する課税は，しばしば，「企業課税」として理解されてきた。経済学・商学や商法学では，いつのころからか，法人格という形式的な概念を離れて，資本と労働の統一的組織体としての「企業」という概念を用いるようになった[19]。この概念が，租税法研究に流入した。自然人に対する所得

---

17)　これは日米租税条約10条1項の文言である（他の租税条約でもほぼ同じ）。

18)　本支店間取引は，私法上の取引ではない。それゆえ，本書では，以下，私法上の取引でないことを強調する際に「取引」と括弧書きで記述することがある。本支店間取引は，私法上の取引ではないとはいえ，企業活動においては重要な意味をもっている。本支店間取引を観念することによって，支店単位での事業活動の状況を把握することができるからである。実際，管理会計の分野では，本支店間取引を観念した上で，支店・事業部単位での業績の把握を行っている。

　　法学において，本支店間取引が取り上げられることは少ないが，銀行取引に関連して本支店間の手形の裏書の意味が問題となることがある。鈴木竹雄編『当座預金（銀行取引セミナー（1））』134頁（有斐閣，1962年）（本支店間の裏書には，全く意味がないとも限らないし，無効とする必要はない，などという座談会の議論），同（前田庸補訂）『手形法・小切手法〔新版〕』245頁注1（有斐閣，1992年）参照。なお，『銀行取引セミナー』の各巻では，支店の独立性に関する議論が処々で登場している。

19)　山口俊夫「フランスにおける『企業 entreprise』概念の歴史的沿革」竹内昭夫編『現代商法学の課題（鈴木竹雄古稀）』1673頁（有斐閣，1975年）は，実定法上に包括的・統一的な「企業」の定義が存在しないことを指摘している。

15

課税と法人に対する所得課税が，一括して，企業に対する所得課税として捉えられるようになってきた。このような考え方は，企業グループ，多国籍企業について，次のような理解をもたらした。すなわち，法人格が区々に分かれていても，株式の所有関係のある法人の集団は，それが一つの大きな企業を形成している，それゆえ，課税の局面においてもそれはできるだけ一つのものとして扱われるべきである，という理解である。この理解は，いうまでもなく，連結納税制度に繋がっていく。また，企業が国外に進出するにあたって，支店形態と子会社形態の間に中立性が存在することが望ましいといわれることがあるが[20]，こうした議論も法人の集団の全体を一つの企業とみる考え方から出発しているといえる。

しかし，多国籍企業，すなわち国際的に展開する企業グループに対する課税のあるべき姿は必ずしも自明ではない。企業グループを一体とみる立場からは，企業グループ全体の所得をいったん観念し，それを各国へと配分するというやり方が理想であろう。しかし，こうした方法は現実的なものとはされていない。

---

20) 例えば，金子宏『租税法〔第9版〕』396頁（弘文堂，2003年）は，（間接外国税額控除の説明として）「我が国の法人が外国において事業を行う場合に，支店を設けて事業を行うか，それとも子会社を設けて事業を行うかについて，税制は中立的である必要がある」という。Diane M. Ring, Risk-Shifting within a Multinational Corporation: The Incoherence of the U.S. Tax Regime, 38 Boston College L. Rev. 668 (1997) は，同様の前提からより一般的な議論を展開する。また，水野忠恒「外国法人の支店に対する課税」同・前掲註5) 110頁（初出1991年）は，アメリカ等で導入されている外国法人の支店に対する課税の背後に中立性の考え方があることを指摘する。

なお，租税法における「中立性」の概念については，「ある経済主体の特定の行動に着目して，それに対して課税が無差別中立であるかどうかを問題とする」「限定的中立性概念」に拠るしかないと指摘されている（増井良啓「法人税の課税単位」租税法研究25号62頁〔1997年〕，66頁）。これは正当な指摘であるが，「中立性」概念にはなお難しい問題が残る。例えば，事業部形態と子会社形態を対比して，それに対する課税が中立であるべきだという主張は一見もっともである。しかし，事業部形態と子会社形態は私法上別々の制度であるからこれらに対する課税が異なるのは何らおかしなことではない，なぜ事業部と子会社だけをとりたてて問題にするのか，という居直りに対して有効な反論は難しい。他方，仮に事業部形態と子会社形態とが課税上の扱い以外は全く同じであるならば，納税者は有利な形態を選択すれば済む話である。むしろ実際には，様々な企業形態に対して税制が中立的であるべきだといわれる背後に，業種により適切な企業形態が異なることを前提に，様々な業種ができるだけ同じように課税されるべきだという主張があるのかもしれない。つまり，増井良啓「組合形式の投資媒体と所得課税」日税研論集44号129頁（2000年），156頁が指摘する通り，「政策判断にあたって中立性の議論は究極的な目標ではなく，使いやすい投資チャネルを確保するという判断こそが決め手になる」。

実際には，法人格ごとに納税義務を観念する法人格単位の規律[21]と独立当事者間基準を組み合わせることによって，多国籍企業への課税は行われている[22]。

3 研究の対象

本書では，国際的な課税権の配分に関する二つの系譜を研究するために，法人格内部での国際的な財産の移転・役務の提供[23]を主たる考察の対象とする[24]。先ほど多少ふれた，国際的な本支店間「取引」を素材とするわけである。

例えば，銀行の本店が，国外にある支店に対して，含み益のある財産を移転したとしよう。ここで移転というのは，まさに物理的に移転するということである。仮に，本店所在地国（A国）も支店所在地国（B国）も財産の含み益（キャピタル・ゲイン）に課税することになっており，しかもキャピタル・ゲイン課税の対象が，国内所在の財産に限定されていたとしよう。そうすると，含み益のある財産が国際的に移転することによって，A国は潜在的な課税の対象を喪失し，逆にB国にとっては課税の対象が増加する。つまり，財産の移転によって，所得も移転していると見ることができる。

日本では，内国法人・居住者が納税義務を負う所得の範囲に制約はない。それゆえ，このような事態は生じないようにも思われるが，そうではない。実際には，外国税額控除制度によって国外で生じた所得について外国に支払った税額について税額控除を認めているから，前記のような事態が起こりうるのである。

別の例をあげよう。A国にある銀行の本店が，A国の居住者から預金を受け入れ，この資金を，B国にある支店に対して提供する。そして，支店が顧客に対して貸付を行う。このとき，一連の取引から生じた銀行の所得に，A国

---

[21] 増井・前掲註6）の用語法である。
[22] 国内法につきこの点に関わる研究として，註6）で引用した岡村忠生，増井良啓の論文がある。なお，様々な考え方を示すものとして，租税法研究10号106〜110頁（1982年）のシンポジウム参照。
[23] 役務提供というのは，実はよくわからない概念である。沖野眞已「契約類型としての『役務提供契約』概念」NBL 583号6頁，585号41頁（1995年，1996年）によれば，役務提供契約こそが様々な契約類型のうち本来的なものであり，他の契約類型はそれに何らかの形での財産権の移転の要素がつけ加わったものであると理解できるという。
[24] 国内法では，地方税について同様の問題が生じる。この点については，渋谷雅弘「移転価格と地方税」金子宏編『国際課税の理論と実務』171頁（有斐閣，1997年）参照。

第1部　緒　論

とB国のいずれが課税すべきか。両国が課税すべきであるとしたら、どのように課税権を分け合えばよいのか。

本支店間「取引」の具体的な問題状況については第1章に譲るが、これらの例だけからでも、本支店間「取引」が困難な問題であることを感じていただけると思う。

本書は、この法人格内部での国際的な移転という論点を通じて、二つの系譜の、時代による、また法域による消長を探る[25]。そのことによって、国際課税という研究領域と、所得概念、租税法と私法の関係に関する議論を中心とする租税法理論とを架橋したい。

4　本書第1部の構成

本書第1部は、この緒論に引き続いて、第1章から第4章までと結論および補論からなる。第1章では、日本法の沿革と現状を紹介する。第2章では、いったん歴史を遡り、OECDモデル租税条約7条が形成される過程をたどる。第3章ではドイツ法、第4章ではアメリカ法について、それぞれ二つの系譜がどのように息づいており、またその背後には、租税法と私法の関係、法人格・企業、課税管轄権についてどのような理解があるのかということをみていく。最後に、議論をまとめる（結論）。なお、以上の叙述の前提となる租税法と私法の関係についての私の考え方を明らかにするための小文を補論として付け加える。

---

[25] 法人格ないし取引が複数の課税管轄権に及ぶ場合における所得課税のルールは、国際租税法という研究領域の研究対象となっている。それゆえ本書は、国際租税法の研究である。しかし、本書の問題関心は、法人格の内部において国際的な財産の移転・役務提供が行われる場合に、いかなる所得課税のルールをおくべきか、ということにある。その限りで、国際的な側面に視野を広げた国内租税法の論文でもある。本書での議論は、一定の活動について非課税とされる団体（例えば、非営利公益法人）の課税関係を考えたり、事業活動と家計が未分離であるような小規模な事業者の課税関係を考えたりする際にも、役に立つであろう。淵圭吾「法人格内部の『取引』に関する一考察」ジュリスト1423号106頁（2011年）も参照。

第1章　日本法の沿革と現状

第1節　基本的構造

　所得課税の国際的な側面について，我が国ではどのような法的規律が行われてきたのか。本節では，この点について，多少時代を遡って検討する。その際，単に渉猟した資料を網羅的に紹介するのではなく，次の三つの点に重点をおいて整理する。

　第一に，課税に関する法がどの程度，私法上の取引と密接な関係を持っていたか。第二に，法人についてどのような理解がされており，それが企業や営業（事業）といった概念といかなる関係にあったか。また，それが課税に関する法にどのように影響を及ぼしていたのか。第三に，課税要件の定めにおいて，国際的な事象をどこまで取り込んでいるか。つまり，課税管轄権をいかなる範囲まで及ぼそうとしているか。

　なお，本章では，平成26（2014）年改正前の所得税法，法人税法を取り上げている。

第1款　初期の規定と学説

1　所得税の草創期

　我が国で所得課税が導入されたのは，明治20（1887）年のことであった。自然人のあらゆる所得に対して総合課税するものであったが，所得の源泉地，課税管轄権の範囲については特に意識されていない，プリミティブなものであった[1]。

---

1) 金子宏『租税法〔第9版〕』50頁（弘文堂，2003年）は，「この時点で一種の総合累進所得税制度が採用されたことは，注目に値する」と評価する。納税義務者が自然人に限られていたことにつ

2 明治32年改正

明治32 (1899) 年の所得税法改正は、三種の所得について課税を行うという、昭和15 (1940) 年改正にいたるまでの、所得課税の基本的枠組みを形成した[2]。三種の所得に対する課税とは、法人の所得に課される第一種所得税、公社債の利子に対する第二種所得税、個人の所得に対する第三種所得税である。

この改正法において、第一種所得税は、個人の所得に対する源泉課税として理解されていたというが、本当にそうであるのか必ずしも明らかではない。すなわち、本来、法人に対する所得課税と別にその株主（ないし社員）に対する所得課税が行われるべきであるが、「負担関係を考慮し」[3]、法人から個人（株主）に対する配当に対しては課税しないという（5条7号）。この説明からは、法人税を個人所得税の前取りとして理解するのか、法人に対する個人所得税とは別の課税なのか、はっきりしない[4]。

第二種所得税は、公社債の利子に対して、源泉分離課税を導入するものであった。

第三種所得税については、この改正によって、無制限納税義務者と制限納税義務者との区別、それぞれの課税される所得の範囲が定められたことが注目される。具体的には、「帝国内この法律施行地に住所を有し又は1箇年以上居所を有する者はこの法律により所得税を納むる義務あるものとす」（1条）、として無制限納税義務者が定義され、制限納税義務者については「この法律施行地に資産営業又は職業を有するときはその所得についてのみ」所得税の納税義務があるとされた（2条）。

ここで、明治32年改正の経緯を簡単に見ておこう。この改正は、明治31年

いて、雪岡重喜『所得税・法人税制度史草稿』1頁（大蔵省主税局調査課、1955年）は次のように評している。「当時まだ私法の規定が完備せず、法人の観念も一般に徹底していない時代であり、また資本の育成を図るべき時代であったので、所得税は個人にのみ課税し、法人に対しては何等納税の義務を負わせていなかったこともやむを得なかったところであろう」。なお、雪岡は当時大蔵省主税局調査課のメンバーであった。井上一郎「安井・今村・鍋島による明治20年所得税法逐条解説」税務大学校論叢23号509頁（1993年）、山本洋＝織井喜義「創成期の所得税制叢考」税務大学校論叢20号1頁（1990年）参照。

2) 若槻禮次郎『現行租税法論』249頁以下（和仏法律学校、1903年）、および、堀口和哉「明治32年の所得税法改正の立法的沿革」税務大学校論叢28号1頁（1997年）参照。
3) 雪岡・前掲註1) 5頁。
4) 後述の改正の経緯を参照。

の第12回帝国議会へ提出された改正案が原型となっている。この改正案（第一次改正案と呼ぶ）は，所得税法の外国人への適用を念頭においたものであった[5]。納税義務者の規定においては自然人と法人とを書き分け，無制限納税義務と制限納税義務の区別を導入している（1条，2条）。所得税は「対人税」であるとされつつ，競争中立性の観点から国内で営業・財産から所得を得ている者にも課税する（制限納税義務）限りにおいて，「対物税」の性格を持つとされる[6]。

　自然人については，所得の種類を四つに分け，それぞれについて累進税率が適用される（4条）。法人の所得には累進税率が適用される（4条「第一種」所得）。法人段階で日本の所得税が課されている場合に限って，法人から得られる配当所得は免税とされる（3条4号）。政府委員の説明では，法人に対する所得課税は法人というヒトに対する人税（「対人税」）であるという論理によって累進税率の適用が正当化される[7]。しかし，本来はクラシカル・システム[8]が正しいと考えているにもかかわらず，（法人所得課税が経済的には株主の負担となることを前提に）株主の急激な負担増を避けるために，従来（一応）所得課税の対象となっていた配当への課税をやめて法人所得課税のみを行うという[9]。

　これに対して，同年12月の第13回帝国議会に政府から提出された所得税法改正案（第二次改正案と呼ぶ）は，納税義務者の規定において自然人と法人を書き分けていない（1条）。もっとも，無制限納税義務者たる法人についてはその全所得が課税の対象となるが（5条6号但書），自然人については外国における資産・営業又は職業から得られた所得は課税の対象とされない（同号本文）から，自然人には無制限納税義務者と制限納税義務者の区別は存在しないと見るべきかもしれない。

---

5) 第12回帝国議会の衆議院所得税法改正法律案審査特別委員会（明治31年6月2日）で政府委員の若槻禮次郎は，明治20年の所得税法では外国人への適用に際して不都合がある点を，改正の理由として述べている。速記録1頁参照。速記録は，国立国会図書館が提供する「帝国議会会議録検索システム」（http://teikokugikai-i.ndl.go.jp/）から閲覧できる。
6) 速記録1頁の若槻委員の説明を参照。
7) 速記録4頁上段，7頁下段の若槻委員の説明を参照。この説明に対しては，議員からの批判が多い。
8) 法人段階で一度，法人から配当を受ける株主段階で一度，所得課税を行う方式。アメリカでは，クラシカル・システムが採用されているといわれている。
9) 速記録3頁下段の若槻委員の説明を参照。

また，法人の所得に対しては（累進税率ではなく）比例税率で課税するほか（3条「第一種」所得），注目すべき変更点としては，公社債の利子に対して比例税率での源泉分離課税を導入している（3条「第二種」所得，42条）。これは，公社債の利子が，とりわけそれが外国人によって保有されている場合に，ほとんど捕捉されていなかったことを背景としている。その他の所得については，累進税率が適用される（3条「第三種」所得）。なお，所得課税の対象たる法人からの配当金は免税とされている（5条7号）。

ところが，この第二次改正案の要とも考えられる公社債の利子への源泉分離課税は，衆議院での審議において，削除されてしまう[10]。これに対して，貴族院では議論を尽くした結果，却って，政府原案通り，公社債利子に関する第二種所得の課税を復活すべきという提案がなされる[11]。この提案が通り，衆議院でも結局この提案が受け入れられることになった[12]。

3　大正9年改正

所得税法の改正は明治38（1905）年，大正2（1913）年，大正7（1918）年にも行われたが，注目すべきは大正9（1920）年の改正である。

その前に，大正2年改正についても一言，述べておこう。大正2年改正の重点は，所得税の納税義務者である法人が二種類に分けられたことにある。日露戦争のさなか，政府は非常特別税法によって所得税の増徴を図った（明治37年，38年）。このうち，明治38年の第二次増徴では，社員の数によって法人を二種類に分け，別個の増徴率を適用した。明治末期に政府は，税法審査委員会（明治39年）・税法整理案審査会（明治40年）を組織して税制整理に着手した。ここでは，社員の数によって法人を二種類に分け，社員が21人以上である場合には定率の所得税を課し，社員がこれより少ない場合には超過累進税率で課税するという案が提出されたが，結局廃案となった。大正2年改正は，以上のよ

---

[10]　この修正の経緯については，所得税法改正法律案審査特別委員会の議事速記録からは，よくわからない。ただ，本会議の議事録を見ると，委員会において修正されたことがわかる。第13回帝国議会衆議院議事速記録第14号142頁（明治31年12月24日）参照。

[11]　第13回帝国議会貴族院所得税法改正法律案特別委員会速記録第2号10頁上段（明治32年1月16日）の水野遵委員の発言を参照。

[12]　第13回帝国議会衆議院議事速記録第22号272～273頁（明治32年1月31日）の若槻政府委員および星亨議員の発言を参照。

うな経緯を受けて，21人以上の社員のいる甲法人については比例税率，それ以外の乙法人については超過累進税率で課税することにした。乙法人は実態が個人企業に近いというのがこのような区別の理由であった。

さて，本書の関心からして，大正9年の改正の重要な点は，第一に，法人所得課税が整備されたこと，第二に，自然人の国外で得た所得への課税が始まったことである[13]。

大正9年改正によって，法人所得課税は，概ね次のような仕組みをとることになった。まず，法人の所得（第一種所得）は（甲）法人の超過所得，（乙）法人の留保所得，（丙）法人の配当所得，（丁）法人の清算所得，（戊）「本法施行地に本店又は主たる事務を有せざる法人の本法施行地における資産又は営業より生ずる所得」（つまり外国法人の所得）の五つに分けられる（3条）。

それぞれの所得を算定する前提として，まず法人の所得が算定される（4条）。これは言うまでもなく，各事業年度の益金から損金を控除した金額である。法人の超過所得は，この各事業年度の所得から，資本金額の10パーセント[14]を控除して得られる金額である（5条）。ここでいう資本金額は，各月末の払込株式金額，出資金額又は基金および積立金額の月割り平均から，繰越欠損金の各月末における金額の月割り平均を控除したものである（6条）。また，積立金とは名称の如何を問わず，法人の所得中，留保したものであって，各事業年度の所得から積立金とした金額が法人の留保所得として課税の対象となる（8条，9条）。法人の配当所得とは，法人が得た配当のことではなくて，法人が各事業年度の所得から利益配当，剰余金の分配に回した金額のことである（10条）[15]。

---

13) 当時原敬内閣の大蔵大臣であった高橋是清は，この改正の要点として次の九点をあげている。第一に，個人が法人から受ける配当を総合課税の対象に含めたこと，第二に，法人の留保所得への課税，第三に，法人の超過所得への課税，第四に，個人への勤労所得控除の増額，第五に，扶養控除の導入，第六に，課税最低限の引き上げ，第七に，税率の累進の度合いを高めたこと，第八に，銀行定期預金利子への第二種所得（源泉徴収）としての課税，最後に，山林所得に対する課税のタイミングの変更，である。第43回帝国議会貴族院議事速記録第9号203頁（大正9年7月14日）参照。これに対して，雪岡・前掲註1）16頁は，「施行地外から生ずる所得の課税」を主要な改正点の一つとして取り上げている。

14) 原案では8パーセントとされていたが，貴族院で修正された。

15) これは，第43回国会の衆議院において修正された結果付け加えられた。この衆議院での審議の結果，第三種所得について受取配当に対する控除の比率が高められ，累進の度合いが緩和させられた。これらによって生ずる歳入の減少を補うために導入されたのが，法人の配当所得に対する課税である。前掲註13）の高橋是清発言参照。

法人の清算所得とは，法人解散の際の残余財産の価額と，払込株式金額，出資金額，積立金および最後の事業年度における留保所得の合計金額との差額である。

国際的な側面については，納税義務者が無制限納税義務者（1条）とそれ以外に分けられた上で，後者については本法（所得税法）施行地に資産又は営業を有するとき他一定の場合にのみ納税義務を負う（2条。制限納税義務者），という基本構造に変化はない。ここで，自然人の所得（第三種所得）について包括的な定義がなされており，しかも従来存在した国外所得についての免税規定がなくなっていることが注目される（14条）。

また，一般に，本法施行地において支払を受ける公債，社債等の利子が第二種所得（甲）として源泉徴収の対象となるほか，無制限納税義務者以外については，本法施行地に本店又は主たる事務所を有する法人から受ける利益の配当等が第二種所得（乙）として源泉徴収の対象となる（3条，67条）。

さて，大正9年の改正で，法人所得課税は一気に複雑な制度となるにいたった。このような制度は，いかなる考えの下に導入されたのか。この点については，蔵相・高橋是清による第42回帝国議会における趣旨説明[16]が比較的要領よくまとまっている[17]。それによれば，立案担当者はおおむね次のように考えていた[18]。

従来は法人の所得についていわゆる「漸進課税の主義」を採っていた。そこでは，法人に対する課税が株主たる個人に対する配当課税の代替物とされていた。すなわち，法人に対してその所得に課税がなされる反面，法人から株主への配当金に対しては課税がなされていなかった。ところが会社制度の発展とともに，このような税制が所得の多い者と少ない者の間の負担の不均衡をもたらすようになった。そこで，配当金について第三種所得として個人段階で総合課税の対象に含めることとした[19]。しかし，このように配当を行うと課税される

---

16) 第42回帝国議会衆議院議事速記録第6号8頁（70頁）「高橋国務大臣ノ演説」（大正9年1月30日）。
17) ただし，この国会では大幅な修正を受けた挙句，廃案になった。その経緯につき，簡単には，雪岡・前掲註1) 17頁参照。
18) この説明の時点では，（のちに第43回帝国議会で付け加えられた）法人の配当所得に対する課税は存在しない。
19) 原案では，法人とその株主の間でのいわゆる二重課税が存在するという意識は見あたらず，当

というのであれば，会社は当然，社内留保を図るはずである。そこで，多額の社内留保をなす法人とそうでない法人の間の課税の不均衡をなくすために，法人の社内留保に対して課税することになった。これが法人の留保所得に対する課税である。また，単に法人の所得に課税するのではなく，法人の所得がその運用資本に対して一定の利回りを超過するときに，その超過額に対して課税をすることにした。

つまり，立案担当者は，自然人に対して総合課税を行うことをこの改正の目的としており，法人に対する様々な所得課税はそれを補完するものとして位置づけていたようである。もっとも，法人に対する所得課税はそれに尽きるものではなく，法人自体に対するいわば人税のような側面も持っている。

このような法人に対する所得課税の多面性を，大蔵省主税局で大正9年改正に携わった藤澤弘は次のように説明しており，説得力がある[20]。多少長くなるがその要旨を紹介する。

法人に対する所得課税を説明する論理は二つある。第一は，法人に法人格があることを出発点とするもので，法人はその所得について固有の納税義務があるとする。これを主観主義と呼ぶ。これに対して，第二は，「法人の内部的経済組織即ち其の実際的観察に立脚する」ものであって，「単に課税技術上法人課税を便とする遡源徴収的課税主義」である。これを客観主義と呼ぶ。

主観主義によれば，法人は法律上又は経済上自然人たる個人と対等の地位にあるから，その所得について納税義務を負うというのは当然のことである。それゆえ，法人からの利益の分配を受けた個人に対して再び所得課税を行うことは決して不合理ではない。このような立場は併課主義と呼ばれる。これに対して，客観主義からは，法人の所得は畢竟するにその法人を組織する分子即ち株主等に分配帰属すべきものであって，究極においては法人の所得なるものは存在しない。法人の所得に対する課税は，その所得の最後の帰属者である各個人に対する個々の課税の代わりに行う遡源徴収としてのみ行うべきである。従って，法人段階と個人（株主）段階での二重課税は排除すべきである。このような立場は単課主義と呼ばれる。

然，この二重課税を排除する規定も存在しない。政府提出の原案は，第42回帝国議会衆議院議事速記録第6号65頁（3頁）（大正9年1月30日）参照。
[20] 藤澤弘『会社の経済と納税』22頁以下（日本租税学会，1921年）。

これら二つの考え方にはそれぞれ相応の理由がある。法人観念の発達した今日，法人について固有の納税義務は全然認められないという単課主義を採ることはできないが，他方で，法人格が別だから構わないという絶対二重課税主義に与することもできない。ある程度までは法人の所得に対する「客観的重複課税」を緩和する必要がある。

このような理論的考察に基づいて，大正9年改正後の法人所得課税（本書23頁参照）は次のように説明することができる[21]。まず，所得税法3条第一種丁（＝法人の清算所得）は法人の合併又は解散の場面における特別課税，第一種戊（＝外国法人の所得）は外国法人に対する物件的課税で，いずれも源泉課税を目的とすることが明らかである。これに対して，他の三種の所得についてはいささか説明の必要がある。

第一種甲（＝法人の超過所得）は，法人の所得が資本金の一定割合を超えるときは普通一般の程度を超過する利益であるとして，この特別な利益に対する特別の負担を課したものである。そして，法人について特別の利益がありうることを認めた理由は，企業組織が経済的であること（資本の合同，企業の統一，事業の独占的なること等）より生み出される特別の利潤があるからである。それゆえ，超過所得に対する課税は個人に対しては行われず法人に対してのみ行われるのである。もっとも，法人の経済的地位が必ず優越しているとは限らないから，資本金の一定割合（10パーセント）を超えない部分については特別の課税を行わないのである。このように，法人の超過所得に対する課税は，法人固有の納税義務に基づくもので，法人に対する「主観的課税」であるということができる。

他方，第一種乙（＝法人の留保所得）・第一種丙（＝法人の配当所得）は，理論的には，法人に対して必ず課さなくてはならないものではない。法人の留保所得に対する課税は，法人からの配当金を個人段階で総合課税しようという改正法の施行にあたって，その相対的免脱を目的とする利益の社内留保を制限するためだけのものである。また，法人の配当所得に対する課税は，法人からの配当金を全て個人段階で総合課税すると負担が激増する人がいることに鑑みて，一部を法人段階での源泉課税，残りを個人段階での総合課税にするという過渡

---

21) 藤澤・前掲註20) 24頁以下。

的制度の産物でしかない[22]。

　このように，大正9年改正法の下での法人所得課税は，あるものは主観主義，他のものは客観主義に依り，「併課，単課其の何れにも属せざる一種の混合制度」というべきである。

　翻って，租税負担の帰着は，いずれにせよ，法人の株主又は社員に分配帰属している。

　藤澤は法人所得課税について，以上のように説明している。理論的枠組みによりつつ，現実の制度を無理なく説明しているものと言うことができよう。

　この時期の国際課税に関する議論の状況を示す資料としては，大正13（1924）年2月に大蔵省主税局長の黒田英雄が行った講演の記録である「国際二重課税問題について」[23]がある。この講演は，各国の所得税制度を「所得者の所在地課税主義」と「所得の発生地課税主義」とに分けて，我が国の制度を，両者を併用するものであると位置づけている。その上で，国際的二重課税の防止のために考慮すべき様々な事項を挙げており，少なくとも大蔵省内部では，国際課税について理論的な検討が相当進んでいたことを示している。

　なお，この改正にあたって立案担当者が気にかけていた同族会社を利用した配当所得課税の回避に対して，法人の留保所得への課税はほとんど効き目を持たなかった。税率が低すぎたのである。このため，配当所得課税回避のための同族会社の設立が横行した。そこで，大正12（1923）年の改正において，留保所得が株主に配当されたとみなすことによる同族会社に対する留保所得課税の特別規定と，いわゆる行為計算否認規定が導入された[24]。

4　大正15年改正と学説の展開

　大正15（1926）年の所得税法改正は，大正9年の所得税法の骨格をそのままに，細部について変更を加えるものであった[25]。この改正ののち，昭和15（1940）

---

22) 前述のように，このような制度は議会における修正によって導入された。
23) 後掲註44）（『参考資料集』）1頁。
24) 導入の経緯につき，雪岡・前掲註1）21〜22頁，29〜30頁参照。また，行為計算否認規定については，渕圭吾「アメリカにおける租税回避否認法理の意義と機能（1）」学習院大学法学会雑誌38巻2号91頁（2003年），96頁およびそこで引用されている文献を参照。同族会社に関する課税の問題については，本書第2部第2章も参照されたい。
25) 以下，主として，雪岡・前掲註1）35頁以下による。

年改正までの約15年間,制度はほとんど動かない。そして,外国の学説を参照した研究が,戦後につながる様々な理論的問題点を提示することになる。

大正15年改正においては,まず,法人の配当所得と留保所得の区別が廃止され,普通所得に対する定率の課税が導入されている。そして,同族会社に対しては大正12年改正によるみなし配当の仕組みに代えてその留保所得に累進税率で課税する。つまり,一般の法人と同族会社とに別個の手当てを試みている。また,法人が受け取る配当について,第二種所得税(源泉徴収税)額を第一種所得税の所得税額から税額控除する方法によって,二重課税を排除している(21条)。

それでは,このような改正を経た規定を,学説はどのように理解し,また実務はどのように運用していったのであろうか。この点については,戦前における租税法の優れた概説書として名高い田中勝次郎『所得税法精義』[26]がよき概観を与えてくれる。以下,この本の叙述に基づいて,この時期(戦間期)における所得課税の状況を,特に租税法と私法との関係,法人課税そして国際的な側面に焦点をあててみていこう。

まず,法人に対する所得課税の意義については,ドイツの学説を引用して一般的な議論を展開しつつも,国内法の規定に即した説明はされていないといってよい。もっとも,法人の普通所得に対する課税に関する議論は相当に詳細であって,この時期において,既に法人所得税の理論的な位置づけよりも具体的な計算方法に人々の関心が移っていることがうかがわれる。

具体的には,法人の所得における益金および損金の概念が探究される。ドイツ所得税法を援用して商業帳簿上の益金が所得計算の基礎となること,にもかかわらず,所得の計算方法に関する純資産増加説[27]に依拠して[28],法人の損益は対資本主関係の取引以外の原因によって生じた法人の資産の増減であると解

---

[26] 田中勝次郎『所得税法精義』(巌松堂書店)は,1930(昭和5)年初版,1936(昭和11)年改訂4版。引用は,改訂4版による。田中は大蔵省出身で,戦後まで租税法の分野で活躍した。
[27] 現在では,包括的所得概念と呼ばれることが多い。金子宏「租税法における所得概念の構成」同『所得概念の研究』1頁(有斐閣,1995年,初出1966〜1975年)参照。
[28] 「所得の計算に関する学説」として,源泉説と純資産増加説(シャンツ説)とを対比し,理論的には一時所得のような資本自体の取得をも所得とするシャンツ説よりも源泉説のほうが正しいとしつつ,実際問題としては商人の利益計算の方法とほぼ一致しているという点でシャンツ説にも価値があるという。そして,我が税法の解釈としては,個人所得の計算については源泉説,法人所得の計算についてはシャンツ説をとるべきだという。田中・前掲註26) 92〜95頁。

すべきだとされる。ここで、商業帳簿から離れることができる根拠として、「畢竟税法と商法とが互に相異る目的を有している」ことがあげられていることが注目される。このような税法と商法の目的が異なること、さらに税法上の概念が商法上の概念と必ずしも一致しないということを強調することは、額面超過金や減資益を課税の対象としないという解釈論と密接に結びついている[29]。

次に、国際課税については、かなり詳細な叙述がある。重複を厭わず、この時点での所得税法の定めと、田中による説明をみてみよう。

所得税の納税義務は「無制限納税義務」と「制限付納税義務」とに分けられた。そして、所得税法の規定は、依然として、自然人に対する所得税と法人に対する所得税の両方を含んでいた。所得税法1条は、「本法施行地に住所を有し又は1年以上居所を有する者は本法に依り所得税を納むる義務あるものとす」としていた。自然人と法人に対する、無制限納税義務を定めたものである。法人については、設立地に住所ありと解されていたようである[30]。

同2条は次のようになっていた。

「第1条の規定に該当せざる者左の各号の一に該当するときは其の所得に付てのみ所得税を納むる義務あるものとす
　1　本法施行地に資産又は営業を有するとき
　2　本法施行地に於て公債、社債又は銀行預金の利子若は貸付信託の利益の支払を受くるとき
　3　本法施行地に本店又は主たる事務所を有する法人より利益若は利息の配当、余剰金の分配又は利益又は余剰金の処分たる賞与若は賞与の性質を有する給与を受くるとき」

所得税法施行地[31]に住所又は1年以上の居所を有しない者は、ここに列挙さ

---

29)　当時の行政裁判所の判例は、商法上、資本金額を構成しないあるいは利益となることを理由に、これらにも課税すべきであるとしていた。これに対し田中は、課税すると資本の提供に対する課税となって出資者にとって二重の負担となるという理由で反対している。田中・前掲註26) 125頁以下。
30)　田中・前掲註26) 28～29頁。
31)　地理的な領土のことが念頭に置かれていたと考えられる。ただし、当時、内地の法律は当然には植民地には適用されなかった。実際、この所得税法は内地のみに適用されるものであった。田

れた条件を充たす場合に，いわば本法施行地内から得られる所得に限って納税義務を負った。これが制限付納税義務と呼ばれるものであった。第1号の要件を充たすと，日本国内の資産又は営業からの所得が，第三種所得（自然人にとって）ないし第一種所得（法人にとって）として課税される。これに対して，第2号は第二種甲，第3号は第二種乙にそれぞれ対応する所得であり，源泉徴収を受ける。

難しいのは，第1号でいう「資産又は営業」の意義である。田中は，「資産」の意義については，四つの説を対比した上で，所在を観念しうるものに限るとして，無体財産権は含まれるが債権は含まれないとしている[32]。また，「営業を有する」とは少なくとも支店・出張所その他の「営業場」を有することを必要とすると解している。そして，その「営業場」の意義については，ドイツ所得税法草案理由書や国際連盟の1927年租税条約草案を参照しつつ，永久性を備えている必要があることを論じている[33]。さらに，営業場より生ずる所得の計算については，ドイツ所得税法の条文[34]が十分に対応できていないことを指摘したのち，ドイツのヘルベルト・ドルンの学説や1927年の国際連盟租税条約草案を参照している。もっとも，それでもやはり提示される基準は次の如く抽象的なものではある[35]。

> 「之を要するに以上引用したる学者及実際家の説明に徴するときは内外国に渉る営業場より生ずる所得の計算は，法律上の意味における営業行為の観念を離れ，主として経済上より之を観察し，営業行為の部分的各要素が営業利益の発生に干与したる程度の厚薄に依って，其の利益を各要素に分配計算すべきであって，

中・前掲註26）17頁参照。
32) 田中・前掲註26）34頁以下。
33) 営業場の認定については，昭和11（1936）年に行政裁判所の判決がある（行判昭和11年5月27日行録47輯3巻240頁）。デンマークに本店を持ち国際電信事業を行う法人が長崎に設けていたステーションが営業場といえるかが争われ，判決は営業場の存在を認定した。杉村章三郎はこの結論を是認しつつ，国際的二重課税が惹起されることを指摘している。杉村章三郎『租税法』15頁注2（日本評論社，1936年），同『新判例と行政法の諸問題』175頁以下（良書普及会，1943年）参照。
34) ドイツ所得税法34条，48条は，国内の同業者の所得から類推する，あるいは，何らかの外形的基準（営業資本，収入金額，給料等）を基準とする方法を採用していた。田中・前掲註26）46〜48頁。
35) 田中・前掲註26）50頁。

此の主義は，理論上最も正当なる計算方法であり，且つ今日諸外国に於ける取扱の趨勢であると云はなければならない。

我所得税法の営業場より生ずる所得の計算に付ても，営業場に於ける営業行為の法律的要素例ば契約，履行，代金の授受等形式的要素に囚はるることなく，広く経済上の関係を考慮し，営業場に於て行はれたる営業行為が，其の営業所得の発生に干与したる程度の厚薄に依りて，其の営業場より生ずる所得を算定すべきであると思ふ。」

注目される点の最後は，制限付納税義務者である法人が内地（国内）に複数の営業を有する場合に，そのひとつが損失を生じた場合にこれを他の営業からの所得と相殺できるか，という論点に関する叙述である。田中は，次のようにいう。国内から生じる所得についてのみ総益金および総損金を観念すべきである。つまり法人全体としては損失を生じる場合であっても，国内から生じる所得がプラスであれば，課税すべきである。なぜならば，制限付納税義務者に対する課税は，納税者の人的事情を考慮しないでその国内から生じる所得のみを部分的に観察して課税する，「非人的租税（impersonal tax）」だからである，と[36]。

5 昭和15年改正

昭和15（1940）年税制改正は，二つの点で従来の租税体系に大きな変革をもたらした[37]。第一に，地租，営業収益税[38]，資本利子税といった収益税を廃して，所得税制度に累進税率による総合所得税と比例税率による分類所得税の二本立ての制度が導入された。従来，収益税は所得税の補完税として位置づけられていたが[39]，これを二本立ての所得税制度の中に統合したのである。第二に，法

---

36) 田中・前掲註26）55頁。田中は，このような理解の傍証を国際連盟の租税条約草案に求めている。
37) この改正については，雪岡・前掲註1）のほか，大蔵省主税局編『昭和10年以降における税制改正の概要』（大蔵財務協会，1950年），大蔵省昭和財政史編集室編（藤田武夫執筆）『昭和財政史第5巻租税』491頁以下（東洋経済新報社，1957年）を参照。
38) 営業収益税は，大正15年改正において従来の営業税に替えて導入されたものである。杉村・前掲註33）（『租税法』）60頁以下参照。
39) 例えば，神戸正雄『租税論』222頁（改造社，1929年），杉村・前掲註33）（『租税法』）43頁。神戸の記述から推測するに，所得の源泉段階で確実に把握できること，および，制度の組み立てに

人に対する所得税が「法人税法」の下に独立した。もちろん，源泉徴収所得税については法人もその納税義務者となっているが（現在でもそうである），それ以外については，法人は法人税の規律に服することになった。

所得税については，一定の種類の所得について担税力に応じて課税し（つまり，資産性所得に重課する），バックアップとして全所得について累進税率を適用する，という基本的仕組みがとられている。これは，依然としてキャピタル・ゲイン（譲渡所得）が課税の対象とされていないこと[40]を除けば，かなり合理的な制度であるということができよう。もっとも，この基本的な仕組みは，利子所得について総合課税を徹底せず源泉分離課税との選択を認めたこと（所得税法106条参照）によって幾分か骨抜きにされている。

なお，分類所得，すなわち源泉徴収の範囲が広がったことから，制限納税義務者の範囲も広がっている。国内で給料等を受け取った場合も制限納税義務者とされることになった（2条参照）。

法人税法はこの改正によって導入されたとはいえ，所得税法の中で行われていた法人所得課税の仕組みは基本的には維持されている。しかし，純粋に法人の所得に対する課税が行われているわけではない。課税の対象は，「所得」および「資本」である（法人税法2条）。これはもちろん，従来の第一種所得税に加えて，営業収益税，法人資本税を統合したためであるが，この立法の背景には，法人は自然人とは異なるものであるという発想が存在するといってよい。実際，議会において櫻内幸雄蔵相は次のように説明している。「元来法人は個人と其の性質を余程異にし，個人の場合に於けるが如く所得の種類及大小に応じて課税を異にする等の必要もないと思はれますので，所得税は原則として個人に付てのみ課税することとし，法人に付ては別に法人税を創設して，現行第一種所得税及法人資本税を一括して課税することと致したのであります」。[41]

よっては資産課税重課ができること，が「補完税」とされる所以であろう。
40) 所得税法11条および29条は，「営利を目的とする継続的行為より生じたるに非ざる一時の所得」を分類所得税，総合所得税の対象から除外している。もっとも，不動産，船舶等を譲渡した場合の利得については，臨時利得税が課税されていたようである。キャピタル・ゲインに対する課税については，金子宏「所得税とキャピタル・ゲイン」同『課税単位及び譲渡所得の研究』89頁（有斐閣，1996年，初出1975年）参照。
41) 第75回帝国議会貴族院議事速記録第22号286頁（昭和15年3月19日）参照。衆議院でも同様の説明がなされている。

なお、この改正で法人所得課税において欠損金の繰越控除が認められるようになった。

6 昭和22年改正

昭和22 (1947) 年の税制改正は、7年前に導入された分類所得税と総合所得税の二本立ての制度を早くも廃止した。あらゆる所得を総合して累進課税の対象とし、しかも一般にキャピタル・ゲイン（譲渡所得）に対する課税が導入されたことにより、少なくとも原則の上では、包括的所得概念が貫徹されることになった。もっとも、利子に対する源泉分離課税を選択することは依然として認められている。

キャピタル・ゲインに対する課税が導入されたということは、国際課税においても意味を持つ。「資産、営業又は職業」、「資産又は事業」を国内に有する場合に制限納税義務があるというとき、従来は、資産から生ずる果実が課税の対象となるという意味であった。しかし、キャピタル・ゲインが課税の対象となると、同じ規定が資産の譲渡益に対する課税の根拠規定として読み替えられることになる。例えば、国内に営業を有しない制限納税義務者が国内に所有する不動産を譲渡して生じる譲渡所得も課税の対象となってくる。

7 昭和27年改正

昭和27 (1952) 年の税制改正によって、制限納税義務者の範囲が拡大された。米国との租税条約締結を控えて、「発生地課税主義の原則を強化」することが主眼とされていた[42]。例えば、公社債の利子については、従来の、支払を受ける地が国内である場合、という基準に代えて、国債、地方債又は内国法人が支払う場合、という基準が導入されている。すなわち、所得源泉地を判断する基準が変更されている。それゆえ、単に制限納税義務者の範囲が拡大されたというよりは、制限納税義務を及ぼす基準に変更が加えられた結果として、事実上、制限納税義務者の範囲が拡大したといったほうがよいだろう[43]。

---

42) 雪岡・前掲註1) 345頁参照。
43) 昭和27年改正によって、国内源泉所得の概念が導入されたとする見解がある。赤松晃『国際租税原則と日本の国際租税法』206頁以下（税務研究会出版局、2001年）がそれである。確かに、立法において「源泉」の概念が用いられたのはこのときが初めてであったようである。しかし、前述の田中勝次郎等の叙述を見る限り、少なくとも昭和初期の段階で、国内源泉所得に相応する概念は

第2款　昭和37年改正法の構造

1　前史——租税条約の締結

ここまで専ら国内法の規定の推移を見てきたが，国際的二重課税を防止するための条約，すなわち租税条約についても動きがなかったわけではない。1920年代，二重課税防止のために国際連盟等の舞台ではモデル租税条約の草案が作られていたが，そこには日本から派遣された委員の名前もある。しかし，戦前においては，実際に租税条約が締結されることはなかった。内地と外地の間の二重課税排除についての法律（所得税法の施行に関する件〔大正9年法律第12号〕）および所得税法人税内外地関渉法（昭和15年法律第55号），満洲との二重課税排除に関する法律（所得税等の日満二重課税防止に関する法律〔昭和17年法律第74号〕）があった他は，わずかに，外国船舶より生ずる所得に対しての免税が国内法によって（大正13年法律第6号）行われていたにすぎなかった。

戦後，講和条約の締結を控えて，改めて，租税条約に注目が集まることになった[44]。そして，租税条約締結の準備作業の段階では，専らアメリカの学説が参照されていた[45]。これは，戦前の学説において主としてドイツの学説が参照されていたのと大きく異なる。

最初の租税条約は，昭和30（1955）年にアメリカとの間で締結されたが，それに先立って，必要最低限の国内法の修正が行われてきた。前述の昭和27年改正もその一つであるが，昭和28（1953）年の税制改正では外国税額控除制度が導入されている。

昭和29（1954）年の改正では，「居住者」，「非居住者」，「事業等を有する非居住者」といった概念が導入されている[46]。また，制限納税義務者にとって一

あったとみるべきではないか。

[44]　当時の租税条約に関する資料として，国税庁『国際租税協定関係の参考資料集』（1951年），岸本謹之助「二重課税排除と国際租税協定」ジュリスト4号7頁（1952年）。

[45]　国税庁・前掲註44）の文献には，アメリカの実際に締結している租税条約やアメリカの租税法専門誌に載った論文の翻訳が掲載されている。もちろん，戦前の一連のモデル租税条約起草に関する経緯も詳細に記されてはいるが（「財務通報」昭和3年3月25日の論考の写しが48頁以下に載っている），英米間の租税条約と我が国の国内法を対照表にした主税局作成の資料の存在などからして，おそらく，アメリカの租税条約がモデルとなったと思われる。

[46]　雪岡・前掲註1）467頁。なお，法人税法においては既に昭和25年改正で「内国法人」，「外国

定の種類の所得については申告を期待し難いとして、これらの所得については源泉徴収のみで課税関係を終了させるべく、改正が行われた[47]。

この改正に関して注目すべきは、非居住者（制限納税義務者）に関する課税の対象となる所得を列挙した規定（所得税法1条2項）の1号の意義が変わったことである。1号では、従来、「この法律の施行地にある資産又は事業の所得を有するとき」に納税義務があるとしていた。そして、これは2号以下と並列されていた。2号以下の所得の範囲は長い間にだんだん拡張されてきたが、それは1号の所得とは概念上は区別されていた。昭和27年改正で、一般的に国内源泉所得が課税の対象となるかのように読める規定が入れられたが、あくまで「命令で定めるもの」に限られていた。ところが、昭和29年改正によって、1号は「この法律の施行地にある資産又は事業の所得（第2号乃至第9号に該当するものを除く。）を有するとき」と変更された。括弧書きの挿入に伴って、1号は非居住者の課税対象となる所得の範囲を画する、一般的な規定となってしまった[48]。

2　昭和37年改正

昭和37（1962）年の税制改正は、我が国の国際租税法にとって、画期的なものであった[49]。この改正の立法趣旨については、税制調査会の答申[50]やその補

法人」という用語が導入されている。
47) 雪岡・前掲註1) 484頁。
48) これによって、一号所得と二号以下の所得との関係が問題となることになった。この点については、さしあたり、水野忠恒「国際租税法の基礎的考察」同『国際課税の制度と理論』1頁、40頁以下（有斐閣、2000年、初出1987年）、および、中里実「外国法人・非居住者に対する所得課税」日税研論集33号139頁（1995年）、189頁以下参照。また、第2節第2款4参照。
49) この改正が現在の国際租税法の基礎となっていることを否定する論者はいないといってよい。小松芳明『国際租税法講義〔増補版〕』7頁（税務経理協会、1998年、初版1995年）は、昭和37年、38年の税制改正を、「国際租税法の発展の歴史において特筆すべき重要な改革であった」と評する（同「所得課税の国際的側面における諸問題」租税法研究21号1頁〔1993年〕、3頁も同様）。中里・前掲註48) 160頁も、「昭和37年改正は、現在の日本の国際課税制度の根幹をつくりだしたものとして評価できるのみならず、当時の国際租税法の世界的水準からみて、極めて進んだものであった」と高く評価する。
50) 大蔵省主税局編『税制調査会答申及びその審議の内容と経過の説明（昭和36年12月）』（1962年）。

足資料[51]，さらには立案担当者による解説[52]から詳しく知ることができる。これらを踏まえて今日の観点から見ると，この改正の意義は次の点にあると考えられる。

第一に，国際租税法に関する概念上の混乱が収拾された[53]。非居住者（制限納税義務者）の課税の対象となる所得について，昭和29年改正以来，一般的に「この法律の施行地にある資産又は事業の所得を有するとき」に所得税の納税義務があるとされつつ，国内源泉という概念が部分的に用いられていた[54]。これに対して，日本の締結した租税条約では非居住者の課税の対象となる所得の範囲は，国内源泉所得ということになっていた。そして，「この法律の施行地にある資産又は事業の所得」という概念と国内源泉所得という概念とが別々のものであることを前提に，これらの両者それぞれについてあてはまる所得の範囲が画定されるべきであると考えられていた。しかし，このように二重の手順を踏む実益はないし，かえってわかりにくいだけである。それゆえ，非居住者の課税の対象となる所得の範囲の画定について，国内法と条約を揃えてしまおう，というのがこの改正であった。こうして，我が国の所得税の課税対象となる非居住者の所得は国内源泉所得である，という単純な定式ができあがった。

第二に，この一号所得（所得税法1条3項1号の「この法律の施行地にある資産又は事業の所得」）に関するルールが整備された。日本にある事業の所得とは何か。具体的には，まず，日本に事業があるとはどういうことか。次に，日本に事業があるといえる場合に，その所得とはどの範囲のものなのか。また，日本にある資産の所得とは何か。こうした諸点について，ある程度詳細なルールが設けられた。

日本に事業がある，という点については，租税条約において既に採用されていた「恒久的施設」の概念にできるだけ近づけて運用するべく改正がなされ

---

51) 税制調査会『税制調査会答申関係資料集（第2分冊）』（1962年）。
52) 国税庁『非居住者，外国法人及び外国税額控除に関する改正税法の解説』（1962年）。これは植松守雄氏（当時，大蔵省主税局臨時税法整備室長）の講演録である。
53) この点に関しては，国税庁・前掲註52) 3頁以下参照。
54) 部分的に源泉概念が登場する例としては，（昭和37年改正前の）所得税法1条2項9号の「第2号乃至前号に規定する場合の外，資産をこの法律の施行地にある事業の用に供することに因りその対価として支払を受ける所得その他のその源泉がこの法律の施行地にある所得で命令で定めるものを有するとき」という規定がある。これは，前述の通り，昭和27年改正で導入されたものである。

た[55]。所得税法1条8項は「事業」を三つの類型に分け，そのうち第一のもの（第1号…支店等）を有する場合と後二者（第2号…建設等，第3号…代理人）を有する場合とで異なった扱いをしようとしている[56]。

次いで，「事業の所得」の範囲については，事業活動が国内外にまたがって行われているという，まさに本書が着目するところの問題状況が，正面から取り上げられている[57]。その詳細については，次節で説明することとしたい。

日本にある資産の所得については，所得税法施行規則1条が詳しく定めている。この類型の所得は，国内に事業を有しない非居住者，外国法人の得た国内源泉所得である。にもかかわらず，申告納付が期待されている。あまり現実的ではないが，この1条では詳細に，いかなる場合に，国内にある資産から果実ないし譲渡所得が生じるのかということを規定している[58]。

第三に，総合課税と源泉徴収という二つの課税方法の使い分けに関連して，帰属所得主義と全所得主義という，総合課税の対象となる所得の範囲を決定するための二つの考え方が検討されている[59]。そしてここでは，原則としてはアメリカに倣って全所得主義が採用されている。もっとも，先に三つに分けていることをみた「事業」のうち，後二者については，全所得主義ではなく帰属所得主義がとられる[60]。租税条約＝ヨーロッパ流の考え方が積極的に採用されているわけである。

3 昭和40年改正

昭和40（1965）年の所得税法・法人税法の全部改正は，国際租税法にとっては，条文の形式を整えることと昭和37年改正の不備を補綴するという意味を持っていた。形式の面では，条文の順番が整理され，国際課税に関する規定が後ろのほうに移動した。現在も，この昭和40年改正の条文が——必要な改正を受けつつも——そのまま維持されている。

---

55) 所得税法1条8項および所得税法施行規則1条の7参照。
56) 国税庁・前掲註52) 21頁以下参照。
57) 所得税法施行規則1条の2参照。立案担当者の解説としては，国税庁・前掲註52) 45頁以下が詳細である。
58) 立案担当者の解説としては，国税庁・前掲註52) 31頁以下参照。
59) 帰属所得主義と全所得主義については，緒論で言及した。
60) 国税庁・前掲註52) 7頁以下参照。

概念の整理にとどまるとはいえ，理論的には重要な意味を持つのが，総所得（gross income）と純所得（net income）を区別する用語法の導入である[61]。所得という概念は，あまり厳密に用いられてきたわけではなかった。ある人のある年度の純資産増加と消費の和が「所得」と呼ばれると同時に，それを構成する個々の利子，給料や原稿料等もまた「所得」と呼ばれる。そして，この個々の「所得」は，純所得を意味することもあれば，総所得（収入金額）を意味することもあった。昭和40年改正は，個々の「所得」に関して，純所得を意味する場合に「所得」という用語を，総所得を意味する場合に「国内源泉所得」という用語を，用いることにした。例えば，事業所得を生む総所得が「国内源泉所得」であり，この総所得から必要経費を控除した純所得が「国内源泉所得にかかる所得」と呼ばれるようになった。

第3款　2000年代初頭における状況

昭和40年改正ののち，50年近くにわたって，我が国の国際租税法は，法律の規定の上では，ほとんど変わらなかった[62]。この，平成26（2014）年度改正前における，いわば完成した形を，ここで一旦まとめておこう。以下は，かなり大雑把な鳥瞰図である[63]。

1　自然人と法人に対する同一のルール

国際的な活動に対する所得課税を規律する一連のルールにおいて，まず注目すべきなのは，そこでは自然人と法人に対してほとんど同一のルールが適用さ

---

[61]　小松・前掲註49）（『国際租税法講義』）115頁。
[62]　もちろん，昭和40年以降にも国際課税に関する諸問題に対応する重要な立法は存在する。タックス・ヘイブン対策税制（昭和53年改正），移転価格税制（昭和61年改正）および過少資本税制（平成4年改正）等である。これらは，国際課税の基本的な構造に変容を加えるものではないが，実際上は極めて重要な役割を――広い意味での租税回避を狙った取引との関係で特に――果たしている。
　　なお，これらは租税特別措置法の中に規定されており，形式的には租税特別措置の体裁をとっているが，国際課税に関する国際的に認められた諸原則から逸脱する制度ではないと考えられる。
[63]　詳しくは，前掲註48）引用の文献および，中里実「国際租税法上の諸問題」総合研究開発機構編『多国籍企業の法と政策』89頁（三省堂，1986年）等を参照。平成26年改正後の制度については，中里実ほか編『租税法概説〔第2版〕』265〜310頁〔渕圭吾〕（有斐閣，2015年）参照。

れることである。すなわち，自然人と法人はともにその所得に対して課税されることを前提として，その国際的な活動から生ずる所得について，共通のルールが置かれている。自然人である「非居住者」の納税義務を定める所得税法161条以下と，法人である「外国法人」の納税義務を定める法人税法138条以下とは，形式においても内容においてもかなり似ている。このような自然人に関する規定と法人に関する規定の同一性は，世界各国の国内法や租税条約に共通に見られるが，ここに，法人を自然人に類似した法的な存在としてとらえる発想[64]が存在していることを指摘することができよう。

2　納税義務者と所得に関する二分法

次に，内国法人・居住者と外国法人・非居住者が区別されている。多くの国では，法人と自然人が所得課税の納税義務者となっているが，この法人・自然人が二つの類型に分けられる[65]。そして，内国法人・居住者についてはその全世界所得について課税がなされ，外国法人・非居住者についてはその国内源泉所得[66]に限って課税の対象とされる[67]。

敷衍すると，次のようになる。多くの国家は，自国とのかかわりあいの程度に応じて納税義務者を二つの類型に分ける。自国とのかかわりあいの程度の深い納税義務者についてはその納税義務者に帰属するあらゆる所得を所得課税の対象とする。自国とのかかわりあいの程度が浅い納税義務者については，所得のうち類型的に自国とのかかわりあいが深いもののみを課税の対象とする[68]。

このような，所得のうち類型的に自国とのかかわりあいが深いものを国内源泉所得という。国内源泉所得以外の所得を国外源泉所得という。包括的所得概

---

64) 岩井克人流に言えば，ヒトとして法人を見ている，ということである。岩井克人「ヒト，モノ，法人」同『二十一世紀の資本主義論』230頁（筑摩書房，2000年，初出1990年）参照。
65) 所得税法2条および法人税法2条の定義規定参照。
66) 源泉の概念を用いないヨーロッパでは単に「国内所得」と呼ぶ。
67) 外国法人・非居住者に対する課税の有無・方法と，国内法上，租税条約上の諸概念との関係は，外国を見渡すと，かなり複雑である。基本的には，所得源泉（ないし国内所得か国外所得か）が課税の有無を決定し，所得源泉ないし「恒久的施設」への帰属を基準に総合課税の有無を決定する。しかし，アメリカでは国外源泉であっても総合課税の対象とされることがあるなど，一概には言い切れない。
68) 前者は「居住地管轄」と呼ばれ，後者は「源泉に基づく管轄」と呼ばれる。ただし，前者については，外国税額控除方式，あるいは国外所得免税方式によって片務的救済が行われる。水野・前掲註48)11頁以下。

第1部　第1章　日本法の沿革と現状

念のもとでは，所得とは一課税年度における経済的利得の純額を金銭評価したものであるといえるが，所得の原因となる経済的価値の流入もまた所得と呼ばれることがある。国内源泉所得・国外源泉所得，という場合の「所得」とは後者の意味である。そして，ある経済的価値の流入（通常は何らかの金銭の支払）についてその原因となった資本（ストック）を「源泉」と考え，この源泉の所在が国内か否かによって所得を二つに分けている。

要するに，国際課税の仕組みにおいては，納税義務者も所得も大きく二種類に分けられ，それぞれ異なったルールに服している。

3　二つの課税方式

所得の，課税管轄権への帰属の有無を判定する一連の定めは「ソース・ルール」と呼ばれている[69]。ソース・ルールは，前述の後者の意味の「所得」の類型ごとに異なる。この類型としては，利子，配当，使用料などがある[70]。基本的には，我が国の所得税・法人税のソース・ルールは，一定の源泉から所得が発生するという想定のもとに，「国内源泉所得」の範囲を明文で定めている[71]。そして，事業所得[72]をはじめとする「一号所得」についてのソース・ルールと，それ以外の所得についてのソース・ルールとは，かなり異なった性格を持つといってよい。

所得税法161条1号，法人税法138条1号で規定するような所得（「一号所

---

[69] ソース・ルールに関する最も包括的で鋭い考察として，谷口・後掲註74）。他に，重要な研究論文として，谷口勢津夫「ソース・ルール」ジュリスト1075号51頁（1995年），中里・前掲註48），ゲイリー・トーマス「日本の法人税法上のソース・ルールについて」租税法研究10号220頁（1982，英文．"The Source Rules in Japanese Tax Law"），木村弘之亮「アメリカ合衆国と日本国の租税法における『ソース』と管轄権」石島弘ほか編『税法の課題と超克（山田二郎先生古稀記念）』81頁（信山社，2000年）等がある。

[70] 日本の場合，この所得区分が，国内法上の所得分類と異なっている。この点につき，渕圭吾「匿名組合契約と所得課税――なぜ日本の匿名組合契約は節税目的で用いられるのか？」ジュリスト1251号177頁（2003年）も参照。なお，同183頁では「租税条約上の所得分類」という見出しをつけているが，本文では「所得分類」と「所得区分」という語を使い分けていることからして，ここは「租税条約上の所得区分」とすべきであった。本書でも，所得の種類については「所得分類」，ソース・ルールについては「所得区分」という用語を用いることとする。

[71] 所得税法161条，法人税法138条。

[72] なお，ここでいう事業所得は，必ずしも所得税法27条にいう「事業所得」とは一致しない。ここでは，広くリスクを負って営む事業活動から得られる所得を事業所得と称する。詳細については，次節第2款以下を参照。

得」)についてのソース・ルールは，収入金額から必要経費を控除した純額(ネットの所得)の源泉地を決定している。一定の事業活動が存在し，そこでその事業活動に関する会計帳簿が作成されている。ここでいうネットの所得とは，会計帳簿に基づいて算定された一定の期間における所得である。このことを前提に，ある事業活動にかかわるネットの所得についての申告納付が求められている。これは，純粋に国内だけで事業活動が行われる場合の所得課税と同様の課税方法である。

事業所得についてのソース・ルールは，租税条約上は，「恒久的施設(permanent establishment)」という概念に大きく依存している。恒久的施設とは，「事業を行う一定の場所であって企業がその事業の全部又は一部を行っている場所」(OECDモデル租税条約5条)などと定義される。支店や工場などが恒久的施設の代表例である。

「恒久的施設」概念は，具体的には次の二点において重要である。第一に，ある納税義務者が国内に恒久的施設を有していなければそもそも事業所得に対する課税は行われない。「恒久的施設」はしばしば，PEと略称され，前記の原則は「PEなければ(事業所得)課税なし」の原則と呼ばれる[73]。第二に，多くの国で，恒久的施設に帰属する所得こそが事業所得であると考えられ，これが総合課税の対象となる[74]。

これに対して，それ以外の所得(「二号所得」以下)についてのソース・ルールが前提とするのは，ある者から別の者への金銭の支払である。この金銭の支払を捉えて，その金額を「所得」とみなし，これについての源泉地を決定するのが，ここでのソース・ルールの機能である。支払われた金銭の額がそのまま所得とみなされるので，ここでは必要経費が控除されることはない。むしろ，類型的に必要経費が全くあるいはほとんど存在しないような種類の所得を括り出して，源泉徴収という方法によっての徴税を図っているといってもよい。

---

[73] この原則は電子取引の進展により，危機にさらされている。この原則自体を廃止すべきだとする，浅妻章如「恒久的施設を始めとする課税権配分基準の考察——所謂電子商取引課税を見据えて」国家学会雑誌115巻3＝4号117頁(2002年)を是非，参照されたい。

[74] 我が国では，国内法については，恒久的施設への帰属という観念が働いていないと解されることにつき，さしあたり，谷口勢津夫「外国企業課税に関する帰属所得主義と全所得主義(1)(2・完)」税法学389号1頁，390号1頁(1983年)，特に390号16頁以下の「結語」を参照。また，中里・前掲註48) 247頁以下の図も参照。

以上を要するに，ソース・ルールにいう「所得」は，一号所得とそれ以外の所得とで，異なる意義を有するのである。同じ「所得」という言葉を使っていても，前者は一定の期間を区切って会計帳簿に基づいて算定される，いわば大文字の所得であるのに対して，後者は大文字の所得の原因となるような個々の収入金額を指すのである。この違いに着目して，一号所得は「包括的ソース・ルール」，二号以下は「個別的ソース・ルール」と呼ばれることもある[75]。

第4款　小　　括

日本の租税法は，戦前の学説はドイツの影響を受けてヨーロッパ流の考え方が支配的であったが，戦後になってアメリカ合衆国の影響を受けてアメリカ的な概念が導入された。このような理解が，国際租税法についても，おそらく支配的であろう。確かに，租税法の実務と学説が戦前はドイツ，戦後はアメリカの強い影響下にあることは否定できない。しかし，実際には，明治20年の所得税法成立以来，しばしば国際的側面が検討の対象となり，戦前においても，確かに租税条約の締結には至らなかったものの，相当の理論的な水準に達していたといってよい。

とはいえ，国際課税に関する国内法の基本的構造の完成は，昭和37年改正とそれを補う40年改正を待たなくてはならなかった。この基本的構造は，自然人と法人に対して基本的には同一のルールを適用している，納税義務者を二分類し，所得の種類も二分している，純所得の申告納付と総所得に対する源泉徴収という二つの課税方式を併用している，といった特徴を有する。この枠組みは，平成26年改正まで大きな変容をこうむることなく維持されてきた。

---

75)　谷口・前掲註69) 51頁参照。

第2節　法人格内部での国際的移転に関する平成26年改正前の状況

第1款　はじめに——用語法について

　本節では，以上のような平成26年改正前の日本の国際課税の仕組みにおいて，法人格内部での国際的な（財産あるいはサービスの）移転がどのように扱われているのか，どのような規定が存在するのか（あるいは存在しないのか）ということを見ていくことにしよう。

　まず，所得およびそれを生み出す財産の帰属をめぐるスタティックなルールの現状を調査する。このルールは，一般に「ソース・ルール」と呼ばれる，国際的な活動に対する所得課税の仕組みの中で最も基本的なものである。次に，帰属をめぐるダイナミックなルールの現状を明らかにする。ダイナミックなルールとは，所得を生み出す財産の移転に関するルールのことを意味する。日本法においては，このダイナミックなルールが十分に機能していないどころか，その必要性すら必ずしも認識されていないことが明らかにされるはずである。

　なお，「スタティックなルール」，「ダイナミックなルール」という用語は，本書で新たに考え出したものである。納税義務者の課税所得を構成する個別の所得は，いずれかの資本から生み出される，あるいは，資本自体の価値増加として把握される。そうだとすれば，資本と目される有体財産の物理的な移転および資本と目される無体財産の帰属の変更は，将来得られると期待される潜在的な所得の発生地の移動を意味する。それゆえ，こうした移転ないし帰属の変更に応じたルールというものを，観念することができる。これを，「ダイナミックなルール」と呼ぶ。これに対して，従来，ソース・ルールとして知られてきたような，実際に発生した所得に関する課税権配分のルールを「スタティックなルール」と呼ぶことにした。

　また，以下の叙述においては，特に断りなく，平成26年改正前の法律・政令を引用している。

第2款　スタティックなルール——ソース・ルール

1　はじめに

ソース・ルールの規定は，所得税法でいえば，161条の1号から12号までの13に分かって，所得を区分していた。つまり，13種類に所得を区分していた[76]。しかし，各々の号は必ずしも単一の性格を持つ所得で構成されているわけではない。特に1号には，様々な種類の所得が含まれていた。

第一に，「国内において行う事業から生じ」る所得である。これは，国内法の（所得税法の）所得分類における事業所得に対応するといってよいだろう。以下，一号所得のうちこの部分を単に「事業所得」と呼ぶ。

第二に，「国内にある資産の運用，保有もしくは譲渡により生ずる所得」。これは，さらに細かく二つに分けて考えることができる。一つは，資産の運用益，資産の使用料である。もう一つは，資産の譲渡益である。これらを合わせて，「資産からの所得」と呼ぶことにする。

なお，事業所得または資産からの所得にあてはまりそうであっても，1号の2以下に該当すれば，一号所得とはならない。

第三に，「その他その源泉が国内にある所得として政令で定めるもの」がある。「政令で定めるその他の所得」と呼ぶことにしよう。

これら申告納付が前提とされる所得に関して，法142条は，控除項目の計算方法として，所得の計算に関する一般的な規定を大幅に準用していた。

これに対して，1号の2以下は，前述のように，源泉徴収の対象となる所得を列挙していた。

以下，まず一号所得のうち事業所得について，続いて一号所得のうち事業所得と資産からの所得の関係について，最後に源泉徴収の対象となる所得について，見ていくことにする。

2　事業所得に関するソース・ルール

事業所得に関するソース・ルールはどのようになっているであろうか。わか

---

[76]　法人税法では12種類に区分していた。

りやすく言えば，複数の課税管轄権にわたって活動する者がいる場合，この者の国内源泉所得の範囲はどのようになっているのであろうか[77]。

　法人税法138条1号を見ると，「国内において行う事業から生じ，又は国内にある資産の運用，保有若しくは譲渡により生ずる所得（次号から第11号までに該当するものを除く。）その他その源泉が国内にある所得として政令で定めるもの」が国内源泉所得であるとされていた[78]。そして，この規定を受けて法人税法施行令176条〜178条が存在していた。このうち令176条が事業所得に関するものである。

　まず，令176条1項1号は，国外で譲渡[79]を受けた「棚卸資産[80]」をそのまま（手を加えずに）国内で譲渡して所得を得た場合に，その全てが国内源泉所得（「国内において行う事業から生ずる所得」）となるとする。逆に，国内で譲渡を受けた棚卸資産をそのまま国外で譲渡した場合，得られた所得は「国内において行なう事業から生ずる所得」とはならない（令176条2項）。

　次に，令176条1項2号は，棚卸資産の製造等と譲渡とが異なる国で行われた場合について規定する。やや複雑であるが，国外で製造しこれを国内で譲渡，あるいは国内で製造しこれを国外で譲渡した場合，まずこの法人が行った業務を「国内において行なう業務」すなわち「国内業務」と「国外において行なう業務」すなわち「国外業務」とに分け，このうち国外業務については他の者が行い，「当該他の者とその法人との間において通常の取引の条件に従つて当該資産の譲渡が行なわれたものとした場合」に，「国内業務につき生ずべき所得」が「国内において行なう事業から生ずる所得」となるという。つまり，一つの取引から生じた所得から，擬制を用いることによって，「国内において行なう

---

[77] ソース・ルールには，ひとまとまりの所得について，それが国内源泉所得であるか否か，all or nothing の形で判定するソース・ルールと，国内源泉所得である部分とそうでない部分の両方から成り立っていることを前提に，国内源泉所得の範囲を判定するソース・ルールと，二種類あるという（谷口・前掲註74））。ここでは，後者である。

[78] 所得税法と法人税法とで規定の内容はほとんど同じなので，以下では原則として法人税法のみを引用する。

[79] この概念の意義については，すぐあとで述べる。

[80] 法人税法2条20号によれば，「棚卸資産」とは，「商品，製品，半製品，仕掛品，原材料その他の資産で棚卸をすべきものとして政令〔引用者注：法人税法施行令10条〕で定めるもの……をいう」。所得税法では，これに「事業所得を生ずべき事業に係る」との限定がつく。

事業から生ずる所得」に相当する部分を括り出している。ここで用いられている擬制は，緒論で紹介した二つの系譜のうち独立当事者間基準に属すると考えられる。

　3号から6号が個別の事業に関する配分ルールを定めているのに対して，7号は前各号に該当しない事業について一般的に定めている。ここでは，二つの配分ルールが並列的に規定されている。一方は，2号と同様に国内業務と国外業務に区分し，両者を「それぞれ独立の事業者」が「通常の取引の条件に従って」取引を行った場合に国内業務につき生ずべき所得が，「国内において事業から生ずる所得」にあたるという。つまり，独立当事者間基準，しかもその中でもっとも中心的な考え方とされる「独立価格比準法」である[81]。これに対して他方は，「その国内業務に係る収入金額若しくは経費，その国内業務の用に供する固定資産の価額その他その国内業務が当該事業に係る所得の発生に寄与した程度を推測するに足りる要因を勘案して判定したその国内業務につき生ずべき所得」が「国内において事業から生ずる所得」にあたるとしている。これは，広い意味での独立当事者間基準の一類型であるとも言えなくはないが，独立価格比準法とは異なり，間接的に（取引価格ではなく）利益自体を推測する方法であるといえよう。

(1) 棚卸資産の「譲渡」の意義

　棚卸資産に関するソース・ルールについて問題になるのは，その「譲渡」の意義である。この点については，令176条4項が定めていた。

> 「第1項第1号若しくは第2号又は第2項に規定するたな卸資産について次に掲げる事実のいずれかがある場合には，国内において当該資産の譲渡があつたものとして，これらの規定を適用する。
> 　1　譲受人に対する引渡しの時の直前において，その引渡しに係るたな卸資産が国内にあり，又は譲渡人である法人の国内において行なう事業（その法人の法第141条第1号（国内に恒久的施設を有する外国法人）に規定する事業を行なう一定の場所を通じて国内において行なう事業又は同条第2号若し

---

[81] 独立当事者間基準の中身に関する具体的な諸類型，および各国のルールの動向につき，増井良啓「移転価格税制の長期的展望」水野忠恒編著『国際課税の理論と課題〔改訂版〕』37頁，42頁以下（税務経理協会，1999年）参照。

くは第3号に規定する事業をいう。）を通じて管理されていたこと。
2 譲渡に関する契約が国内において締結されたこと。
3 譲渡に関する契約を締結するための注文の取得，協議その他の行為のうちの重要な部分が国内においてされたこと。」

　この規定の意味自体は極めて明確であるが，その理論的な位置づけには困難が伴う。そもそも，ソース・ルールとの関係で棚卸資産の「譲渡」が何を意味するかについては，恐らく，理論的には二つの考え方がありうる[82]。

　第一は，棚卸資産の譲渡の行われた場所が重要であるという考え方である。これは，国際課税に関する全所得主義に親和的である。この考え方の中にはいくつかのバリエーションが存在する。一つは，棚卸資産の譲渡とは，その物理的な移転であるという考え方である。物理的な移転がどこで行われたかということが重要になってくる。もう一つは，棚卸資産の譲渡とは，棚卸資産に関する所有権の移転であるという考え方である。これによれば，物理的な移転の場所に加えて，所有権移転の前提となる契約の締結された場所，あるいは契約に関して権限を有していた法人の機関・代理人の所在が問題となる可能性がある。

　いずれにせよ，この考え方は，法人による棚卸資産の他人への譲渡によって所得が発生することを前提に，譲渡の行われた場所を基準に所得の国際的な配分を行おうとする。

　第二は，棚卸資産の譲渡が行われた場所自体は必ずしも重要ではなく，他人へ占有が移転した棚卸資産がもともと帰属していた恒久的施設ないし事業所の所在こそが重要であるという考え方である。これは，国際課税に関する帰属所得主義に対応する。法人の一部である恒久的施設ないし事業所による棚卸資産の所有，占有ないし所持を観念するのである。

　この考え方によれば，譲渡のタイミングについては私法上の契約の締結やその履行を基準としつつ，それとは別に棚卸資産の帰属先を考え，そこに所得を帰属させるということになろう。

　令176条4項のうち，1号は第二の考え方に近く，2号と3号は第一の考え

---

[82] 以下の叙述で言及する，全所得主義と帰属所得主義については，谷口・前掲註74）参照。また，同様の対立軸を意識しつつ解釈論を試みる国際私法学者による興味深い検討として，石黒一憲『国際的相剋の中の国家と企業』158頁以下（木鐸社，1988年）参照。

方に近いように見える。理論的に一貫しないようにも思われるが，ここでは問題点を指摘するにとどめる。

(2) 令176条5項について

令176条5項は，国内・国外の双方にわたって活動を行う法人が，国内にある支店等（正確には，「支店，工場その他事業を行なう一定の場所で政令〔引用者注：令185条〕で定めるもの」）を通じて行う，国外にある者に対する金銭の貸付け，投資その他これらに準ずる行為により生ずる所得で当該場所において行う事業に帰せられるものが「国内において行う事業から生ずる所得」にあたるという。

この規定は，「第1項の規定にかかわらず」とあることから，前述の1項の規定に対する特則ないし例外として位置づけられているように見える。

この5項を根拠に，事業所得のソース・ルールが部分的に（全所得主義ではなく）帰属所得主義を採用しているとみる見解とそれに対する反対論が存在した[83]。この反対論は，令176条5項の規定を，「ソース・ルールを定める所得税法161条および法人税法138条の各規定の構造上，『金銭の貸付，投資その他これらに準ずる行為により生ずる所得』については，その経済的な源泉地は国内にあるが，適用されるソース・ルールによれば国外源泉所得と判定されることがある点を考慮に入れた規定である」，そして「このような場合には，事業所得のソース・ルールを適用しうることを定める注意規定である」と見る。つまり，この規定は所得区分に関する規定であるというのである。

いずれの見解が妥当か。ここで念頭に置かれているのは，外国法人の国内にある支店が，国外にある他人に対して業として，あるいは事業の一環として金銭の貸付を行うような場合であろう。例えば，アメリカ法人の日本にある極東支店が，韓国の企業に対して貸付を行う，といった場合である。このような場合，仮に国内の支店が貸付を行っているという実態が確認できるとすれば，それによる所得は当然に日本支店の所得となると考えられる。

しかし，どのような場合に国内の支店が貸付を行っているといえるのかは，必ずしも明らかではない。なぜなら，第一に，金銭については，物理的な移転が生じた場所を問題とすることにあまり意味はない。金銭の移転というとき，それは貨幣の物理的な移転を意味するわけではなく，法的な帰属の変更を意味

---

[83] 谷口・前掲註74) 390号17頁。谷口は反対論の立場から説得力のある議論を展開している。

するのみである。そして，法的な帰属は多くの場合，帳簿上においてのみ表現される[84]。第二に，帳簿上においてのみ表現される以上，とりわけ法人格の内部においては，擬制的に恒久的施設ないし事業所による金銭の占有ないし所持を観念することが困難である。それにもかかわらず，課税関係を考えるうえでは，やはり何らかの手段によって，金銭の貸付をどの支店が行ったのかということを判定する必要がある。

　そして，以上の二つの困難性は，全所得主義をとる場合にも帰属所得主義をとる場合にも，同様に存在すると考えられる。全所得主義をとったとしても，やはり支店に対する金銭（ないし貸付という活動）の帰属を考えなくてはならない。

　つまり，金銭の貸付・投資の場合には，全所得主義によろうとも，帰属所得主義の場合と同様に，貸付・投資活動がどの支店に帰属するのかということを判断せざるを得ない。物理的・地理的な基準に頼れない，金銭に関する取引については，全所得主義と帰属所得主義の差がなくなってしまうのである。

　こうして，令176条5項が帰属所得主義を採用しているとまで積極的に言えるかは疑問であるが，所得区分に関する規定とみるのもやや不自然ではないかと考えられる。むしろ，金銭の貸付，投資に関する取引の特殊性に配慮した規定と見るべきであったように思われる。

3　資産からの所得に関するソース・ルール

　一号所得は，事業所得を中心に，資産からの所得やその他政令で定める所得をも総合課税・申告納付の対象としている。しかし，事業所得と資産からの所得については，2号（所得税法では1号の2）以下に該当する場合は，源泉徴収の対象となり申告納付の対象からは除かれる。

　資産からの所得のうち源泉徴収の対象から外れていて，それゆえ申告納付の対象となる，重要な所得類型として，キャピタル・ゲインがある[85]。我が国で

---

[84] なお，一般に，「金銭は，通常の物と異なり，一定の金銭的な価値を表彰する高度に抽象的な存在であることから，物権法的側面・債権法的側面の両方において特別の扱いを必要とする」といわれる。能見善久「金銭の法律上の地位」星野英一編集代表『民法講座別巻1』101頁（有斐閣，1990年）。

[85] 資産の範囲の捉え方いかんによっては，極めて多くのものが総合課税の対象となる資産からの所得に入ってくる。この点に関する検討として，デリバティブ取引のポジションが138条1号にい

譲渡所得として所得課税の対象となっているキャピタル・ゲインは，今や，世界中の多くの国で少なくとも理論的には課税の対象に含められている。

こうして，事業活動を行っている外国法人が日本国内で何らかの資産の譲渡益を得た場合，それは申告納付の方法によって徴税される所得であるということになる。これは問題がない。問題は，国内で事業活動を行っているとはいえない外国法人が，国内に資産を有している場合である。

まず，この資産が不動産であった場合，申告納付という課税方法が恒久的施設という概念と結びついているにもかかわらず，不動産からのキャピタル・ゲインに関しては，恒久的施設を持たない外国法人も所得の申告を義務づけられていた（法141条4号参照）。また，所得税においては，不動産からのキャピタル・ゲインは支払者に源泉徴収義務が課されていた（所得税法161条1号の2，同212条）。

しかしながら，国内にある動産の譲渡益については，国内源泉所得でありながら，申告納付義務の対象から外れている。法141条4号は，イで「不動産の譲渡」と明記し，動産の譲渡益を明らかに課税対象から除外している。

結果として，人的役務の提供と不動産からの所得（譲渡益を含む）という例外を除いては，キャピタル・ゲインに対する課税は，国内に恒久的施設が存在することを条件としているといえる[86]。

さて，そもそも，外国法人について，事業とは関係のない動産の譲渡益という類型がありうるのだろうか。もし，あるとすれば，なぜ，恒久的施設がない場合のみ，それが免税の扱いを受けるのか。この問いは，直接には恒久的施設を持たない外国法人に関わるが，もし「事業とは関係のない動産の譲渡益」がありうるとすれば，恒久的施設を有する外国法人についてはそれが申告納付による総合課税の対象となっていることの正当性が問われなくてはならない。

まず，自然人の場合，非居住者である者が国内に資産を保有することはありうる。消費目的で資産を保有するという場合である。ソース・ルールによれば，

う「資産」にあたらないと結論づける，中里実「外国法人の資産の運用・保有による所得とデリバティブ」税研108号47頁（2003年）参照。もっとも，同「国内事業所得と国内資産所得の関係」税研110号68頁，75頁（2003年）は「資産」性を肯定するようである。

86) やや明らかではないのが，無形資産の扱いである。2号以下の個別的ソース・ルールによってカバーされない無形資産は存在しないのかもしれないが，仮に存在するとした場合，これは動産と同様に扱われるのであろうか。

あくまで消費目的の資産を売却してキャピタル・ゲインを得たとしても，それに対しては（日本では）課税されないということになる。捕捉可能性の観点からして，一応もっともな政策であるといえよう。

次に，法人ないし自然人が，外国法人ないし非居住者として，国内に——キャピタル・ゲインの獲得を目的として——投資目的の資産を保有している，しかし，それは恒久的施設を構成しない，ということがありうるだろうか。

実際問題としては，国内で事業活動を行わないのに，投資目的の資産のみを保有しているということは考えにくい。しかし，理論的には，直接事業活動を行わない形で，専らキャピタル・ゲインを期待して，国内に資産を保有することはありうるというべきであろう。そして，恒久的施設を持たない外国法人の場合，この資産の保有からの利得は申告納付の対象となるが，この資産の譲渡益は課税の対象とはならないということになりそうである。しかし，恒久的施設を有する外国法人では，譲渡益も含めて申告納付の対象となる。

では，なぜ恒久的施設が存在しない場合には，全く課税の対象から除外されるのか。この点については，昭和38年改正のための税調答申が明らかにしている[87]。この改正は，執行の困難性から，譲渡所得課税の対象を限定した，というのである。この改正によって，譲渡所得課税については，以下のような論理に基づいて課税ルールが組み立てられることになった。

国内に恒久的施設を持つ場合には，外国法人は内国法人と同様に申告納税義務に服するから，その場合はあらゆる国内源泉所得を課税の対象としてよい。これに対して，恒久的施設がない場合は，基本的には源泉徴収だけで課税関係を終了させる。しかし，例外的に，明らかに我が国に関係の深い資産である国内所在の不動産の譲渡益等いくつかのものについては，申告納付をさせる，というわけである。

なお，恒久的施設を有しない外国法人について，動産の譲渡益については免税にしておきながら，なぜ運用・保有による所得に対しては課税しているのか，という点は必ずしも明らかではないが[88]，実際には，資産の運用・保有による所得の相当部分は2号以下の源泉徴収の対象となっている結果と思われ，一号所得としての「国内資産の運用・保有による所得」の範囲は相当狭いと考えら

---

87) 大蔵省主税局編・前掲註50) 530〜532頁。
88) この点については，中里・前掲註85)（「国内事業所得と国内資産所得」）参照。

れる。

4 源泉徴収の範囲を定めるソース・ルール
(1) 2号以下の所得

ソース・ルールのうち，2号（所得税法では1号の2）以下の所得に関する規定は，源泉徴収の対象を示すという機能を果たしている。所得税の草創期の規定がそうであるように，単に国内源泉所得の範囲を示すためだけならば，1号のような包括的なルールを置いておけばよい。しかし，源泉徴収の対象を示すためには，個別の所得をできるだけ明確な形で列挙する必要がある。実際，第1節で見たように，源泉徴収の対象は徐々に拡大してきたのであった。

他方，個別的ソース・ルールとも呼ばれるこれらは，包括的ソース・ルールの趣旨を個別の場合について具体的に示したものであると見ることもできる。包括的ソース・ルールについての見方が個別的ソース・ルールに反映するのである[89]。

(2) 「一号所得」と2号以下の所得の関係

ここでは，一号所得（包括的ソース・ルール）と2号以下の所得（個別的ソース・ルール）の関係についての議論状況を見ておこう。包括的ソース・ルールと個別的ソース・ルールの関係については，二つの見方があるようである。

第一は，包括的ソース・ルールと個別的ソース・ルールを，国内法の所得分類のような，相互に排他的なものと見る見解である[90]。この見解によれば，個別的ソース・ルールは，一定の所得区分に該当する種類の所得について，国内源泉か，国外源泉かを判定するルールである。ある所得区分（例えば，配当所

---

[89] ここでは個別的ソース・ルールのそれぞれについて検討することはしない。ただ，一点だけふれるとすれば，無形資産の所在をどのように判定するか，ということに関わる，使用料に関するソース・ルール（7号）は理論的にも実務的にも重要である。間接的にではあるが，棚卸資産についてと同様に，国際課税についての二つの見方がここにも反映されるからである。使用料に関する重要な裁判例としては，シルバー精工事件，テレプランニング事件がある。これらの裁判例につき，中里実『国際取引と課税』110頁（有斐閣，1994年），同「特許権使用料の所得源泉地」税経通信54巻4号28頁（1999年），水野忠恒「知的財産権にかかる課税問題」国際経済法4号98頁（1995年），石黒一憲『国際知的財産権』235頁（NTT出版，1998年），木棚照一「日米租税条約における特許権の使用地の意義——二つの東京地裁判決を素材として」知的財産情報センター会報19号1頁（1993年）参照。

[90] 中里・前掲註48）187頁以下。

得）に該当すれば，それに対応する個別的ソース・ルール（例えば，5号）によって，一度で，かつ終局的に源泉地の判断がなされる。

　第二は，個別的ソース・ルールは，あくまで国内源泉所得を例示的に示した規定であるという見解である[91]。この見解によれば，一定の所得区分に該当する所得（例えば，配当）はまず，個別的ソース・ルール（5号）によって，国内源泉所得であるといえるか判断されるが，そこで国内源泉所得であるといえないとしても，なお包括的ソース・ルール（1号）によって国内源泉所得であると判断される余地がある。つまり，個別的ソース・ルールは，国内源泉所得を例示的に示しているだけで，国内源泉所得ではあるといえないとしても直ちに国外源泉所得となるわけではないというのである（「敗者復活戦肯定論」）。

　個別的ソース・ルールが，包括的ソース・ルールで本来カバーされる所得の中から源泉徴収にふさわしいものを選び出したものであるとすれば，源泉徴収にふさわしいといえないからといって，即座に国外源泉所得としてしまう必要はないように思われる。つまり，第二の見解が妥当なのではなかろうか。

第3款　ダイナミックなルール——移転に対応するルール

　日本の租税法は法人格内部の国際的な財産の移転・役務の提供にどのように対応しているのであろうか。この点については，自然人については所得税法が，法人については法人税法が，それぞれソース・ルールの下の政令で定めを置いていた。これらの定めはほとんど同じであるから，ここでは，法人税法を見ることにする[92]。

---

91)　水野・前掲註48）40～43頁，小松・前掲註49）（『国際租税法講義』）58～59頁。

92)　以下，Masui（増井良啓），The Applicability of Transfer Pricing Rules to "Transactions" between a Head Office and Its Foreign Permanent Establishment; in, International Transfer Pricing Journal, No. 2, 85-95（1996）による整理に全面的に依拠している。また，このテーマに関わる日本法の整理としては他に，Otsuka（大塚正民），National Report; in, Cahiers de droit fiscal international, 71a (Transfer of Assets into and out of a Taxing Jurisdiction), 1986, 359-379がある。簡単なケース・スタディとしては小沢進「外国法人の本支店間取引」税務事例26巻12号50頁（1994年），体系書でこの点に触れたものとしては木村弘之亮『国際税法』1195頁以下（成文堂，2000年）がある。質疑応答方式による島谷博ほか『外国法人課税の実務と理論〔2訂版〕』（税務研究会出版局，1993年）も参考になる。しかし，法人格内の国際的な財・サービスの移転を主題とした本格的な研究はまだ存在しないようである。

以下，法人が本店所在地国と支店所在地国の二国で経済活動を行い，所得を得る場合を想定して，何らかの資産が国際的に移転する場合に関する，法人税法の対応を見てみることにする。移転の対象となる資産の種類ごとに検討をし，それぞれの中では四通りある国際的な移転のそれぞれについて見ていく。

1　日本法の現状（1）棚卸資産の場合──事業所得

(1)　序

棚卸資産（法人税法2条20号）を譲渡することによって，国内法の所得分類にいう事業所得が発生する。この事業所得は，ソース・ルールにいう一号所得のうち「事業から生ずる所得」に該当すると考えられる。

それでは，棚卸資産を法人格内部で国際的に移転した場合にどのような問題が生じるであろうか。そして，この問題に対して，どのような対応がなされていたのであろうか。

最初に，以下の検討の全体に関わることを二点指摘しておきたい。

第一に，日本法においては法人格内部の「取引」に対しては課税されないということである[93]。このため，棚卸資産が国際的に移転したとしてもそれは即時に課税所得に反映されるわけではない。しかし，法人がこの棚卸資産を第三者に売却して収益を得たとき，これが国内源泉所得であるか否かという問題が出てくる。

第二に，「国際的に移転」と書いたが，どのような場合に，「国際的に移転した」といえるのかということ自体も問題となる。理念的には，二つの考え方がありうる。第一は，棚卸資産の物理的な移転自体が将来発生するはずの事業所得の発生地を変更するという考え方である。これは全所得主義に対応するといってよい。第二は，棚卸資産の物理的な移転自体は必ずしも事業所得の発生地を変更するわけではないが，移転によって棚卸資産の帰属先が変更されるとそれによって事業所得の発生地も変更されるという考え方である。こちらは帰属所得主義に対応する。

---

[93]　法人税法施行令176条3項2号参照。そもそも私法上取引でないからである。理論的にいえば，一般に利益の実現が課税所得へ計上されるための条件となっており，他人との間での私法上の取引とりわけ売買によって利益が実現すると考えられているからである。もっとも，利益実現は絶対的な条件とまではいえないし，その内容について必ずしもはっきりしない点もある。

第 2 節　法人格内部での国際的移転に関する平成 26 年改正前の状況

(2)　内国法人の国内本店から国外支店へ

(a)　基本的枠組み　第一は，棚卸資産が内国法人（法 2 条 3 号）の国内本店から国外の支店へと移転するときである[94]。

このとき，内国法人の外国税額控除（法 69 条 1 項）の控除限度額を算定するにあたってソース・ルール（法 138 条）が参照されていた（令 142 条 1 項，3 項）。すなわち，内国法人の当該事業年度の所得金額に対する，「国外源泉所得」（令 142 条 3 項）にのみ日本の法人税を課税したとしたら課税標準になるであろう額（「国外所得金額」）の割合に，内国法人の当該事業年度の所得に対する法人税の額を乗じた額が，外国税額控除の控除限度額となる[95]。

そして，法人税法施行令 142 条 4 項は，棚卸資産の譲渡により生ずる所得のソース・ルールについて次のように定めていた[96]。すなわち，まず，当該資産の譲渡が「国外事業所等」を通じて行われた場合には当該資産は国外において

---

[94] 内国法人は国内源泉所得であるか否かを問わず，その各事業年度の所得について法人税の納税義務を負う（法 5 条）。このため，所得が国内源泉であるかどうかは，本来，重要ではない。しかし，外国税額控除制度が国外源泉所得の額と外国税額控除の限度額とをリンクさせているので，内国法人は外国税額控除を受けられる限りにおいて，所得が国内源泉であるか否かに関心を持たざるをえない。所得税，法人税の中に外国税額控除制度を設けることは必ずしも自明ではない。例えば，中里実「課税逃れ商品に対する租税回避否認」同『タックスシェルター』221 頁（有斐閣，2002 年，初出 1999 年）は「外国税額控除の政策性」すなわち，外国税額控除が政策的見地から特に認められた恩恵であることを強調する。しかし，現在においては，外国税額控除，あるいは国外所得免税といったいわゆる国際的二重課税を排除するための措置は，各国の所得課税の仕組みにおいて，当然のものになっているともいえるのではなかろうか。水野忠恒「外国税額控除に関する最近の裁判例とその問題点」国際税務 23 巻 3 号 6 頁（2003 年）参照。外国税額控除制度については，金子宏「外国税額控除制度」租税法研究 10 号 90 頁（1982 年），水野忠恒「外国税額控除制度」同・前掲註 48）53 頁（初出 1995 年）参照。

[95] 国外源泉所得と国外所得金額とは別の概念であることに留意されたい。水野・前掲註 48）（「外国税額控除制度」）参照。

[96] 令 176 条 4 項の特則にあたる。ソース・ルールの一般的規定たる法人税法 138 条 1 号によれば，「国内において行う事業から生じ，又は国内にある〔強調引用者〕資産の運用，保有若しくは譲渡により生ずる所得（次号から第 11 号までに該当するものを除く。）その他その源泉が国内にある所得として政令で定めるもの」は国内源泉所得である。この規定からは国内に物理的に存在する棚卸資産のみが国内源泉所得の算定において考慮されることになろう。しかし，これに対して，令 176 条 4 項はたとい棚卸資産が物理的には国外に存在したとしても，当該資産の譲渡から国内源泉所得が生じうるという特則を定める。資産の物理的な所在地および契約締結地が国内であれば国内源泉所得になるというのである（詳しくは後述）。令 142 条 4 項は，この令 176 条 4 項を外国税額控除の局面においては適用しないことを明らかにし，「国外事業所等」を通じて行われたか否か，をメルクマールとする。

譲渡されたものとし，それ以外の場合には国内において譲渡されたものとみなす。そのうえで，令176条1項1号および2号，同条2項を適用した場合に国内源泉所得となる所得以外の所得を国外源泉所得とする。

そうすると，具体的には，例えば，ある法人が国内で製造した棚卸資産を国外で譲渡する場合に，この譲渡から生じる所得のうち国外源泉所得は以下のように算定することになる。

まず，その法人が行う棚卸資産の製造および譲渡にかかる業務を国内業務と国外業務に分ける。そして，他の者が国外業務を行っていたとした場合に「当該他の者とその法人との間において通常の取引の条件に従つて当該資産の譲渡が行なわれたものとした場合にその国内業務につき生ずべき所得」が国内源泉所得となる（令176条1項2号）。それゆえ，その法人が行う棚卸資産の製造および譲渡から生じた所得のうち国内源泉所得以外のものが国外源泉所得ということになろう（令142条4項参照）。

なお，「当該他の者とその法人との間において通常の取引の条件に従つて当該資産の譲渡が行なわれたものとした場合にその国内業務につき生ずべき所得」については通達が言及していた[97]。

(b) 棚卸資産の取得価額　ところで，国内源泉所得の算定については内国法人の各事業年度の所得算定に関する規定が準用されていた（法142条）。これは外国税額控除の場面においても同様であった。

そこで，棚卸資産に関する内国法人の所得算定の規定を見ると以下のようになっている。まず，法22条3項は内国法人の各事業年度の所得算定において，当該事業年度の収益に係る売上原価を損金に算入すべきものとしている。そし

---

97) 平成26 (2014) 年以前の法人税基本通達20-1-3によるとこの所得を計算する際に基礎となる通常の取引条件による取引の価格（「通常の取引価格」）とは，当該法人の業種，業態および当該棚卸資産の性質等に応じ，次に掲げるような価格を参酌して合理的に算定した金額によるものとする。
- 当該棚卸資産と同種又は類似の棚卸資産につき独立の事業者間において取引が行われたものとした場合に通常成立すると認められる卸売価格
- 当該棚卸資産の他の者に対する譲渡価額からその譲渡のために通常要する販売費および一般管理費その他の費用の額とその譲渡に係る通常の利潤の額の合計額を控除した計算した価格
- 当該棚卸資産の国内又は国外における製造等の原価の額にその製造等に係る通常の利潤の額を加算して計算した価格。

そして20-1-3により通常の取引価格を算定することが困難である場合には利益分割法が認められていた（平成26年以前の法人税基本通達20-1-4）。

て，棚卸資産については同29条が，その売上原価を計算，評価する方法を政令に委ねている。これに基づいて，令28条〜31条が棚卸資産の評価方法を定めており，棚卸資産の評価の基礎となるその取得価額について令32条が定めをおいている。

さらに，令188条3項は「当該棚卸資産のうちに外国法人が国外に有していた資産で国内に移入したもの」（「移入資産」）は移入時に当該資産を取得したものとみなして，これらの規定（令28条〜33条）を適用することを定めていた。しかし，「外国法人」という主体の限定があることからして，この規定を外国税額控除の局面で適用する可能性については消極に解さざるをえないようにもみえる。そうすると，結局，棚卸資産の取得価額についても令176条1項2号の趣旨から考えていくしかない。

例えば，第一年度に内国法人の本店が製造した棚卸資産を第二年度にある外国（この国と日本との間には租税条約が存在しないものとし，為替の問題は捨象することとする）にある支店へ物理的に移転し，第三年度にその国で全て販売したとしよう。製造と販売の中間にある卸売のような機能を本店と支店のどちらが果たしているのか判断する必要があろうが，ここでは，支店は販売のみ行い，それ以外は本店が行っているとすると，卸売価格での移転があったとみなしてよいだろう。

問題は，いつ移転したと考えるかである。常識的には第二年度に少なくとも物理的に移転した以上，第二年度に移転したものとして考えるべきであろう。しかし，どの時点における「通常の取引の条件」によって判断するべきなのかは令176条1項2号からは必ずしも明らかではない。先の例では，実際に販売した第三年度の卸売価格での移転があったとみなすべきだとの主張がありうるだろう。もっとも，おそらくは，（直接は「内国法人」に言及していないものの）令188条3項の趣旨をも汲んで，物理的な移転の時点で時価による移転があったと考えるべきであろう[98]。

私法上の取引が存在しないので，棚卸資産に関する様々なリスクの帰属先は明らかではない。そのような場合にも，例えば，物価上昇のリスクをどちらの国が負担すべきかという問題が存在し，これを解決するためのルールが必要で

---

98) Masui, *supra* note 92, 88 は，そのように考えているようである。

ある。しかし，日本法においては，内部移転をいつ，どのように認識するかというルールが必ずしも明らかではない。

(3) 外国法人の国内支店から国外本店へ

(a) 基本的枠組み　第二は，棚卸資産が外国法人（法2条4号）の国内にある支店からその本店（あるいは，国外の別の支店）へと移転するときである。日本国内に支店を有する外国法人は国内源泉所得について法人税の納税義務を負う（法9条，141条1号）。そして，国内源泉所得の範囲については先に見たソース・ルール（法138条）が定めていた。

棚卸資産を国内において製造し，国外で販売した，という場合については，先に見たのと同様に，次のようになる。まず，その法人が行う棚卸資産の製造および譲渡にかかる業務を国内業務と国外業務に分ける。そして，他の者が国外業務を行っていたとした場合に「当該他の者とその法人との間において通常の取引の条件に従つて当該資産の譲渡が行なわれたものとした場合にその国内業務につき生ずべき所得」が国内源泉所得となる（令176条1項2号）。

さらに令176条4項は，以下の場合に国内において資産の譲渡があったものとみなしていた。すなわち，第一に，「譲受人に対する引渡しの時の直前において，その引渡しに係るたな卸資産が国内にあり，又は譲渡人である法人の国内において行なう事業……を通じて管理されていた」場合。第二に，「譲渡に関する契約が国内において締結された」場合。第三に，「譲渡に関する契約を締結するための注文の取得，協議その他の行為のうちの重要な部分が国内においてされた」場合である。

(b) 棚卸資産の取得価額　国内源泉所得の算定については内国法人の各事業年度の所得算定に関する規定が準用されていた（法142条）が，令188条1項3号によれば，法29条1項に規定する棚卸資産は「外国法人のたな卸資産のうち国内にあるもの」と読み替えることになる。さらに前述のように，令188条3項によれば，「当該たな卸資産のうちに外国法人が国外に有していた資産で国内に移入したもの」（「移入資産」）は移入時に当該資産を取得したものとみなして，令28条〜33条を適用する。

しかし，ここでは「移入」についてしか言及されていない。今見ているような「移出」の場合にいかなる方針がとられるのか，必ずしも明らかではない。おそらく，ここでも令176条1項2号そして令188条3項の趣旨から考えるこ

とになろう[99]。

(4) 内国法人の国外支店から国内本店へ

　第三に，棚卸資産を内国法人の国外支店から国内本店に移転する場合がある。ここでは，棚卸資産の取得価額が国内源泉所得の額に影響しうる。それによって，国外源泉所得の額が変われば，当該内国法人の外国税額控除の限度額に影響が及ぶことになろう（令142条3項参照）。ここでもまた，令142条4項が適用され，これが参照する令176条1項2号の趣旨から考えることになるであろう。また直接には外国法人に関するものであるが，令188条3項を準用ないし類推することが考えられる。

(5) 外国法人の国外本店から国内支店へ

(a) 基本的枠組み　　最後に，棚卸資産を外国法人の国外本店から国内支店へと移転する場合がある。今まで見てきたところからも明らかなように，このパターンについては日本法の規定は充実していた。詳しく見よう[100]。

　まず，外国法人のうち日本に支店を有するものは当該法人の全ての国内源泉所得を課税標準として法人税の課税を受ける（法141条1号）。国内源泉所得であるか否かを決めるソース・ルール（法138条）には，その下に政令で詳細な規定があり，棚卸資産の譲渡については令176条1項で次のように定められていた。

「国内及び国外の双方にわたつて事業を行なう法人については，次の各号に掲げる場合の区分に応じ当該各号に掲げる所得は，その法人の法第138条第1号（国内源泉所得）に規定する国内において行なう事業から生ずる所得とする。

1　その法人が国外において譲渡を受けたたな卸資産（動産に限る。以下この条において同じ。）につき国外において製造，加工，育成その他の価値を増加させるための行為（以下この条において「製造等」という。）をしないで，これを国内において譲渡する場合（当該たな卸資産につき国内において製造等をして，その製造等により取得したたな卸資産を譲渡する場合を含む。）その国内における譲渡により生ずるすべての所得

2　その法人が国外又は国内において製造等（採取を含む。以下この号にお

---

99) Masui, *supra* note 92, 89 は，内部移転時の時価に基づいて所得を配分するのが日本法の帰結だという。

100) スタティックなルールに関して述べたところと重複するが，諒承されたい。

いて同じ。）をし，かつ，当該製造等により取得したたな卸資産をそれぞれ国内又は国外において譲渡する場合（当該たな卸資産につきそれぞれ国内又は国外において更に製造等をした後譲渡する場合を含む。）当該譲渡により生ずる所得のうち，その法人が行なう当該譲渡又は製造等に係る業務を国内において行なう業務（以下この条において「国内業務」という。）と国外において行なう業務（以下この条において「国外業務」という。）とに区分し，他の者が国外業務を行ない，かつ，当該他の者とその法人との間において通常の取引の条件に従つて当該資産の譲渡が行なわれたものとした場合にその国内業務につき生ずべき所得
〔以下省略〕」

　これらの規定からは，棚卸資産の譲渡に係る所得の源泉地は譲渡が行われた場所が国内か，国外かによって決まるということがわかる。そして，譲渡の場所については，前述のように，令176条4項が，以下の場合に国内において資産の譲渡があったものとみなしていた。
　すなわち，第一に，「譲受人に対する引渡しの時の直前において，その引渡しに係るたな卸資産が国内にあり，又は譲渡人である法人の国内において行う事業……を通じて管理されていた」場合。第二に，「譲渡に関する契約が国内において締結された」場合。第三に，「譲渡に関する契約を締結するための注文の取得，協議その他の行為のうちの重要な部分が国内においてされた」場合。この令176条4項があることによって，棚卸資産の譲渡が物理的に行われた場所のソース・ルールにおける意義は限定されたといえよう。
　(b) 棚卸資産の取得価額　　ところで，国内源泉所得の算定には内国法人に関する所得算定の規定が準用されている（法142条）が，国内源泉所得を算定するという目的に応じて，いくつかの読み替えがなされる（令188条）。棚卸資産に関係するところでは，まず，棚卸資産の売上原価の計算とその評価方法に関する法29条が1項で規定する「棚卸資産」は，「外国法人の棚卸資産のうち国内にあるものに限るものと」される（令188条1項3号）。次に，棚卸資産の評価に関しては以下のような規定がある（同条8項）。

　「……当該棚卸資産のうちに外国法人が国外に有していた資産で国内に移入した

第 2 節　法人格内部での国際的移転に関する平成 26 年改正前の状況

もの（以下この項において「移入資産」という。）があるときは，当該移入資産については，その移入の時においてその外国法人が当該移入資産を取得したものとして，この目及び次目の規定を適用する。」

そしてこのような「移入資産」はその取得価額について，国外で購入したものは令 32 条 1 項 1 号の，それ以外のものは同項 3 号の適用を受けるようである（令 188 条 8 項）。後者は本来「自己の製造等に係る棚卸資産」であるから令 32 条 1 項 2 号の適用があるはずである。しかし，令 188 条 8 項の規定によって，移入時の時価によって取得したものとみなされるわけである。これに対して，前者は移入資産のうち国外で購入したものは，取得価額の算定においても「当該資産の購入の代価」を基礎とする旨定めている。つまり，移入時の時価はここでは考慮されない。

結局，このパターンでは，棚卸資産の棚卸資産の第三者への物理的な移転がソース・ルールにおいてもつ意味は限定されている[101] 反面，「移入資産」の規定によって「自己の製造等に係る棚卸資産」に限っては移入時の時価が取得価額に反映している。

(6)　ま と め

法人内の国際的な棚卸資産の移転について，平成 26 年改正前の日本法は必ずしも明確なルールを定めていたとはいえない。確かに，令 176 条 1 項 2 号が独立当事者間原則に基づく所得の配分を規定していた。しかし，そもそも法人内の国際的な移転をソース・ルールにおいて考慮するのか明らかではない。また，考慮するようにみえる規定も，十分に整備されているとは言い難い。移転時に時価での譲渡があったとみなすのか，それとも第三者への譲渡時（すなわち所得発生時）に時価での譲渡があったとみなすのか，必ずしも明らかではない。移転時の時価を明示的に排除するように見える規定も存在する。さらに，棚卸資産の物理的な場所が必ずしも所得の源泉地ではないとする規定（令 176 条 4 項）と，棚卸資産の取得価額に関して物理的に日本国内にある棚卸資産に対象を限定する規定（令 188 条 1 項 3 号）との関係も不明である。

---

[101] すなわち，棚卸資産が物理的に日本国内で第三者に譲渡されていなくても，外国法人に国内源泉所得を生ぜしめることがありうるということである。令 176 条 4 項 1 号後段，2 号および 3 号参照。

もちろん，棚卸資産の評価は厳密に行うことが難しく，実務は，先入先出法や後入先出法などといった一定の擬制に基づいて動いていた。それゆえ，この国際的な移転の場面についてのみ厳密な規定を求めることは意味がない。それでも，棚卸資産の法人格内部での移転は，理論的には重要な意味を持っており，それゆえに，不十分ではあれ，法人税法も規定をおいている。しかし，やはりそれは不十分なものでしかなかった。

2　日本法の現状（2）固定資産の場合──キャピタル・ゲイン

(1)　序

法2条23号にいう固定資産のうちここでは工場で生産活動に用いる機械を移転する場合を想定しよう。機械は通常，令13条3号にいうところの減価償却資産にあたると考えられる[102]。固定資産を譲渡した場合，所得税法においては譲渡所得が発生する。これに対して，法人税法においては，所得分類が存在しない。しかし，ソース・ルールを適用する場面では，法人についても所得区分を考えなくてはならない。そして，固定資産の譲渡によって実現するキャピタル・ゲインは，一号所得のうち，資産からの所得になると考えられる（令177条2項14号参照）。

やや論点を先取りすることになるが，ここでは以下の点に着目したい。第一に，費用収益対応の原則に基づいて，減価償却資産は減価に応じてその取得費が費用化される。このような費用の期間配分が国際的な局面ではどのように行われているのか。第二に，資産の含み益について何らかの租税上の手当てがなされるのかどうか[103]。

ここでも国際的な移転には4種類ある。それぞれについてみていこう。

(2)　内国法人の国内本店から国外支店へ

以下では，次のような例を想定しよう[104]。取得価額が100の機械が現在，40についての減価償却を経て，簿価60となっている。しかし，この機械の時価は現在150である。これを内国法人の国内本店から国外支店へと移転する。

---

102)　固定資産は減価償却資産に対して，上位概念の関係にある。固定資産のうち土地は──領土の変更等により国際的な課税問題の対象になりうるとはいえ──国際的に移転することが不可能であろうからここでは考察しない。また，無形資産については別に述べる。
103)　もし親子会社間の移転であったとしたら，利益が実現したとして課税されるであろう。
104)　Masui, *supra* note 92, 91 による。

まず，移転によって課税も生じないことは明らかである。他人との取引があってはじめて所得が生ずると考える現行法によれば，単なる法人格内部の資産の物理的な移転を機縁として課税されることはない。

しかし，このような機械の移転は内国法人の外国税額控除の限度額に影響を与えうる。一方で，比喩的な意味で所得の「源泉」の一つである機械が国外に移転することで，爾後の国外源泉所得が増加すると見込まれる。他方では，国外源泉所得の算定にあたって減価償却資産の償却費を必要経費ないし損金に算入することができるとすれば[105]，それによって爾後の国外源泉所得はその分減少するであろう。

資産の時価と簿価とが一致していれば，資産の国内から国外への移転は何らの課税上の問題も生じない。しかし，時価と簿価との差額，すなわち含み益や含み損がある場合，これらに対する課税，ないし，過剰あるいは過少な減価償却に対する調整，が必要となるかもしれない。

それでは，固定資産を内国法人の国内本店から国外支店へと移転する場合について，何らかの規整が存在するのであろうか。資産からの所得に関する令177条には特にこの点に関する規定はない。

増井は，この減価償却資産を国外において第三者へ時価で譲渡した場合，90が国外源泉所得となるのではないかという[106]。すなわち，同一法人内での移転であるので簿価は維持されるが，時価と簿価の差額（含み益）は，財産の移転した場所に応じて国外源泉所得となるというのである。確かにこのような扱いが合理的であるが，その場合の具体的な手続は明らかではない。

移転価格税制においては，国際的な移転の際に独立当事者間価格すなわち移転時の時価による譲渡があったとみなすかもしれない。法人格内の移転についても，資産の再評価を義務づけることで移転価格税制とほぼ同じ効果を達成することができよう。しかし，日本法は，内国法人の国内本店から国外支店への法人格内の移転については，そのような資産を再評価する旨の規定を置いていない。

---

105) 実はこのことは必ずしも明文で認められているわけではない。しかし，常識的には国外源泉所得の算定においても減価償却費を計上できると思われる。すなわち，法人税法施行令142条3項で「所得」と言っている以上，法人税法22条3項，同31条およびその下の政令に準じて算定すると考えられる。

106) Masui, *supra* note 92, 92.

(3) 外国法人の国内支店から国外本店へ

次に，外国法人の国内支店から国外本店へと減価償却資産を移転するという場合はどうであろうか。通常，物理的に国内にある資産から国内源泉所得が生み出されるであろうから[107]，比喩的にいえば，それまで国内源泉所得を生み出していた資産が日本の課税管轄権から離脱してしまう，という状況である。他方で，令188条1項4号は，外国法人課税における国内源泉所得の算定において償却費が斟酌される減価償却資産は「国内にあるものに限る」としている。このため，移転後は当該資産に係る減価償却費を国内源泉所得について損金算入することも叶わなくなる。

それではこのような移転についてはどのような規整が存在するだろうか。ここでも具体的な規定は見あたらない。おそらく，前述の内国法人の場合と同様であろう。確かに，すぐあとで見るように令188条8項は外国法人の有する資産が国際的に移転する場合について定めている。しかし，それは専ら「移入資産」についてであり，「移出」の場合には適用がないものと考えられる[108]。

(4) 内国法人の国外支店から国内本店へ

逆に固定資産が国内に入ってくる場合はどうであろうか。まず，内国法人の国外支店から国内へ資産が物理的に移転する場合である。ここでも外国税額控除の限度額に何らかの影響がありそうである。

だがこの点に関する規定は見あたらない。主体を「外国法人」に限定している令188条8項の類推ないし準用が考えられるのみである[109]。

(5) 外国法人の国外本店から国内支店へ

最後に，外国法人の国外本店から国内へと固定資産が移転する場合を見てみよう。この場面については，比較的充実した規定が存在する。

まず先に触れた令188条8項が同48条1項について次のようにいう。

---

107) もっとも，電子商取引等では事業活動に用いられる資産が物理的に国内にある必要がない。国内源泉の事業所得であると思われる所得が国内の恒久的施設に帰属しないという事態が生じるのである。このような所得は全所得主義か帰属所得主義かという対比によっては汲み尽くせない。なお，この問題は租税条約・国内法における恒久的施設の定義にも関わる。さしあたり，増井良啓「電子商取引と課税のあり方」国際税制研究3号71頁（1999年），71〜72頁参照。
108) Masui, *supra* note 92, 91-92 もそのように考えているようである。
109) Masui, *supra* note 92, 92 は令188条8項の適用を肯定する。

第 2 節　法人格内部での国際的移転に関する平成 26 年改正前の状況

	移出（棚卸資産）	移出（固定資産）	移入（棚卸資産）	移入（固定資産）
外国法人	s…引渡時の場所＋契約締結の場所等（令176条4項） b…不明。令176条1項2号の趣旨？	s…おそらく物理的な所在 b…不明	s…引渡時の場所＋契約締結の場所等（令176条4項） b…自己製造なら移入時の時価，第三者から購入なら購入の代価（令188条8項）	s…おそらく物理的な所在 b…移入時の時価（令188条8項）
内国法人	s…国外事業所を通じてなら国外源泉，それ以外なら国内源泉（令142条4項） b…不明。令176条1項2号の趣旨？	s…おそらく物理的な所在 b…不明	s…国外事業所を通じてなら国外源泉，それ以外なら国内源泉（令142条4項） b…不明。令176条1項2号の趣旨？	s…おそらく物理的な所在 b…不明

s…ソース・ルール
b…取得価額

「この場合において，当該減価償却資産のうちに外国法人が国外に有していた資産で国内に移入したもの（以下この項において「移入資産」という。）があるときは，当該移入資産については，その移入の時においてその外国法人が当該移入資産の取得をしたものとして，この目から第7目の2まで……を適用する。」

　さらに令188条8項は減価償却資産の取得価額について「移入資産」を同54条1項6号に含める。つまり，「移入資産」については移入時に取得したものとみなし，その取得価額は「その取得のときにおける当該資産の取得のために通常要する価額」と「当該資産を事業の用に供するために直接要した費用の額」との和であるとみなされる。

　以下のような例を考えよう。取得価額が100の機械が現在，簿価60となっている，すなわち40について国外において減価償却済みであるとする。しかし，この機械の時価は現在150である。これを外国法人の国外本店から国内支店へと移転する。

　令188条8項によれば，外国法人の国内源泉所得算定に関しては，この機械の取得価額は150であるとみなされ，これについて減価償却費を毎年損金とし

65

て計上できるはずである。

つまり、このケースでは資産は再評価される。移転価格税制と似たような規整がおかれているといえよう。

(6) まとめ

以上を要するに、法人格の内部で固定資産を国際的に移転する場合について、平成26年改正前の法人税法には特に規定が置かれていなかった。このため、移転に際しての課税上の取扱いおよび移転後の所得源泉の判断という二つの点につき、明確な指針が存在しない。もっとも、外国法人が固定資産を国内に移入する場合に限っては移入時の時価で資産を評価することが定められていた。

棚卸資産と固定資産についてまとめると表のようになる。

3 日本法の現状（3）その他

法人格内部では、棚卸資産や固定資産と同様、無体財産も移転するかもしれない。また、法人格内部で、例えば本店から支店に対して、役務の提供が行われるかもしれない。こうした場面を想定したルールは存在するのであろうか。

(1) 無体財産について

実は、そもそも、無体財産を移転することがはたして可能なのか、ということが問題になりうる。例えば、ある国において成立した特許権を、その国にある本店から別の国にある支店に移転することは可能なのだろうか。それとも、別の国においても特許権が別個に成立するだけだろうか。特許権の対象となる技術について、その技術を開発するための研究開発費が莫大にかかっている、ということがある。この研究開発費は、どこの国に帰属するべきなのか。以上の問題は、特許権のみならず、著作権、商標権、意匠権についても存在する。

特許法の仕組みによれば、特許権は各国における出願を基に成立する。そして、有体財産と異なって、複数の国に同時に同内容の特許権が成立しうる。また、特許権を他人にライセンスするといっても、それはその他人による特許権の利用に異議を唱えないということでしかない。

そうだとすると、有体財産と同様の意味で、無体財産が本支店間で移転したり、ライセンスされたりすることは、ありえないと言ってよい。無体財産はもともと本支店の両方に帰属しているのである。問題なのはむしろ、無体財産の開発に要した費用の（複数の国家間での）適正な配分である。しかし、この点に

関して，特に規定は存在しないようである[110]。

(2) 役務の提供について

本支店間で役務が提供される，ということは，一応考えられる。例えば，本店から支店に重要な業務に関連する情報が提供される，というような場合である。このような場合についても，重要なのは，当該役務に関する費用負担を（複数の国家間で）どのように行うかということに尽きる。考え方としては，第一に，法人全体の費用を支店に配分する，という定式配分法的発想がありうる。一般管理費，販売費についてはこのような考え方が採用されているようである[111]。第二に，支店を独立の法主体であるかのように見て，本店との取引（役務の提供）を擬制するという，独立当事者間基準的発想がありうる[112]。法人税法が本支店間の役務の提供をどのように考えているのか，はっきりしないが，実務ではこれらの二つの発想が並存しているようである。

(3) 金銭について

金銭についても，無体財産と似たような状況である。金銭の物理的所在はあまり意味を持たない。むしろ，金銭を支出して何らかの別の資産を取得した場合に，それがどの支店に帰属するかということが重要である。また，金銭を支出して何らかの役務の提供を受けた場合，それがどの支店に帰属するのかということが重要である。つまり，金銭の法人格内部での移転を，直接規律する必要は，基本的には存在しない。そうではなくて，法人ないし自然人によって支出された金銭に対応する費用をどこの国の支店に帰属させるべきか，ということが課題となる。そして，費用の配分については，法142条とその下の令188条があり，所得算定の一般的規定を準用しているが，それは一般事業会社とは異なる点の多い銀行に十分に対応しているものとは言い難い[113]。

銀行では，多くの場合，本支店間の資金移動に際しても，利子を付している。

---

110) 無体財産ほどはっきりした法的な権利ではない営業秘密，ノウハウ，暖簾等についても本文と同様の問題が生じるが，法人税法の規定は特にないようである。
111) 令188条1項1号，法人税基本通達20-3-5参照。また，島谷ほか・前掲註92) 182頁以下。
112) 島谷ほか・前掲註92) 193頁以下。
113) 我が国のソース・ルールが金融機関による金銭の本支店間の移転をどのように扱っているのかということに関する文献は少ない。ほぼ唯一の文献である，Watanabe（渡邉幸則），National Report; in, Cahiers de droit fiscal international, 86a（Taxation of Income Derived from Electronic Commerce）, 1996, 531-545 が参考になる。

しかし，これらは私法上の効果を持つものではなく，あくまで内部的な約束事であるにすぎない。そこで，課税実務では，法人格内部の「取引」によって所得は実現しない，という考え方にしたがって，ここでも本支店間の「利子」を認識しないことにしているようである[114]。この内部「利子」を認めるかどうかということは，理論的には，定式配分法的に法人格全体の所得を評価するのか，それとも独立当事者間基準的に国内にある支店についての所得のみを評価するのか，という対立と重なる。実務では，基本的には本支店間の「利子」は認めないが，例外的に，いわゆる「ひもつき」の資金調達[115]がありうるかどうか，ということが問題となっているようである[116]。

第3節　法人格内部での国際的移転を利用した租税負担の軽減

第1款　はじめに

　法人格内部での財産の国際的な移転は，課税関係に影響を与えることがある。とりわけ，我が国の法人税法・所得税法のような，法人格内部での財産の国際的な移転に対して十分な考慮を払っていない租税制度のもとでは，それが租税負担の増減につながることがある。実際，租税負担をできるだけ軽減するように取引を行うタックス・プランニングの観点から，法人格内部で財産を国際的に移転させることが意図的に行われている。その典型的な例は，証券化における外国法人（SPC）の利用である。
　また，関連法人間での財産移転に関する課税繰延規定（組織変更規定）が，法人格内部での財産の国際的な移転と同様の機能を果たすことがある。そして，こうした規定を，租税負担を軽減するために利用する試みも，当然ながら存在する。

---

114)　島谷ほか・前掲註92) 206頁以下。
115)　貸出資金とその原資たる調達資金について，同一性を認めること。金銭には代替可能性があるので，一般的には，「ひもつき」であるとの理解は難しそうである。
116)　島谷ほか・前掲註92) 207〜208頁。

第3節　法人格内部での国際的移転を利用した租税負担の軽減

本節では，以下，外国法人である SPC を用いた証券化と，組織変更規定を利用したキャピタル・ゲイン課税の回避の実例を紹介する。

第2款　外国法人である SPC を用いた証券化

1 仕 組 み

まず，金銭債権・不動産等の証券化・流動化[117]において，法人格内部での移転が重要な役割を果たしていることを見ていこう。証券化においては，「ケイマン SPC スキーム」などと呼ばれるように，ケイマン等の外国に SPC（特別目的会社。special purpose company）を設立し，この SPC が日本に支店を置くことが多い。そして，法人格（SPC）内部での国際的な金銭の移転の際に課税が行われないことが，結果的に，日本における課税なしに国内に存在する金銭債権等を流動化・証券化することを可能にしている[118]。

その仕組みはおおむね次の通りである。

まず，一般貸付債権（住宅ローンや自動車ローン）等を有しているオリジネーターがこの債権等を SPC に譲渡する。この SPC は，ケイマンにてチャリタブル・トラスト（charitable trust[119]）による出資によって成立したものであり，日本に「支店」を置くとされる。この SPC（のケイマン「本店」）が社債ないし CP（commercial paper）を発行することによって投資家[120]から資金を集める。その後，一般貸付債権の債務者は SPC（の「日本支店」）に対して利子と元本を支払

---

[117] 証券化と流動化は同義に用いられることもあるが，区別されることもある。両者の概念上の異同につき，大垣尚司『ストラクチャード・ファイナンス入門』121 頁（日本経済新聞出版社，1997年）参照。

[118] 以下，渥美博夫＝山原英治「国内金銭債権の海外での証券化にかかわる税法上の論点」NBL 517 号 6 頁（1993 年），山原英治「自動車ローン割賦購入債権の海外での証券化と税法上の諸論点」NBL 563 号 19 頁（1995 年），Kenju Watanabe, Tax Aspects of Securitizing Receivables in the Capital Markets Outside Japan, 資産流動化研究 1 号 137 頁（1995 年），馬込敏樹「MBS／ABS の発行における SPV の課税」第 21 回日税研究賞入選論文集 50 頁（1998 年），窪田悟嗣「資産の流動化・証券化をめぐる法人課税等の諸問題」税務大学校論叢 37 号 191 頁（2001 年）に負う。

[119] チャリタブル・トラスト（公益信託）の英米法における本来の意義については，樋口範雄『アメリカ信託法ノートⅠ』250 頁以下（弘文堂，2000 年）参照。ここではオリジネーターと SPC との間の資本関係を生じさせないためにチャリタブル・トラストが用いられている。

[120] その多くはアメリカの法人であるといわれている。以下の検討では，投資家としては専ら外国法人を想定する。

第1部　第1章　日本法の沿革と現状

[図1]

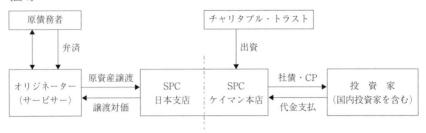

[図2]

出典：窪田悟嗣「資産の流動化・証券化をめぐる法人課税等の諸問題」税務大学校論叢37号（2001年）

い（ただし，実際にはオリジネーターが「サービサー」としてこの債権回収を代行する），SPC（の「ケイマン本店」）は投資家に対して利子と元本を支払う。

なお，しばしば，SPC が発行する社債等をいったん別のケイマン SPC が引き受け，これがさらに一般投資家に売り出す，という仕組みが採用されているようである[121]。

一般的な仕組みを図示すると，上の図の通りである。

2　租税法上の問題点

課税関係はどうなるか。三つの局面で課税の有無が問題となりうるとされる[122]。

第一に，SPC（のケイマン本店）が投資家に支払う，社債の利子ないし CP の償還差益に対する日本の源泉徴収課税の有無，および申告納税義務の有無が問題となる。第二に，SPC 日本支店が（原債権者から）譲り受けた債権について，

---

121) 山原・前掲註118) 21頁による。このような，ケイマンに設立された SPC が二つ介在する方式は，「ダブル SPC スキーム」と呼ばれることがある。窪田・前掲註118) 240頁参照。
122) 渥美 = 山原・前掲註118) 7頁。また，第三の論点につき，窪田・前掲註118) 219頁以下が詳しい。なお，証券化に関する租税法上の諸問題については，中里実「セキュリタイゼイションと課税」同『金融取引と課税』386頁（有斐閣，1998年）が，論点の提示，文献引用とも包括的である。

債務者がSPCに対して支払う利子が明示されている場合に，その部分につき「貸付金の利子」として債務者が源泉徴収をする必要がないのか，という問題提起がされている。第三には，SPCが原債権者（オリジネーター）から債権を譲り受けるにあたって差益を得た場合，これについての源泉徴収課税がありうるのではないかということが問題になりうるといわれている。

以下，法人格内部での移転に関わる，第一の問題点について，詳述する。

(1) 社債の場合

SPCが投資家に対して社債（以下，利付債を念頭におく）を発行し，SPCから投資家に対して社債の利子として金銭の支払いがなされる場合をまず考えよう。この場合，次のような点が問題になるといわれる。すなわち，「SPC日本支店が証券化対象債権の回収金をSPC本店に送金し，SPC本店が債券の購入者〔引用者注：投資家〕にその償還として利子を付して返還する場合，SPC日本支店には所得税法上の源泉徴収義務は生じないのかという点である」[123]。

実際には，SPCは必ずしも実体を持つものではなく，むしろ本店・支店ともペーパー・カンパニーとでも言うべきものである。しかし，その点を考えず，法形式を見ると，債権の譲渡を受けているのはあくまでSPCの日本支店である。そして，国外にいる投資家がSPCの本店から社債利子の支払いを受けられるのは，日本における支店に帰属する債権からの収益による。そうすると，投資家が得る社債利子の源泉は，外国法人であるSPCのある国外（ケイマン）ではなく，むしろ日本なのではないか，というふうに考えることができる。すなわち，投資家が受け取る社債利子は，日本の法人税法・所得税法上，国内源泉所得ではないか，ということである。

通達によれば，外国法人が日本国内の支店から送金を受け，内部的に「利子」を受け取ったと扱っていたとしても，これによって日本国内の支店に源泉徴収義務が発生することはない。しかし，日本国内で行う事業に関する借り入れを国外で行った場合に，その利子を（もちろん国外の本店等から）支払う場合，それが161条2号から12号に規定される国内源泉所得に該当する場合には，源泉徴収義務が存在するという[124]。つまり，外国法人の本店等からその債権者に対する金銭の支払いが，例えば，公社債・預貯金の利子等（四号所得），貸付

---

123) 山原・前掲註118) 21頁。
124) 所得税基本通達161-2（平成28年以前のもの）参照。

金の利子（六号所得）や使用料（七号所得）に該当すると考えられる場合，支払い自体は国外の本店等にて行われているとしても，日本の源泉徴収義務が存在するというのである。

SPCの本店から投資家が受け取る社債利子について，この通達の基準を適用すると，社債の利子については，161条4号イで「内国法人の発行する債券の利子」とあることから，源泉徴収義務は存在しないと考えられるという[125]。

もっとも，以上は国内法に基づいて考えた場合の話で，租税条約が存在する場合には，ケイマンのSPCではなく，「ケイマンSPCの日本支店」が発行する社債の利子であるとの認定がされ，日本の国内源泉所得であるとされる可能性があるという[126]。そしてその場合，投資家が日本と租税条約を締結している国の居住者であれば，社債利子の支払いに際して，日本の源泉徴収義務がかかってくる。

(2) 「ダブルSPCスキーム」を採用した場合

以上のような条約に基づく源泉徴収義務を回避するために用いられているのが，SPCが直接，投資家に対して社債を発行するのではなく，SPCがいったん別のSPC（これもまたケイマン法人である）に対して社債を発行し，この別のSPCが投資家に社債を発行するという方式（「ダブルSPCスキーム」）である。

この方式によれば，「形式的には租税条約を締結していない国の居住者がボンドの利子の受領者である」ということになる[127]。そして，オリジネーターから債権を譲渡されたSPC（ケイマン法人）の日本支店と別のSPC（ケイマン法人）の間には，適用される租税条約が存在しないから[128]，国内法に基づいて考えればよく，国内法によれば，前述のように，通達の引用する条文の文言解釈に基づいて，源泉徴収義務は存在しないということになる[129]。

[125) 山原・前掲註118）22頁。
[126) 山原・前掲註118）22〜23頁。租税条約によって，国内法のソース・ルールが変更されるわけである。
[127) 山原・前掲註118）23頁。
[128) 日本とケイマンの間には租税条約が存在しない。一般に，タックス・ヘイブンと呼ばれる国の多くは，他国と租税条約を締結していない。なお，近年は租税情報交換協定が締結される例が増えている。
[129) なお，山原弁護士は本文で述べたような形式論が必ずしも成り立たないのではないかという問題意識から，詳細に検討を加えている。非常に示唆に富むものであるが，山原・前掲註118）23頁における「実質課税の原則」の理解については，疑問を禁じえない。実質課税の原則とは，一般的

(3) 再び社債の場合——申告納付義務

ところで，SPC によって発行された社債を購入した一般投資家ないし別の SPC は，受け取った社債の利子について，申告納付義務を負うのであろうか。荒唐無稽な問いに見えるかもしれないが，前述のように SPC から支払われる利子が（日本の）国内源泉所得であるとすると，源泉徴収に服さないとしても，なお，申告納付の義務がある可能性がある。

この点については，日本に恒久的施設を有しない外国法人の申告納税義務を定める141条4号を参照しなくてはならない。この条項によると，先に見たように，一号所得のうち国内にある動産の譲渡益を除くほとんどのものと，二号所得，三号所得が申告納付の対象となっている。そして，一号所得と2号以下の所得との関係について，いわゆる敗者復活戦肯定論（第2節第2款4参照）を採るならば，ケイマン法人である SPC が発行した社債の利子であっても，一号所得のうち資産からの所得として国内源泉所得であると認定される可能性はある。そして，もしこのような認定がなされるならば，141条4号に基づいて，SPC（のケイマン本店）から支払われる社債の利子について，投資家は日本における申告納付義務を負うということになる。

(4) CP の場合

これに対して，SPC が投資家に対して CP を発行する場合に投資家が得る CP の償還差益については，利付債の場合よりストレートに，（外国法人である）投資家が日本の法人税の申告義務を負う可能性が指摘されている[130]。

まず，CP の償還差益がそもそも国内源泉所得であるかという点に関しては，これを否定に解する説があり[131]，実務はそれに従っているといわれるが，肯定する見解もある[132]。そして，この見解は，一般に国内法の所得分類上，割引債の償還差益が雑所得とされることを根拠に，CP の償還差益についてもこれを（社債の利子＝四号所得ではなく）一号所得のうち資産からの所得にあたるとする。それゆえ，償還差益を得た投資家は，法141条4号に基づいて，法人税の納税義務が生じるというのである。

に租税回避の否認を許容する原則ではなく，単に，私法上の権利や所得の帰属に基づいて課税を行うという原則である。さしあたり，金子・前掲註1）参照。

130) 渥美＝山原・前掲註118) 819頁。
131) 例えば，窪田・前掲註118) 238頁。
132) 渥美＝山原・前掲註118) 7頁。

3 法人格内部の移転のもたらす問題

このように，日本における貸付債権等を証券化するにあたって，SPCをケイマン等の外国にて設立し，その日本支店を通じて貸付債権の譲渡を受け，ケイマン本店を通じて証券を発行する場合，法人格内部での移転が重要な租税上の帰結をもたらしている。

やや重複するが，課税関係を改めて確認してみると，次の通りである。

まず，貸付債権等が国外の者に譲渡され，原債務者が国外の者に利子を支払うようになった場合，原債務者は，貸付金の利子について源泉徴収義務を負うことになる（所得税法212条1項）。なぜなら，国内の債務者から支払われる利子は国内源泉所得であるが（所得税法161条6号），一般的には，利子の支払を受ける者に申告を期待することはできないからである。もっとも，外国法人であっても，申告を期待できるような者に対する支払いについては，支払者に源泉徴収義務を課す必要はないはずである。それゆえ，法は国内に恒久的施設を有する，つまり内国法人同様の申告を行う外国法人については，源泉徴収免除の証明書の提出を条件として，源泉徴収所得税の課税が免除されている（所得税法180条）[133]。そして，証券化においては，SPCの日本支店を置くことによって，この所得税法180条が適用されると考えられている。

これに対して，投資家に対して社債やCPといった証券が発行され，投資家が利子や償還差益を所得として得る段階においては，これらの所得の源泉が日本にあることは必ずしも明らかではなくなっている。少なくとも形式的には，証券はSPCの本店，すなわち（日本から見ると）外国法人によって，外国で発行されているからである。前述のように実質を見て，投資家に対して支払われる利子ないし償還差益が国内源泉であると考えたとしても，「ダブルSPCスキーム」を採用しさえすれば，源泉徴収義務は存在しないことになる。条文の規定からは，法141条4号に基づいて投資家が申告納税義務を負うという余地は確かにある。しかし，このような申告が行われることは，事実上，期待できない。そもそも，所得税法は，申告納付のバックアップとして源泉徴収制度をおいているのであり，源泉徴収できない場合における申告納付に，多くを期待す

---

[133] この点については，例えば，中里・前掲註122）422頁，窪田・前掲註118）221〜222頁参照。なお，窪田論文は，実務での取扱いが，所得税法180条の定める条件に厳密に従っていないことを指摘している。

第3節　法人格内部での国際的移転を利用した租税負担の軽減

ることはできないはずである。

　以上のような事態は，SPC の日本支店に貸付債権を帰属させつつ，この債権を担保にした資金調達はケイマン本店を通じて行っている，ということから生じている。SPC という一つの法人は，複数の課税管轄権にわたって活動を行う。しかし，所得源泉地の判定において形式的な基準に依存する我が国の所得税法・法人税法の規定は，この法人の活動を適切に捉えることができない。貸付債権の帰属する SPC 日本支店は，あくまで内国法人と同様に扱われる反面，証券を発行するのが SPC ケイマン本店であるがゆえに，証券に関して生じる所得については実効的に課税することができない。そして，本書の関心から重要なのは，SPC の日本支店とケイマン本店の間での，資金の移動や担保価値の「移転」[134] それ自体については，所得税法・法人税法は特に対応していないということである[135]。

第3款　組織変更規定の利用──オウブンシャホールディング事件

　オウブンシャホールディング事件（東京地判平成13年11月9日[136]）の事案からは，子会社を設立する際のキャピタル・ゲインに対する課税繰延規定（平成10〔1998〕年改正前の法人税法51条）が，国際的な局面では，課税の繰延ではなく，課税の免除をもたらしかねないことがわかる。

1　事案と裁判所の判断
　オウブンシャホールディング事件の事案は，大要，次のようなものであった[137]。

---
134)　法的な権利義務の帰属主体ではない支店を基準とした法的な「移転」を語ることは確かにできないが，SPC 日本支店での貸付債権取得がなければ，SPC ケイマン本店での証券の発行はできなかったであろうという，条件関係は存在する。そして，これはあくまで比喩的にではあるが，SPC 日本支店から，ケイマン本店への担保価値の移転と見ることができると思われる。
135)　いわゆる「内部取引」からは所得が生じないという一般的な規定（令176条3項）があるのみである。
136)　判例時報1784号45頁，金融・商事判例1133号35頁。
137)　以下の叙述では，報道などをもとに，地裁判決では認定されていない事実を加えている。それゆえ，実際の事件とは，細かい点で異なっている可能性がある。この事件に関するもう少し詳細な紹介および，この事件の地裁判決の理論的な分析については，渕圭吾「オウブンシャホールディン

第1部　第1章　日本法の沿革と現状

オウブンシャホールディング株式会社（旧商号：旺文社）は，テレビ朝日と文化放送の株式を保有していた。これらの株式を譲渡するに際して，キャピタル・ゲインに対する課税を回避することが求められていた。そこでオウブンシャホールディングは次のような取引を行った。

まず，オランダに100パーセント子会社のアトランティックという会社を作り，ここに株式を現物出資した。ここでは，当時の法人税法51条[138]に基づいて圧縮記帳がなされた結果，テレビ朝日等の株式に関する含み益に対する課税が繰り延べられた。テレビ朝日株式の従来の帳簿価額が，アトランティックでも引き継がれ，またオウブンシャホールディングが取得したアトランティックの株式の取得価額にもなったわけである。

続いて，アトランティックは，大幅な増資を行い，新株の全てをアスカファンドに対して割り当て，アスカファンドはこれに応じて払い込みを行った。ここで，アスカファンドとは，オウブンシャホールディングの筆頭株主でもあるセンチュリー文化財団（日本の財団法人）が設立し，全株式を保有している会社である。この増資によって，オウブンシャホールディングのアトランティックに対する持分は100パーセントから約6パーセントへと低下し，また，アスカファンドにとって著しく有利な価額で新株が発行されたこともあって，オウブンシャホールディングのアトランティックに対する持分は希釈化した。結果として，間接的な方法で，テレビ朝日株式に対する支配権が，オウブンシャホー

グ事件に関する理論的問題」租税法研究32号27頁（2004年）およびそこに引用の諸文献を参照。最高裁判決（最判平成18年1月24日判例時報1923号20頁）については，同「法人税法22条2項にいう『取引』の意義——オウブンシャホールディング事件」租税判例百選〔第5版〕100頁（2011年）参照。

138) 平成10年法律第24号による改正後の法人税法51条1項は次の通り。下線部がこの改正で付け加えられた部分である。51条は，組織再編税制の導入に伴って廃止された。

　「内国法人（清算中のものを除く。）が，各事業年度において新たに法人（人格のない社団等を除く。）を設立するためその有する金銭以外の資産の出資（当該資産の出資その他当該設立のための出資によりその内国法人が有することとなる当該法人の株式の数又は出資の金額が当該法人の設立のときにおける発行済株式の総数又は出資金額の100分の95以上であること，<u>当該資産が国内にある資産として政令で定める資産である場合にあっては当該資産の出資により外国法人を設立するものではないこと</u>その他政令で定める要件を満たすものに限る。以下この項において「特定出資」という。）をした場合において，その特定出資により取得した株式（出資を含む。）につき，当該事業年度において，その特定出資により生じた差益金の額として政令で定めるところにより計算した金額の範囲内でその帳簿価額を損金経理により減額したときは，その減額した金額に相当する金額は，当該事業年度の所得の金額の計算上，損金の額に算入する。」

ルディングからアスカファンドへと移転したといえる。

なお，判決では認定されていないが，このあと，アトランティックが，これまた旺文社グループの別のオランダ法人に時価でテレビ朝日株式を譲渡して含み益を実現させ，さらにこのオランダ法人が旺文社グループの日本法人へ株式を譲渡し，この日本法人がグループ外の企業に買収されることによって，テレビ朝日の株式がグループ外に移転した模様である[139]。

さて，このような取引を行ったオウブンシャホールディングに対して，本郷税務署長は，アスカファンドへの著しく有利な価額での第三者割当ては，アトランティック株式の持分 255 億円相当分をなんらの対価もなくアスカファンドへ移転させたものであるとして，法人税法 132 条を適用して，有価証券にかかる利益の計上漏れがあるとして更正処分を行った。

オウブンシャホールディングは審査請求を経て本訴に臨んだが，訴訟の段階では，課税庁は法人税法 22 条 2 項を主位的に，132 条を予備的に主張している。

主な争点は，法 22 条 2 項の適用の可否[140] および法 132 条 1 項 1 号の適用の可否であった。裁判所は，決議への賛成という行為と資産価値移転の因果関係を否定し，法 22 条 2 項および法 132 条 1 項 1 号の双方について適用を認めず，原告の請求を認容した。

2 旧法人税法 51 条がもたらした問題

旧法人税法 51 条は，持分 95 パーセント以上の子会社を設立した場合，現物出資した資産に対する含み益の課税について，圧縮記帳の技術を利用した繰延を認めていた。

平成 10 年改正後も，適格分社型分割や適格現物出資においては，資産を帳簿価額で譲渡したとみなすことによって，同様の課税繰延が認められていた（法 62 条の 3，62 条の 4）。もっとも，平成 10 年改正後の規定は，適格現物出資についていえば，国内にある資産を外国法人に現物出資する場合には適用がない（法 2 条 12 号の 14，令 4 条の 2 第 8 項）。適格分割に関する規定は，含み益のある資産の国外への移転について触れていないが，これはそもそも当時の商法上，国際的な会社分割は不可能であるという理解に基づいていたと思われ

---

139) 2002 年 1 月 18 日の租税判例研究会の席上で配布された資料による。
140) 法 22 条 2 項の適用については，課税庁は訴訟段階ではじめて主張した模様である。

る[141]）。

　ところが，旧規定は，特に限定をつけずに，外国子会社への現物出資に際する圧縮記帳を認めていた。少なくとも，文言からは，明らかにそのように読めた。それゆえ，現物出資された資産自体の含み益に対する，我が国の課税は原則として不可能になってしまう[142]）。

　もちろん，それでも構わないという考え方も十分成立する。理論的にいえば，資産の帳簿価額は親会社の取得する子会社株式の帳簿価額と等しいから，親会社が子会社株式を譲渡することがあれば，その際に現物出資した資産の含み益に相当する額への株式譲渡益課税がなされるはずだからである。

　しかし，価値が理論的には等しいとはいえ，少なくとも形式的には，現物出資された資産と子会社株式とは別の資産であるから，上記のように資産への譲渡益課税を子会社株式への譲渡益課税で代替するならば，その旨の明確な政策決定が必要であると思われる[143]）。旧51条は，必ずしもそのような政策決定に基づくものではなかった，それゆえに，平成10年にあっさりと改正されてしまったのではないだろうか。

　いずれにせよ，旧法人税法51条にかかわるオウブンシャホールディング事件からは，次のことが明らかになる。それは，関連会社間の移転に関する課税繰延規定を介して，本書が直接の対象としている法人格内部の財産の移転と同様の租税上の問題が生じうるということである。本来ある国で課税の対象となるべき所得を生み出すはずの財産が国外に移転することによって，その国のそ

---

141) 当時の商法上の，国際的な組織再編の可能性を肯定する見解もあった。例えば，江頭憲治郎ほか「〔座談会〕株式交換・株式移転——制度の活用について」ジュリスト1168号100頁（1999年），121頁の江頭発言，江頭憲治郎「商法規定の国際的適用関係」国際私法年報2号136頁（2000年），落合誠一「国際的合併の法的対応」ジュリスト1175号36頁（2000年），早川吉尚「国境を越えたM＆Aの抵触法的規律」立教法学59号254頁（2001年）。もっとも，江頭ほか・前掲座談会の原田晃治発言などからは，（少なくとも株式交換・株式移転について）国際的な局面にも適用されることは想定されていないことが読み取れる。品川克己＝山岸哲也「クロスボーダーの事業再編と組織再編税制（前編）」国際税務22巻12号40頁（2002年），43～44頁は，「現状では実行段階における法的不安定性を解決できないため，実務上は非現実的な選択肢」であるとする。なお，須藤一郎「税法からの分析（外国会社との合併・株式交換をめぐる法的規律（Ⅲ））」商事法務1624号108頁（2001年）は，国際的な組織再編が可能であるとするならば，それに応じた租税法の規定の整備が必要であることを，正当にも指摘している。

142) もっとも，タックス・ヘイブン対策税制の適用される余地はあったかもしれない。

143) この点に関しては，渕・前掲註137）参照。

の所得に対する課税権が事実上失われるのである。

　本書では，納税義務が法人格を単位としていることを，一応の前提としている。しかし，実際には，納税義務を単一の法人格ではなくて，より広い範囲の法人のグループに担わせる立法が各国に存在する。連結納税制度が，その代表的なものである[144]。旧51条もまた，そのひとつである。それゆえ，必要に応じて，今後も，旧51条のような課税繰延規定を介した移転をも視野に入れて，叙述を進めていくことにする。

第4款　まとめ

　このように，法人格内部での国際的な財産の移転は，それが私法上の取引ではないゆえに租税法の規定にとって盲点になっている反面，それによって事実上，租税負担を変化させることができるゆえに実務上は重要な役割を果たしている。

　租税負担を変化させることができることが不当であるといえるのであれば，何らかの対処が必要であろう。しかし，そもそも，不当であると評することができるのかどうか必ずしも明らかではないし，仮にそう言えたとしても，どのような規定をおくべきなのかは明らかではない。

　法人格内部での国際的な財産の移転を評価する前提として，（法人）所得課税の納税義務者についてどのように考えるべきか（法人格を単位とすべきか，企業というより実質的な概念を用いるべきか，営業というより小さい単位を基準とすべきか，等），課税管轄権の範囲はどのように画されるべきか（物理的な範囲が重要なのか，それとも，何らかの他の基準によって所得の課税管轄権への帰属を判定できるのか，等），法人格内部でも私法上の取引に類似した明確な基準が観念できるのか（例えば，支店による「所有」，「占有」ないし「所持」等）否か，といった点について考える必要がありそうである。

　第1節で簡単に見たように，我が国の所得課税・法人所得課税の仕組みが，ドイツ法，アメリカ法そして国際的な租税条約ネットワークの大いなる影響の

---

144)　連結納税制度の理論的な位置づけについては，増井良啓「連結納税制度をめぐる若干の論点(1)～(4・完)」税研91号88頁，92号95頁，93号124頁，94号96頁（2000年）および同『結合企業課税の理論』（東京大学出版会，2002年）参照。

もとにあったことを考えると，以上の点についても，これらの外国法を研究することによって，何らかの示唆を得ることができるかもしれない。そこで，次章からは，日本法を一旦離れて，外国における議論の状況を調査することにする。

第2章　租税条約ネットワークの形成

第1節　国際連盟における基本的な考え方の成立

第1款　はじめに

1　初期の国際的二重課税排除の手法

　本章では，1920年代以来の，多国間租税条約草案ないし（二国間租税条約についての）モデル租税条約の発展過程を跡づける。第1節では，国際連盟における国際的二重課税に関する議論の方向性を決定した1925年の報告書に至るまでの過程を紹介する。第2節では，多国間租税条約として構想された1927年・1928年の条約草案およびそれを受けた1930年代初頭までの議論の内容を明らかにする。第3節では，1933年のキャロルによる報告書を紹介し，分析を加える。第4節では，国際連盟におけるその後の議論を跡づけ，第5節では，OECDモデル租税条約7条に関する1990年代までの議論の中から注目すべきものをいくつか取り上げる。最後に，第6節で本章における検討から得られた示唆をまとめる。さらに，補説では，特に第2節で述べたことを，通商・投資関係条約の起草過程との関係でとらえ直す。

　本論に入る前に，1920年代初頭までの国内法ないし二国間租税条約による国際的二重課税排除の実例をいくつか紹介しておく[1]。

　国内法による国際的二重課税排除の仕組みとしては次のようなものがあった。まず，ベルギーでは，1906年以来，国外所得に対する税率を軽減していた。

---

1) League of Nations: Technical Experts to the Economic and Financial Committee, Double Taxation and Tax Evasion: Report and Resolutions submitted by the Technical Experts to the Financial Committee, Document F. 212, 1925, 11-12 に依拠している。

また，1919年法では国外で課税された税額を所得から控除（deduction）し，また，外国人に対して付加税（super-tax）の課税を行わない等の措置がとられていた。

オランダでは，外国で実際に支払われた税額に関わらず，国外所得を全世界所得から控除したものを課税標準としていた。これは，要するに，国外所得を免税にしたのと同じではないかとも思われるが，詳細は明らかではない。

スイスでは，チューリヒのカントンではカントン外で得られた所得についてその3分の1にのみ課税する，等の措置がとられていた。

アメリカ合衆国では，1918年に外国税額控除制度が導入され，1921年にはその限度額が導入されていた[2]。

英連邦では，本国と，英連邦内の自治領との間の課税権の調整がなされていた。本国と自治領の両方で課税の対象となる所得については，本国で一定の額まで税額控除が行われていた。

租税条約としては，第一次世界大戦以前に，オーストリア＝ハンガリー帝国と，ドイツ帝国を構成する諸国（プロイセン王国，ザクセン王国等）との間のものが存在していた。第一次世界大戦後も，オーストリア＝ハンガリー帝国の後身諸国を中心に多くの租税条約が締結されつつあった。さらに，1921年6月13日に調印されたローマ条約は，オーストリア，ハンガリー，イタリア，ポーランド，セルビア＝クロアチア＝スロベニア王国，ルーマニアの間での，多国間条約であった[3]。なお，1924年にはチェコスロバキア・イタリア間で租税条約が締結されているが，これについては1925年報告書に関する叙述の中で触れる。

2　国際連盟時代の報告書

本節では，国際連盟における議論を中心に，1920年代において，所得課税の国際的側面について，とりわけ国際的二重課税の排除について，どのような議論が行われてきたのかということを述べる[4]。

---

[2]　第4章でも言及するが，さしあたり，Michael J. Graetz & Michael M. O'Hear, The "Original Intent" of U.S. International Taxation, 46 Duke L. J. 1021, 1022 (1997).

[3]　ローマ条約の調印・批准の日付については異説もあるが，ここでは，League of Nations, supra note 1, 12 に従う。

[4]　1920年代の国際二重課税の問題についての国際的な議論の経緯につき，黒田英雄「国際二重課

第1節　国際連盟における基本的な考え方の成立

　国際連盟による国際課税に関する報告書は，大まかに言って6種類存在する[5]。

　第一は，1923年4月5日に4人の経済学者によって財政委員会に提出された『二重課税に関する報告書』（Report on Double Taxation）である。以下，これを「1923年報告書」と呼ぶことにする。

　第二は，1925年2月7日に専門家たち（the Technical Experts）によって財政委員会に提出された『二重課税と租税逋脱』という報告書である。以下，これを「1925年報告書」と呼ぶ。なお，1925年報告書に影響を与えた先行研究として様々なものがあるが，そのうち特に重要な，国際連盟経済委員会における議論を，本書ではやや詳しく取り上げることとする[6]。

　第三は，1927年4月に同じメンバーによって公表された『二重課税と脱税』という報告書である[7]。モデル租税条約草案とその解説という体裁をとっているこの報告書を以下，1927年条約草案（およびその解説）と呼ぶ。

　第四は，1928年10月に，各国政府の代表者[8]から成る会議によって公表された『二重課税と脱税』と題する報告書である。以下，1928年条約草案（およびその解説）と呼ぶ。

　第五は，1929年10月から1964年3月にかけて10回にわたって提出された

税問題について」国税庁『国際租税協定関係の参考資料集』1頁（1951年）がある。これは，1924（大正13）年2月の国際商業会議所日本国内委員会における黒田主税局長による講演録である。

[5]　1962年にアメリカのThe Joint Committee on Internal Revenue Taxationによって集成された『アメリカ租税条約立法史』（Legislative History of United States Tax Conventions, 1962）の第4巻にそれまでのモデル租税条約が収められている。この中で国際連盟時代の六つの報告書が収録されている。なお，これらの報告書の内容を紹介する邦語の先行研究として，谷口勢津夫「モデル租税条約の展開（1）」甲南法学25巻3＝4号243頁（1985年），水野忠恒「国際租税法の基礎的考察」同『国際課税の制度と理論』1頁（有斐閣，2000年，初出1987年），矢内一好「国際連盟によるモデル租税条約の発展——事業所得を中心として」税務大学校論叢20号377頁（1991年。同『国際課税と租税条約』〔ぎょうせい，1992年〕に再録），赤松晃『国際租税原則と日本の国際租税法』（税務研究会出版局，2001年），浅妻章如「恒久的施設を始めとする課税権配分基準の考察」国家学会雑誌115巻3＝4号321頁（2002年）等がある。英語で書かれた文献は多いが，よくまとまっているものとして，KeChin Wang, International Double Taxation of Income: Relief through International Agreement 1921-1945, 59 Harv. L. Rev. 73 (1945) がある。

[6]　国際連盟経済委員会における議論の重要性については，League of Nations, *supra* note 1, 7参照。

[7]　日本からは，駐英財務官の森賢吾（1875-1934），日本銀行ロンドン監督役の青木隆（1883-1932），大蔵省の山路鎮夫（1894-1986。のちに大蔵省預金部長官）の名がある。

[8]　日本の大蔵省からの参加者として，石渡荘太郎（1891-1950。後に大蔵大臣）および山路鎮夫の名がある。

租税委員会による報告書である[9]。なお，この間，租税委員会の委任を受けたキャロルとジョーンズによる浩瀚な報告書も公表された。

最後に，1946年11月に公表された，「ロンドンモデル租税条約」である。これはモデル租税条約と注釈から成る。

第2款　1923年の「四経済学者による報告書」

1　報告書の概要

1921年8〜9月，国際連盟財政委員会は，オランダのブルインス[10]，イタリアのエイナウディ[11]，アメリカのセリグマン[12]，そしてイギリスのスタンプ[13]の4人に，国際的二重課税の問題についての検討を要請した。具体的な検討事項としては，次のような点が挙げられていた[14]。

> 「有識者への付託事項（terms of reference for the experts）
> 　(1)　(a) 租税負担（fiscal burdens）の公平な配分，および，(b) 経済活動および資本の自由移動への干渉，という観点からして，二重課税の経済的帰結（economic consequences）とは何か？　また，この経済的帰結は，一般に二重課税と言われる諸類型において，どの程度共通しているか？

---

9) 第1回は，1929年10月17日から26日にかけてジュネーブで開催。第2回は，1930年5月22日から31日にかけてジュネーブで開催。第3回は，1931年5月29日から6月6日にかけてジュネーブで開催。第4回は，1933年6月15日から26日にかけてジュネーブで開催。第5回は，1935年6月12日から17日にかけてジュネーブで開催。第6回は，1936年10月15日から21日にかけてジュネーブで開催。第7回は，1937年10月11日から16日にかけてジュネーブで開催。第8回は，1938年10月17日から20日にかけてジュネーブで開催。第9回は，1939年6月12日から21日にかけてジュネーブで開催。第10回は，1946年3月20日から26日にかけてロンドンで開催。

10) G. W. J. Bruins (1883-1948). ロッテルダムの商科大学（the Netherlands School of Commerce. 現在の Erasmus University Rotterdam の前身）に所属していた。

11) Luigi Einaudi (1874-1961). 当時トリノ大学教授。戦後，イタリア大統領にもなる，経済学者。

12) Edwin Seligman (1861-1939). 当時コロンビア大学教授。

13) Sir Josiah Stamp (1880-1941). 英国内国歳入庁を経て，ロンドン・スクール・オブ・エコノミクス（LSE）へ。後に実業家としても活躍した。

14) Appendix 1, Annex to the Minutes of the Meeting of the Sub-Committee On Double Taxation, Held in London on February 27th, 1922: 3 League of Nations O. J. 636-637 (1922). これは，財政委員会の小委員会の3人のメンバーから提示されたものである（3 League of Nations O. J. 633-634 (1922)）。

(2) 二重課税の良からぬ帰結を除去するための国際条約 (international convention) の基礎となるべき一般原則を樹立することはできるか。それとも，特定の国々の間でこれらの国々が当面必要とする事項に限った合意 (agreements) が行われるべきか。また，後者の選択肢を採る場合，このような個別の条約〔合意〕は，最終的には一般的な条約に統合することができるものとして位置づけられるか。

(3) 二重課税排除のための既存の仕組み（〔ローマ条約のような〕国家間のもの，または，連邦国家の構成要素間のもの）に存する諸原則は，どの程度，新しい国際条約に応用することができるか。

(4) 国際条約と別に，各国の租税制度を修正することで，果たして二重課税を救済できるか，また，できるとすればどの程度の救済ができるか？

(5) 二重課税についての条約は，詐欺的な請求を防止するためにどの程度の国際的なコントロールを行うべきか？

(6) 有識者は，中間報告書を8月1日までに取りまとめなくてはならない。」

TERMS OF REFERENCE FOR THE EXPERTS

(1) What are the economic consequences of double taxation from the point of view

　(a) of the equitable distribution of fiscal burdens?

　(b) of interference with economic intercourse and with the free flow of capital?

To what extent are these consequences similar in the different types of cases commonly described as double taxation?

(2) Whether any general principles can be established as the basis for an international convention to remove the evil consequences of double taxation, or whether agreements should be made between particular countries, limited to their own immediate requirements, and, in the latter alternative, whether such particular conventions can be so framed as to be capable ultimately of being embodied in a general convention.

(3) How far are the principles of existing arrangements for avoiding double taxation, whether between independent nations (*e.g.*, the Rome Convention) or between the component portions of a federal State, capable of application to a new international convention.

(4) Whether, and if so, to what extent a remedy can be found in an amendment of the taxation system of each individual country, independently of any international agreement?

(5) To what extent should the Conventions on double taxation establish an international control to prevent frau-dulent claims?

(6) The experts are requested to make an interim report by August 1st.

　1922年3月，この4人は検討を開始し，1923年3月にまとめられた二重課税についての報告書が同年4月国際連盟財政委員会に提出された[15]。この報告書は三部から成っている。

　第一部では，国際二重課税がいかなる不都合をもたらすのかということが述べられている。この部分の叙述にはセリグマンの租税転嫁論が大きく影響を及ぼしているようである。

　第二部では，課税の基礎が担税力にあること（the principle of ability to pay），そして課税権の配分に際しては経済的貢献（economic allegiance[16]）が基準となること[17]，その要素としては「所得の源泉地（origin）[18]」，「財産の所在地（situs）[19]」，財産権に関する執行が可能である国[20]，「居住地（domicile）[21]」の四つがあるということ[22]，が述べられる。その上で，富の種類ごとに，この四つ

---

[15] League of Nations, Economic and Financial Commission, Report on Double Taxation Submitted to the Financial Committee by Professors Bruins, Einaudi, Seligman and Sir Josiah Stamp, Geneva, April 5th, 1923 [E.F.S. 73. F. 19].
　この報告書に関する二次文献として，Wang, supra note 5, 81-82. 邦語の参考文献として，谷口・前掲註5) 259〜269頁，赤松・前掲註5) 22〜29頁のほか，竹中知華子「国際的二重課税論争の発生——国際連盟・経済専門家委員会『二重課税に関するレポート [Report on Double Taxation]』（1923年）の検討」経済論究（九州大学大学院経済学会）94号293頁（1996年）がある。

[16] 水野・前掲註5)，竹中・前掲註15) では「経済的帰属」と，谷口・前掲註5) では「経済的所属」と，矢内・前掲註5) 394頁では「経済的関連性原則」と訳されているが，本書では「経済的貢献」と訳しておく。

[17] League of Nations, supra note 15, 20-22. このことは，Edwin R. A. Seligman, Essays in Taxation, 1895, 110において，セリグマンによって主張されていた。

[18] 富の生産に対応する。

[19] 富の保有に対応する。

[20] 執行可能性（enforceability）として整理されている。

[21] 富の処分（消費）に対応する。

[22] League of Nations, supra note 15, 22-23. セリグマンのEssays in Taxationの叙述と大幅に重な

のうちのどれが重視されるべきか論じられる。結論として，あらゆる富が所得の源泉地あるいは居住地のどちらかに割り振られる[23]。

第三部は，二重課税を回避するための方法として，四つを取り上げる。すなわち，①国外からの所得について控除を認める，逆に②国外投資家が得る所得への課税を免除する，という両極端に位置づけられる方法，さらに③政府間で税額を分割する，④所得源泉を分類し，割り当てる，という中間的な方法である。

所得課税については，次のようにまとめられている。すなわち，「(1) 発展した形態の所得課税〔引用者注：包括的な所得税のこと〕については，第二の方法に従って非居住者に対して相互に免税とすることが，二重課税の害悪を避けるためのもっとも望ましい現実的な方法であり，当事国が望むなら採用されるべきである。(2) 源泉地課税の原則を廃棄したくないために第二の方法が採れない場合，第四の方法を第三の方法によって修正したものを条約としうる。その場合でも，第二の方法の場合と類似した執行システムをとり，二政府間で合意された方針に従った集団的な紛争解決が必要である。」

こうして，経済的貢献の概念に従って，綿密に資産類型ごとに所得への課税権の所在を検討し，人税としての所得税については非居住者免税という比較的単純な解決方法を推奨している。なお，本書の問題意識からは，第四の方法の実際的な困難を指摘する中で，法人を用いた所得源泉の変更の可能性に触れている点が注目される[24]。

2 評　価

報告書を全体としてみると，個人の全経済力に着目する包括的な所得概念が普及する途上で，経済的貢献の概念に従って課税権を分配しようとしたものである，と評価することができる。そして，当時現実に用いられつつあった源泉地（origin）の観念に抗って，居住地（domicile）を基準とした課税を称えた。法人に対する課税は考慮されず，あくまで，理念型としての個人所得課税をい

っている。
23) League of Nations, *supra* note 15, 39 の図にまとめられている。
24) League of Nations, *supra* note 15, 49.

かにして貫徹するかということが考えられている。

この報告書は当時の有力な経済学者によって書かれたものであることから，国際的二重課税排除に関する研究において必ず紹介される。しかし，この報告書とは独立に，国際法協会，国際連盟経済委員会，国際連盟港湾海運小委員会，国際商業会議所でより実務に密着した議論が行われていた[25]。後述の1925年の報告書以降とのアプローチの違いをも考えると，本報告書の意義はそれほど大きくないと評価せざるを得ない[26]。

第3款 1925年の報告書

1 報告書の概要

1923年の報告書が提出される前に財政委員会の委託を受けた[27]，ベルギー，チェコスロバキア，フランス，イギリス，イタリア，オランダ，スイスの租税の専門家（官僚）たちが，1923年6月以降，5回にわたって集まり，二重課税についての検討を行った。その成果が，1925年に報告書の形になった。『二重課税と租税逋脱』と題する文書がそれである[28]。1923年報告書が極めて抽象的な形で結論を提示したのに対して，この報告書は実際にすぐに役立つことを狙っている。二重課税と租税逋脱につき決議を行い，その決議文に対する注釈が報告書の多くを占めている。

二重課税に関する決議は，物税ないし分類所得税（impôt réels or schedular taxes）と個人所得税（general or personal taxes on income）とに，別々のルールを適用する。ここで，個人所得税とは，相続税や（所得と対置される意味での）資本に対する租税も含んでいる。

---

25) League of Nations, *supra* note 1, 7-10.
26) この点を強調する先行業績として，Graetz & O'Hear, *supra* note 2, 1027.
27) 1922年6月に検討を開始することが決定され，同年8～9月に各国の専門家に依頼があったようである。3 League of Nations O. J. 1399 (1922).
28) *See* League of Nations, *supra* note 1. この報告書に関する二次文献として，Wang, *supra* note 5, 82-84. 邦語文献として，国税庁・前掲註4) 53～62頁参照。二次文献としては，谷口・前掲註5) 270～276頁，赤松・前掲註5) 30～33頁がある。なお，この報告書に至る過程の1923年6月10日段階での報告書（第1回会合を受けたもの）として，Report by the Government Experts on Double Taxation and Evasion of Taxation, F 50: 4 League of Nations O. J. 943 (1923). 検討の日程については，League of Nations, *supra* note 1, 3参照。

(1) 物税について

前者については，所得の源泉 (the source of income) の所在国が課税権を有する[29]。すなわち，①不動産についてはその所在地国，②農業については農場所在地国が課税権を有する。

③商工業施設 (industrial and commercial establishments) から生じる所得についてはやや複雑である。活動 (undertaking) が単一の国内で行われている場合，所得はこの国から生じているとみなされる。これに対して，企業がある国に本店を，別の国に支店・代理人・事業所 (establishment)・常設の商工業組織ないし恒久的な代表者をおいている場合，（租税条約を締結している）各国は純所得のうちその領土内で生じた部分 (that portion of the net income produced in its own territory) についてのみ課税できる。それゆえ，各国の課税庁は，企業全体の貸借対照表，支店等の貸借対照表，その他の関連する資料の提出を求めることができる。なお，船会社，鉄道会社，大陸間のケーブル会社，航空会社，電気会社については，各国から生じる利益に比例して「分割の原則 (the principle of division)」が適用される。もっとも，海運業に関しては，利益の配賦が困難なので，相互免税をして，管理支配の中心においてのみ課税することが提案される。保険会社・銀行についても，船会社等と同様の「分割の原則」が適用される。

不動産譲渡抵当 (mortgages) に関する租税は，不動産の所在地国によってのみ賦課されうる。また，会社役員の報酬は会社の fiscal domicile 所在地国が，給与所得 (earned income) については業務 (trade or profession) が通常かつ日常的に行われている国が課税権を有する。

会社その他の法人が発行した債券 (public funds and bonds)，普通預金・当座預金 (deposits and current accounts) からの利子に対しては，原則として，債務者の居住地国が課税権を有する[30]。なお，預金からの利子について，（会社その他の法人自身ではなく）本店ないし支店が「債務者」であるとみなされる。また，配当についても利子と同様に扱うとされる。これに対して，貸付金債権や年金からの利子は，債権者の居住地国が課税権を有する。

---

29) League of Nations, *supra* note 1, 15-18.
30) ただし，条約を締結して国外にいる債権者（利子の受取人）に対する課税を免除することが推奨されている。

(2) 人税について

個人（ないし一般）所得税の課税権を有するのは，基本的には納税者の居住地国（residence or domicile）である。もし，居住地国以外（すなわち源泉地国）が，特定の源泉から生じる所得に対して個人所得税を課したいのであれば，二重課税を防止するために二国間条約が結ばれるべきである。また，源泉地国が課税をしても構わないのは，不動産からの所得，農業，商工業施設（establishment）からの所得である（株式に対する配当は含まれない）。

源泉地国も人税を課す場合に生じる二重課税を防止する方法として，報告書は二つの方法を示している[31]。

第一は，居住地国が，個人所得税の額から以下の①②の方法に従って計算した額を控除する[32]，という方法である。ここで①とは，源泉地国で得られた所得について居住地国の計算方法で計算して得られた税額，②とは，国外（居住地国以外）で生じた所得について実際に支払われた税額（この場合も，①の額が上限とされる）である。全ての所得を国外で得ている者にも居住地国が課税できるようにするため，控除できるのは一定の限度額までである。

第二は，源泉地国が所得のうち源泉地国で生じた分に対してのみ課税し，居住地国がそれ以外の所得について，ただし全所得に対して掛けられるべき税率で，課税するという方法である。

要するに，第一の方法は限度額つきの外国税額控除である。第二の方法は，源泉地国が国内源泉所得についてのみ軽減された税率で課税するというものである。

2　結論に至るまでの議論

ここでは，報告書が上記のような結論に至る過程で行った分析について紹介する[33]。

報告書は，三点にわたる分析を行っている。

第一は，当時の最新の租税条約である，チェコスロバキア・イタリア租税条

---

31) もっとも，二重課税防止のために他にも方法があることが示唆されている。
32) 「控除（deduction）」という言葉が使われているが，文脈からして，「税額控除（credit）」を意味すると考えられる。
33) League of Nations, *supra* note 1, 12-15 参照。

約（1924年3月1日調印）である。この租税条約は、租税を物税（impôt réels）と人税（personal taxes）に分けている。

前者については、所得の源泉地国（the country of origin）すなわち所得の源泉地（the source of income）所在地国が課税権を有するという一般原則を前提として、所得の種類ごとに源泉地国の判定基準を定めている[34]。さらに事業所得・金融業からの所得で、その源泉地が複数にわたるような場合について、所得を分割（assignment）する基準を定めている。

後者については、居住地（domicile）の原則が、物税の場合よりも、広く適用される。すなわち、源泉地国が人税について課税を許されるのは、所得が不動産から得られる場合、事業活動から得られる場合（法人形態を通じての場合を除く〔in so far as such industry or business is not carried on by a joint-stock company〕）、給与の場合、のみである。それ以外の種類の所得については、居住地国が課税する。

このように、物税と人税を分けるが、程度の差はあれ、両者について、所得を分類しそれぞれの所得についてその源泉地国に課税させるという方法が採用されている。

分析の第二では、源泉地国による課税という抗いがたい潮流が紹介される。1923年報告書を引用して、各国政府が外国人に課税したいと考えていること、源泉地に一次的な課税権を与えることが直観に合致すること、が述べられる。そして、特に物税について、源泉地国課税の原則が広く適用されている、と要約される。

しかし、第三に、居住地課税の原則に基づいた人税の考え方（the conception of the personal tax based on the idea of domicile）が発展してきている、ということが指摘される。それは、19世紀にイギリスやアメリカで現れ、欧米諸国もゆっくりとしかし着実にその方向に進んでいるとされる。

このような人税の考え方によれば、論理的には、各国が源泉地国課税を相互に放棄しなくてはならないということになる（1923年報告書の第二の考え方）。しかし、これは、経済的状況が異なる二国間（例えば、先進国と途上国）には現実問題として適用できない。また、外国で支払った租税を居住地国が還付する

---

34) 例外的に、終身定期金（life annuities）については居住地国（domicile）が課税権を有するとされる。

という方法（1923年報告書の第一の考え方）も，各国の財政を他国の増税に左右されることになり妥当ではない。また，政府間での税額の分割（1923年報告書の第三の考え方）も，英連邦においては採用されたものの，国際的には採り難い。

　以上のような三点の検討をもとに，報告書は，所得を分類しそれぞれについて課税権を有する国を決めるという方法（the method of assigning income）がもっとも広く使われていると述べる（1923年報告書の第四の考え方）。しかし，前述のように，世界の潮流は人税に向かっている。そうすると，この第四の考え方にも非常な困難が存するということになる。

　そこで，この報告書は，物税と人税を分け，前者については源泉地国に，後者については居住地国に，主たる課税権を与えるという，前述のような結論に至るわけである。

3　国際的二重課税排除の方法（レオンデュフォーによる付録）

　財政委員会の秘書官であったレオンデュフォー（Léon-Dufour）が，本報告書以前に提案されていた二重課税排除の方法について整理しているので，ここで簡潔に紹介しておきたい。

　以下の説明で，R国が居住地国，S国が源泉地国である。

　第一の方法（total deduction）。この方法によれば，S国は自国を源泉地とする所得について課税を行い，R国はまず，納税者の全所得に対応する税額を計算し，そこからS国で課税された税額を控除（税額控除）する。R国での最終的な税額はS国での課税関係に左右される。このため，1922年の国際商業会議所の特別委員会による条約草案でも，後述の第五・第六の方法においても，居住地国において税額控除されうる額の上限を設けることが提案されている。

　第二の方法（exemption of the non-resident）。この方法によれば，源泉地国は非居住者に対する課税を行わない。もっぱら，居住地国が居住者である納税者の全所得に対する課税を行う。この方法では，国外への投資を多く行っている居住者が多い国が多くの税収を得ることになる。アメリカとイギリスの間で，船会社についてこの方法が採用されている。

　第三の方法（allocation of relief）。この方法においては，一旦源泉地国で課税された税額が二つに分割される。そして，その一方については源泉地国の課税

第1節　国際連盟における基本的な考え方の成立

権が放棄され，居住地国が課税できることになる。この方法は，イギリスと英連邦内の自治領との間で用いられており，1920年の王立委員会報告書において推奨されている。

第四の方法（Rome convention or simple assignment of income）。全所得が，居住地国で課税される所得と，源泉地国で課税される所得とに分けられる。居住地国・源泉地国はそれぞれについて，自国で適用される税率を掛ける。例えば，チェコスロバキア・イタリア租税条約6条は，労働・不動産・不動産譲渡抵当（mortgages）・商工業からの所得は源泉地国に，それ以外の所得は居住地国に課税権を与えている。本報告書自体も，物税について，商工業が複数の国に支店を置いて行われている場合に，この第四の方法を推奨している。

第五の方法（アメリカの立法例）。これは，第一の方法に居住地国における税額控除の限度額がついているものである。

本報告書は，基本的には「人税」の課税権は居住地国にあるとしつつ，例外的に，一定の所得についてのみ源泉地国が課税権を有するとする。第六の方法が，報告書の提案する第一の方法，第七の方法が，報告書の提案する第二の方法に対応する。

4　1925年報告書における事業所得に対する課税
(1)　1925年報告書における事業所得についての叙述

1925年報告書は，物税の中の事業所得に相当する所得について次のような結論を述べている[35]。

「物税ないし分類所得税
　　一般的に言って，専門家たち〔引用者注：本報告の筆者のこと〕は，所得の源泉地国のみが物税ないし分類所得税を課すことができると認識している。専門家たちは，以下，この原則を各種の所得にあてはめる。
　　〔中略〕
　商工業施設
　　事業活動（an undertaking）の全部がひとつの国の中で行われている場合，事業活動の所有者（owner）の国籍に関わらず，所得はこの国から生じるとみ

---
35)　League of Nations, *supra* note 1, 31.

なされるべきである。

　企業が本店をある国に，支店，代理人（an agency），施設（an establishment），恒常的な商工業組織（a stable commercial or industrial organisation），恒久的な代表者（a permanent representative）を別の国に有している場合，各締約国は純所得のうち自国領域内で生じた部分に対してしか課税できない。このため，利害関係国の課税庁（the financial authorities of the interested States）は企業全体の貸借対照表（general balance-sheets），支店等の貸借対照表（special balance-sheets）その他の関係書類の提出を求めることができる。

（a）　海運会社（shipping enterprises），鉄道会社，大陸間ケーブル，航空会社，および電力事業の場合は，この分割に関する原則（the principle of division）は，ある国において事業が実際に行われている（事務所，代理人，あるいは支店といった）真正な組織（genuine organisation）が存在し，それが（例えば，海運会社の場合について言えば）単なる寄港（vessels calling at ports）にとどまらないものである場合に，当該国において生じる利益（profits）に比例して，適用される。

　しかしながら，海運業（maritime navigation undertakings）については，当該活動の本質と（とりわけ，多くの国で操業している会社の場合の）利益を配分することの困難性に鑑みて，専門家たち（experts〔本報告書の執筆者〕）は当原則に対する例外を認める。すなわち，相互主義に基づき，経営の中心および活動に対する支配が行われている場所の所在する国のみによって課税される。

（b）　保険会社。この分割に関する原則は，一箇所で複数の会社を代理している保険代理人によって実現した利得に対しても適用される。

（c）　銀行。この分割に関する原則が適用される。しかし，ある国に属する銀行が別の国で活動しているが，その活動が割引と金銭の支払いに限定されている場合は除く。」

I. IMPERSONAL OR SCHEDULAR TAXES（Impôts réels）.

　Generally speaking, the experts recognise that only the State in which the source of income is situated is entitled to impose impersonal or schedular taxes. They applied these principles in succession to various kinds of income:
〔中略〕

C. Industrial and commercial establishments.

1. When the whole of an undertaking is carried on in one and the same coun-

try, the income should be regarded as originating in that country, irrespective of the nationality of the owner of the undertaking.

2. If the enterprise has its head office in one of the States and in another has a branch, an agency, an establishment, a stable commercial or industrial organisation, or a permanent representative, each one of the contracting States shall tax that portion of the net income produced in its own territory. Therefore, the financial authorities of the interested States shall be able to request the taxpayer to hand in general balance-sheets, special balance-sheets and all other relevant documents.

(a) In the case of *shipping enterprises, railway companies, trans-Atlantic cables, aerial navigation companies and electrical power undertakings*, the principle of division is applicable, in proportion to the profits originating in a particular country, provided that there exists in that country a genuine organisation (office, agency or branch) in which business is actually carried on and that it is not — as in the case of shipping companies, for example — merely a question of vessels calling at ports.

Nevertheless, in the case of maritime navigation undertakings, in view of the very particular nature of their activities and of the difficulty of apportioning their profits, particularly in the case of companies operating in a number of countries, the experts admit an exception to this principle — to the effect that the tax should, subject to reciprocity, be imposed only by the country in which the real centre of management and control of the undertaking is situated.

(b) *Insurance companies.* — The principle of division also applies to profits realised through an insurance agent representing in the same locality more than one company.

(c) *Banks.* — The same principle of division; excluding, however, operations effected by a bank belonging to a specified country in another country, when its operations are confined to discounting or to paying over money.

1925年報告書は，以上の部分に対して，次のような注釈を付している（脚注

第 1 部　第 2 章　租税条約ネットワークの形成

は省略)[36]。

「　複数の国で活動を行っている企業については，これらの諸国間で所得を分割するという原則を採用するべきである，という結論に我々は達した。4 人の経済学者はその報告書〔引用者注：1923 年報告書〕，とりわけその付録において，所得の分割について従うべき原則を提示していた。中欧で締結された幾つかの条約においても，この点に関する条項が存在する。とりわけ，1921 年・22 年のオーストリア・チェコスロバキア条約およびその適用のための規則，および 1924 年 3 月のダンツィヒ・ポーランド条約においては，利益の分割を計算するために十分に精確な基準が示されており，注目に値する。例えば，後者の条約では，運輸業について距離を分割の指標にし，その他の事業を行う企業について総収入金額を分割の指標にするという暫定的ルールがある。前者の適用のための規則は，施設が販売のみを行うか・購入のみを行うか・販売と購入の双方を行うか，に応じて〔利益率が異なるとみなして〕企業の利益を算定する方法を定めている。1922 年 8 月 28 日のベルギーの勅令にも同様の規定が置かれている。

　このように，利益の配分（apportionment of profits）は確かに細心の注意を要するけれども，実行可能である。そして，既にいくつかの国では実行されている。しかも，中欧で締結された条約におけるこれらの仕組みは，人税と物税の両方に適用されているのである。」

　In cases in which an enterprise carries on its activities in several States, we have been led to lay down the principle of the division of income between these States. The four economists, in their Report, and particularly in its Appendix, have indicated the principles in accordance with which this division might be effected. In the various conventions concluded in Central Europe, we find that there are already provisions on this subject; we would mention particularly the Treaty, and the regulations for its application, of 1921 and 1922 between Austria and Czechoslovakia, and the Treaty of March 1924 between Danzig and Poland, which provide a sufficiently accurate basis for computing the division of profits. For instance, the latter agreement contains

---

36)　League of Nations, *supra* note 1, 16.

provisional rules which take the kilometric length as the basis or index of division in the case of transport enterprises, and gross receipts and profits in the case of other business enterprises. The regulation for the application of the treaty between Austria and Czechoslovakia also provides methods for the flat-rate computation of the profits of firms, according as the establishments sell, purchase, or purchase and sell simultaneously. A Royal Decree of August 28th, 1922, in Belgium contains similar provisions.

Such apportionment of profits constitutes, then, an operation which, though delicate, is feasible, and which is already carried out in several countries. It should even be noted that these operations in treaties concluded in Central Europe apply both to personal taxes and *impôts réels*.
〔海運業関係の注釈は省略〕

(2) 国際連盟経済委員会における議論

1925年報告書は，4人の経済学者による1923年報告書と同時期に他の団体で行われてきた国際的二重課税排除に関する研究を紹介しているが，その中で明示的に影響を受けたと述べているものがある。同じ国際連盟の，経済委員会 (the Economic Committee) における議論である。1925年報告書は，次のように言う[37]。

「1923年7月2日，国際連盟経済委員会は一連の勧告 (a series of recommendations) につき理事会 (the Council) の承認を得，これを国際連盟加盟国に伝えた。この勧告の目的は，国際連盟規約 (the Covenant) 23条（産業の公平取扱い）の適用を確実なものにすることである。とりわけ，この規定は外国法人・外国人の課税上の取扱い (the fiscal treatment) に言及している。我々がとりわけ注目したのが，ある国に設立された外国の事業活動 (foreign undertakings established in a country) に対して課税する際に従われるべき原則に関する第3条と，第3条を財政委員会に伝える際に経済委員会が第3条に関連してまとめた報告 (the observations) である。この問題は二重課税の問題と関連しており，我々は加盟国に対して提出された提案に完全に従う。」

---

37) League of Nations, *supra* note 1, 7.

ここで言及されている経済委員会の議論とは，次のようなものである。

ヴェルサイユ条約に基づく国際連盟規約では，その23条e項において，加盟国が，通信・移動の自由および全加盟国の通商の公平取扱いを確保し維持するための規定を設けるべきであるとされている[38]。

国際連盟理事会は，1921年9月19日，通商の公平取扱いに関する規約23条e項の意義と範囲について考察し報告するよう，経済委員会に対して要請した[39]。この要請を受けて経済委員会はこの問題についての検討を開始し，数度にわたり報告書を提出した。

まず，1922年3月20日から25日の会議を受けた報告書が，5月13日に理事会に提出され，承認された[40]。

この報告書における通商の公平取扱いをめぐる記述を見ると[41]，次のようにかなり悲観的なことが書かれている。すなわち，23条e項が定める義務には，他国を不利に扱うような詐欺的な交易上の競争（all forms of fraudulent trade competition）を禁止する義務が含まれる。これについては，不正競争（unfair competition）に関する既存の条約を改訂して新たな条約を締結するべきである。それ以外については，いかなる場合に通商の公平取扱いに反するかについての国際的な合意ができていないため，多国間条約を締結することは困難である。そこで，個別の分野ごとに検討を進め，条約の締結を目指すべきである。

こうして，経済委員会では，小委員会を設けて，個別の分野ごとの検討を進めることにした。

次に，1922年6月8日から14日の会議を受けた報告書が，7月21日に理事

---

38) 原文は，Subject to and in accordance with the provisions of international conventions existing or hereafter to be agreed upon, the Members of the League:
 (e) will make provision to secure and maintain freedom of communications and of transit and equitable treatment for the commerce of all Members of the League.〔以下省略〕
となっている。この規定の起源は，1918年のPresident Wilson's Fourteen Pointsの第二点および第三点であると考えられる。この規定に関する文献として，Endre Ustor, Most-Favoured-Nation Clause, 1969 U.N.Y.B. Int'l L. Comm'n 157 (1969).

39) Resolutions adopted by the Council on September 19th, 1921. *See* 2 League of Nations O. J. 1156 (1921).

40) Report by the Economic Committee of the Provisional Economic and Financial Committee, Submitted to the Council on May 13th, 1912 [*sic*], C. 204. 1922. II, Annex 345a: 2 League of Nations O. J. 620 (1921).

41) *See* 2 League of Nations O. J. 624-625 (1921).

会に提出され，承認されているが[42]，上記小委員会での議論の様子は明らかにされていない。

　経済委員会での検討の結果が明らかになるのは，1922年9月16日の理事会に提出された報告書においてである[43]。この報告書（Annex 421）における規約23条e項に関する議論で，経済委員会は，同条項に関する問題を①関税に関する問題と②規制等に関する問題とに二分している[44]。前者は，関税の賦課によって国際的な通商が妨げられることに関わる。後者は，加盟国の領土に開業した（established）外国人が，恣意的な賦課（arbitrary charges）や不正な差別を恐れることなく，商工業を行い，財を取得・移転し，また正当な権利（just rights）を行使できるような，法律上・行政上・課税上・司法上の保障に関わる。要するに，後者は，いったん開業を認められた外国人・外国企業に対する，関税以外の形での障壁を扱っている。

　報告書では，外国人に新たな開業を認めることが23条の重要な要素であること[45]を承認しつつも，今回の報告書で扱う範囲としては，既に開業している外国人の取扱いに対象を絞ったのである。

　この報告書では，関税以外に関する検討は始まったばかりであり，何らの結論は出されていない。今後検討して早期に具体的な提案をするという趣旨のことが決議に盛り込まれているだけである[46]。

　なお，理事会では，日本代表の石井菊次郎子爵が，検討が十分に進展していないことに対して遺憾の意を表明している[47]。

---

42) Provisional Economic and Financial Committee, Report presented by M. Viviani and the Resolutions adopted by the Council on July 21st, 1922. C. 512. M. 287. 1992, Annex 389: 2 League of Nations O. J. 986 (1921).
43) The Work of the Provisional Economic and Financial Committee, Report presented by M. Hanotaux and adopted by the Council on September 16th, 1922, A. 91. 1922. II, Annex 421: 3 League of Nations O. J. 1392 (1922); Provisional Economic and Financial Committee, Report on the Session of Committee held at Geneva in September 1922, and submitted to the Council on September 16th, 1922, A. 73. 1922. II, Annex 421 a: 3 League of Nations O. J. 1399 (1922).
44) 3 League of Nations O. J. 1393-1394 (1922).
45) EU機能条約では第4編第2章（49条以下）に開業の権利（right of establishment）が規定されている。
46) 3 League of Nations O. J. 1396 (1922).
47) 3 League of Nations O. J. 1190 (1922).

翌1923年7月2日の理事会に，3月および5月の経済委員会の成果である報告書が提出された[48]。この報告書においては，外国人および外国企業の取扱い（Treatment of Foreign Nationals and Enterprises）について10条からなるリストが他の事項とともに決議として提出され，理事会の採択するところとなっている[49]。

この決議において加盟国の義務として挙げられている内容は以下のとおりである。

第1条。領域内で適法に開業することを認められた（permitted to establish themselves within the territory of another State）外国人・外国企業等に対する，課税における内国民待遇。

第2条。開業することなく（without being established）活動することを認められた人・企業等に対する，課税面での取扱いが内国民よりも不利にならないこと。

第3条。「ある国の領域内に開業した外国の事業が，別の国に支配を行う地がある事業の支店であるまたはこの事業に従属している場合に，当該外国の事業に対する課税に際して従われるべき原則は，以下の通りである。すなわち，外国の事業が開業している国において課される租税は，この租税が資本に対して課される場合は当該国に実際に投資された資本に対するものに限られ，また，この租税が利益ないし収入に対して課される場合は当該国で行われる事業活動から生じる利益ないし収入に対するものに限られる。」[50]

---

48) The Work of the Economic Committee, Report by M. Hanotaux and Resolutions adopted by the Council on July 2nd, 1923, C. 447. 1923. II, Annex 519: 3 League of Nations O. J. 948 (1922); The Work of the Economic Committee, Report on the Work of the Eighth and Ninth Sessions held at Geneva in March and May 1923, respectively, approved by the Council on July 2nd, 1923, A. 11. 1923. II, Annex 519 a: 3 League of Nations O. J. 951 (1922).

49) 4 League of Nations O. J. 857-858, 950-951, 955-956 (1923) に掲載されている（いずれも内容は同じ）。

50) 原文は次のとおり。

Where a foreign business established in the territory of a State is a branch of or subsidiary to a business of which the seat of control is in another State, the principle to be followed as regard the taxation of the business should be that taxes imposed in the country in which the foreign business is so established should be strictly limited, if levied on capital, to the capital really invested in that country, and if levied on profits or revenues, to those arising from the business activities carried on in that country.

第4条。開業することを許された外国人・外国企業等が経済活動に必要な財産の取得および占有を認められること。

第5条。前条の財産の処分，特に譲渡・交換・贈与・遺贈についての内国民待遇。

第6条。商品の輸出に際して適用される租税，輸出に際して受け取った外貨に対する規制が，輸出者の国籍によって異ならないこと。

第7条。開業することを認められた人・企業等が，その権利を守るために出廷することができること。

第8条。以上の諸規定が，第三国の利益を害しない限りで，相互主義に基づいて，より広い範囲の組織（further facilities）にも適用されうること。

第9条。加盟国は，この決議の内容に基づく便益を，この提案を受け入れない国の国民によって資金的に支配されている，または，そのような国に支配の本拠がある会社には，適用しなくて構わない。

第10条。例外的に公平取扱いが免除される場合。

以上のとおり，第1条から第3条において，加盟国が従うべき，事業からの所得に対する課税ルールが明らかにされている。

第8回および第9回の経済委員会での検討結果を伝える報告書[51]には，次のようなことが記されている。

まず，上記の提案の内容は，多国間条約として締結するには時期尚早であるが，国内法や二国間条約に盛り込まれる見込みは十分にある。

次に，提案の適用範囲については次のような限界がある。第一に，これは既に領域内で事業活動等をすることを承認された外国人・外国企業等の公平取扱いについて扱うものであって，そもそも領域内で事業活動等をすることを承認する際のルールに関するものではない[52]。第二に，この提案が植民地や発展途上国に適用される場合には，（第10条が認めるような）修正が必要であると考えられる。

個別の条文についてもいくつかコメントがあるが，第3条については次のとおりである。すなわち，第3条はある国に開業した外国企業の課税についての

---

51) Annex 519 a, 4 League of Nations O. J. 951, 954-955 (1923).
52) 前述の「開業の権利」という問題である。

一般的なルールを示しているが，その適用に際しては，国ごとに異なる課税上の諸原則が考慮に入れられるべきである。例えば，（第3条の最後に現れる）「その国で行われる事業活動」は，「活動」とはその国内から支配ないし管理されているが物理的には国外にあるような，支店ないし従属的活動の事業も含む，といういくつかの国で支配的な解釈を排除しないよう，わざと広く書かれている。経済委員会としては，現在財政委員会で検討中の二重課税というより大きな問題についてしっかりと決着するまで，この起草された条文で，実際上，用が足りると考える。

経済委員会における外国人の取扱いに関する議論はその後も続いていき，1929年の条約草案に至るが[53]，この1923年段階での提案が，1925年の財政委員会の報告書に影響を及ぼしたのである。

第2節　国際連盟における租税条約草案の成立過程（その一）

第1款　1927年の条約草案とその解説

1　総　説

1925年の報告書を作成した専門家たちの委員会が拡大されて，新たな委員会が作られた[54)55)]。この委員会の報告書は，1927年4月に提出されたが，その中には，二国間租税条約のモデル草案が含まれていた[56]。以下，適宜この草案

---

53) その後の議論についてはさしあたり，John Ward Cutler, The Treatment of Foreigners in Relation to the Draft Convention and Conference of 1929, 27 Am. J. Int'l. L. 225 (1933). また，本章補説を参照。
54) 第1回会合は1926年5月17日から22日に，第2回会合は1927年1月5日から12日に，第3回会合は1927年4月5日から12日に，それぞれ開催された。
55) 後述のように報告書への影響は小さいが，第3回の会合でアメリカのアダムズ（Thomas S. Adams）がはじめて加わっている。
56) League of Nations, Report Presented by the Committee of Technical Experts on Double Taxation and Tax Evasion, League of Nations Document, C. 216. M. 85. 1927. II, 1927. 二次文献として，Wang, supra note 5, 84-89. 田中勝次郎『所得税法精義〔改訂4版〕』7〜14頁（巌松堂書店，1936

に言及しながら，報告書の内容を紹介する。

　この報告書においても，直接税は物税（impersonal taxes）と人税（personal taxes）に分けて論じられていた。基本的には，物税については，源泉地国（the country of origin）が，人税については居住地国[57]が主として課税権を有するとされるが，議論はそれほど単純ではない。それぞれについて見ていこう。

　まず，物税については，このカテゴリーに含まれるものとして，まず，不動産からの所得・預貯金や公社債からの所得（利子）があげられている（草案3条）。これらについては源泉地国が課税権を有するとされるものの，居住地国による課税が行われる場合には，源泉地国は課税を行わない（還付する）こととされている。

　次に，株式等からの所得（配当）については，原則として，会社の本店（the real centre of the undertaking）所在地国が課税権を有するとされる（草案4条）。

　続いて，商工農業については，事業の「恒久的施設（the permanent establishments）」所在地が課税権を有するとされる（草案5条）。ここに，初めて，恒久的施設の概念が登場する[58]。ただし，ここでは，関連会社も恒久的施設にあたるとされているようである。

　以上のような物税についての課税権の割り当てについて，1945年の論文でワン（Wang, KeChin）は次のように分析している。

「これらのルールを選んだ理由は，明示されてはいないが，次のような経済的考慮に基づいていた。前者〔株式等からの所得〕の場合，重要な要素である金銭

年，初版1930年）が1927年条約草案を詳しく紹介している。1927年4月5日から12日にかけてロンドンのサマセット・ハウスにて行われた，本報告書のもととなった会合（第3回目）の詳細については，国税庁・前掲註4）93～102頁（初出：大蔵省財務通報部『国際二重課税会議』「財務通報」1928年3月25日号附録62～73頁）参照。さらにこの報告の原資料として，外務省条約局第3課『第8回国際二重課税専門家委員会議事報告（平和条約実施委員青木隆提出外務大臣宛）』（1927年6月）が存在する。なお，谷口・前掲註5）272～273頁，赤松・前掲註5）33～35頁にも紹介がある。

57) 少なくともこの報告書について，"a permanent home"と定義される"residence"と，"fiscal domicile"とが同義に使われていることが指摘されている。See Wang, supra note 5, 85, note 30.
58) この時期に各国がどの程度の規模の活動を行っている場合に事業に対する課税を行っていたかということの概観として，Mitchell B. Carroll, What Constitutes Doing Business in Foreign Countries, 6 National Income Tax Magazine 212 (1928) 参照。

は債権国から得られるので，これらの国が課税権を有するというのが公平である。後者〔商工農業からの所得〕の場合，重要な要素である土地，原材料，労働力等は債務国によって提供されるので，源泉地国，すなわち事業活動の行われる地（where the enterprise is located）が課税権を与えられるべきである。」[59]

これに対して，人税については，居住地国が課税権を有するとされるものの，ある所得について源泉地国で課税されているならば，居住地国が（1925年の報告書と同じような方式で）税額控除を与えるべきであるとされる。

このように，1927年の報告書は，源泉地国に主たる課税権を与えている。なお，同報告書に対しては，アメリカのT・S・アダムズが，人税と物税に分けるのではなく，居住地税（"residence" taxes）と源泉地税（"origin" taxes）に分けるべきだという批判を行っている[60]。ただし，これは実質的な切り分けを変更すべきということではなく，単なる用語法についての批判である。

ところで，1927年の報告書を見ただけではわからないものの，1928年の租税条約草案以降の議論の進展との関係では，1927年4月の会合におけるアダムズの発言が注目される。後述のように，1928年の報告書は3種類の条約草案を提示している。そのうち第一のものは1927年条約草案と規定ぶりが似ており物税と人税という2種類の租税に分けて規定しているが，第二，第三のものは物税と人税の区別を行っていない。このように物税と人税の区別を行わず，源泉地国課税と居住地国課税という切り口で規定を行う考え方の端緒が，1927年4月の会合でのアダムズの発言からうかがわれるのである。

この会合に出席した青木隆の外務大臣宛の報告書によれば，アダムズの発言は次のとおりであった[61]。

「今回の会合に初めて委員の派遣を応諾せる米国政府は財政学者として令名あるAdams教授を代表者として列席せしめたるが同教授は開会劈頭前回会合に於

---

59) Wang, *supra* note 5, 85.
60) Wang, *supra* note 5, 89, note 43にて引用されている文献を参照。
61) 外務省条約局第3課・前掲註56) 5～7頁参照。

て作成せる諸条約案等に対し一般的批評を試み
（一） 米国政府は其憲法の性質上国際協約の形式を以てする協定に加入する能はず二国間条約が採り得る唯一の方法なる事
（二） 本委員会の作成する案は該二国間条約の典型に過ぎず条約締結に際し締約両当事国の合意に依り適宜之を修正加除し得べきは当然の事なれば一切の脚注乃至主たる原則に対する例外規定等は能ふ限り案文中より削除する事
（三） 本委員会の採用せる一般所得税（Impôts Personnels）と特別所得税（Impôts Réels）との区別は各国法制の差異に因り実際其の適用に当り幾多困難なる問題を生ずべし例えば米国に於ける個人普通所得税の如き米国人に対しては一般所得税なるも外国人に対しては特別所得税となるべく条約締結に際しこれら何れの範疇に入るべきやに苦しむべし仍りて余は別の基準を以て住所地税（Impôts à la Residence 自国内居住者に対し所得の源泉如何を問はず課する税）及源泉地税（Impôts à la source 所得の発生する国に於て所得者の住所国籍を問はず課する税）の二種を区別しこれを標準とする二重課税防止案を提案すべし

等の意見を述べたるが敢て自説を固執せず終始各員と協調して新条約案の作成を輔け委員会亦同教授の意見中右（一）及（二）を採用し新に作成せる二重課税防止及脱税防止案に於ては殆ど全部の脚注を削除し本文に対し反対論あるも本文と異なる規定を為し差支なき事項等は総て説明書中に之を収むる事とせり」

2 事業所得に関する規定

5条は，次のように定めている[62]。

「第5条
　工業，商業，農業，その他事業活動（any other trades or professions）からの所得は，活動（undertaking）を支配しているまたは事業活動に従事している者が恒久的施設（permanent establishments）を有している国において課税される。
　経営の中心（the real centres of management），関連会社（affiliated compa-

---

62） League of Nations, *supra* note 56, 10-11.

nies），支店（branches），工場（factories），代理人（agencies），倉庫（warehouses），事務所（offices），物資集積所（depots）は，恒久的施設とみなされる。仲立人や問屋のような独立の地位にある独立代理人（a *bona fide* agent of independent status（broker, commission agent, etc.））を通じて，活動が外国において取引をしているという事実によっては，当該活動が当該外国に恒久的施設を有しているとみなしてはならない。

活動が両締約国に恒久的施設を有している場合は，各締約国は所得のうち自国内で生じた部分についてのみ課税できる。

この所得を分離して正しい形式で示している帳簿がない場合，両締約国の権限ある当局は配分の方法について合意することができる。

以上にもかかわらず，海運業からの所得にはその経営の中心所在国のみが課税できる。」

Article 5.

Income from any industrial, commercial or agricultural undertaking and from any other trades or professions shall be taxable in the State in which the persons controlling the undertaking or engaged in the trade or profession possess permanent establishments.

The real centres of management, affiliated companies, branches, factories, agencies, warehouses, offices, depots, shall be regarded as permanent establishments. The fact that an undertaking has business dealings with a foreign country through a *bona fide* agent of independent status (broker, commission agent, etc.), shall not be held to mean that the undertaking in question has a permanent establishment in that country.

Should the undertaking possess permanent establishments in both Contracting States, each of the two States shall tax the portion of the income produced in its territory.

In the absence of accounts showing this income separately and in proper form, the competent administrations of the two Contracting States shall come to an arrangement as to the rules for apportionment.

Nevertheless, income from maritime shipping concerns shall be taxable only in the State in which the real centre of management is situated.

第5条に対する注釈は以下のとおりである[63]。

「第5条
　本条は，工業，商業，農業，およびその他の業務（trades or professions）からの所得を扱うものである。当該所得は，当該活動を支配している者またはその他の業務に従事している者が恒久的施設（permanent establishments）を有している国において課税される。
　『活動（undertakings）』という言葉は，鉱山や油田を含み，また，自然人と法人を区別することなく，あらゆる活動を含むように，その最も広い意味で理解されなくてはならない。
　第2段落は，恒久的と考えられる施設の一覧である。経営の中心，関連会社，支店，工場，代理人，倉庫，事務所，物資集積所がそれであって，業者自身によって使われているか，そのパートナー，弁護士，あるいはそれ以外の常設代理人によって使われているかは問わない。
　しかしながら，ある活動が仲立人や問屋のような独立の地位にある独立代理人（*bona fide* agent）を通じて外国と取引をしているという事実は，当該活動が当該外国に恒久的施設を有していることを意味する，と解されてはならない。
　『独立の地位にある独立代理人（*bona fide* agent of *independent status*）』という言葉は，法的観点，経済的観点の双方から絶対的な独立性（absolute independence）を意味するものとして定められている。当該代理人の得る対価は，通常の対価と考えられるものよりも低くてはならない。買い付けを行う事務所または売却を行う事務所（purchasing offices or sales offices）が事業の場所であるかという問題については，これは事実問題であるため，当委員会は意見を表明していない。
　本条の第2段落および第3段落は，活動が両締約国に恒久的施設を有している場合を扱う。すなわち，このような場合には，『各締約国は所得のうち自国内で生じた部分についてのみ課税できる』。これは，いわゆる所得源泉に応じた所得の配分の仕組み（the so-called system of apportioning the income according to its source）を適用したものである。
　『この所得を分離して正しい形式で示している帳簿がない場合，両締約国の権限ある当局は配分の方法について合意することができる』。このルールは，

---

63) League of Nations, *supra* note 56, 15.

問題となっている活動によって大きく変容する。ある場合は，行われている活動の本質に従って，用いられている資本の額，従業員の数，支払われた給与の額，収入金額等が考慮される。同様に，工場で作った製品が国外で売却される場合，『製造』利益と『販売』利益とが区別され，後者は自国市場での価格と国外での売却価格の差額から輸送費を引いたものとなる。以上の基準はもちろん例示である。

5条の最後の段落は，第1段落で示した原則への明示的な例外を定めている。すなわち，海運業からの所得にはその経営の中心所在地国のみが課税できる。

状況によっては，この段落は削除されても構わないし，適用範囲が限定されても構わない。また，河川輸送，湖水輸送，航空輸送にも適用されるべく拡張しても構わない。5条の最後の段落が削除されるのであれば，〔海運業には〕5条で示した配分のルールが適用されるということになる。」

Article 5.

This clause has reference to income from any industrial, commercial or agricultural undertakings, and from any other trades or professions; it is to be taxable in the countries in which the persons controlling the undertakings or engaged in the trade or profession, possess permanent establishments.

The word "undertakings" must be understood in its widest sense, so as to cover all undertakings, including mines and oilfields, without making any distinction between natural and legal persons.

The second paragraph gives a list of the establishments which are considered as permanent they are: real centres of management, affiliated companies, branches, factories, agencies, warehouses, offices, depots, no matter whether such establishments are used by the traders themselves, by their partners, attorneys, or their other permanent representatives.

Nevertheless, the fact that an undertaking has business dealings with a foreign country through a *bona fide* agent of *independent status* (broker, commission agent, etc.) shall not be held to mean that the undertaking in question has a permanent establishment in that country.

The words "*bona fide* agent of independent status" are intended to imply absolute independence, both from the legal and economic point of view. The agent's remuneration must not be below what would be regarded as a normal remuneration. The Committee has not expressed an opinion on the point-whether purchasing offices or sales offices are to be considered as places of business, this being a question of fact.

Paragraphs 2 and 3 of this clause govern the case in which the undertaking possesses permanent establishments in both contracting States; in that event, "each of the two States shall tax the portion of the income produced in its territory". This is an application of the so-called system of apportioning the income according to its source.

"In the absence of accounts showing this income separately and in proper form, the competent administrations of the two contracting States shall come to an arrangement as to the rules for apportionment"

These rules will vary essentially according to the undertakings concerned; in certain States account is taken, according to the nature of the undertakings, of the amount of capital involved, of the number of workers, the wages paid, receipts, etc. Similarly, in cases where the products of factories are sold abroad, a distinction is often made between "manufacturing" and "merchanting" profits, the latter being the difference between the price in the home market and the sale price abroad, less cost of transport. These criteria are, of course, merely given as indications.

The last paragraph of Article 5 contains an express exception to the principle laid down in the first paragraph: it provides that income from maritime shipping concerns shall be taxable only in the State in which the real centre of management is situated.

This paragraph may, according to circumstances, be deleted or its provisions limited. They may also be extended to cover river, lake or air navigation. Should the last paragraph of Article 5 be omitted, the rules for apportionment laid down in that article would remain applicable.

第1部　第2章　租税条約ネットワークの形成

第2款　1928年の租税条約草案

1　総　説

1927年の報告書は各国に送られ，翌年，各国の代表からなる会議は，三つの草案を作成した[64]。これらの三つの草案の規定の内容はほとんど同一であると言ってよいが，規定の仕方が大きく異なる。

(1)　草案1A

第一の草案は，直接税を物税（impersonal tax）と人税（personal tax）に分け，これらについて別々に規定する[65]。

物税については，2条から9条に規定が置かれている。具体的にいえば，2条が不動産からの所得（賃料ないし賃料相当額）について不動産の所在地国，3条が公債・社債・貸付金・預金・当座預金からの所得（つまり利子）については債務者（利子支払者）の居住地国，4条が株式等からの所得（配当）については企業の経営の中心所在国に課税権を与えている。そして，5条によれば（7条に規定している以外の）商工農業その他の事業[66]からの所得は恒久的施設（permanent establishment）所在地国で課税される[67]。恒久的施設が両国にある場合，両国は，所得のうちその領域内で生じた部分についてのみ課税することができる[68]。この条文については後述する。6条は株式会社（joint-stock companies）の役員報酬について4条と同じルールが適用されること，7条は給料・賃金その他の対価は受取人が雇用されている国が課税権をもつこと，8条は公的・私的年金（public or private pensions）について債務者所在国が課税権をもつこと，9

---

64) League of Nations, Double Taxation And Tax Evasion-Report Presented By The General Meeting of Government Experts on Double Taxation and Tax Evasion (Document C. 562. M. 178. 1928. II, October, 1928). 邦語の先行研究として，谷口・前掲註5) 273～276頁，赤松・前掲註5) 36～42頁も参照。
65) 1925年報告書と同じである。
66) 「事業」としたが，厳密には "income from any industrial, commercial or agricultural undertakings, and from any other trades or professions" とある。
67) 恒久的施設の定義は，5条第2パラグラフにある（草案1B，草案1Cも同様）。経営の中心，支店，鉱山・油田，工場，作業所（workshops），代理人，倉庫，事務所，物資集積所（depots）が恒久的施設にあたるという。独立した地位の代理人（a bona-fide agent of independent status）は恒久的施設ではない。
68) 海運業，航空業については例外的に，経営の中心にてのみ課税されうる。

110

条は定期金 (annuities) その他前条までに規定されていない源泉からの所得については債権者の居住地国が課税権をもつこと、をそれぞれ規定している。

人税については 10 条と 11 条の二つがおかれている。全所得に対する人税 (personal tax on the total income) は、納税者が居住地 (fiscal domicile) を有する国 (居住地国) によって課税される。もっとも、居住地国は税額から以下の二つのうち少ない方の額を控除しなくてはならない。①2 条および 5 条の規定する所得として (条約の) 他方当事国 (源泉地国) において実際に支払われる税額、②2 条および 5 条の規定する所得に対応する居住地国の税率に基づいて支払われるべき税額。この税額控除は居住地国における税額の一定割合を超えてはならない。居住地国が人税を課す場合、上記の税額控除に、他方当事国において課税される所得に対応する人税を含めてはならない。条約の両当事国に居住地がある場合、人税は滞在期間に応じて、あるいは権限ある当局の合意に従って分割される。

以上のとおり、この草案では、物税は源泉地国で、人税は居住地国で課税される。それによって生じる二重課税の排除は、居住地国の負担で行われる。

(2) 草案 1B

草案 1B と 1C では、物税と人税の区別は行われない[69]。

草案 1B はたった五つの条文からなるシンプルなものである。1 条は、居住地 (fiscal domicile) における課税を定める。曰く、「所得は、納税者が居住地を有する国によって課税される」。もっとも、2 条は、源泉地での課税を定めている。すなわち、不動産からの所得については不動産の所在地国、農工商業その他の事業からの所得については恒久的施設所在地国……といった具合に源泉地での課税権が与えられている。そして、この源泉地での課税は居住地における課税に優先する。ではどのように両者を調整するのか。この点を定めたのが 3 条である。源泉地課税が居住地課税に優先するため、居住地国は①2 条に定める所得について源泉地国で課税された税額ないし②全所得に対する税額のうち源泉地国で課税された所得に対応する額、を税額から控除しなくてはならない。

---

69) Wang, *supra* note 5, 91.

(3) 草案1C

この草案は，人税と物税，源泉地課税と居住地課税，に分けることなく，所得の種類ごとに，課税権の所在を明らかにしている。2条は不動産からの所得を不動産所在地国に，3条は工業・商業・農業等の事業からの所得を（7条に該当するものを除き），恒久的施設所在地国に，4条は株式会社の役員報酬を企業の活動の中心がある国に，5条は給与等を勤務地がある国に，6条は年金等を債務者国に，7条は動産からの所得を債権者が居住地を有する国に，それぞれ課税権を与えている。この草案の方式によれば，あらゆる種類の所得について源泉地国か居住地国のいずれかに課税権が与えられるから，改めて二重課税を調整する必要はない。具体的にいうと，8条が，前条までに規定のない所得についての課税権を居住地国に与えている。この方式は，（少なくとも一旦は）「全」所得に対する課税権を居住地国に与える草案1A・草案1Bとは異なる。ただし，7条に該当する所得については，源泉徴収の形で源泉地国も課税できることになっている。

2 事業所得に関する規定

草案1Aの5条は，次のような規定であり，1927年条約草案と比べると，恒久的施設の範囲に多少の変更が見られる。

「第5条

工業，商業，農業，その他事業活動（any other trades or professions）からの所得（第7条に規定されているものを除く）は，恒久的施設（permanent establishments）の所在地国において課税される。

経営の中心（the real centres of management），支店（branches），鉱山・油田（mining and oilfields），工場（factories），作業場（workshops），代理人（agencies），倉庫（warehouses），事務所（offices），物資集積所（depots）は，恒久的施設とみなされる。仲立人や問屋のような独立の地位にある代理人（a *bona-fide* agent of independent status（broker, commission agent, etc.））を通じて，活動が外国において取引をしているという事実によっては，当該活動が当該外国に恒久的施設を有しているとみなしてはならない。

活動が両締約国に恒久的施設を有している場合は，各締約国は所得のうち自

国内で生じた部分についてのみ課税できる。この所得を分離して正しい形式で示している帳簿がない場合,両締約国の権限ある当局は配分の方法について合意することができる。

以上にもかかわらず,海運業からの所得にはその経営の中心所在国のみが課税できる。」

Article 5.

Income, not referred to in Article 7, from any industrial, commercial or agricultural undertaking and from any other trades or professions shall be taxable in the State in which the permanent establishments are situated.

The real centres of management, branches, mining and oilfields, factories, workshops, agencies, warehouses, offices, depots, shall be regarded as permanent establishments. The fact that an undertaking has business dealings with a foreign country through a *bona-fide* agent of independent status (broker, commission agent, etc.) shall not be held to mean that the undertaking in question has a permanent establishment in that country.

Should the undertaking possess permanent establishments in both Contracting States, each of the two States shall tax the portion of the income produced in its territory. The competent administrations of the two Contracting States shall come to an arrangement as to the basis for apportionment.

Nevertheless, income from maritime shipping and air navigation concerns shall be taxable only in the State in which the real centre of management is situated.

草案1Aの第5条に対しては,1927年条約草案に付されていたのとほぼ同じ注釈が付されている[70]。

なお,事業所得は,草案1Bにおいては2条Bで,草案1Cにおいては3条で扱われるが,規定されている内容は草案1Aにおけるのと同じである。

---

70) League of Nations, *supra* note 64, 12. なお, C.562 M.178 という文書に訂正がある。

第3款 1929年以降の議論

1929年10月から10回にわたって租税委員会（Fiscal Committee）が開催され，それぞれについて報告書が提出された。

1 第1回会合
(1) 総　論

第1回の会合では，それまでの（1928年の会議までの）議論の積み残しの課題として，①「独立代理人（autonomous agent）」および「恒久的施設（permanent establishment）」の概念の定義（Ⅲ A〔以下，括弧内は，報告書における項目番号である〕），②商工業からの所得ないし資本の配賦，および国際的な信託・持株会社（すなわち，大量の有価証券を保有している信託・会社）に対する二重課税の排除の方法（Ⅲ B），③著作者および発明者の権利に関する二重課税排除のための原則の検討（Ⅲ C），④相互主義（reciprocity）および最恵国待遇条項の二重課税の問題への影響（Ⅲ D），が論じられた。

さらに，これまで二重課税排除の方法として論じられてきたものを所得課税以外にも適用する可能性（Ⅳ），二重課税排除のための多国間条約の可能性（Ⅴ），等が論じられた。

(2) 恒久的施設の定義

「独立代理人」および「恒久的施設」については，「独立代理人」であれば「恒久的施設」とならないということが既に確立していた。問題は，いかなる場合に，「独立代理人」が存在すると言えるか，である。この点について，当時，四つの考え方があった[71]。第一は，法的に企業に従属する代理人のみが恒久的施設の要件を充たすというもの。委員会によれば，この基準では全てのケースを説明できないという。次に，代理人が固定した物資集積所（depot）を有する場合に恒久的施設の要件を充たすというもの。委員会によれば，保険会社の場合など，代理人が物資集積所を有しなくても恒久的施設と考えられる場合があり，これをこの基準は説明できない。3番目は，代理人と企業との関係に

---

71) League of Nations, Fiscal Committee, Report to the Council on the Work of the First Session of the Committee Held in Geneva from October 17th to 26th, 1929, 3-4.

着目し，代理人が固定額の報酬（fixed emoluments）を得ている場合にのみ，独立代理人と考えるというもの。これについては，恒久的施設の有無を判断するのに不可欠の要素ではないという批判がある。最後は，代理人と企業の関係の継続性を基準とするもの。これも決定的ではない。そこで，委員会は，一般原則を定義することを諦め，恒久的施設が認定されるためのいくつかの指標（indices）を列挙することとした。

基本的には，企業が，この企業のために活動する権限を与えられた代理人によって別の国で恒常的に事業関係を有している場合には，当該企業は当該別の国に恒久的施設を有していると言える[72]。そして，恒久的施設は次のような場合に存在すると想定される。①代理人が，企業の事務所（an office）等の場所で活動している，②代理人が活動している事務所等が企業の施設であるかのような外観を呈している，③企業に属する商品等を代理人が反復的に占有している，④代理人が企業のために反復的に契約を結ぶ権限を有している，⑤代理人が企業の被用者であり，対価を得て企業のために商業活動を行っている。なお，仲立人（a broker）や問屋（a commission agent）は恒久的施設とならないことが確認されている。以上のような分析を踏まえて，報告書では，上記分析とほぼ同じ内容の「注釈（commentary）」が付されている[73]。

(3) 利益・資本の配賦

利益ないし資本の配賦については，既に 1928 年の報告書が検討課題として指摘していたが，この報告書の三つのモデル租税条約草案においては，締約国の当局間で配賦の基準について合意すべきであるとしていた。第 1 回の委員会では，各国から情報を提供してもらうこと，国際商業会議所の協力を仰ぐことを決めたのみであり，実質的な議論は進んでいない[74]。

ただし，子会社を通じて事業活動を行っていることのみによっては親会社の恒久的施設があるとはされないという趣旨の 1929 年 7 月の国際商業会議所の

---

[72] この部分の叙述からわかるのは，「恒久的施設」とは，日本語で「施設」と訳されるような物理的な存在を指すものではなく，もう少し抽象的な事業組織のようなものを指しているということである。むしろここでは，「設立されたもの」や「事業所の構成員」などと訳したほうが適切かもしれない。

[73] League of Nations, *supra* note 71, 4.

[74] League of Nations, *supra* note 71, 5.

決議が検討されている[75]。しかし，これについても結論が出されたわけではなく，商工業からの利益の配分の一般問題の一部として今後検討することが確認されたにとどまった。

(4) 多国間条約の可能性

国際商業会議所の1929年7月の決議において多国間条約が望ましいとされていることを受けて，多くの国が合意している点についてのみで構わないので，多国間条約を締結すべきであるとしている[76]。

2 第2回会合

(1) 総　論

1930年5月22日から30日にかけてジュネーブで開催された第2回会合では，前回の会合とほとんど同じ内容について引き続いて議論が行われた[77]。

「独立代理人（autonomous agent）」と恒久的施設の定義については，恒久的施設の定義に関する一般論は維持されているものの，具体的には，前回の五つに代えて，前回の③〜⑤の三つの場合に代理人の存在により恒久的施設ありとされる[78]。

(2) 利益・資本の配賦

利益および資本の配賦については，20ヶ国から寄せられた回答をアダムズが整理しており，国際商業会議所での議論も伝えられた。そこで，租税委員会としては，ブラウ，ボルドゥージ，ドルン，フローレス・デ・レムス，トムソンの5人から成る小委員会に，次回の会合のための議論を準備するように要請した[79]。

さらに，ロックフェラー財団（the Rockefeller Foundation）から二重課税の問題について検討するために9万ドルの寄付があった。租税委員会は，利益の配賦の方法についての調査を，スタッフに命じて行わせることとした。具体的に

---

75) League of Nations, *supra* note 71, 5. ただし，ここで引用されている文言の誤植につき，League of Nations, *infra* note 77, 5 参照。
76) League of Nations, *supra* note 71, 6.
77) League of Nations, Fiscal Committee, Report to the Council on the Work of the Second Session of the Committee, C. 340. M. 140. 1930 II, 1930.
78) League of Nations, *supra* note 77, 4.
79) League of Nations, *supra* note 77, 5.

は，各国で法・規則・実務等がどのようになっているかということの調査と，課税所得を確定するための方法（会計方法）についての（いわば理論的な）調査とを行わせることにした。後者について具体的には，①独立の帳簿（separate accounts）をもとにして課税所得が算定されるのはいかなる場合か，②所得を推定するために経験的方法が用いられるのはいかなる場合か，③定式配分法（a system of fractional apportionment）が用いられるのはいかなる場合か，ということである。

なお，アダムズがまとめたアンケートの回答では，支店に対する課税において，本店（外国法人）の帳簿を参照せずに支店の帳簿だけを参照して（課税の対象たる）支店の利益を算定することを原則としている国が多いという重要な事実が指摘されている[80]。

(3) 多国間条約の草案作成に向けた動き

多国間条約については，ボラフィ，ケイリー，クラヴィエ，シニンゲダムステの4人から成る小委員会が，次回までに多国間条約草案を作成することとなった。その際の指針として，次のような4項目が提示された[81]。

第一に，定期金，著作権・その使用料，一定の負債の利子，他国で働いている者の賃金，については，受取人ないし債権者の居住地国でのみ課税される。

第二に，外国で働く公務員の給与については，給与支払国でのみ課税される。

第三に，不動産はその所在地国においてのみ課税される。

第四に，会社（a company）の得た，商工農業の活動からの利益は，会社の経営の中心（the real centre of management of the company）所在地国以外の国によって課税されてはならない。ただし，会社がひとつまたは複数の恒久的施設を他の国に有している場合にはこの限りではない[82]。

また，小委員会が検討すべき点として次の三点が挙げられている。

第一に，上記の「会社」の定義。

第二に，1928年モデル租税条約草案5条で見られた，

「　活動が両締約国に恒久的施設を有している場合は，各締約国は所得のうち自

---

80) League of Nations, *supra* note 77, 10-11.
81) League of Nations, *supra* note 77, 8. 以下の4項目の内容は，かなり大まかな要約である。
82) このあとに恒久的施設の定義が続いているが，省略する。

国内で生じた部分についてのみ課税できる。この所得を分離して正しい形式で示している帳簿がない場合，両締約国の権限ある当局は配分の方法について合意することができる。」

という規定を付加することが望ましいかどうか。

第三に，子会社を親会社の恒久的施設として扱ってはならない，という規定を付加することが望ましいかどうか[83]。

3 第3回会合

(1) 利益の配賦について

ジュネーブで1931年5月29日から6月6日にかけて開かれた第3回会合[84]では，前回の会合で設置された小委員会が，利益の配賦に関する研究を行うスタッフとして，キャロル（Dr. Mitchell B. Carroll）を指名したことが明らかにされた[85]。キャロルは，もともと，アメリカのアダムズの補助として租税委員会の活動に関わっていた。研究は，フランス・ドイツ・イギリス・スペイン・アメリカの5ヶ国の調査から始めるべきこととされた。

(2) 多国間条約草案

前回の会合で設置された小委員会が，多国間条約草案とそれに関する報告書を提出した[86]。

この草案においては，第4条が，複数の国に恒久的施設を有する商工農業を行う企業の所得について定めている。委員会から検討するように指示のあった「会社」の定義については，できるだけ広い定義を採用し，「株式会社（joint-stock companies）のみならず，partners とは独立の法的地位を有する，人により構成された法的に組織された会社」（つまり，社団法人）を含むとしている[87]。これに対し，自然人には，この第4条は適用されない，ということもはっきり

---

83) League of Nations, *supra* note 77, 9. 前述のとおり，この点は第1回の会合でも取り上げられていた。

84) League of Nations, Fiscal Committee, Report to the Council on the Work of the Third Session of the Committee, C. 415. M. 171. 1931 II, 1931.

85) League of Nations, *supra* note 84, 5.

86) League of Nations, *supra* note 84, 8-11（Appendix 1）.

87) League of Nations, *supra* note 84, 9.

第 2 節　国際連盟における租税条約草案の成立過程（その一）

述べている。

　1928 年草案や第 2 回会合で提示された指針は，商工農業を行う企業の所得について，恒久的施設所在地国のみが課税できると考えていた。しかし，今回の第 4 条では，企業の全世界所得に課税している国[88]が存在することに鑑みて，このような全世界所得課税を許容するような書きぶりになった[89]。ただし，第 15 条が，企業の居住地国に一定の二重課税排除措置（partial relief）を義務づけている[90]。

　検討事項のうち，子会社を親会社の恒久的施設と見てはならないという趣旨の規定については，これを盛り込まないという結論に達している[91]。

　租税委員会は，小委員会の提出した条約草案に修正を加え，二つの条約草案を作成したが，どちらが実際に採用できるかということについて，結論には至らなかった[92]。この後，多国間条約草案を作成するという話は，租税委員会では立ち消えになってしまったようである。

　租税委員会が作成した条約草案のうちひとつ（草案 A[93]）は，小委員会の提出した草案に微修正を加えただけであったが，もうひとつ（草案 B[94]）は，所得の源泉地国で課税できない所得を明示する形で，部分的な二重課税の排除を図ったものであった[95]。

4　第 4 回会合

　第 3 回会合から約 2 年後，ジェノバで 1933 年 6 月 15 日から 26 日にかけて第 4 回の会合が開催された[96]。これに先立ち，3 月 17 日から 30 日にかけて二

---

88) 明示されていないが，アメリカとイギリスであろう。
89) League of Nations, *supra* note 84, 9.
90) League of Nations, *supra* note 84, 12. 外国税額控除を指すものと考えられる。
91) League of Nations, *supra* note 84, 9.
92) League of Nations, *supra* note 84, 3-4.
93) League of Nations, *supra* note 84, 13-15.
94) League of Nations, *supra* note 84, 15-16.
95) League of Nations, *supra* note 84, 4, 15. 第 1 条が原則としての居住地国課税，第 2 条が原則としての源泉地国課税を定めるが，第 2 条の例外として，第 3 条が，源泉地が課税してはならない所得を列挙している。例えば，恒久的施設から生じたのではない事業所得について，源泉地国は課税できないとされる。
96) League of Nations, Fiscal Committee, Report to the Council on the Work of the Fourth Session of the Committee, C. 399. M. 204. 1933 II, 1933. この報告書の翻訳として，国税課調査係「1933

ューヨークとワシントンで，キャロルによる報告書と小委員会から提出された条約草案について話し合う会合が持たれていた[97]。キャロルの報告書をもとに小委員会が条約草案を作成し，これが租税委員会に提出されたのである。キャロルの報告書と条約草案については，節を改めて述べる。

第3節　キャロルの報告書（1933年）についての考察

第1款　キャロルの報告書

1　セリグマンの議論との比較

セリグマンの国際法アカデミーにおける講演録[98]とキャロルの国際連盟報告書[99]とを読み比べると，ほとんど同じ時期に公表されたにもかかわらず，これらの間の差異が際立って感じられる。内容においてはともに国際課税を扱うこれらが異なって見えるのは，その主張するところが異なるからではない。むしろ，その接近方法の相違に由来する。セリグマンは租税の分類や租税根拠論から議論する[100]。その視点は超越的である。実際，セリグマンが参加した1923年の報告書[101]では二重課税は国際投資への影響の問題であるとされていた[102]。これに対して，キャロルの報告書はある国家が企業の利益のうちどれだけを自国の課税の対象として配分するのか，という観点から書かれている。あくまで，ひとつの国家からの視点である。

セリグマンの講演録とキャロルの報告書は単にその接近方法において異なっているだけではなく，用いられている用語においても異なっている。例えば，

年6月15日ヨリ同月26日ニ亘リ『ジエネバ』ニ於テ開催セラレタル租税委員会第4会期ニ関スル連盟理事会ヘノ報告書」（1934年1月）がある。
97)　League of Nations, *supra* note 96, 1.
98)　Edwin R. A. Seligman, Double Taxation and International Fiscal Cooperation, 1928.
99)　Mitchell B. Carroll, Methods of Allocating Taxable Income [1933. II. A. 20], 1933.
100)　Seligman, *supra* note 98, Chapters 4 and 5.
101)　第1節第2款参照。
102)　Seligman, *supra* note 98, Chapter 6.

第3節　キャロルの報告書（1933年）についての考察

「施設（establishment）」という概念はキャロルの報告書において多用されているが，セリグマンの講演録に付された詳細な索引には，「施設」も「恒久的施設」も登場しない。そして，現在の国際課税に関する議論に親しんだ我々からすると，キャロルの報告書の用語法には古さが感じられない[103]。議論のしかたについても現在とあまり変わらない。以下では，20世紀中盤以降の国際課税に関する議論の出発点となった[104]——というのが大袈裟であるならば，少なくとも出発点となった諸国の実務を早期に整理した——キャロルの報告書の内容を少し詳しく見てみることにしよう[105]。

2　本節での叙述

キャロルの報告書は，その第12章で，国際的な課税所得の配賦（allocation）のための枠組みについて総括している。ここでは，まず第12章における叙述の概要を紹介したうえで（第2款）[106]，いくつかの注目すべき点についてコメントを加える（第3款）。

具体的には，①法人格の扱い，②商工業についての2種類の所得算定方法の対比，③銀行業についての所得算定方法，についてコメントする。

---

103) これに対して，セリグマンの講演録には耳慣れない言葉が多く登場する。一つには彼が，今ではその意義が低下してしまった，所得税以外の租税（物税）に対して細かく配慮していることによる。他方で，彼は細かい法律の定めについての議論は捨象している。

104) 現に，OECDモデル租税条約に対する最も権威ある注釈である Klaus Vogel & Moris Lehner (Hrsg.), Doppelbesteuerungsabkommen, 5. Aufl., 2008 の7条の項〔フォーゲル門下の弁護士，ヘンメルラート（Alexander Hemmelrath）が執筆〕に引用されている最も古い参考文献は，Carroll, supra note 99 を含む国際連盟の5冊から成る報告書である。

105) なお，キャロル自身が何度か国際的二重課税防止の試みを回顧している。Mitchell B. Carroll, Prevention of International Double Taxation and Fiscal Evasion: Two Decades of Progress under the League of Nations, 1939 [1939. II. A. 8, F./Fiscal/111]; Mitchell B. Carroll, International Tax Law: Benefits for American Investors and Enterprises Abroad, 2 International Lawyer 692 (1968); Mitchell B. Carroll, Evolution of U.S. Treaties to Avoid Double Taxation of Income Part II, 3 International Lawyer 129 (1969).

106) キャロルの報告書を詳細に紹介する先行業績として，竹中知華子「独立企業の原則 vs. ユニタリータックス」経済論究102号129頁（1998年），同「移転価格税制論の源流」経済論究103号61頁（1999年），赤松・前掲註5) 53〜112頁がある。

第1部　第2章　租税条約ネットワークの形成

第2款　報告書第12章の内容

1　全体の構成

第12章で書かれている内容は，大きく二つに分けられる。業種を超えて共通の総論と，業種ごとの各論である。まず，様々な業種に共通する課税所得の配賦方法に関する議論が行われる。それを受けて，商工業を筆頭に，事業内容に応じた配賦方法が論じられる。もっとも，その半分以上は商工業についての叙述であり，残りのほとんどは銀行業についての叙述である。最後に再び総論に戻り，課税所得配賦の手続が論じられる。

以下，総論，商工業についての議論，銀行業についての議論，の順に紹介する。

2　課税所得配賦方法についての総論

(1)　問題の定式化

総論部分は，まず，企業の所得（the income of business enterprises）が，配当，利子，知的財産権の使用料，不動産の賃料，役務提供の対価，株式・不動産の譲渡からの利得，商品の仕入れと販売，商品の製造と販売，といった各種所得（items of income）から成り，配賦の問題を解決するためにはこれらの各種所得について諸国間でどの国が課税管轄権を有するか合意しなくてはならない，と問題を定式化する[107]。そして，配賦についての各国の法原則の根本が共通していることを考えると，このような合意は可能である[108]。

---

[107]　Carroll, *supra* note 99, 169, Paragraph 606.

[108]　Carroll, *supra* note 99, 169, Paragraph 607. さらに，プランテーションや鉱山の近くに工場が設立されるようになり，経済発展の段階が低かった国・地域での資本蓄積が進んでいる傾向を指摘している。これはおそらく，次のようなことを念頭においての指摘であろう。すなわち，従来，イギリス・アメリカ等の先進国の企業は，植民地やアジア・アフリカ諸国から原材料を輸入し，自国（イギリス・アメリカ等）の工場で加工し，完成した商品がこれらの国内で消費され，あるいは輸出されていた。このため，原材料の産出国と工場所在地国の間で商品の売却から得られた利益の源泉地について争いがあった。しかし，このような資本蓄積の進展に伴い，原材料産出国と工場所在地国が一致するようになり，少なくともこの点に関して所得の源泉地の判断基準に関する対立が解消されることが予想されるわけである。

第3節　キャロルの報告書（1933 年）についての考察

(2)　課税管轄権

次に，課税所得の配賦の枠組みを提示するためには，管轄権に関する統一的な原則（uniform principles of jurisdiction）が必要であるとされる[109]。この統一的な原則とは，①居住地（fiscal domicile）および源泉地（source）以外の根拠で課税を行わないこと，②居住地について統一的に定義し，源泉地についてもそれを国家の管轄権の明らかに及ぶ範囲内になるように厳密に定義すること，である。

ある所得についての源泉地をただ一つに決めることができるのであれば，ある所得に対して課税管轄権を主張する国は，高々二つということになる[110]。すなわち，源泉地国と居住地国である。これら両国の間の二重課税は解消可能である[111]。

さて，前述の①については，様々な二国間租税条約や 1928 年の租税条約草案で確認されている[112]。また，源泉地の判定についても，直接的な源泉地（the immediate sources of income）を指すことが確認されている。

なお，居住地国としての課税について，各国の課税方式が 2 通りに分かれているため，居住地国課税の二重課税が生じることがある[113]。ひとつの課税方式は，自然人・法人の国内への居住（domiciled or resident within their territory）を基準として課税管轄権を及ぼすというものである。もうひとつは，自然人の国籍，法人の設立を基準として課税管轄権を及ぼすというものである。しかし，この居住地が複数になるという問題は重要ではない，なぜなら，納税者はそうならないように法的に仕組むことができるからである。ただ，統一的な基準を設定することも考えられる。1928 年の租税条約草案では居住地（fiscal domi-

---

109) Carroll, *supra* note 99, 169, Paragraph 608. 源泉地の概念を拡張して別の国で設立された会社の利益に課税したり，経済的に関係があるとの理由で別の国が源泉地であるような所得に課税したり，商品の販売が行われた地を，その商品の製造過程からの全利益の源泉地とみなしたりすることは，許されないという。
110) Carroll, *supra* note 99, 170, Paragraph 609.
111) ここでは二重課税排除の方法は具体的には示されていないが，後述 Paragraph 615 で示されるとおり，ひとつには既にアメリカ連邦所得税について導入されていた外国税額控除が念頭に置かれている。
112) Carroll, *supra* note 99, 170, Paragraph 610. 具体的には，金銭の受取地，金銭の支払地であることを理由として課税管轄権を及ぼすことが否定されたことが指摘されている。
113) Carroll, *supra* note 99, 170, Paragraph 611.

cile) の判断基準として，経営の中心 (the real centre of management) の所在地を採用した。この基準はイギリスのそれ[114]と一致するが，多くの国の基準とは一致しない。

個人またはパートナーシップ (partnership) が保有する企業 (a business enterprises owned by an individual or partnership) については，個人の居住地ではなく企業の経営の中心の所在地が居住地国としての課税を行うことになる[115]。これに対して，個人自身の居住地は恒久的な家 (permanent home) の所在地国である[116]。

居住地国課税と源泉地国課税が競合することによる二重課税を排除する方法は，ひとつには決まらない[117]。というのも，前提として，租税制度が国によって異なり，3種類の仕組みに分かれているからである[118]。

いくつかの国の立法例では，居住地国が，国外所得について外国で支払った租税についての控除（ここでは，所得控除のみならず税額控除を含む，租税負担軽減措置を指している）を認めている[119]。また，条約でも，所得の種類（所得分類という意味ではなく，物税ないし源泉所得税と，人税ないし総合所得税の区別）ごとに二重課税排除が考えられている。1928年租税条約草案の三つの草案でも，3種類の租税制度に応じた二重課税排除の仕組みが規定されている。

二重課税排除の仕組みのうち，重要なのは，細かい部分ではなく一般的な枠

---

114) イギリスでは，"central management and control" が基準とされている。
115) Carroll, *supra* note 99, 171, Paragraph 612.
116) Carroll, *supra* note 99, 171, note 1 が自認するとおり，本文のように企業の居住地とそのowner である個人の居住地の両方を考えてしまうと，居住地国課税同士の二重課税が生じてしまいそうである。しかし，キャロルがこの脚注で言うには，企業がその全所得について申告するが，個人や partner がその属性（居住者であるか否か）に応じて納税義務を負う，という仕組みが各国で採用されている。現代風に言えば，要するに，（信託と同様に）企業を entity と見た上で，パス・スルー課税が行われるのである。
117) Carroll, *supra* note 99, 171, Paragraph 613.
118) 第一に，源泉所得税 (schedular or impersonal tax)（国内源泉所得に対してのみ課す例と，居住者については国外源泉所得に対しても課す例とがある）に加えて，居住者の全所得に対して累進税率で付加税を課す立法例がある。第二に，居住者・（税法上の）内国法人に対しては（個人に対して累進税率で，会社に対して一定税率で），その全所得に対して課税し，非居住者・（税法上の）外国法人に対しては国内源泉所得についてのみ，同様の税率で課税するという立法例がある。第三に，国内源泉所得にのみ課税するという立法例がある。Carroll, *supra* note 99, 171, Paragraph 613.
119) Carroll, *supra* note 99, 171, Paragraph 614.

組みである[120]。すなわち，所得をその発生原因（source）ごとに分類し，それぞれについて居住地国と源泉地国それぞれの課税権の及ぶ範囲が規定されているのである。

事業所得（income from an industrial or commercial enterprise）については，所得を生み出した恒久的施設が所在する国が主たる課税権を有するというのが，1928年租税条約草案の三つの草案の共通の基準である[121]。問題は，事業所得とその他の所得の区別である[122]。

いずれにせよ，あらゆる個々の所得（each item of income）およびこれらを得るための費用についてその源泉地がひとつに決まることが，源泉地課税の競合による二重課税を排除するために必要である[123]。

(3) 所得の発生地（恒久的施設の定義）

事業所得の配賦の鍵となる恒久的施設の定義について，キャロルは1928年租税条約草案1Aの第5条（事業所得）と第7条（給与所得）を引用することから議論を始めている[124]。続いて，この草案への注釈，1930年の第2回会合における恒久的施設の定義を紹介している[125]。

そして，1928年租税条約草案1A第5条の趣旨は恒久的施設がない締約国が課税をしてはならないということにあることを確認している[126]。

(4) 独立企業として扱われる子会社

1928年租税条約草案1A第5条およびその注釈の趣旨からして，そこにいう「活動（undertaking）」ないし企業（enterprise）は，それが会社（a corporation）を指している場合には，法人としてのその会社（the corporate entity）とその一部を構成する支店を指しており，子会社（subsidiary corporations）や関

---

120) Carroll, *supra* note 99, 172, Paragraph 615.
121) Carroll, *supra* note 99, 172, Paragraph 616.
122) 例えば，A国所在の不動産がB国所在の恒久的施設を通じて売却された場合に，B国源泉の事業所得となるのかどうか，という問題が指摘されている。
123) Carroll, *supra* note 99, 172-173, Paragraphs 617-618で，各種の所得についての源泉地国の判断基準（すなわち，ソース・ルール）が列挙されている。
124) Carroll, *supra* note 99, 173-174, Paragraph 619.
125) Carroll, *supra* note 99, 174-175, Paragraphs 620-621.
126) Carroll, *supra* note 99, 175, Paragraph 622. 恒久的施設（に該当する施設）があっても課税が行われていない例が少なくないことが指摘されている。

連会社（affiliated corporations）を含まない[127]。

　親子会社間や関連会社間の取引は法的に独立企業間の取引として行われるのに対して，本支店間・支店相互間の活動では契約は（法的にも，実際にも）行われない[128]。このため，厳密に言えば，会社がある国で製造した商品を別の国所在の支店を通じて売却する場合に，この売却が行われて初めて，利益が実現するということになる。

　これに対して，ある会社が別の独立した会社に商品を卸し，この別の会社が自己の勘定でこの商品を売却する（resells the goods for its own account）場合，この別の会社は商品が売れるかどうかに関わりなく，最初の会社に商品の対価を支払わなくてはいけない[129]。このことは，親子会社間や関連会社間でも同じである。

　法的には，商品の所有権（title to the goods）が製造した会社から販売する会社へと移転すると課税所得が発生（accrue）すると言えるかもしれない[130]。もっとも，経済的には，（製造会社と販売会社から成る）企業にとって，この段階では利益は発生していない。しかし，たとえ親子会社間取引であろうとも，法人格に従って所得が発生したと見るのが各国の税法である。

　要するに，子会社を会社という形態で設立している以上，一般の会社と同じような法的要件に従わなくてはならない[131]。資本金に関する規整も及ぶし，親会社との取引であってもその契約に沿って所得が算定される。そして，企業グループ内の所得移転が行われる場合に，課税庁としては，会社間取引（the inter-company transactions）を精査し，契約条件やその結果を評価して，移転した所得を取り戻す（recapture）ことしかできない[132]。

　会社とその子会社との間の事業上の行為（the conduct of business）が独立企業における取引を基準としていれば（課税所得の）配賦の問題が除去されるので，原則として子会社を，（親会社の）恒久的施設としては扱わず，独立の法人

---

127) Carroll, *supra* note 99, 176, Paragraph 623.
128) Carroll, *supra* note 99, 176, Paragraph 624.
129) Carroll, *supra* note 99, 176, Paragraph 625.
130) Carroll, *supra* note 99, 176, Paragraph 626.
131) Carroll, *supra* note 99, 177, Paragraph 627.
132) 国内での会社間の所得移転ではなく，国際的なそれが念頭に置かれているようである。

第3節　キャロルの報告書（1933年）についての考察

(independent legal entities) として扱うことが推奨される[133]。

(5) 独立企業になぞらえられる支店

支店たる施設 (branch establishments) も，所得配賦のためには，できるだけ独立の entities として扱われなくてはならない[134]。施設は，①自足的な施設 (autonomous establishments)，②準自足的施設 (quasi-autonomous establishments)，③従属的な施設 (dependent establishments)，④それ自体は所得を生み出さない施設，に分類される。

キャロルは，当該施設のみを観察してその所得が算定できるような活動を行っている施設を第一のカテゴリーに含めている[135]。ある国の中で原材料の購入と商品の販売の両方を行うような施設はもちろん，同じ会社の別の施設に対して役務を提供し手数料を得るようなタイプの活動を行う施設も，自足的な施設であるとされる。

これに対して，最終的な所得の発生が他の施設の活動に左右されるため，当該施設を観察しただけでは所得が算定できないような施設が従属的な施設である[136]。例えば，原材料を受け取り，これを加工して他の施設に引き渡すような施設の所得は，最終的に販売を行う施設において当該商品をいくらで売ることができるかに依存する。そこで，キャロルは，従属的な施設の所得算定につき，商工業・銀行業を中心に，業種別の検討へと筆を進める。

3　商工業における所得の配賦

商工業を行う企業 (industrial and mercantile enterprises) における所得の配賦に関する叙述は，①配賦に関する諸原則，②所得の発生時期，③費用を下回る価格での販売からの損失（ダンピング），④（企業全体の）純所得ないし純損失の配分 (apportionment)，⑤配賦の基本的な方法，⑥配賦の基準，に分かれている。このうち，③と④は，非常に簡単な記述にとどまっている。①では，恒久的施設の種類ごとに，施設に所得が配賦されるのはいかなる場合かということ

---

133) Carroll, *supra* note 99, 177, Paragraph 628.
134) Carroll, *supra* note 99, 177, Paragraph 629. Establishment を「施設」と訳すのはこの文脈では必ずしも適当でないかもしれないが，代わる適切な訳語も見あたらないので，機械的に「施設」と訳しておく。
135) Carroll, *supra* note 99, 177-178, Paragraph 630.
136) Carroll, *supra* note 99, 178, Paragraph 631.

が考察される。②では，法人格を単位として観念される「実現」との関係で，施設にとっての所得の発生時期についての検討が行われる。⑤では，独立の帳簿を基礎とした方法と，企業全体の所得をもとにした定式配分法との比較検討が行われ，独立会計法，経験的方法，定式配分法の優先劣後が定められる。⑥では，施設相互間（本支店間等）の「取引」をいかなる法形式に引き直すかという問題が検討される。

(1) 配賦に関する諸原則

ここでは，ある国で商品を購入ないし製造し，それを別の国で販売した場合に，前者の国も（売買によって実現した）所得の源泉地であると考えられるか，またその場合どの部分がそれぞれの国に帰せられるか，という問題が提示される[137]。そして，前述の自足的な施設については問題がないことから，もっぱら従属的施設が検討の対象とされる[138]。

まず，販売を行う施設（selling establishments）については，商品の販売によって得られた所得の全てではなく，販売に帰属する利得（the profit that is attributable to selling, or, in other words, a sale or merchandising profit）のみが配賦されるというのが，多くの国の課税実務である[139]。次に，ある外国企業の国内における施設がさらに別の国（この国には恒久的施設が存在しない）で商品の販売を行う場合[140]，多くの国の課税実務では，外国企業の本店（the real centre of management）ではなくこの施設の所得であると考えている[141]。製造を行う施設（producing establishments）の課税所得は，製造に帰せられる利得である[142]。ここで，製造にかかる利得は，商品が販売を行う施設から顧客に対して販売されて初めて発生する，とされる。加工を行う施設（processing establishments）や組み立て工場（assembly plants）にも，その活動に応じた利得が帰属する[143]。

原材料等の買い付けを独立の問屋（commission agent）や仲立人（broker）を

---

137) Carroll, *supra* note 99, 178-179, Paragraph 632.
138) Carroll, *supra* note 99, 179, Paragraph 634.
139) Carroll, *supra* note 99, 179, Paragraph 635.
140) 例えば，アメリカ企業の日本支店が韓国所在の顧客に対して商品の販売を行うような場合である。
141) Carroll, *supra* note 99, 179, Paragraph 636.
142) Carroll, *supra* note 99, 179, Paragraph 637.
143) Carroll, *supra* note 99, 180, Paragraphs 638-639.

第3節　キャロルの報告書（1933年）についての考察

通じて行う場合，それにより恒久的施設ありとはされないが，さらに進んで，自己の施設を通じて原材料等の買い付けを行う場合に，課税所得が発生するといえるかどうかという問題がある[144]。このような所得の発生を認めて，課税の対象としようとする国も散見される。しかし，原則として，自企業の他の施設に供給するために買い付けを行う事務所（mere buying offices）に対しては，原則として所得は配賦されるべきではない[145]。これに対して，買い付けと加工の双方を行うような施設には，所得が配賦される[146]。

研究所・統計事務所・展示室のような，間接的にのみ利益の獲得に役立つ施設においては，費用のみが生じている[147]。こうした施設には所得を配賦すべきではなく，むしろ，これらの施設で生じた費用を企業の一般費用（the general overhead）と見た上で，それを適切な方法で配分すべきである。

経由港にある倉庫（warehouses）については，そこから外国に向けて出荷される荷物にかかる保管料のみが所得として配賦される[148]。

最後に，各地の施設の所得を本店（real centre of management）に配賦することは，大多数の国の課税実務では認められていない[149]。もっとも，本店の一般費用や支払利子を（一定のつながりが証明される場合に）各地の施設に配分することは多くの国が認めている。さらに，源泉地国ではなく居住地国としての資格で，多くの本店所在地国が課税を行っている。

(2)　課税所得の発生時期

原則として，所得は実現（realised or derived）して初めて課税の対象となる[150]。そして，多くの国は，実現（例えば，商品の販売）が外国で生じる場合でも，販売以前の段階（例えば，製造や加工）にかかる所得に対する課税を行って構わないと考えている。問題は，最終的に外国で実現する前の段階で，自国の製造等を行う施設との関係では所得が発生したことをもって課税を行って構わないのか，それとも外国において実現して初めて課税の対象となると考えるべ

---

144)　Carroll, *supra* note 99, 180, Paragraph 640.
145)　Carroll, *supra* note 99, 180-181, Paragraph 641.
146)　Carroll, *supra* note 99, 181, Paragraph 643.
147)　Carroll, *supra* note 99, 181-182, Paragraphs 644-645.
148)　Carroll, *supra* note 99, 182, Paragraph 646.
149)　Carroll, *supra* note 99, 182, Paragraph 648.
150)　Carroll, *supra* note 99, 183, Paragraph 649.

きか，ということである[151]。

この問題について，キャロルは，未実現利益に課税することが（とりわけ，最終的な販売の段階でそれが実現しない場合に）公平かどうかという従来の視角[152]から検討するわけではない。むしろ，施設相互間での原材料・商品等の移転を売買ではなく役務の提供として捉え，その対価として独立企業間と同じ対価が支払われると想定することによって，最終的に企業全体としては利益が生じなかったような場合にも特定の施設については所得が生じたと言えることを正当化しようとしている[153]。

(3) 配賦の基本的諸方法

キャロルは，国内に施設を有する外国企業に対する課税について，次の二つの理論があるという[154]。

第一は，独立の帳簿（separate accounts）をもとに課税所得を計算し，この施設をできるだけ独立の企業であるかのように扱う，という独立会計法（the separate accounting method）である。

第二の理論は，企業とは有機的一体（an organic unity）であるから，企業の全純所得のうち，国内施設の相対的な経済的重要性に対応する部分に対して，課税が行われるべきである，という定式配分法（the fractional apportionment method）である。無制限定式配分（unlimited fractional apportionment）として知られているこの理論の支持者によれば，①商品が販売されるまで企業全体として利益は実現しない。また，②企業全体の利益のうち事業を構成する機能・施設（function or establishment）に帰せられる部分を精確に決定するのは不可能であるから，利益の配分は経験的方法に拠るしかない。さらに，③上記の方法が担税力（capacity to pay）に応じた企業に対する課税を行うための唯一の方法である。

独立会計法と定式配分法という，これら二つの理論（方法）の目的は同一であり，それはその国（its jurisdiction）で課税できる所得を決定することである[155]。

---

151) つまり，未実現所得に対する課税の可否として問題が定式化されている。
152) この見方については，Carroll, *supra* note 99, 185, Paragraph 657 参照。
153) Carroll, *supra* note 99, 185, Paragraph 658.
154) Carroll, *supra* note 99, 187, Paragraph 664.
155) Carroll, *supra* note 99, 187, Paragraph 665.

第3節　キャロルの報告書（1933年）についての考察

　外国企業に対する課税の問題を管轄権の一般原則（国家はその領域内の個人，財産，取引に対して管轄権を有する）から見るならば，納税者の居住地が外国である場合に，この納税者の所得に対する国家の管轄権が領域内の財産その他の源泉に限られることは明らかである[156]。納税者の全純所得に対する課税を居住地国（the country of fiscal domicile）にのみ許すことは広く承認されており，この枠組みに，（所得のうち）支店に帰せられる部分を決定するために，企業の全純所得に対して支店所在地国が管轄権を行使する（take jurisdiction）ことを認める規定を挿入することは，首尾一貫しないように思われる。さらに，企業全体に関する収入金額・必要経費（これらの多くは，管轄権の範囲外の源泉からのものである）に関する情報を課税庁が要求できるのか[157]，他国での税務調査を可能にする国家間条約の締結が可能か[158]，といった問題もある。全純所得の額や配分の基準について諸国が合意することも困難である[159]。

　各国の税法・商法上記帳が義務づけられていることや会計方法・言語・通貨の相違等から，独立会計（separate accounting）の方法が支持される[160]。

　こうして，独立会計が最優先の方法として，経験的方法（推計課税）が補充的な方法として，位置づけられる[161]。定式配分法はできるだけ用いるべきではない方法であると評価される[162]。

　(4)　配賦の基準——役務提供モデルと売買モデル

　キャロルは，具体的な配賦の基準として二つのモデルを対置する[163]。

　ひとつは，役務提供の対価基準（remuneration for services criterion）と言うべきもので，施設の1ヶ所を本店（principal establishment）とみなし，他の施設（つまり，支店〔secondary establishment〕）はこの本店に対して役務提供を行っていると想定するものである[164]。各支店が役務提供の対価を計上し，本店には残

---

156)　Carroll, *supra* note 99, 187-188, Paragraph 666.
157)　Carroll, *supra* note 99, 188, Paragraph 667.
158)　Carroll, *supra* note 99, 188, Paragraph 668.
159)　Carroll, *supra* note 99, 189, Paragraph 670.
160)　Carroll, *supra* note 99, 188, Paragraph 669.
161)　Carroll, *supra* note 99, 189-190, Paragraphs 671-673.
162)　Carroll, *supra* note 99, 190-191, Paragraph 674.
163)　Carroll, *supra* note 99, 192-193, Paragraphs 677-678. *See also* Carroll, *supra* note 99, 202, Paragraph 713.
164)　Carroll, *supra* note 99, 192, Paragraph 677.

131

余利益(または損失)が帰せられることになる。商品の所有権(title)は本店にあり続けるが、各支店にこの商品が寄託(consignment)されていると考えるわけである[165]。

もうひとつは、独立当事者間の売買基準(sale between independents criterion)と言うべきもので、各施設が独立の企業でありこれら相互間で商品の売買が行われると想定するものである[166]。ここでは、各施設の間で商品の所有権が移転するとみなされるわけである。このように考える以上、各施設にも(負債と対置される意味での)資本(capital)があるとみなされることになる。

もっとも、多くの場合、施設の活動に十分な資本の水準を決めるのは困難である[167]。また、本店(the real centre of management)から支店に対して追加の資金が提供された場合において、支店が本店に支払う「利子」を所得計算上控除することは、現行法の下では難しい。このような困難性を考慮すると、各施設に資本があるとみなすことは、できるだけ避けるべきである。

そうすると、二つのモデルのうち、資本の割り当ての問題が存在しない、前者のモデルを採用することが望ましい[168]。すなわち、支店には運転資金(current operating funds)のみを割り当て、商品の施設間の移転は売買ではなく寄託であるとみなすのである。支店の所得は、役務提供の対価を基準として配賦される[169]。

支店の所得算定において、支店が直接第三者から借り入れた場合を除いて、支店の支払う「利子」の損金(必要経費)算入は認めるべきではないとされる[170]。また、一般費用(general overhead)については、これを支店に配賦しないことが推奨される[171]。

---

165) Carroll, *supra* note 99, 192, Paragraph 678.
166) Carroll, *supra* note 99, 192, Paragraph 678.
167) Carroll, *supra* note 99, 192, Paragraph 679.
168) Carroll, *supra* note 99, 193, Paragraph 680. *See also* Carroll, *supra* note 99, 203, Paragraph 715; Mitchell B. Carroll, Allocation of Business Income: The Draft Convention of the League of Nations, 34 Colum. L. Rev. 473 (1934), 481-484.
169) ただし、例外的に売買とみなす場合が存在することは否定しないようである。
170) Carroll, *supra* note 99, 193, Paragraph 681. 本店に対する支払利子の損金(必要経費)算入は認められないということになる。
171) Carroll, *supra* note 99, 193, Paragraph 682. ただし、一般費用を商品の原価に反映させることは認めるようである。

第3節　キャロルの報告書（1933年）についての考察

　商品を販売するもっとも単純な方法は，それを問屋（a commission agent）に委託することである[172]。問屋は，委託者から手数料を受け取るが，これは委託者への役務提供の対価として位置づけられる。そこで，外国の企業から国内施設に対して積荷が運ばれこの施設により販売・加工される場合，この施設が手数料その他の対価の額を証明するためには同様の活動を行っている国内の独立企業と比較すればよい。多くの市場において，こうした「通常の手数料の額（a customary commission）」が各商品について存在する。なお，手数料の額は，国内施設が行う業務の内容によって異なる[173]。支店（a branch establishment）に対して委託がなされた場合，企業がリスクを負い資金調達を行うので，支店は商品を売るための努力をするだけである。このため，独立の問屋に対する手数料ですら，提供された役務に対する対価（と場合によっては，資本に対する少額のリターン）に限られる。この手数料が支店の売上総利益（gross profit）であり，そこから実際にかかった費用を控除して支店の純所得（the net profit of the sales establishment）が算出される。以上のような施設の所得算定方法を，独立手数料基準（independent commission or fee basis）と呼ぶ。

　同様の理屈が，原料を加工する施設（establishments processing certain raw materials）にもあてはまる[174]。例えば，金属の精錬や穀物の加工・精製が行われる場合，量に比例した対価が支払われる。加工施設の所得は，こうした独立企業の場合の対価を利用して算出することができる。

　独立手数料基準を用いることができないと各国課税庁が主張するかもしれない取引として，商標の付された商品（trade-marked or branded articles or specialties）の製造・販売がある。このような場合，同一の商品を販売している独立企業が存在しないため，類似の企業との比較により適正な手数料を決定することが不可能であると言われる。さらに，利益が製造ではなく販売に帰せられると主張されることもあるが，このような諸活動の相対的重要性はあらゆる場合に問題となるのであって，この場面に特有の問題ではない。おそらく，この企業は自国と外国に独立の販売業者（independent dealers）を通じてその商品を販

---

172) Carroll, *supra* note 99, 193-194, Paragraph 683.
173) 仲立人（broker）としての業務を行う場合より，問屋としての業務を行うほうが手数料の額が高い。また，支払保証代理人（a del credere agent）であれば，その分手数料の額が高くなる。
174) Carroll, *supra* note 99, 194, Paragraph 684.

133

売している。そこで，販売を行う支店（sales branch）所在国の課税庁にとって，この独立販売業者価格（independent dealer's price）が，製造施設と（販売を行う）支店の間の利益を分割する基準となるだろう[175]。以上のような施設の所得算出方法を，独立販売業者価格基準（independent dealer price basis）と呼ぶ。

販売を行う支店の所得を証明するために，課税庁は自国の同様の企業（similar local enterprises）との比較を行うであろう[176]。これに対して，外国企業の内国施設と内国企業とを比較することは，両者の販売する商品が異なる条件で製造されている（かかっている費用も異なる）以上，不公平だという考え方がありうる。このうち，外国企業のほうが保険・輸送費・関税等の費用を負担している分，また，広告宣伝費が余計にかかる分，外国企業の内国施設の独立販売業者価格は高くなると考えるならば，内国施設の所得のほうが類型的に少額になる。現行の関税法を前提にするとありそうもないが，逆に外国企業の内国施設のほうが内国企業よりも類型的に所得の額が多い可能性もある[177]。しかし，一般論としては，課税庁は，自国の領域内での経済的条件・競争条件に照らして所得を決定すべきである。というのも，課税庁が，外国（商品が製造された地等）におけるこれら諸条件について確かめることはできないからである。

もっと精確に比較を行うためには，税務職員が，（対価の支払われる形態，広告費を誰が負担するか等の）価格決定条件について調査しなくてはならない[178]。

さらに，独立販売業者価格基準を厳密に適用するためには，独立販売業者が十分な資本を有し，転売する目的で自己の危険で商品を買う場合に得られるような純所得を想定しなくてはならない[179]。言い換えると，この方法を外国企業の支店に適用する場合，独立企業であれば有するはずの裁量・資本・危険の一部が支店に移ったとみなさなくてはならない。独立販売業者に商品が売られる価格を移転価格（the transfer price）というならば，それは一般管理費のうち一定割合のみを含みそれ以上を含んではならない。また，（客から受ける売買代金から工場に対して支払われると擬制される価格を控除した差額である）売上総利益（the gross profit）からは，販売する支店の費用のみならず，この支店がもし独

---

175) ただし，納税者が独立当事者間の価格から乖離していることを証明することは許されるという。
176) Carroll, *supra* note 99, 194-195, Paragraph 686.
177) Carroll, *supra* note 99, 195, Paragraph 687.
178) Carroll, *supra* note 99, 195, Paragraph 688.
179) Carroll, *supra* note 99, 195-196, Paragraph 689.

立企業であったとしたら控除されるべきあらゆる費用・損失[180]が控除されなくてはならない。理論的にはこれらの費用・損失は支店によって負担されなくてはならず，その算出方法が編み出されるべきである。しかし，実際には，これらの費用・損失は企業の本店（the whole enterprise at its real centre of management）において負担されてきた。確かに，商品の所有権を取得することに伴う危険に対する対価こそが，売上総利益との差額（the discount or margin）の大部分を占める。そして，支店の場合にはこうした危険への対価が本店によって負担されることと考えるのであれば，支店の所得は提供した役務への適正な対価に限られることになる。この場合，結論は独立手数料基準を採る場合と同じになろう。

以上のとおり，配賦の二つの基準のうち，販売を行う施設の視点からは独立手数料基準を採用するほうが簡素である[181]。また，工場の視点からも同様である。

この場合の手数料は，製造と販売の両方からの利益を配分するものであるが，国内において（つまり，国外の資料を参照することなく）決定することができる[182]。これに対して，独立販売業者価格基準を用いるにあたっては，二重課税を避けるために，納税者が証明するところの独立工場価格（independent factory price）[183]を課税庁が尊重しなくてはならない。

工場が企業の本店を兼ねており，商品が国外の支店を通じて販売されているような場合，前述の二つの基準のいずれを用いるにしても，独立工場価格ないし手数料によって支店の所得を算定した上で，その残額が工場・本店の利益となると考えるべきである[184]。稀に，企業が本店所在地とは別の近隣の国に工場を有していることがある[185]。このような場合，工場の規模や役割に応じて，工場・本店のいずれかを中心とみる（つまり，残余利益を得ると構成する）ことにな

---

180) 輸送費，関税，まだ売れていない商品に係る借入金の利子，値引き販売や売れ残りに伴う損失，がその例としてあげられている。
181) Carroll, *supra* note 99, 196, Paragraph 690. 理由として，本店から支店に移転したがまだ支店が外部に販売していない棚卸資産についての（つまり，未実現の）利得を除外するという作業を行わなくてよいことがあげられている。
182) Carroll, *supra* note 99, 196, Paragraph 691.
183) 独立当事者の関係にある工場に対して支払われるべき，商品の対価のことである。
184) Carroll, *supra* note 99, 196, Paragraph 692.
185) Carroll, *supra* note 99, 196-197, Paragraph 693.

る。

　企業（の工場）がその商品を外部に販売しないため，独立工場価格がわからないことがある[186]。このような場合，最終的に販売する支店から外部への販売価格をもとに，独立工場価格を擬制する（construct）ことになる。これは，独立当事者間での取引（dealing at arm's length）が行われたと仮想することにより得られる。

　製造業者（manufacturer）は，利益を予想し，それに基づいて独立工場価格を決定している[187]。利益は予想よりも多い場合もあれば少ない場合もある。このため，税務職員にとって，自国の販売施設に配賦される所得（そして，外国の工場に配賦される所得）を算定するのは非常に困難である。しかし，税務職員としては納税者から提出される証拠に基づいて，丹念に認定するしかない。複数の施設が関わった企業の純利益（joint net profit）を各施設に配分（apportionment）する方法は無限にあり，例えば，工場から販売施設へ商品が移転する場合，工場所在地国と販売支店所在地国とで所得の算定方法が異なる可能性がある[188]。国によっては，自国所在の施設に企業全体の所得の（全部とは言わないまでも）かなりの部分を帰属させるような指標を選んで配分を行っている。これに対して，租税条約において所得算定の方法について合意されている場合もある。例えば，オーストリア・チェコスロバキア，オーストリア・ハンガリー間の条約では，各締約国が自国法に基づいて企業全体の純所得（the net joint income）を算定し，その3分の2を製造に，3分の1を販売に，それぞれ帰属させる。他の指標を用いているアメリカ・マサチューセッツ州（の事業税）でも，結果として，これらの条約とほぼ同様の割合で製造・販売に帰属させている。こうした指標を用いて配分を行うことに対しては，指標の選択が恣意的である，二度手間を強いるといった批判がある。これらの批判には理由がある[189]。第一に，ある国での拙い活動によりその国では損失が生じていても，前述のような定式配分法によれば，他国で実現した利益を自動的に受け取ったとみなされてしまう。第二に，3分の2が製造に，3分の1が販売にそれぞれ帰せられると

186）　Carroll, *supra* note 99, 197, Paragraph 694.
187）　Carroll, *supra* note 99, 197, Paragraph 696.
188）　Carroll, *supra* note 99, 197-198, Paragraph 697.
189）　Carroll, *supra* note 99, 198, Paragraph 698.

いうが，この比率は本来業種によって異なるはずである。

独立工場価格の代わりに定式（formula）を用いるとしても，その結果が独立工場価格を用いて行った配賦とできるだけ近くなるようにすべきである[190]。指標として，売上高（sales receipts），有形資産（tangible property），賃金（salaries paid）等が用いられているが，いずれも単独では問題がある。これに対して，指標として費用（expense）を用いるという考え方もある[191]。この方法では，個別対応の費用を配賦したのち，一般管理費が配賦される。このような方法に対して，事業活動を行うための費用は国によって異なり，また，消費者の購買力や嗜好が国によって異なることから，精確な所得配賦ができないのではないかという批判がある。しかし，このような方法も，工場と販売を行う支店との間の所得の配分のためであれば，正当化される[192]。なぜなら，この方法は，独立工場価格とほとんど同じ算定方法・指標を用いているからである。もっとも，この配分に際しては，製造費（manufacturing cost）から原価（the cost of raw materials）を除外すべきである[193]。同様に，広告宣伝費（advertising cost）は販売活動に要した費用から除外すべきである[194]。

キャロルは以上の分析に続いて各国の状況を紹介し，最終的に定式配分法に対してかなり否定的な結論に至っている[195]。

4　銀行業における所得の配賦

銀行業その他金融業（banking and financial enterprises）については，原則として，各国の支店（あるいは複数の支店）を単位とした独立会計（separate accounting）の方法に基づく所得の配賦が行われるべきであるとされる[196]。この考え方を厳密に適用すると，各支店に同額の資本（capital）を割り当てる（allot）こと

---

190) Carroll, *supra* note 99, 198-199, Paragraph 699.
191) Carroll, *supra* note 99, 199, Paragraph 700.
192) Carroll, *supra* note 99, 199, Paragraph 701.
193) キャロルは付加価値という概念を用いていないが，恐らく次のようなことが言いたいのであろうと考えられる。すなわち，製造活動（manufacturing）と販売活動（distributing）のそれぞれに帰せられる利益はそれぞれの活動による付加価値に応じたものになるべきであり，この付加価値は費用（expense）に比例する，と。
194) Carroll, *supra* note 99, 199, Paragraph 702.
195) Carroll, *supra* note 99, 200-201, Paragraph 706.
196) Carroll, *supra* note 99, 203-204, Paragraph 717.

になるが，このように資本を固定化することは望ましくない[197]。というのも，支店間で自由に余剰資金を融通できるように，銀行は支店形態を採用しているからである。

国際的に展開している銀行の得る所得を分類すると，次のとおりである[198]。第一に，明らかに一定の源泉（本店または支店の所在地国）に配賦される所得。第二に，ある国に所在する施設を通じて，しかし，他国（こちらにも支店があるかもしれないし，ないかもしれない）における取引から得られる所得。第三に，企業内取引（intra-company transactions）から得られる所得である。

(1) 一定の源泉に配賦される所得

第一の類型（income allocable to a definite source）に含まれるものとしては，支店所在地国の他行に預けた資金に付される利子，支店所在地国の居住者に対する貸付金から得られる利子，等が列挙されている[199]。本店についても，支店の場合と同様に考えられる[200]。

(2) 複数の源泉地に帰せられる所得

第二の類型（income attributable to two sources）については，次のような点が問題となる[201]。銀行の支店が自己のため，あるいはその本店のために，他国の銀行に預金を行った場合，この預金に付された利子について，2ヶ国ないし3ヶ国から課税を受ける可能性がある。すなわち，第一に，利子を支払う銀行の所在地国，第二に，利子を受け取る支店の所在地国，第三に，銀行の本店所在地国が，それぞれ課税を行う可能性がある。同様のことは，（本店所在地国でも支店所在地国でもない）第三国所在の者に対して金銭を貸し付けて利子を受け取る場合にも，生じる。第三国にて発行された証券から所得を得る場合にも，同様である。

以上のような場合に，源泉地国が複数になってしまうことを避けるためには，前述の第一あるいは第二の国のいずれかのみを源泉地国としなくてはならない[202]。他の業種において恒久的施設所在地国を所得の源泉地国であると見てい

---

197) Carroll, *supra* note 99, 204, Paragraph 718.
198) Carroll, *supra* note 99, 204, Paragraph 719.
199) Carroll, *supra* note 99, 204, Paragraph 720.
200) Carroll, *supra* note 99, 204, Paragraph 721.
201) Carroll, *supra* note 99, 205, Paragraph 722.
202) Carroll, *supra* note 99, 205, Paragraph 723.

ることとの権衡から，利子についての源泉地は支店所在地国であると考えるべきである[203]。さらに，以上の考え方は，銀行の場合には，甲銀行の支店が別の国にある乙銀行に預金をしており，当該別の国にも甲銀行の支店があるような場合にも拡張されなくてはならない[204]。

これに対して，銀行の支店が（本店所在地国でも支店所在地国でもない）第三国の会社の株式や社債に投資する場合や第三国の不動産を証券化したもの（real-estate bonds or mortgages issued on real estate）に投資する場合，第三国を所得の源泉地と見るべきである[205]。

(3) 支店間取引からの所得

第三の類型（income from inter-branch transactions）については，次のように考えられる[206]。まず，支店の行う外貨取引については，その相手方が同じ銀行の本店・支店であれ，第三者であれ，その損益は支店に帰属する。複数の国で上場されている証券の売買についても，同様である[207]。

支店が為替手形（a bill of exchange）や国債（a Government bill）を割り引いて，これを別の国に所在する支店に移転した場合，各支店はそれがその支店に帰属していた期間に応じて，利子や割引額を受け取るべきである[208]。これ以外の負債についても，同様に考えられる。これに対して，銀行が債券を引き受ける場合，それによって得られる利益は本店に帰属すると考えるべきである[209]。ただし，一定の手数料が支店に対して支払われるとみなされることはある。

(4) 損金算入される利子の配賦

銀行にとって所得の配賦を考える際に最も難しい問題は，損金算入される利子を決定すること（determining the allowable deductions for interest）である[210]。原則として，貸付から得られた利子に直接対応する費用（預金者等に支払われる利子）は損金算入されるべきである。もっとも，一般に，銀行は自己資金（its

---

203) 利子の支払者の居住地国は課税をあきらめるべきである，ということになる。
204) Carroll, *supra* note 99, 205, Paragraph 724. この場合には，預金を受け入れた乙銀行の支店所在地国ではなく，預金を行った（甲銀行の）支店の所在地国が源泉地ということになる。
205) Carroll, *supra* note 99, 205-206, Paragraph 725.
206) Carroll, *supra* note 99, 206, Paragraph 726.
207) Carroll, *supra* note 99, 206, Paragraph 727.
208) Carroll, *supra* note 99, 206, Paragraph 728.
209) Carroll, *supra* note 99, 206, Paragraph 730.
210) Carroll, *supra* note 99, 206, Paragraph 731.

own capital funds) について利子を損金算入することはできない[211]。ところが，銀行の支店は，（他国にある）本店や別の支店から資金の融通（credits or advances）を受けていることがある[212]。そこで，支店が受けたこれらの資金についても，利子を費用として損金算入できるかどうかが問題となる。本支店間・支店相互間で，これらの融通する資金についてその地での市場金利（current local market rate）を徴する慣行がある，ということに鑑みると，銀行間貸出金利（inter-bank lending rate）を基準として，融通される資金について支払われる利子の損金算入を認めるべきである[213]。

さて，前述のとおり銀行は自己資金について利子を損金算入することはできないのであるが，銀行の本店・各支店がそれぞれ支払う利子のうちどの部分が自己資金に対応するものとして損金算入を否認されるのか，という問題がある[214]。消費寄託を受けたものであろうと，借り入れたものであろうと，自己資金であろうと，金銭はいわば混和してしまう。このため，貸出を行う際に，その原資のどの部分が自己資金に対応するかということは全くわからないのである。支店にも資本が割り当てられている場合はそれに応じて考えればよいが，そうでない場合には，全ての本支店において負債と自己資本の比率が同一である，と想定することが考えられる。

(5) 一般管理費

本店が支払っていても，支店の従業員の給与などは，支店の一般管理費とされる[215]。

(6) 損　　失

貸し倒れに伴う損失は，取引を行った支店に配賦される[216]。

---

[211] Carroll, *supra* note 99, 206, Paragraph 732.
[212] Carroll, *supra* note 99, 207, Paragraph 733.
[213] Carroll, *supra* note 99, 207, Paragraphs 734-735.
[214] Carroll, *supra* note 99, 207-208, Paragraph 736.
[215] Carroll, *supra* note 99, 208-209, Paragraph 739.
[216] Carroll, *supra* note 99, 209, Paragraph 741.

第3節 キャロルの報告書 (1933年) についての考察

第3款 いくつかの注目すべき点についてのコメント

1 法人格の扱い

キャロルの報告書は,企業 (enterprise) という概念[217]を,法人格を基準として理解している。

従来,モデル租税条約において企業という言葉が使われている場合,それが経済的に一体となっているいわば企業グループを指すのか,それとも,それを構成するひとつひとつの法人を指すのか,必ずしも明確ではなかった。前者の見解によれば,子会社は企業グループないし親会社の恒久的施設を構成するということになりそうである。そして,子会社が親会社の恒久的施設となるのか,という問題は,1929年以降の会合において何度も検討の対象となってきたところであった[218]。

これに対して,キャロルの報告書は,納税義務者の単位を法人格単位で考えることを明確にし,これに対応して,恒久的施設という概念については,原則として支店のように法人格の一部を構成するものであることを明らかにした。納税義務者の単位を法人格単位で捉えることにより,(外部から経済的価値が流入するという意味での)「実現」のような国内租税法の概念を用いて議論を進めることが可能になる。

2 商工業についての2種類の所得算定方法の対比

商工業における所得の配賦に関するキャロルの叙述の中で何よりも重要なの

---

[217] 租税条約における「企業 (enterprise)」概念については,先行業績として,Kees van Raad, The Term 'enterprise' in the Model Double Taxation Conventions: Seventy Years of Confusion, in Herbert H. Alpert & Kees van Raad (eds.), Essays on International Taxation, 1993, 317 がある。この論文は,国際連盟の1925年の報告書以来,1931年の租税条約草案を例外として,「企業」概念が,納税義務者たる「法人」を意味する場合とこの法人の営む「事業」を意味する場合とがあり,混乱を招いてきたと指摘している。ファンラートの論文を受けた「企業」概念に関する研究として,竹中知華子「納税主体としての企業」経済論究101号99頁 (1998年) 参照。なお,フランスにおける企業 (enterprise) 概念の歴史的沿革を紹介する山口俊夫「フランスにおける『企業 enterprise』概念の歴史的沿革」竹内昭夫編『現代商法学の課題 (鈴木竹雄先生古稀記念)』1673頁 (有斐閣,1975年) では,企業と事業所 (établissment) との区別につき,「企業は経済的・財政的単位である。これに対し,事業所は生産の技術的単位とされる」(1675頁) と述べられている。
[218] 前掲註75),83),91) に対応する本文を参照。

は，所得の配賦に際して，個々の取引の性質決定が問題となることを示していることである。

近年の国際課税に関する言説は，独立当事者間基準対定式配分法という対立軸に収斂していた[219]。キャロル自身も，この対立軸を明示的に取り上げている[220]。しかし，キャロルによれば，独立当事者間基準も一枚岩ではない。商品が支店間を行き来する際に，そのことをどのように捉えるか。そこにもうひとつの分岐点がある。言うまでもなく，本支店間・支店相互間の商品の移動は，法的には「取引」ではない[221]。ところが，支店を独立の存在と見て所得の配賦を考える以上，こうした商品の移動を法的に性質決定し，何らかの「取引」を擬制しなくてはならない。

ここで，キャロルは役務提供（委任）のパラダイムと売買のパラダイムとを対比させる。前者によれば，支店はあくまで本店から商品を寄託されているに過ぎない。商品の所有権は本店にある。各支店は本店に対して，商品の保管という役務を提供していることになる。各支店の所得算定は，本店から支払われる手数料に基づいて行われる。これに対して，後者によれば，本支店間・支店相互間で商品が移転すると同時に，商品の所有権も移転する。各支店の所得算定は，売上高から売上原価を控除することによって行われる。

この性質決定の問題には，決め手はない。実際には，本支店間・支店相互間には「取引」は存在しないからである。そうすると，所得の配賦という目的のために，いずれかの「取引」が行われたと擬制して構わないということになる。そして，キャロルは役務提供（委任）のパラダイムを採用する[222]。

キャロルの分析は，近年あまり意識されていない対立軸を明示している点で，さらにこの対立軸が委任と売買という極めて法的なパラダイムに関わっている点で，興味深い。

3 銀行業についての所得算定方法

銀行業における所得の配賦について，キャロルは，本支店間・支店相互間の

---

219) 緒論1(2)参照。
220) 第2款3(3)を参照。
221) 緒論註18) 参照。
222) 第2款3(4)参照。

「取引」を承認することから出発している。これらの「取引」の性質としては，消費貸借契約と消費寄託契約の両方が考えられるが，いずれにせよ，そこで利子が支払われる。この利子が，支払う側の支店では損金に，受け取る側の支店では益金に算入される。この結果，問題は，対応する支払利子を観念できない自己資本をどの本支店に帰属させるか，ということに絞られる。

なお，キャロルは，銀行の行う取引（金銭消費寄託契約・金銭消費貸借契約）を役務の提供として捉えている。そして，金銭消費貸借契約に伴って銀行に対して支払われる利子はこの役務提供の対価であると考えている。それゆえ，利子についての源泉地は（この役務提供が帰属する）支店所在地国であるという結論に達しているのである[223]。

第4節　国際連盟における租税条約草案の成立過程（その二）

第1款　1933年の租税条約草案

1　総　　説

1933年6月に開かれた第4回会合において，租税委員会は，小委員会が作成して租税委員会に提出した提案（条約草案）を承認した[224]。租税委員会は，これを，理事会を通じて各国政府に伝えている。なお，この条約草案（以下，「1933年条約草案」）は，第4回会合の記録の付録として収められている。

1933年条約草案は，それ以前，すなわち1928年の条約草案と比べて，そのカバーする範囲が狭い。1928年条約草案は，国際的二重課税の問題を広く取り扱っていたが，1933年条約草案は，「商工業を行う企業（industrial and commercial enterprises）」の二重課税の問題に，その対象を絞っている。もっとも，1928年条約草案では，これらの企業の所得の配分（allocation of profits）の問題は，意図的に未解決のままにされていたのであった[225]。このように，1933年

---

223) 第2款4(2)参照。
224) League of Nations, *supra* note 96, 2. 第2節第3款4参照。
225) 1928年条約草案ⅠAの第5条第3文では，「事業活動（the undertaking）が恒久的施設を両

条約草案は網羅的なものというよりも，1928年条約草案を補うための，企業の所得すなわち事業所得の配分の問題に特化した条約草案であると位置づけられる。

1933年条約草案の核心は，次の点にある。すなわち，「課税関係を考えるにあたっては，恒久的施設は，同一ないし類似の状況下で活動している独立の企業と同じように扱われなくてはならない。またこのことの帰結として，恒久的施設の課税所得はその別個の会計帳簿（accounts）をもとにして算出されなくてはならない」[226]。このように恒久的施設独自の会計帳簿を基礎として課税所得を算定するということをルール化した以上，課税所得を算定するための方法を具体的に定める必要はなく，その部分については各国に委ねればよいということになる。

2 条約草案の内容

1933年条約草案は，「課税のための事業所得の国家間での配賦のために採択された条約草案」と題されている[227]。条約は6条から成り，議定書と注釈が付されている。

第1条は，事業所得に対する課税の原則を定めている。具体的には，一方の締約国に居住地（fiscal domicile）を有する企業（enterprise）に対しては，他方の締約国は，①その国にある源泉から直接得られる所得であり，かつ，②その国にある恒久的施設に対して（その国にある源泉から得られる所得として）配賦される所得に対してしか，課税できないと定める。また，ある企業のある国に所在する恒久的施設が（同じ企業の恒久的施設の存在しない）別の国で活動を行った

締約国に有する場合，両国はそれぞれ，所得のうちその領域内で生み出された部分についてのみ課税する。これらの締約国の権限ある当局（the competent administrations）は配賦（apportionment）の基礎について取り決める」とされていたが，この取り決めについてそれ以上具体的な規律は存在しなかった。第2節第2款2参照。

226) League of Nations, *supra* note 96, 2. 原文は次のとおり。

"The fundamental principle laid down is that, for tax purposes, permanent establishments must be treated in the same manner as independent enterprises operating under the same or similar conditions, with the corollary that the taxable income of such establishments is to be assessed on the basis of their separate accounts."

227) League of Nations, *supra* note 96, 3.

第4節 国際連盟における租税条約草案の成立過程（その二）

場合，その活動から得られた所得はこの恒久的施設に配賦されるとされた[228]。

この規定は，1928年条約草案の事業所得に関する条項を引き継いでいる，と言ってよさそうである。

第2条は，「事業所得（business income）」の定義を定めている。と言っても，不動産からの所得等が「事業所得」に該当しない，というように否定的に定義されている。

第3条は，恒久的施設に帰属する（be attributed to）所得について定めており，

---

228) Article 1.
　An enterprise having its fiscal domicile in one of the contracting States shall not be taxable in another contracting State except in respect of income directly derived from sources within its territory and, as such, allocable, in accordance with the article of this Convention, to a permanent establishment situated in such State.
　If a permanent establishment of an enterprise in one State extends its activities into a second State in which the enterprise has no permanent establishment, the income derived from such activities shall be allocated to the permanent establishment in the first State.

第1部　第2章　租税条約ネットワークの形成

四つの段落からなる[229)230)]。

---

229)　原文は次のとおり。
　　　Article 3.
　　　If an enterprise with its fiscal domicile in one contracting State has permanent establishments in other contracting States, there shall be attributed to each permanent establishment the net business income which it might be expected to derive if it were an independent enterprise engaged in the same or similar activities under the same or similar conditions. Such net income will, in principle, be determined on the basis of the separate accounts pertaining to such establishment. Subject to the provisions of this Convention, such income shall be taxed in accordance with the legislation and international agreements of the State in which such establishment is situated.
　　　The fiscal authorities of the contracting States shall, when necessary, in execution of the preceding paragraph, rectify the accounts produced, notably to correct errors or omissions, or to re-establish the prices or remunerations entered in the books at the value which would prevail between independent persons dealing at arm's length.
　　　If an establishment does not produce an accounting showing its own operations, or if the accounting produced does not correspond to the normal usages of the trade in the country where the establishment is situated, or if the rectifications provided for in the preceding paragraph cannot be effected, or if the taxpayer agrees, the fiscal authorities may determine empirically the business income by applying a percentage to the turnover of that establishment. This percentage is fixed in accordance with the nature of the transactions in which the establishment is engaged and by comparison with the results obtained by similar enterprises operating in the country.
　　　If the methods of determination described in the preceding paragraphs are found to be inapplicable, the net business income of the permanent establishment may be determined by a computation based on the total income derived by the enterprise from the activities in which such establishment has participated. This determination is made by applying to the total income coefficients based on a comparison of gross receipts, assets, number of hours worked or other appropriate factors, provided such factors be so selected as to ensure results approaching as closely as possible to those which would be reflected by a separate accounting.
230)　参考までに，国税課調査係・前掲註96）19〜20頁による翻訳を掲げておく（漢字を適宜改め，片仮名を平仮名に直した）。
　　　「締約国の一に営業上の本拠を有し他締約国内に常設的営業所を有する場合に在ては同一若は類似の条件の下に於て同一若は類似の営業に従事する独立的企業の取得すべき純企業所得額を以て各常設的営業所の所得とし，右純所得額の決定は原則として当該営業所の個別的計算によるものとす。而して該所得は本協定の規定に従ひ当該営業所所在地国の法律及国際的協定に基き課税せらるべきものとす。
　　　締約国の財政当局は前項実施に当り必要に応じ提出せられたる計算書を訂正し，誤謬及脱漏を是正し又は帳簿に記入せられたる価格若は報償を独立的商人間に行はるる公正なる価格に改むることを得。
　　　営業所が其事業計算書を提出せざる場合，提出したる計算書が営業所所在地国に於ける商慣習と背馳する場合，前項の訂正を為し能はざる場合若は納税義務者が同意する場合に在りては財政当局は右営業所の売上高に一定比率を適用して企業所得を決定することを得。而して右比率は当該営業所の取引の性質に依り且当該国に於て営業する類似企業の業績に比準して之を決定するものとす。

146

第3条の第1段落では，恒久的施設に帰属する（それゆえ，恒久的施設所在地国が課税の対象とできる）所得の範囲について定めている。すなわち，「一方の締約国に税法上の居住地（fiscal domicile）を有する企業が他方の締約国に恒久的施設〔引用者注：複数形で書かれている〕を有する場合，各恒久的施設には，それがもし同一または類似の状況下で同一または類似の活動を行っている独立の企業であったとしたら得るであろう純事業所得（net business income）が帰属する。この純所得は，原則として，恒久的施設の独立の会計帳簿をもとにして決定される。この条約の規定に従い，この所得は恒久的施設所在地国の立法と国際条約に従って課税される」。

次に，第2段落は，課税庁（the fiscal authorities）に，恒久的施設の会計帳簿を，独立当事者間価格を反映したものに修正する権限を与えている。すなわち，「締約国の課税庁は，必要に応じて，前段落の執行のために，誤謬や脱漏を修正するために，あるいは，帳簿に記された価格や対価を独立当事者間で取引する（dealing at arm's length）独立の者の間で成立する値に戻す（re-establish）ために，作成された会計帳簿を訂正する」。

ここで，初めて，「独立当事者間」という表現が用いられている。アメリカでは，1921年に現在の内国歳入法典482条の前身にあたる規定が導入されているが，「独立当事者間取引」という表現は，1928年歳入法のもとで制定された規則において初めて現れる[231]。元来，この表現は，信託のような信認（fiduciary）関係において使われてきたが，この頃，租税の文脈で用いられるようになってきていた[232]。ただし，アメリカの国内法が第2段落の規定ぶりに影響を及ぼしたかどうかは，明らかではない[233]。

　前項に記載したる決定方法に拠ることを得ざる場合に在りては該常設的営業所の純企業所得は，企業が右営業所の関与したる業務より取得する総所得を基礎とする計算に依り之を決定するものにして，此の決定は総収入，資産，労働時間数其他適当なる因子を比較考慮して得たる係数を総所得に適用することに依り之をなすものとす。但右因子の選択に当りては個別的計算の結果に出来得る限り近接せしむる様力むるを要す。」

231）　Reg. 111, Section 29. 45-1(b).
232）　Walter C. Newman, Legal Use of the "Arm's Length" Concept, 11 U. Toronto L.J. 139 (1955), 140-141 は，アメリカの裁判所が公益事業の分野と sales tax の分野で "arm's length" という概念を用いていることを指摘する。
233）　前掲註186）に対応する本文で見たとおり，キャロルの報告書には「独立当事者間での取引（"dealing at arm's length"）」という表現が存在するが，それほど多用されていないようである。See Carroll, *supra* note 99, 197, Paragraph 694.

第3段落は，一定の場合に，推計による所得算定が認められることを定めている。すなわち，「〔恒久的〕施設がその活動を示す会計報告書（an accounting）を作成していない場合，作成された会計報告書がこの施設の所在する国での交易の通常の用法に対応しない場合，前項の訂正が行えない場合，または，納税者が同意する場合に，課税庁は当該施設の事業所得を回転率に対する百分率を適用することにより経験的に求めることができる。この百分率は，当該施設が従事する取引の性質に従い，また，その国で操業している類似の企業から得られた結果との比較により，定められる」。

第4段落は，一定の場合に，企業全体の（ただし，恒久施設が参加している活動からの）所得から恒久的施設の所得を決定することができることを定めている。すなわち，「前各段落の決定方法が適用できない場合には，恒久的施設の純事業所得を，当該企業の，当該施設が参加しているところの活動からの，全所得をもとにして決定することができる。この決定は，全所得に対して，総収入金額，資産，労働時間その他の適切な要素（ただし，これらの要素が独立会計を反映した結果にできるだけ近づくような結果を保障するように選ばれていることを条件とする）に基づいた係数を乗じることにより行われる」。

第4条は，銀行および金融業（の恒久的施設）の純所得を算定するための方法を定めている。その内容は，キャロルの報告書とほぼ同じである。

第5条は，支配従属関係のある企業の所得算定について定めている。一方締約国の企業が他方締約国の企業の経営または資本に支配的に参加している場合，あるいは，これらの企業が同一の持分（same interests）により所有または支配されている場合，従属企業から支配企業へと振り替えられている利益が言わば本来属すべき企業の会計帳簿へと戻される[234]。

---

234) 原文は次のとおり。

　Article 5.

　　When an enterprise of one contracting State has a dominant participation in the management or capital of an enterprise of another contracting State, or when both enterprises are owned or controlled by the same interests, and as the result of such situation there exists, in their commercial or financial relations, conditions different from those which would have been made between independent enterprises, any item of profit or loss which should normally have appeared in the accounts of one enterprise, but which has been, in this manner, diverted to the other enterprise, shall be entered in the accounts of such former enterprise, subject to the rights of appeal allowed under the law of the State of such enterprise.

第 6 条は，締約国間の条約の解釈・適用に関する紛争解決について定めている。国際連盟理事会の任命する合議体（technical body）を通じた和解ないし調停が可能であるとされる。

議定書では，「恒久的施設」等のテクニカル・タームの定義が定められている。

これらの条文に対する注釈のうち注目されるのは，第 3 条に対するそれである。とりわけ，以下のように負債利子の配賦について言及されているのが目につく。

「第 3 条は明示的に負債利子の配賦について規制していないが，第 3 条で示された原則からすれば，負債利子は，恒久的施設自身によりその独立企業としての必要性に合致するように契約された負債が示される場合に限って，その恒久的施設に帰属させられる。国際的企業により契約された負債の場合，その利子の一部が従属的な恒久的施設の所得から控除〔＝損金算入〕されるのは，(1) 借り入れた金銭が当該恒久的施設に特有の必要性のために使われており，(2)〔利子の〕額が合理的に独立の企業により要求されるであろう額に対応しており，かつ，(3) 利子相当額が会計帳簿に記された価格や対価に含まれていない，場合に限られる。」[235]

3　第 5 回以降の会合における条約草案の改訂

前回の会合から 2 年後，1935 年 6 月 12 日から 17 日にかけて，ジュネーブで租税委員会の第 5 回会合が開催された[236]。この会合では，条約草案に対する各国からの意見を踏まえて，銀行・金融業に関する規定を中心に，草案の改訂が行われた[237]。

1936 年 10 月 15 日から 21 日にかけて，ジュネーブで第 6 回会合が開催されたが，条約草案本体についての改訂は行われなかった[238]。1937 年 10 月 11 日

---

235) League of Nations, *supra* note 96, 6.
236) League of Nations, Fiscal Committee, Report to the Council on the Work of the Fifth Sessions of the Committee, C. 252. M. 124. 1935 II A, 1935.
237) 改訂された条約のテキストについては，League of Nations, *supra* note 236, 5-7 を参照。
238) League of Nations, Fiscal Committee, Work of the Fiscal Committee During its Sixth Session,

から16日にかけてジュネーブで開かれた第7回会合[239]，1938年10月17日から20日にかけてジュネーブで開かれた第8回会合[240]，1939年6月12日から21日にかけてジュネーブで開かれた第9回会合[241]のいずれにおいても，条約草案の改訂は行われなかった。

第2款 メキシコ草案（1943年）とロンドン草案（1946年）

1 総　説

1939年6月に開催された第9回会合では，1928年の租税条約草案を改訂することが提案されたようである[242]。その後，1940年4月にハーグで小委員会（a Sub-Committee）の会合が開かれたと伝えられている[243]。さらに，同年6月と1943年7月19日から29日にメキシコのメキシコ・シティーで，租税委員会の地域会議（Regional Conference）が二度にわたって開かれた[244]。地域会議の第2回会合には，カナダ・アメリカ合衆国・メキシコ・コロンビア・ベネズエラ・エクアドル・ペルー・ボリビア・チリ・アルゼンチン・ウルグアイの政府関係者が個人としての資格で参加しており[245]，グアテマラ・キューバ・汎米連合（the Pan-American Union）からオブザーバーが参加していた[246]。

地域会議は，資本輸入国と資本輸出国の租税面での関係を特に重視した議論

Held at Geneva from October 15th to 21st, 1936; Report of the Committee submitted to the Council on January 22nd, 1937, C. 450. M. 266. 1936 II A, 1936.

239) League of Nations, Fiscal Committee, Report to the Council on the Work of the Seventh Session of the Committee, C. 490. M. 331. 1937 II A, 1937.

240) League of Nations, Fiscal Committee, Report to the Council on the Work of the Eighth Session of the Committee, C. 384. M. 229. 1938 II A, 1938.

241) League of Nations, Fiscal Committee, Report to the Council on the Work of the Ninth Session of the Committee, C. 181. M. 110. 1939 II A, 1939.

242) League of Nations, *infra* note 249, 6. ただし，第9回会合の報告書である League of Nations, *supra* note 241 には，このような提案があったことは明記されていない。

243) League of Nations, *infra* note 249, 7.

244) League of Nations, Fiscal Committee, Model Bilateral Conventions for the Prevention of International Double Taxation and Fiscal Evasion, Second Regional Tax Conference, Mexico, D.F., July 1943, [C. 2. M. 2. 1945 II. A.], 1945.

245) League of Nations, *supra* note 244, 5-6.

246) League of Nations, *supra* note 244, 6.

第4節　国際連盟における租税条約草案の成立過程（その二）

に基づいて[247]，3種類のモデル租税条約を提案した（以下，これをメキシコ草案と呼ぶ）。具体的には，所得の二重課税を防止するためのモデル条約，相続に対する二重課税を防止するためのモデル条約，直接税の賦課・徴収のための各国課税庁の協力に関するモデル条約，という3種類が起草された。これらのモデル租税条約は，地域会議から租税委員会に提出されたものであるから，租税委員会の見解を表明するものではないことに注意が必要である[248]。

　その後，1946年3月20日から26日にかけて，ロンドンで租税委員会の第10回会合が開かれた[249]。この会合では，メキシコ草案をベースに，新たなモデル租税条約を起草した（以下，これをロンドン草案と呼ぶ）[250]。ロンドン草案もメキシコ草案と同様の3種類のモデル条約からなる[251]。両草案の内容は概ね同じであり，利子・配当・使用料・年金の課税についてのみ，大きな違いがあるとされている[252]。ただし，以下に見るとおり，事業所得の課税についての規定ぶりも根本的なところで異なっている。

2　モデル租税条約メキシコ草案

メキシコ草案の事業所得についての規定は次のようなものである[253]。

「第4条
　　工業，商業，農業その他利得を得る活動（any other gainful activity）からの所得は，事業ないし活動が行われる国のみにおいて課税される。

---

247) League of Nations, *supra* note 244, 35.
248) League of Nations, *supra* note 244, 36.
249) League of Nations, Fiscal Committee, Report on the Work of the Tenth Session of the Committee, held in London from March 20th to 26th, 1946. C. 37. M. 37. 1946 II. A, 1946.
250) League of Nations, Fiscal Committee, London and Mexico Model Tax Conventions, Commentary and Text, C. 88. M. 88. 1946. II. A, 1946. このモデル租税条約の内容を紹介する先行業績として，赤松・前掲註5) 134〜147頁がある。
251) League of Nations, *supra* note 250, 7. ただし，第一の条約が「所得と財産（income and property）」の二重課税，第二の条約が「遺産と相続（estates and successions）」の二重課税を対象とするというように，標題に多少の変更がある。
252) League of Nations, *supra* note 249, 8.
253) League of Nations, *supra* note 244, 9-10. なお，League of Nations, *supra* note 250, 60 では，第2項の "their" が "its or his" に，第4項の "realized" が "realised" に修正されている。前者は文法上の誤りの修正であり，後者はアメリカ英語をイギリス英語に直したもので，意味の上での変更はない。

151

第1部　第2章　租税条約ネットワークの形成

　一方の締約国の企業または個人が，一時的または偶発的な取引を通じて，他方の締約国に恒久的施設を有することなく，当該他方の締約国へとその活動を拡張する場合には，そのような活動から得られた所得は一方の締約国のみにおいて課税される。

　企業が両締約国に恒久的施設を有している場合，各国は所得のうちその領域内で生じた部分に対して課税することができる。

　農業・鉱業の原料その他の天然資源・産出物については，独立当事者間に成立する価格または世界市場の相場に一致する価格から生じる所得が，資源または産出物が生み出された国で実現したとみなされる。」

Article IV
1. Income from any industrial, commercial or agricultural business and from any other gainful activity shall be taxable only in the State where the business or activity is carried out.
2. If an enterprise or an individual in one of the contracting States extends their activities to the other State, through isolated or occasional transactions, without possessing in that State a permanent establishment, the income derived from such activities shall be taxable only in the first State.
3. If an enterprise has a permanent establishment in each of the Contracting States, each State shall tax that part of the income which is produced in its territory.
4. As regards agricultural and mining raw materials and other natural materials and products, the income which results from prices prevailing between independent persons or conforming to world market quotations shall be regarded as realized in the State in which such materials or products have been produced.

　この条文を，議定書の第4条から第8条が補っている。第4条は，企業（enterprise）概念の定義を定めている[254]。第5条は，恒久的施設の意義について述べている[255]。

---

254) League of Nations, *supra* note 244, 15.
255) League of Nations, *supra* note 244, 15-16.

第 6 条は，企業の所得の配賦（the allocation of the income of the enterprise）について，業種ごとの算定方法を述べている[256]。その内容は，1933 年の租税条約草案第 3 条（工業・商業・農業），第 4 条（銀行業）とほとんど同じである[257]。

第 7 条は支配従属関係にある企業の所得算定について定めているが，これも 1933 年条約草案第 5 条の内容を引き継いでいる[258]。

非常に興味深いのは，メキシコ草案では，事業所得における「恒久的施設」の位置づけが低下していることである。1933 年草案第 1 条や地域会議の第 1 回会合時点の草案[259]においては，恒久的施設の存在が，（居住地国以外の国が）事業所得に対して課税するための要件となっていた。しかし，メキシコ草案では，「企業の利益がその国で行われる事業と関係していれば（the profits made by the enterprise relate to business done in the country）」，企業の居住地国以外の国がその所得に対して課税することができるのである[260]。注釈によれば，恒久的施設の存在を要件とするかどうかについて，参加者の間では意見の対立があったようである[261]。

3　モデル租税条約ロンドン草案

ロンドン草案は，基本的にはメキシコ草案の線に沿っている。ただし，いくつかの変更が加えられている。事業所得に関する第 4 条の内容は次のとおりである。

「第 4 条
　工業，商業，農業その他利得を得る職業（any other gainful occupation）からの所得は，納税者が恒久的施設を有する国において課税される。
　一方の締約国の企業が，他方の締約国に恒久的施設を有することなく，当該他方の締約国へとその活動を拡張する場合には，そのような活動から得られた所得は一方の締約国のみにおいて課税される。

---

256) League of Nations, *supra* note 244, 16-19.
257) ただし，銀行業についての規定ぶりは，メキシコ草案のほうが簡潔である。
258) League of Nations, *supra* note 244, 19.
259) League of Nations, *supra* note 244, 43.
260) League of Nations, *supra* note 244, 44.
261) League of Nations, *supra* note 244, 44.

企業が両締約国に恒久的施設を有している場合，各国は所得のうちその領域内で生じた部分に対してのみ課税することができる。」

Article IV
1. Income derived from any industrial, commercial or agricultural enterprise and from any other gainful occupation shall be taxable in the State where the taxpayer has a permanent establishment.
2. If an enterprise in one State extends its activities to the other State without possessing a permanent establishment therein, the income derived from such activities shall be taxable only in the first State.
3. If an enterprise has a permanent establishment in each of the contracting States, each State shall tax only that part of the income which is produced in its territory.

このように，事業からの所得についての規定ぶりはメキシコ草案とやや異なる。メキシコ草案では恒久的施設への帰属という要件が外されていたが，ロンドン草案では，再び恒久的施設への帰属を事業所得課税の要件としている。事業を基準とすべきか恒久的施設を基準とすべきか，議論があったようであるが，最終的には1933年草案と同様に，恒久的施設を基準とすることになったのである[262]。

---

262) League of Nations, *supra* note 250, 14 は 1935 年の報告書を引用しているが，1935 年の会合において第1条の本文は修正されていないので，1935 年草案の第1条（League of Nations, *supra* note 236, 5）は 1933 年草案の第1条（League of Nations, *supra* note 96, 3）と同じである。

第5節　OECD モデル租税条約第7条[263]

第1款　OEEC における議論

　国際連盟は 1946 年に解散し，その組織の多くを国際連合が引き継いだが，国際的二重課税防止に関する議論を引き継いだのは，1948 年に設立されたヨーロッパ経済協力機構（OEEC：The Organization for European Economic Co-operation）であった。もっとも，OEEC における国際的二重課税防止に関する議論は，その設立と同時に始まったわけではなかった。租税委員会（the Fiscal Committee）が 1956 年 3 月 16 日の理事会決議によって設立され，この委員会が国際的二重課税の問題について議論を開始した。OEEC では，議論が OECD に引き継がれるまで，1958 年から 1961 年に 4 冊の報告書を公表している[264]。

　最初の報告書においては，租税条約において対象とされる（所得と資本に対する）租税の意義，「恒久的施設」の意義，税法上の居住地（fiscal domicile）の意義，国籍等を理由とする差別的な取扱い，という四点について合意に達したとされている[265]。この四点については，条文の形でその内容が記され[266]，注釈が付されている[267]。

　第 2 回報告書においては，海運業等からの所得，独立・従属の人的役務からの所得，不動産からの所得，資本からの所得の四点について合意に達し，その

---

263) 執筆にあたりドイツにおける OECD モデル租税条約への注釈書の 7 条部分である以下のものを参照した。Alexander Hemmelrath, in Klaus Vogel (Hrsg.), Doppelbesteuerungsabkommen, 1996; Heinz-Klaus Kroppen, in Helmut Becker (Hrsg.), DBA-Kommentar (loose-leaf), 1997.

264) OEEC, The Elimination of Double Taxation: Report of the Fiscal Committee of the O.E.E.C., 1958; The Elimination of Double Taxation: Second Report by the Fiscal Committee of the OEEC, 1959; The Elimination of Double Taxation: Third Report of the Fiscal Committee, 1960; The Elimination of Double Taxation: Fourth Report of the Fiscal Committee, 1961.

265) OEEC, *supra* note 264 (1958), 15.

266) OEEC, *supra* note 264 (1958), 31-38.

267) OEEC, *supra* note 264 (1958), 39-63.

内容が条文[268]と注釈[269]の形で示されている。

第3回報告書において，事業所得の課税について合意に達したことがわかる。この報告書では，恒久的施設および関連企業の利益の配賦，その他の所得，条約の人的範囲，条約の地理的な拡張（the territorial extension of the Convention），という四点が取り上げられている[270]。

恒久的施設の定義については，第1回報告書が明らかにしていた。しかし，恒久的施設を明確に定義するだけでは，恒久的施設の課税所得をどのように算定してよいかわからない。今回の事業所得についての規定（第15条）は，このような恒久的施設の課税所得の算定方法を具体的に示している[271]。また，同時に支配従属関係にある（ないし共通の支配に属している）企業と取引している企業の所得算定についての規定（第16条）がおかれている。

これらの規定の原文は以下のようなものである。

「恒久的施設と関連企業への利得の配賦に関する条文
15条
1. 一方締約国の企業の利得は，当該企業が他方締約国でそこにある恒久的施設を通じて事業を行っている場合以外は，当該一方締約国のみにおいて課税される。当該企業が前述の事業を行っている場合，当該他方締約国によって当該企業の利得に対して租税が課されうるが，それは当該恒久的施設に帰属する利得に対してでなくてはならない。
2. 一方締約国の企業が他方締約国でそこにある恒久的施設を通じて事業を行う場合，各締約国において当該恒久的施設に帰せられるのは，当該恒久的施設が別個独立の企業であって同一または同等の条件下で同一または同等の活動に従事しており当該恒久的施設がその一部であるところの企業と完全に独立に取引を行った場合に得られると予想される利得である。
3. 恒久的施設の利得を決定するにあたっては，役員報酬および一般管理費を含む当該恒久的施設のために支出された費用の控除が，当該支出が当該恒久的施設所在地国で行われていようとそれ以外の国で行われていようと，認められる。

---

268) OEEC, *supra* note 264 (1959), 25-31.
269) OEEC, *supra* note 264 (1959), 35-46.
270) OEEC, *supra* note 264 (1960), 15.
271) OEEC, *supra* note 264 (1960), 16-17.

4. 一方締約国において恒久的施設に帰せられる所得を当該企業の全利得をその各部署に配分する方法で決定することが慣習となっている場合には，本条2項にかかわらず，当該締約国は慣習に従って課税される利得を決定することができる。しかし，その配分の方法は，その配分の結果が本条の示す諸原則に従ったものになるような方法でなくてはならない。
5. ある恒久的施設が企業のために商品を買い付けるという理由で当該恒久的施設に利得が帰せられてはならない。
6. 前各段落に関して，恒久的施設に帰せられる利得は，そうしないことについての十分な理由がない限り，毎年同じ方法で決定されなくてはならない。

16条
　(a) 一方締約国の企業が直接または間接的に，他方締約国の企業の経営，支配または資本に参加している場合，または，(b) 同一の者が直接または間接的に，一方締約国の企業と他方締約国の企業の経営，支配または資本に参加している場合，
また，いずれの場合においても，商取引または資金調達に関して取り決められた両企業間の条件が独立企業間において取り決められるはずの条件と異なっているならば，当該条件がなかったならば一方の企業に生じたはずであるが当該条件があったために実際には生じなかった利得が，当該企業の利得に含められ，また，含められたものとして課税される。
(註)『一方締約国の企業』という表現は，一方締約国の居住者によって運営されている企業を意味する。」

ARTICLES ON THE ALLOCATION OF PROFITS TO PERMANENT ESTABLISHMENTS AND ASSOCIATED ENTERPRISES
Article XV
1. The profits of an enterprise of a Contracting State shall be taxable only in that State unless the enterprise carries on business in the other Contracting State through a permanent establishment situated therein. If the enterprise carries on business as aforesaid, tax may be imposed in the other State on the profits of the enterprise but only on so much of them as is attributable to that permanent establishment.

2. Where an enterprise of a Contracting State carries on business in the other Contracting State through a permanent establishment situated therein, there shall in each State be attributed to that permanent establishment the profits which it might be expected to make if it were a distinct and separate enterprise engaged in the same or similar activities under the same or similar conditions and dealing quite independently with the enterprise of which it is a permanent establishment.

3. In the determination of the profits of a permanent establishment, there shall be allowed as deductions expenses which are incurred for the purposes of the permanent establishment including executive and general administrative expenses so incurred, whether in the State in which the permanent establishment is situated or elsewhere.

4. In so far as it has been customary in a Contracting State to determine the profits to be attributed to a permanent establishment on the basis of an apportionment of the total profits of the enterprise to its various parts, nothing in paragraph 2 of this Article shall preclude such Contracting State from determining the profits to be taxed by such an apportionment as may be customary; the method of apportionment adopted shall, however, be such that the result shall be in accordance with the principles laid down in this Article.

5. No profits shall be attributed to a permanent establishment by reason of the mere purchase by that permanent establishment of goods or merchandise for the enterprise.

6. For the purposes of the preceding paragraphs, the profits to be attributed to the permanent establishment shall be determined by the same method year by year unless there is good and sufficient reason to the contrary.

Article XVI
Where
   a) an enterprise of a Contracting State participates directly or indirectly in the management, control or capital of an enterprise of the other Contracting State, or
   b) the same persons participate directly or indirectly in the management,

第5節　OECDモデル租税条約第7条

control or capital of an enterprise of a Contracting State and an enterprise of the other Contracting State,

and in either case conditions are made or imposed between the two enterprises in their commercial or financial relations which differ from those which would be made between independent enterprises, then any profits which would, but for those conditions, have accrued to one of the enterprises, but, by reason of those conditions, have not so accrued, may be included in the profits of that enterprise and taxed accordingly.

NOTE. The expression "enterprise of a Contracting State" means an enterprise carried on by a resident of the Contracting State concerned.

このように，1960年に公表されたOEECの第3回報告書において，現在のOECDモデル租税条約7条・9条とほとんど同じ表現の条文が登場した。注釈でこれらの条文が新奇なものでないことが強調されているとおり[272]，これらの条文は，1933年草案以来の国際連盟における条文・議論の内容を基本的には受け継いでいると考えられる。

なお，1961年の第4回報告書においては，配当・利子・使用料，二重課税防止の方法[273]，相互協議手続（the Mutual Agreement Procedure）について合意が形成され，条文・注釈化された[274]。

第2款　「恒久的施設への所得の帰属」——1994年の注釈改訂

1　はじめに

OEECは，1961年に北米諸国をも受け入れ，経済協力開発機構（OECD：the Organization for Economic Co-operation and Development）へと改組された。以後，モデル租税条約の形成はOECDを舞台として行われることになった[275]。OEEC

---

[272]　OEEC, *supra* note 264 (1960), 33.
[273]　国外所得免税方式と外国税額控除方式のことである。
[274]　OEEC, *supra* note 264 (1961), 13-17.
[275]　ここでは主としてOECD自身によって公表されている資料を利用する。とりわけ，OECD Committee on Fiscal Affairs, Model Tax Convention on Income and on Capital (I・II), 1997は，

159

第1部　第2章　租税条約ネットワークの形成

時代の4冊の報告書を踏まえて、1963年には租税条約草案を含む最終報告書が公表された[276]。この草案は租税委員会によるさらなる審議を経て 1977 年にモデル租税条約として成立する[277]。

もっとも、事業所得に関する7条[278]についていえば、1963年の草案と 1977

モデル租税条約の条文、注釈を収めるほか、これらがいつどのように改正されたかをも示している。さらに、OECD による関連する報告書をも収録する。主としてこれを参照する。なお、オランダのファンラート (Kees van Raad) は OECD、国連、アメリカによるモデル租税条約を比較対照した書物 (Model Income Tax Treaties, 1983, 2nd ed., 1990)、ならびに OECD モデル租税条約の条文と注釈の 63 年版と 77 年版とを比較対照した書物 (1963 and 1977 OECD Model Income Tax Treaties and Commentaries, 1987, 2nd ed., 1990) を著している。

276)　OECD, Draft Double Taxation Convention on Income and Capital, 1963.
277)　OECD, Model Double Taxation Convention on Income and Capital, 1977.
278)　1963 年草案における 7 条の条文を掲げておく。
Article 7
BUSINESS PROFITS
1. The profits of an enterprise of a Contracting State shall be taxable only in that State unless the enterprise carries on business in the other Contracting State through, a permanent establishment situated therein. If the enterprise carries on business as aforesaid, the profits of the enterprise may be taxed in the other State but only so much of them as is attributable to that permanent establishment.
2. Where an enterprise of a Contracting State carries on business in the other Contracting State through a permanent establishment situated therein, there shall in each Contracting State be attributed to that permanent establishment the profits which it might be expected to make if it were a distinct and separate enterprise engaged in the same or similar activities under the same or similar conditions and dealing wholly independently with the enterprise of which it is a permanent establishment.
3. In the determination of the profits of a permanent establishment, there shall be allowed as deductions expenses which are incurred for the purposes of the permanent establishment including executive and general administrative expenses so incurred, whether in the State in which the permanent establishment is situated or elsewhere.
4. Insofar as it has been customary in a Contracting State to determine the profits to be attributed to a permanent establishment on the basis of an apportionment of the total profits of the enterprise to its various parts, nothing in paragraph 2 shall preclude that Contracting State from determining the profits to be taxed by such an apportionment as may be customary; the method of apportionment adopted shall, however, be such that the result shall be in accordance with the principles laid down in this Article.
5. No profits shall be attributed to a permanent establishment by reason of the mere purchase by that permanent establishment of goods or merchandise for the enterprise.
6. For the purposes of the preceding paragraphs, the profits to be attributed to the permanent establishment shall be determined by the same method year by year unless there is good and sufficient reason to the contrary.

年モデル条約の条文自体はほとんど変わっていない[279]。注釈にしても，1963年草案のそれと1977年モデル条約のそれとの間には，ほとんど違いがない。のみならず，事業所得に関する議論は，20世紀の終盤に至るまでは比較的低調であった[280]。

のちにふれる銀行業に特殊な議論を除けば，IFA（International Fiscal Association）の1986年総会で法人格内部での財産の国際的な移転が取り上げられるのを待つしかなかった[281]。しかし，そこでの議論を受けてOECDの租税委員会は1994年に報告書を出し[282]，それに基づいて1994年には7条の注釈に大きく手を加えた。以下，その改訂の内容を見よう。

7条2項については以下のような改訂を指摘できる。

2 独立当事者間取引の法理の位置づけ

まず，パラグラフ11（当時）では7条2項の方法が9条の"arm's length principle"に対応することが明記された[283]。7条と9条はもともと1933年草案という共通の起源を有し，両者の関係については既に1963年の時点でパラグラフ1第2文後段において問題状況の類似性が示唆されているが，1994年の改訂で解決方法も基本的に同じであることが明示されたのである。

3 恒久的施設の帳簿

次に，恒久的施設に帰属する利得の算定に関するパラグラフ12（当時）には，その下にパラグラフ12・1が追加されている。パラグラフ12はもともと恒久的施設の帳簿が所得算定の出発点として尊重されるべきことを述べていた。そ

---

7. Where profits include items of income which are dealt with separately in other Articles of this Convention, then the provisions of those Articles shall not be affected by the provisions of this Article.

279) 1977年にモデル条約として成立するにあたり，7条の条文自体に施された改訂は以下の三点のみである。第一に，第2項の冒頭に「第3項の規定に従って」という文言が付加された。第二に，第3項の"In the determination of"が"In determining"に改められた。第三に，第4項の"laid down"が"contained"に置き換えられた。
280) 近年の議論については，「結論」でまとめて言及する。
281) The Transfer of Assets into and out of a Taxing Jurisdiction, Cahiers de droit fiscal international, 71a, 1986.
282) OECD, Attribution of Income to Permanent Establishment, 1994.
283) 対応して，パラグラフ13でも"arm's length principle"の語が付加されている。

して，7条2項は利得のないところに利得があるとみなすことを課税庁に許すものではない，といっていた。新しく加えられたパラグラフ12・1は次のようにいう。

> 「このことは，帳簿が本店（head office）とその恒久的施設の間（あるいは恒久的施設相互間）の合意（agreements）に基づいている時に，どこまでこの帳簿に頼るべきかという問題を提起する。明らかに，このような内部の合意は法的に拘束力のある契約としての資格をもちえない。しかしながら，本店と恒久的施設の trading accounts がこのような合意に基づいて対称的に（symmetrically）記載されており，このような合意が企業の様々な部分によって果たされる機能を反映しているのであれば，この trading accounts は課税庁によって受け入れられうる。」

恒久的施設の所得を算定するために本店・恒久的施設間に契約があったかのように取り扱うことを許容しているものと考えられる。注釈の立場からすると，ここでの問題は，帳簿が企業の様々な部分の真の経済的機能を反映しているかどうかである。そしてその判断材料は，リスクの引き受けと，利得に対する権限を有しているか否か，の二点であると思われる[284]。

4　本支店間取引と「実現」

パラグラフ15（その後，2008年に削除された）は恒久的施設から本店あるいは他の恒久的施設へ財産が移転する場合に課税利得（taxable profit）の実現があったとみる国が多いとした上で，こうした課税を7条は容認しているという。1994年の改訂はここに二つの論点に関する比較的詳細な注釈を付け加えた。第一の論点は，財産を移転した場合における利益実現の時期についてであり，第二は債権，とりわけ貸倒債権の移転の取扱いについてである。

第一の論点から見よう。

> 「実際には，そのような財産がかなりの市場価値を持っており，それが，移転が

---

284)　パラグラフ12・1，第6文括弧書き参照。

第5節　OECDモデル租税条約第7条

起こった課税年度以後に，移転先の恒久的施設その他の企業の部分の貸借対照表に載りそうであれば，課税利得は，企業全体に関するかぎり，当該移転が起こった課税年度に必ず実現するとは限らないだろう。しかしながら，財産が課税管轄権の範囲（the purview of a tax jurisdiction）を離脱したという事実だけでその財産に帰属する発生した利得の課税が，実現の概念に従って行われるかどうかは，各国の国内法による。」[285]

そして，もし恒久的施設所在国が内部移転の時点で利得が発生したとみて課税するならば，「課税時点と，それが本店所在国によって考慮されうる時点との間に，必然的に時間的間隔が存在するであろう」[286]。これはとりわけ，固定資産の移転，あるいは事業全体（entire operating equipment stock）の移転の場合に問題になる。そしてこのような場合には本店所在国の主導で問題を解決しなくてはならない，という。要するに，利益実現は国内法の概念であるがゆえに，場合に応じて解決するしかないということである。

第二の論点については，有効な商業上の目的がある，あるいは，独立企業間でも行われたであろうといえる，ような場合に限って認識されうるという[287]。「例えば，銀行が得られる租税上の便益（tax relief）を最大化するという租税上の目的のみのために行われる」ような場合は認識されえない。逆に，認識されうるのは，外国支店の閉鎖に伴う場合，また，支店の開設の場合がある[288]。そして，貸倒債権が移転する場合には移転にかかわる両国で貸倒れ額の損金算入について首尾一貫した扱いがなされる必要がある。このとき，貸倒れが判断の誤りによるものであるのかそうでないのかということを考慮する必要がある[289]。

5　費用を損金算入するための条件

1994年に完全に書き換えられたパラグラフ17（当時）は，7条2項と3項の関係に言及する。2項が独立当事者間基準を述べるのに対して，3項は恒久的

---

285)　パラグラフ15。
286)　パラグラフ15・1。
287)　パラグラフ15・2。
288)　パラグラフ15・3。
289)　以上，パラグラフ15・4。

施設が控除できるのは恒久的施設のために使われた費用のみであって通常利益の要素（profit element）は加えないという。論者によっては2項と3項の間に齟齬を見出すのである。結論のみ要約すると，注釈によれば2項と3項とは整合的である。「3項は恒久的施設の利益を決定するためのルールを提供するのに対して，2項はそのようにして決定した利益が分離独立の企業が得たであろう利益と一致することを求めるものである。」[290]

では，具体的に，特定の費用が恒久的施設のために使われたといえるのはいかなる場合であろうか。一般に独立した企業は取引によって利益をあげようとするから，財産の移転やサービスの提供にかかる費用を取引の相手方から徴しようとする。しかし独立した企業の場合でもこのような費用の転嫁が行われないことはある。「問題は財産やサービスの内部移転が，それが一時的であろうと終局的であろうと，企業が通常の事業活動において第三者に対価を arm's length price で請求したであろう移転と，同じ種類であるかどうかということである。」[291]

6 企業内部における「貸付」からの「利子」

1994年に付け加えられた最後の大きな論点は，企業内部における「貸付」の「利子」の取扱いである。注釈のパラグラフ18（当時）曰く，「この場合，中心的な問題は，債務者・債権者の関係が同一の法人格の内部で認識されるべきかということよりもむしろ，arm's length の利子率をとるべきかどうかである。」このように問題設定する理由を注釈は以下のように説明する。

> 「法的な観点からは，利子を受け取って資本を移転し，また，期日に全額返済しようとすることは，実際には形式的行為であって，恒久的施設の法的本質とは相容れない。」

> 「経済的観点からは，内部の債務と債権（internal debts and receivables）は存在しないものであると判明するかもしれない。というのは，企業が完全にあるいはほとんど株式で資金調達しているならば，明らかに払わなくてよい利子費用

---

290) パラグラフ17。
291) パラグラフ17・1。

を控除することは認められるべきではないからである。明らかに，対称的に費用を徴し対価を支払うことは，企業全体の利益を変えないが，部分的な結果は恣意的に変えられるかもしれない。」

従来，注釈では企業の負債に関する対価（すなわち第三者に対して支払う利子）を直接的，あるいは間接的に諸恒久的施設に配分すること（apportionment）を提案していた[292]。しかし，1994年の改訂はこの方法を実用的でないという理由で放棄する[293]。そして，OECDの構成国の多くが組織および果たされる機能の両方に合った資本構成を考慮した解決のほうが望ましいと考えていることを理由に，一般的には，内部の債務と債権に関する控除禁止，という原則を維持する。銀行等の金融機関については特別の配慮が必要だというがこの点については次の項でふれる。

第3款 「多国籍銀行業への課税」——1984年報告書

1994年に改訂された後の7条への注釈は，2箇所において1984年の報告書を参照することを指示していた。ひとつはパラグラフ17・2であり，もうひとつはパラグラフ19および20である。1984年の「多国籍銀行業への課税」と題された報告書[294]は，1979年の移転価格に関する報告書[295]を補完するものとして，支店形態を用いることが多い銀行業の課税問題を検討するものであった。以下，この報告書を注釈との関係に留意しながら簡単に見ていこう。

報告書は短い序論に続いて第1章で銀行業の特質について述べたのち，第2章では子会社形態を用いる銀行業についてその租税上の問題点を簡単に考察している。そして，第3章で支店形態を用いる銀行業について詳細な検討を加え

---

292) 1977年モデル条約注釈パラグラフ17第4文。
293) パラグラフ18・2。
294) OECD, The Taxation of Multinational Banking Enterprises; in, Transfer Pricing and Multinational Enterprises: Three Taxation Issues, 1984.
295) OECD, Transfer Pricing and Multinational Enterprises, 1979. この報告書は銀行同士の貸付については論じなかった。銀行においては全収入および支出のかなりの部分を利子所得と利子費用が占める。このため銀行については利子の扱いについて租税上特別の考慮が必要だと考えられたのである。

ている。

　第3章ではまず，本店から支店への「利子」支払いを支店の利益に含めるかという問いを立て[296]，これを肯定した上で[297]，支払った「利子」を本店の費用として控除するべきだとする[298]。そしてこのような立場からの当然の帰結と思われる追跡アプローチ（tracing approach）をとる[299]。例えば，支店Aと別の国の支店Bとの間で「利子」の支払いがあった，と認識するのである。そして，アメリカが採用する代替可能性アプローチ（fungibility approach）を恒久的施設独立の原則に相容れないとして排除する[300]。

　続いて取り上げられる論点は，各国の銀行規制において外国銀行の支店がその貸借対照表に配賦された資本（allotted capital）を有することが要求されていることに関連する。このような規制に基づいて，あるいは独自に，支店に配賦されている資本に対して，「利子」を取ることが認められるかという問題である。報告書は概ね次のように問題を提起する。支店に配賦されている資本が支店に実際に存在する資産によって裏づけられている場合は問題がなさそうにみえる。しかし，そうでなくて，支店には見るべき資産がないけれども支店の貸借対照表には資本が存在するというような場合に，本店に対して支払う資本に対応する額の「利子」を支店は費用として控除することができるのか。報告書はこの問いに，端的に否，と答える[301]。もっとも，その理由として決定的なものは示されていない。

第6節　小　　括

　本章では，1920年代から1940年代にかけての国際連盟における議論を中心として，租税条約ネットワークの形成過程を追ってきた。本章で取り上げた租

---

296) パラグラフ43。以下，OECDモデル租税条約7条への（2008年改訂前の）注釈パラグラフ19に対応する。
297) パラグラフ47。もっとも，日本とアメリカ合衆国は反対する（パラグラフ52参照）。
298) パラグラフ50。
299) パラグラフ53。
300) パラグラフ60。第4章第4節第3款2も参照。
301) パラグラフ77。

第6節　小　括

税条約草案やモデル租税条約は、二国間で多数締結されていた租税条約の内容をいわば蒸留したものに過ぎない。厳密にいえば、租税条約ネットワークの形成過程を解明するためには、二国間租税条約の締結過程の調査・分析が必要であろう。しかし、実際には、世界的に見ても、国際連盟の時代の史料を分析した研究はほとんど行われてこなかった。代表的な文献であるキャロルの報告書についてすら、言及されることのみ多く、ろくに読まれてこなかったといっても過言ではない。こうした状況の下では、本章のような研究にも、国際課税の基礎を明らかにするための第一歩としてそれなりの意義が存在するといえよう。

国際連盟の時代の史料を丹念に読んだ結果、本章では、少なくとも次のようなことを明らかにすることができた。

第一に、居住者でない者に対してその事業所得に課税する場合には恒久的施設に帰属する所得に対してしか課税できないという原則（「恒久的施設なければ（事業所得）課税なし」）は、もともとは、外国人に対する無差別取扱いの考え方に基づいていた[302]。従来、国際租税法の無差別条項と一般国際法の無差別原則（内国民待遇・最恵国待遇等）との抵触を問題視する議論は散見されたが、歴史的に見て国際租税法の根本にある原則が国際法の無差別原則から導かれていたということは、指摘されていなかった。

第二に、国際租税法の基礎づけを行う報告書を執筆したキャロルが、本支店間の「取引」の性質決定を行う必要があると考えており、さらに、そこで売買と委任という私法のパラダイムを参照していた[303]。従来、キャロルの研究はしばしば言及されていたが、「独立当事者間原則か定式配分か」という二項対立とは別の次元でこのような重要な見解を提示していたことは、指摘されてこなかった。

第三に、事業所得に関する条項の形成過程において、「恒久的施設」や「独立当事者間」などの重要な概念は、国際連盟での検討が重ねられる中で、少しずつ登場してきた。確かにキャロルの業績は重要であるけれども、彼が全く新しい考え方を提唱し、それがモデル租税条約となったわけではない。国際連盟の場に集まった各国の官僚たちの議論の中からモデル租税条約が生まれてきたと考えるべきであろう。

---

302)　この点については、以下の補説をも参照されたい。
303)　第3節第3款2参照。

第1部　第2章　租税条約ネットワークの形成

補説　国際課税と通商・投資関係条約の接点

第1款　はじめに

　国際課税[304]と通商・投資関係条約[305]の関係について，近年，関心が高まっている[306]。とりわけ，国内法による課税（立法および具体的な課税処分）が，通商・投資関係条約に違反することはあるのか，ということは，外国に進出していく日本の企業にとっても，また，外国からの企業を受け入れる日本にとっても，重要な問題である。

　国際課税については，前節までに見たように，古くから二重課税の防止を主目的とする二国間の租税条約による規律が存在し，これが国内法による課税に対する制約となってきた。課税が経済活動に影響を及ぼすことを考えれば，租税条約が通商・投資に対してどのような影響を与えているのか，あるいは，通商・投資関係条約と租税条約の相互作用が存在するのかどうか，といったことについて，早くから議論が行われていてもおかしくなかった。にもかかわらず，租税条約と通商・投資関係条約の関係については，これまでほとんど議論が行われてこなかった。むしろ，両者は全く関係のないものであると考えられてきたのか，数少ない例外である研究を除いては，租税条約と通商・投資関係条約の関係について考えることすら，ほとんど行われてこなかった。

---

304)　ここで，国際課税とは，所得課税（日本でいえば，所得税・法人税）の国際的側面に関する問題を扱う領域を指す。

305)　国際経済法において，通商とは，国境を越えるあらゆる経済活動を指すこともあるが，通常は貿易と同義で国家間の財やサービスの交易のことを指す。また，国際経済法が取り扱う国際投資・外国投資とは，国際的な資本移動のうち，投資先の事業の経営を支配しまたはそれに参加することを目的とする外国直接投資である。柳赫秀「国際経済法」小寺彰ほか編『講義国際法』382頁，384頁，397頁（有斐閣，2004年）。

306)　この「補説」に関する研究の萌芽段階でコメントを下さった増井良啓教授，RIETI・通商関係条約と税制研究会においてコメントを下さった（故）小寺彰教授・松本加代経済産業省課長補佐（当時）をはじめとする研究会メンバー諸氏に御礼申し上げる。また，国際連盟の貴重な資料の入手にあたっては，京都大学附属図書館および学習院大学図書館にお世話になった。

本補説では，租税条約と通商・投資関係条約とは，相互に関係がないどころか，歴史的に見れば，その起源の段階で密接に関わっていた，という，世界的に見ても先行研究が全く言及してこなかった事実を指摘する。具体的には，租税条約の恒久的施設（permanent establishment）に関する規定（OECDモデル租税条約5条, 7条, 24条3項）の起源として，国際連盟規約23条e項の「通商の公平待遇（equitable treatment of commerce）」に関する規定およびこれについての国際連盟経済委員会の議論が存在する，ということを述べる。

本補説の構成は，次のとおりである。

二国間投資協定（bilateral investment treaties）を含む通商・投資関係条約において，最恵国待遇，内国民待遇，公正・衡平待遇が定められていることがある。これらは，いずれも，何らかの主体・行為ないし物と，別の主体・行為ないし物との，等しい扱いを，条約当事国である国家に義務づけている。第2款ではまず，これらの条項の内容を簡単に紹介する。

租税条約においては，「恒久的施設なければ（事業所得）課税なし」という大原則が存在し，その意義や限界についての研究が行われてきた。しかし，恒久的施設については，恒久的施設があれば課税してよいという面のみならず，恒久的施設があっても，そこに帰属する所得に対してしか課税できない，という面もまた重要である。この点については，OECDモデル租税条約7条1項第2文や同24条3項に見てとることができる。

恒久的施設に帰属する所得にしか課税できないという原則は，直接には，恒久的施設概念が登場した1927年の国際連盟財政委員会のモデル租税条約草案5条（物税のうち事業所得に関する規定）にさかのぼることができる（第2節第1款2参照）。ただし，既に1925年の国際連盟財政委員会に提出された報告書においてほぼ同様の方針が示されている。これらの議論は，物税としての所得税について所得の源泉地国が課税権を有することを確認した上で，事業所得については当該国内の恒久的施設に帰属する所得こそが当該国を源泉地とする所得であるという基準を示している。ここで問題とされているのは，源泉地国相互間の課税権の配分であり，法人・個人の居住地国がその全世界所得について一応の課税権を有することを前提としているわけではないことに注意が必要である。

そして，1925年の報告書は，明示的に，国際連盟経済委員会の「通商の公

平待遇」に関する報告（1923年7月に経済委員会に提出されたもの）の影響を認めている。この報告においては，租税に関して，外国人・外国企業の内国民待遇（1条）のみならず，事業に対する課税権の限界を定めている（3条）。経済委員会での議論が，萌芽期の租税条約に影響を与えた後，最恵国待遇や内国民待遇に関するその後の議論にどのように取り込まれたのか（取り込まれなかったのか）ということは検証が必要であるが，いずれにせよ，恒久的施設に帰属する所得にしか課税できないという二重課税防止のための法原則が，二重課税防止の要請のみならず，公平待遇という，二重課税防止ということからは直接導き出されない考え方にも基づいて成立したということが言えそうである。本補説では，1925年報告書に影響を与えた国際連盟経済委員会の議論を，第1節第3款で紹介した時期の後，1929年のパリ会議に至るまで追跡する（第3款）。

最後に，本補説の指摘した事実から導かれる示唆のいくつかを述べる。

第2款　通商・投資関係条約と所得課税

1　通商・投資関係条約における等しい待遇を定める規定

通商・投資関係条約においては，人と人，モノとモノ等の等しい待遇を国家に義務づける条項として，次の3種類が存在する。第一に，最恵国待遇，第二に，内国民待遇，第三に，公正・衡平待遇である。

(1) 最恵国待遇

最恵国待遇（Most-Favored-Nation Treatment）とは，「ある国が，他国又はその人・物等に対して，第三国又はその人・物等に与える待遇よりも不利でない待遇を与えること」であると定義される[307]。より正確に敷衍すれば，国と国，人と人，モノとモノの待遇について，これらが「他国」に属する場合と「第三国」に属する場合の等しい扱いを，「ある国」に義務づけるものである。最恵国待遇の起源は古く，中世のイタリア都市国家が神聖ローマ帝国から他の都市国家に与えられる特権を必ず得られる旨の約束を取り付けたことに始まるなどと言われる[308]。19世紀のヨーロッパ諸国間での通商の自由化のための条約で

---

307)　筒井若水編集代表『国際法辞典』162頁（有斐閣，1998年）。
308)　Henrik Horn and Petros C. Mavroidis, Non-discrimination, in Kenneth A. Renert and Ramkishen S. Rajan (eds.), Princeton Encyclopedia of the World Economy, 2009, 833, citing Robert E.

多用され，アメリカの互恵通商協定法（the Reciprocal Trade Agreements Act of 1934）以来，（二国間通商協定により）引き下げた関税を他国にも適用する根拠となって，通商の自由化に役立ってきた。

投資協定に最恵国待遇条項が含まれている場合，その解釈問題としては，「当該投資家が，第三国条約によって第三国の投資家に対して付与された待遇と同等，あるいは不利でない待遇を求めうる状況（『同様の状況（like situation）』あるいは『同様の環境（in like circumstances）』）にあるか」，また，「同様の状況にある場合でも，当該投資家が第三国条約からの均霑を求める権利・利益が，基本条約における最恵国待遇条項が指示する事項・範囲に含まれるのか否か（『同種の原則（ejusdem generis rule）』）」などが問題となるとされる[309]。

(2) 内国民待遇

内国民待遇（National Treatment）とは，「他国民又は他国からの輸入産品を，自国民または自国の同種の国内産品と差別せずに同等に待遇すること」であると定義される[310]。投資協定の文脈でいえば，投資母国（ホーム国）民またはその企業を投資受入国（ホスト国）民またはその企業と同一に扱うことである[311]。

通商法においては，内国民待遇は WTO 体制の中核をなしてきた（GATT 3条2項）[312]。これに対して，投資協定において内国民待遇が問題とされるようになったのは，比較的最近のことである[313]。

GATT 3条2項の内国民待遇，および，投資協定に含まれている内国民待

Hudec, Tiger, Tiger in the House: A Critical Appraisal of the Case against Discriminatory Trade Measures, in Ernst-Ulrich Petersmann and Meinhard Hilf (eds.), The New GATT Round of Multilateral Trade Negotiations, 1988.

309) 西元宏治「投資協定仲裁における最恵国待遇条項の解釈適用」JCA ジャーナル 55 巻 9 号 8 頁，9 頁（2008 年）。

310) 筒井編集代表・前掲註 307) 260 頁。なお，以下の議論では，通商の場面における内国民待遇と投資の場面における内国民待遇を特に区別していない。しかし，それは，租税条約と通商・投資関係条約の接点を探るという本補説の目的に由来する。本補説は，これら両方の場面での内国民待遇が同様の判断基準で論じられるべきであるという見解に特にコミットしているわけではない。通商と投資で内国民待遇に差があるかという問題については，Nicholas DiMascio and Joost Pauwelyn, Nondiscrimination in Trade and Investment Treaties: Worlds Apart or Two Sides of the Same Coin?, 102 Am. J. Int'l L. 48 (2008).

311) 小寺彰＝松本加代「内国民待遇」JCA ジャーナル 55 巻 11 号 2 頁（2008 年）。

312) Di Mascio and Pauwelyn, *supra* note 310, 48.

313) さしあたり，DiMascio and Pauwelyn, *supra* note 310, 49.

遇条項については，次のような二つの判断枠組みが存在すると指摘されている[314]。投資を例に説明するならば，まず，「①外国投資家とどの国内企業が『同様の状況下』にあるか否かを判断し，②外国投資家が『同様の状況下』にある国内企業と『異なる扱い』を受けた場合に，措置の目的・効果を検討して，内国民待遇違反の有無を判断するという枠組」がある。次に，「『同様の状況下』にあるか否かの判断の時点で，措置の目的や効果を検討するもの」がある。前者は二段階基準，後者は目的効果基準と呼ばれる。

内国民待遇は，ハンザ同盟に起源を有すると言われることがあるが，いずれにせよ，19世紀から20世紀にかけて，通商条約における標準的な規定となった[315]。とりわけ，第二次世界大戦後，GATT体制においては内国民待遇が国際通商システムのひとつの柱となった。内国民待遇があることにより，GATT締約国は，外国からの輸入産品を国内産品よりも不利に扱うという手段で関税譲許（tariff concessions）を潜脱することができなくなるのである。

歴史的に見ると，内国民待遇は，相反する二つの場面で用いられてきた。ひとつには，後述の公正・衡平待遇を主張する外国の企業・投資家に対して，産品ないし投資の受入国が「内国民待遇を与えれば足りる」という主張をすることがあった。19世紀にラテン・アメリカ諸国により，このような主張がなされた。

これに対して，内国民待遇のもうひとつの機能は，言うまでもなく，外国人・外国産品・外国からの投資に対して，国民・国内産品・国内からの投資と同等の待遇を与えるという，通商・投資の促進に資するものである。本項の最初に掲げた整理も，このような文脈でのものである。

このような，通商・投資の促進に資する法原則としての内国民待遇は，それなりに長い歴史を有するが，途中で一度断絶があり，断絶以前のことは現在ではほとんど論じられていない[316]。この断絶以前のことが，本補説で指摘したい

---

314) GATT 3条2項につき，増井良啓「租税政策と通商政策」小早川光郎＝宇賀克也編『行政法の発展と変革（塩野宏先生古稀記念）』下巻』517頁，523頁（有斐閣，2001年）。投資協定につき，小寺＝松本・前掲註311）6頁。本文中の引用は小寺＝松本による。

315) 以下，内国民待遇の歴史的発展については，Andrew Newcombe and Lluís Paradell, Law and Practice of Investment Treaties, Kluwer, 2009, 152-155 に負う。

316) 数少ない例外が，Newcombe and Paradell, *supra* note 315 である。なお，A. R. Albrecht, The Taxation of Aliens under International Law, 29 B.Y.I.L. 145 (1952) は，事業所得の課税にも内国

事実と関わっている。

詳しくは後述するが，1920年代に国際連盟経済委員会において，現在の目から見ると極めて進んだ内容の，外国人の待遇に関する条約草案が起草されており，その中核をなしていたのが，通商・投資の面での外国人に対する内国民待遇であった。しかし，この条約草案の内容が実現することはなかった。

第二次世界大戦後の1947年，内国民待遇はGATT 3条に盛り込まれた。また，1967年にOECDが二国間投資協定のモデルとして作成した条約草案 (Draft Convention on the Protection of Foreign Property) においても，内国民待遇と理解される規定が入っている。しかしながら，通商に関しても，投資に関しても，内国民待遇を論じるにあたって，1920年代の国際連盟での議論に言及されることはほとんどなかった。

その理由としては，おそらく，1920年代の国際連盟での議論が外国人の待遇に関する議論の一環として行われていたのに対して，GATTにおいては（人と人ではなく）モノの取扱いが規律の対象とされたことがあるだろう[317]。

(3) 公正・衡平待遇

公正・衡平待遇 (Fair and Equitable Treatment) とは，投資受入国（ホスト国）たる当事国が，投資母国（ホーム国）たる当事国から受け入れた投資財産，具体的には子会社やその財産に対して，「公正かつ衡平な (fair and equitable)」待遇を与えなければいけない義務である[318]。この義務が最恵国待遇や内国民待遇と異なるのは，「ホスト国の状況とは無関係にホスト国はホーム国投資財産に対して一定の待遇を与えなければならない」ことである[319]。

2 通商・投資関係条約と租税の関係がなぜ問題となるのか

(1) 国際課税の分野での等しい待遇を定める規定

通商・投資関係条約におけるのと同様に，国際課税の分野でも，等しい待遇を定める規定が存在する。すなわち，租税条約には「無差別 (non-discrimination)」

民待遇にも言及するにもかかわらず，両者のかかわりについては述べていない。
317) 通商に対する規律と投資に対する規律が別々になってしまったことを説明する中で，外国人の待遇という問題設定が失われたことを指摘するものとして，DiMascio and Pauwelyn, *supra* note 310, 51-52参照。
318) 小寺彰「公正・衡平待遇」JCAジャーナル55巻12号2頁（2008年）。
319) 小寺・前掲註318) 3頁。

を定めた条項が置かれることが通例である。例えば，OECDモデル租税条約24条には第1項の国籍無差別，第2項の無国籍無差別，第3項の恒久的施設無差別，第4項の支払無差別，第5項の資本無差別という，5種類の無差別原則が規定されている[320]。

これらの意味内容については，増井の研究[321]に譲るが，本書にとってとりわけ重要な恒久的施設無差別について一言しておきたい。

恒久的施設無差別とは，租税条約の一方締約国の企業が他方締約国に有する恒久的施設に対する課税が，同じ活動を行っている当該他方締約国の企業に対する課税よりも重くなってはならない，ということである（OECDモデル租税条約24条3項第1文参照）。つまり，日本の国内法の用語を用いて言えば，外国法人の恒久的施設に対する課税が，内国法人に対する課税よりも重くてはならない。もっとも，恒久的施設無差別に関する租税条約の定めが仮になかったとしても，多くの国の国内法や租税条約の事業所得に関する規定（OECDモデル租税条約7条参照）は，恒久的施設無差別の考え方を当然に含んでいると言えるかもしれない。

(2) 租税政策と通商・投資政策に関する先行研究

租税政策と通商・投資政策との関わりについては既に増井の研究があり，例えば次のようなことが指摘されている。第一に，物品の輸入に際して国内税法がGATTの内国民待遇ルールに抵触しうる[322]。第二に，物品の輸出に際して適用される輸出促進税制がGATT 16条の輸出補助金禁止のルールに抵触しうる[323]。さらに，OECDモデル租税条約24条3項のような恒久的施設に関する無差別取扱いを定める規定が，直接投資において内外差別を禁じる効果を有していることを指摘した上で，「GATTが物品の貿易について内国民待遇を義務づけていたのと同様のことを，直接投資の分野で要求するものとみることがで

---

320) 増井良啓「OECDモデル租税条約24条（無差別取扱い）に関する2007年5月3日公開討議草案について——研究ノート」中山信弘ほか『国際商取引に伴う法的諸問題（15）（トラスト60研究叢書）』67頁（2008年）。
321) 増井良啓「二国間租税条約上の無差別条項」GCOEソフトロー・ディスカッション・ペーパー・シリーズ（GCOESOFTLAW-2009-7）（2010年）。
322) 増井・前掲註314）521〜525頁。
323) 増井・前掲註314）528頁。

きよう」と述べているのが注目される[324]。

投資協定との関係で租税が問題となりうる点としては，国際経済法の研究者によって例えば次のようなものが挙げられている[325]。

二国間投資協定において内国民待遇が規定されている場合に，内国法人と外国法人を区別して納税義務を規定している法人税法が，内国民待遇違反とされる余地はないのか。租税事項を投資協定の対象外とすることが多いが，そうしない場合に，このことが問題となりうる。

二国間投資協定と並んで租税条約が存在する場合に，両条約による規律が矛盾することがあるのではないか。例えば，投資協定の内国民待遇・最恵国待遇に基づいて行われようとする租税立法が，租税条約の無差別条項に抵触することがありうるのではないか。

また，国際経済法の研究者は指摘していないものの，国税・地方税における政策目的の措置（租税特別措置）が，投資協定や租税条約の等しい待遇を義務づける規定を介して，明示的には当該措置の対象とされていないような外国法人の恒久的施設にも及ぶ，あるいは外国法人の日本への進出（日本での開業）を承認することを（日本国に）義務づける，ということもありうるかもしれない。

このような投資協定の等しい待遇を義務づける規定と租税条約との関係は，学説レベルで論じられているだけではなく，例えば，かつての多国間投資協定（MAI）構想においても議論されていた。

第3款　モデル租税条約の形成期における議論

1　経済委員会におけるその後の議論

(1)　パリ会議に至る経緯

国際連盟経済委員会では，第1節第3款で紹介した議論が行われた後も，引き続き外国人の待遇（とりわけ人権以外についてのそれ）についての検討を進めていったが，結局のところ，国際連盟が目指した多国間条約に関する合意形成

---

324)　増井・前掲註314) 535～536頁。
325)　小寺彰＝松本加代「通商関係条約と税制」（RIETI通商関係条約と税制研究会立ち上げのための資料として研究会メンバーに配布されたもの，2008年）を参考にして筆者が敷衍した。

第1部　第2章　租税条約ネットワークの形成

は失敗に終わった[326]。ここでは，失敗に終わった1929年のパリ会議に提出された外国人の待遇に関する条約草案における租税についての規定，およびそれをめぐるパリ会議における議論について紹介する[327]。

1927年5月，ジュネーブで開かれた世界経済会議（the World Economic Conference）において国際商業会議所（the International Chamber of Commerce）が，外国人の待遇に関する報告書を提出した。この報告書では，条約の締結が勧告されており，その意味で国際連盟経済委員会の動きより進んでいた[328]。こうした国際商業会議所の動きを受けて，国際連盟では同年6月16日の理事会決議で経済委員会を翌月に開催することを決定した。同年12月には経済委員会の議長と国際商業会議所の代表であるリヒャルト・リードル（Richard Riedl）が租税条約草案を作成し，経済委員会に提出した。1928年3月の会合において，経済委員会は条約草案の最終稿を作成し，これを国際連盟理事会に提出した。

この最終稿についての報告書において，経済委員会は，次のようなことを述べている。すなわち，草案が相互主義において外国人に与えられるべき待遇を全て体現している。また，経済委員会ではできるだけ（最恵国待遇にとどまらず）内国民待遇を確保しようとした。さらに，経済委員会では相対的な保障ではなく（各国の法や行為を従わせるべき）具体的な約束（positive undertakings）を盛り込むようにした。開業の自由を完全に認めることは現在の政治的・経済的状況下では困難であるので，草案では既に開業した外国人の設立認可（a charter）を確実にすることを主として取り扱ったが，経済委員会としては，開業

---

326) 二次資料として，John Ward Cutler, The Treatment of Foreigners in Relation to the Draft Convention and Conference of 1929, 27 Am. J. Int'l. L. 225 (1933) ; Herman Walker, Jr., Treaties for the Encouragement and Protection of Foreign Investment: Present United States Practice, 5 Am. J. Comp. L. 229, 240-241 (1956).
327) 1929年のパリ会議のための資料として，League of Nations, International Conference on the Treatment of Foreigners, Geneva, November 5th, 1929, Preparatory Documents, C. 36. M. 21. 1929. II. [C.I.T.E. 1]. 会議の詳細な記録として，League of Nations, Proceedings of the International Conference on Treatment of Foreigners: First Session, Paris, November 5th – December 5th, 1929, Geneva: League of Nations, 1930, C. 97. M. 23. 1930. II. [C.I.T.E. 62]. 会議の概要として，Work of the International Conference on the Treatment of Foreigners, C. 10. 1930. II. [C.I.T.E. 59], Annex 1189, 11 League of Nations O. J. 168 (1930). この会議に言及する文献として，Cutler, *supra* note 326, 236-237.
328) League of Nations, *supra* note 327 (Preparatory Documents), 15.

の自由が完全に認められる方向に進むことが望ましいと考える。

　この条約草案は，1928年5月16日に加盟各国に伝えられ，翌年3月1日までに29ヶ国からの返答があった。このうち，22ヶ国が条約締結を視野に入れた会議に出席する意向を示した。こうして開かれたのが，パリ会議である。

　パリ会議は1929年11月5日から12月5日にかけて開催された。

　この会議における議論を紹介する前に，その前提となった，1928年5月16日文書（パリ会議のための準備資料〔註327〕）に収録されている）の内容および条約草案の内容をそれぞれ確認しておこう。

(2) 1928年5月16日文書および条約草案の内容

　まず，1928年5月16日文書は，条約草案全体の趣旨を解説したものということができるが，次のように，外国人の待遇に関する諸基準のうち，内国民待遇が望ましいことをはっきりと述べていることが注目される[329]。

　外国人の待遇に関してもっとも望ましい基準は内国民待遇であり，これに基づく保障は租税事項（fiscal matters）についても否定されてはならない。最恵国待遇は，それが内国民待遇を伴わない場合には，外国人の待遇について不安定な保障しか与えないが，それでも，内国民待遇が得られない場合には次に望ましい。これに対して，相互主義（reciprocal treatment）は，最恵国待遇ないし内国民待遇を補充するために用いられる場合を除いては，受け入れられない，と経済委員会は考える。以上のような外国人の待遇に関する規定は，国内法，二国間条約ないし他国の国家実行に依存するものであるが，それ以外に，条約草案では（二重課税等に関して）命令的条項（imperative clauses）を設けている。

　条約草案の構成は次のとおりであった。第1部が，外国人の待遇と題され，その中で第1章が国際貿易を守るための諸手段（Safeguard for International Trade. 1条から5条），第2章が外国人の開業（Establishment of Foreign Nationals）に分かれていた。第2章はさらに，旅行・滞在・開業の自由（Freedom of Travel, Sojourn and Establishment. 6条），交易・産業・職業の実行（Exercise of Trade, Industry and Occupation. 7条・8条），人権および法的権利の保障（Civil and Legal Guarantee. 9条），財産権（property rights. 10条），例外的な賦課金（Exceptional Charges. 11条），租税に関する待遇（Fiscal Treatment. 12条から14

---

329) League of Nations, *supra* note 327 (Preparatory Documents), 18-19.

条),以上の条項の開業していない国民に対する適用(Application of Certain of the Foregoing Articles to National not established in the Territory of the Other High Contracting Parties. 15条)に分かれていた。第2部は,外国会社の待遇と題され,外国会社が認許されるべきこと等について定めていた(16条)。第3部は,一般的規定と題され,第1章が条約によって与えられた外国人の待遇が拡張ないし縮減される場合について(17条から19条),第2章が平等の保障(20条・21条),第3章が紛争解決(22条),第4章が署名・批准等について(23条から27条),第5章が植民地について(28条),第6章が出入国管理や治安維持に関する国家の自由との関係(29条)について,規定していた。

この中で,間接税について3条が規定していたが,直接税については12条から14条が次のように定めていた[330]。

Section F. — Fiscal Treatment.
Article 12.
1. In the matter of taxes and duties of every kind or any other charges of a fiscal nature, irrespective of the authority on whose behalf they are levied, nations of each of the High Contracting Parties shall enjoy in every respect in the territory of the other High Contracting Parties, both as regards their person and property, rights and interests, including their commerce, industry and occupation, the same treatment and the same protection by the fiscal authorities and tribunals as nationals of the country.
[2. In fixing the rates of taxation and duties of any kind levied on commerce and industry, no discrimination shall be made on account of differences in the origin of the goods employed or offered for sale.]

Article 13.
　The High Contracting Parties shall comply with the following principles in connection with the taxation of subsidiary or affiliated companies or agencies of undertakings having their seat (siege principal) in the territory of another High Contracting Party:
　(a) When the taxation is levied on capital it shall be strictly confined to the

---

330) League of Nations, *supra* note 327 (Preparatory Documents), 6.

capital actually employed within that country;

(b) When the taxation is levied on profits or revenues it shall be confined to those accruing from the business operations conducted within that country.

Article 14.

1. Nationals of one of the High Contracting Parties who regularly or occasionally undertake the transport of persons or goods by land, sea, navigable waterway or air between localities situated in different States may not on this account be called upon to pay taxes or duties on behalf of the State or any other body elsewhere than in the territory in which the seat of their undertaking is situated.

"Transport by land" shall not include transport by rail.

2. The exemption provided for in the preceding paragraph shall not apply to undertakings conducted by the same nationals with a view to ensuring transport between two localities situated in the same territory, nor to other operations conducted by them not directly connected with those provide for in the preceding paragraph, nor to other grounds for taxation such as the ownership of immovable property or of other taxable property.

ここで念のために，本補説の主題と関わるこれらの条文を翻訳すると，次のようになる。

12条

1．各種の租税および公課，その他租税の性質を持つ賦課金については，それがどのような権限によって課されようとも，締約国の国民は他方の締約国の領域内においてあらゆる面で，その人格についても財産・権利または利益（交易・産業・職業を含む）についても，他方の締約国の国民がその租税官庁・裁判所から受けるのと同じ待遇・保護を享受しなくてはならない。

2．交易・産業に対して課されるいかなる種類の租税・公課の税率を定めるにあたっても，用いられるないし売られる財の原産地が異なることをもって差別がなされてはならない。

13条

 両締約国は，他方の締約国の領域内に本拠を有する事業活動の子会社，関連会社または代理人に対する課税にあたっては以下の原則に従わなくてはならない。

(a) 資本に対して課される租税の場合，それは，厳密に，その国の中で実際に用いられている資本に対してでなくてはならない。

(b) 利益または収入に対して課される租税の場合，それは，その国の中で行われた事業活動から生じる利益または収入に対してでなくてはならない。

14条

1．国際的な，陸上，海上，可航水路，または空路での人または物の運送に定期的または随時に従事する一方の締約国の国民は，そのことにより当該事業活動の本拠の所在する国以外の国またはその他の団体から租税または公課を支払うよう要求されてはならない。「陸上運送」には鉄道運送を含まない。

2．前段落が定める非課税は，当該国民が行う，同一国内の二カ所間の運送，その他前段落に規定された活動に直接関係しない活動には適用されないし，不動産その他の課税財産の所有に基づく課税に対しても適用されない。

 次に，12条と13条に関する注釈を見ると，次のような点が指摘されている[331]。

 まず，12条についていえば，同条が規定する公平な待遇が，いったん受け入れた外国人に対する実質的な収用を防ぐための規定であることが述べられている。こうした租税の形式による実質的な収用の問題は，最近に至るまで投資協定の文脈で問題となっていることを考えると[332]，この条約草案が非常に一般的な形で租税による実質的な収用の防止を企図していたことは注目に値するといえる。

 次に，13条については，この条文の目的が外国人に対する租税の面での完全な内国民待遇の保障にあることを述べつつ，続けざまに，二重課税の問題が

---

331) League of Nations, *supra* note 327 (Preparatory Documents), 48-51.
332) *See* Thomas W. Wälde and Abba Kolo, Coverage of Taxation under Modern Investment Treaties, in Peter Muchlinski, Federico Ortino and Christoph Schreuer (eds.), The Oxford Handbook of International Investment Law, 2008, 341.

存在することを指摘している。書かれている内容を現在の用語を用いて述べるならば，外国人はその居住地国と源泉地国の双方で課税を受けることで，源泉地国の国民と比べて不利になる。しかし，こうした二重課税を排除するためにどうすべきか（例えば居住地国のみが課税するか源泉地国のみが課税するか）といったことは，本条約の射程を超える。とはいえ，本条約は何も提示しないわけではない。財政委員会の下で作られたモデル租税条約があるが，これが多くの国によって二国間で実行されるまでにはまだ相当の時間がかかる。そこで，本条約においては，支店・子会社・代理（branches, subsidiary undertakings or agencies of undertakings. 以下支店等と呼ぶ）について，指針を示している。支店等に対する課税においては，当該支店等の事業所得ないし占有している資産に基づいて（on the basis of their own business profits or possessions）ではなく，その支店等が属する事業全体に基づいて課税が行われる例がある。13条が防ごうとしているのはこのような課税である。同条によれば，ある事業が開業している国の領域内で行われた事業ないしこの領域内にて占有されている資産に基づいて，課税が行われなくてはならない。要するに，13条の趣旨は二重課税を防ぐというよりも，外国企業に対する過剰な課税を防ぐというところにある。また，13条の内容は，1923年の時点の経済委員会の提案を改めて述べただけであること，さらに，源泉地国に主たる課税権を認めた1927年の報告書[333]と同じ原則を述べたものであること，が指摘されている。

　パリ会議のための準備資料の第6章には，二重課税の排除を検討していた（財政委員会を構成する）面々からのコメントが収録されている。

　スイスのブラウ（Blau）は，13条・14条について，二国間の租税条約で規律されるべき内容であるから，多国間の本条約からは削除されるべきであると主張している[334]。その理由は，このような多国間の条約に盛り込まれることで，二国間の（二重課税防止のための）租税条約を結ぼうとするインセンティブがなくなってしまう，ということにあるようである。さらにブラウは，仮に13条を残すとしても，それを1928年租税条約草案の5条（事業所得に関する規定）によって置き換えるべきであると主張する。

　フランスのボルドゥージ（Borduge）も，本条約草案の租税に関する規定は

---

333) League of Nations, *supra* note 56. 1928年10月の報告書は，この時点ではまだ出されていない。
334) League of Nations, *supra* note 327 (Preparatory Documents), 93.

削除されるべきであると主張する[335]。

ベルギーのクラヴィエ（Clavier）は，間接税について，イギリスとベルギーの間で，相互に等しい待遇を与える合意がなされていたことを指摘している。

これに対して，ドイツのドルン（Dorn）は，本条約草案の13条が，既に恒久的施設の概念を導入して課税される事業所得の範囲を画していた1928年租税条約草案5条と比べて，十分に明確な基準を立てていないことを批判する。

(3) パリ会議における議論

パリ会議[336]では，会期の最初（11月5日から7日）と最後（11月29日から12月4日）に全体会議が開かれ，その間に，四つの委員会（A〜D）がそれぞれ開催された[337]。租税に関する問題は，委員会Bで議論された。

委員会Bの分担は，3条，4条，12条から14条であった。このうち，3条，4条および12条の第2パラグラフについてまず議論がなされ，その後，12条の第1パラグラフ，13条および14条についての検討が行われた[338]。

13条については，11月8日の第2回会合において検討が始まった[339]。

まず，イギリスによる修正提案，すなわち，個人を念頭に置いているはずの本条約草案の第1部（1条〜15条）を構成する13条において「子会社または関連会社（subsidiary or affiliated companies）」という用語を用いているのはおかしい，という指摘が取り上げられる。

イギリスのトムソン（Sir Percy Thompson）[340]は，修正提案について次のような説明をしている。第一の理由はテクニカルなもので，13条は直接には個人を規律するはずで，会社に適用されるには16条による準用を介するべきだ，ということである。これに対して第二の理由は，イギリスにとっての実質的な

---

335) League of Nations, *supra* note 327 (Preparatory Documents), 94.
336) 日本からの参加者は，伊藤述史（主席代表），松嶋鹿夫，坂根準三，秋山理敏，新納克己（以上次席代表），門脇季光（秘書官）であった。いずれも，外交官である。松嶋は「通商衡平待遇問題」経済学商業学国民経済雑誌（神戸高等商業学校）34巻5号807頁（1923年）という資料を掲載している。
337) これら四つの委員会の分担については，League of Nations, *supra* note 327 (Proceedings), 52-53.
338) League of Nations, *supra* note 327 (Proceedings), 297.
339) League of Nations, *supra* note 327 (Proceedings), 304-305.
340) 財政委員会の1925年，1927年，1928年の各報告書（さらには租税委員会における1929年以降の検討）のメンバーの一人である。

考慮に基づく。

　A国で設立され，活動の本拠（real centre of management）がB国にあり，支店がC国にあるという事例を考えよう。この場合，B国で生じた利益はゼロであるかもしれない。そして，利益はもっぱらC国で生じているであろう。しかし，「B国において事業に対してかけられる租税は，B国において生じた利益に対してのみに限られるべきではない」。イギリスにおいては，全居住者に対して累進税率で課税が行われているので，この点は非常に重要である。イギリスでは，会社段階で課税を行うが，会社が株主に配当を行う際には，配当部分について会社が支払った税額が個人段階で税額控除される（還付もあり）。このため，会社段階で全世界所得に課税しておかないと，個人に対する租税（人税）であるという所得税の仕組みが貫徹できないことになってしまう。

　このように，トムソンの説明によれば，法人所得税は個人所得税の前取りであり，個人に対しての累進税率を実効的にするためには，法人に対しても全世界所得に対して課税しなくてはならない。そして，このような全世界所得課税を行うのは，（形式的な設立地でも，所得の源泉地でもなく）活動の本拠がある国である，というのである[341]。

　これに対して，イタリアのボラフィ（Bolaffi）[342]は，イギリスで行われている法人所得課税は他国で行われているそれと大きく違うこと，いくつかの国では取引（dealings）が行われている国の間で課税権が分割されて二重課税が回避されていること，を指摘する。そして，むしろ，13条と14条を削除し，二重課税の問題は二国間の租税条約に委ねることを主張する。この削除論に，フランスのロジョン（Rojon）やチェコスロバキアのラジムスキ（Radimski），さらにスイスのバリ（Balli）も同調する[343]。

　これに対して，ベルギーのクラヴィエは，13条に存在意義を認めるような発言をしている[344]。

　経済委員会のセロイス（Serruys）が，租税条約がまだ結ばれていないような場合に存在意義があるという，条約草案の12条から14条の意義を説明して参

---

341) League of Nations, *supra* note 327 (Proceedings), 304.
342) 彼もまた，財政委員会・租税委員会で国際的二重課税の問題を検討してきたメンバーの一人である。
343) League of Nations, *supra* note 327 (Proceedings), 304-305.
344) League of Nations, *supra* note 327 (Proceedings), 304.

加者に理解を求めたところで，第2回の会合は終了している[345]。

11月9日の第3回会合での13条・14条に関する討議は，租税委員会のフランス人ボルドゥージが租税委員会における議論を紹介し，租税条約による規律が存在する以上，両条項は削除されるべきという趣旨のことを述べることから始まっている。これに対して，ベルギーのクラヴィエは，13条・14条について租税条約の内容に近づけるための修正提案を行った。このうち，第13条は次のような内容であった。

「13条
　両締約国は，その領域内にある恒久的施設，および，他方締約国に経営と支配の中心がある企業の子会社に関して，以下の諸原則に従わなくてはならない。
(a)　利益または収入に対して課税が行われる場合には，当該課税は当該恒久的施設が行うまたは指揮する活動から生じる利益または収入に対するものに限られる。
(b)　利益または収入以外の基準で課税が行われる場合には，当該課税は当該恒久的施設の課税財産に対するものに限られる。」

Article 13
　The High Contracting Parties shall comply with the following principles in connection with the taxation of *permanent establishments* situated in their territory and subsidiaries of enterprises having their centre of management and control (*siege principal*) in the territory of another High Contracting Party;
(*a*) When the taxation is levied on profits or revenues it shall be confined to those accruing from the activities carried on or directed by the said permanent establishments.
(*b*) When the taxation is levied on any other basis than profits or revenues, it shall be confined to the *taxable assets* of the *above-mentioned permanent establishments*.

---

345)　League of Nations, *supra* note 327 (Proceedings), 305.

条約草案の「事業活動」という概念を「恒久的施設」に置き換えて，モデル租税条約草案の内容に沿ったものにしようという提案であった。

このようなクラヴィエの提案に対して，削除論者も譲らず，結局，ドイツのイムホフ（Imhoff）の提案を受けて，13条・14条の用語法を検討するための小委員会を組織することになる[346]。もっとも，そのメンバーは，イムホフの他，トムソン，ボラフィ，クラヴィエ，ロジョンと報告者（デンマークのエンゲル〔Engell〕），さらに租税委員会を代表するボルドゥージ，ブラウ，経済委員会を代表するブリュネ（Brunet）であり，全く異なる主張の者が集まっていた[347]。このため，議論はなお紛糾することが予想された。

案の定，11月16日の第9回会合にて小委員会の検討結果が報告されたが，多数意見が一応の修正案[348]を提示したものの，イギリスのトムソンが強硬に反対を貫き，小委員会としてのまとまった見解を提出することはできなかった[349]。さらに，小委員会に出席していなかった国々の代表のうち，日本の松嶋が当初の条約草案の13条への支持を表明するなど[350]，委員会における議論は全くまとまらなかった。

最終的には，14条は削除され，次のような内容の13条とその議定書が委員会Bの結論とされた[351]。

「13条

　各締約国はその国内において，他方締約国の国民の恒久的な工業，商業，または農業施設であってその主たる施設が第三国にあるものが，同様の条件にある一方締約国の自国民が負う租税または公課の総負担よりも高い租税または公課の総負担を負うことがないよう，努めることとする。

　両締約国は，本条を適用するための手続を，国内立法または二国間あるいは多国間条約によって決めることとする。

---

346) League of Nations, *supra* note 327（Proceedings），309．
347) League of Nations, *supra* note 327（Proceedings），310．
348) League of Nations, *supra* note 327（Proceedings），539．
349) League of Nations, *supra* note 327（Proceedings），330-334．トムソン以外の小委員会のメンバーは，修正提案に賛同していた。
350) League of Nations, *supra* note 327（Proceedings），331．
351) League of Nations, *supra* note 327（Proceedings），450．

13条についての議定書

「『恒久的施設』という用語は，支店，鉱山・油田事業，工場，作業所，代理人，商店，事務所，倉庫，および固定施設を含むものとする。仲立人や問屋等の完全に独立した代理人を通じて外国と取引をする事業は，そのことによって，当該外国に恒久的施設を有するとみなされてはならない。」

Article 13.

Each of the High Contracting Parties undertakes in its territory not to subject the permanent industrial, commercial or agricultural establishments of nationals of other High Contracting Parties, whose principal establishment is situated in another territory, to higher taxes or charges, taken as a whole, than those borne in like conditions by its own nationals.

The High Contracting Parties will determine the procedure for the application of the present article, either by adapting their internal legislation or by means of bilateral or multilateral agreements.

Protocol *ad* Article 13.

The term "permanent establishment" shall be deemed to include branch establishments, mining and mineral oil undertakings, factories, workshops, agencies, shops, offices, warehouses and fixed plant. Any undertaking which has business relations with a foreign country through a genuinely independent agent (broker, commission agent, etc.) shall not, for that reason, be deemed to possess a permanent establishment in that country.

委員会Bの報告は11月29日の第6回，11月30日の第7回の全体会議で検討された[352]。しかし，この13条についての検討は行われないまま，パリ会議は終了してしまう。

このように，外国人の待遇に関する多国間条約の締結を目指した国際連盟経済委員会の試みは失敗に終わったのである。

---

352) League of Nations, *supra* note 327 (Proceedings), 54-67.

2 租税委員会におけるその後の議論

(1) 1930年代の議論

さて、国際連盟は1928年に政府専門家たちによる会議を開いてモデル租税条約草案を含む報告書をまとめた後、従来の財政委員会に代えて新たに組織した租税委員会 (the Fiscal Committee) にさらなる検討を委ねた。この租税委員会の議論のうち、一般的な外国人・外国企業の待遇に関わるものとして次のようなものがある。

まず、相互主義と最恵国待遇が二重課税の問題に与える影響について、租税委員会は、次のような結論を下している[353]。すなわち、「二国間ないし多国間の租税条約は相互主義の原則を基礎としている。言い換えると、締約国の国民の相互主義的待遇 (reciprocal treatment) を含んでいる。租税委員会は、国際法の非常に難しい問題について意見を表明するつもりはないが、最恵国待遇を当該条約に加盟していない〔国の〕国民に適用することは、当該国民に公平にも条約の趣旨にも反した待遇をすることになるだろう」。このように、租税委員会は、租税条約を介しての投資の促進には消極的である。

また、外国人の待遇に関する条約草案（パリ会議で叩き台とされたもの）については、その租税関係の規定のうち二重課税に関するものが会議で削除されたのに対してこれを復活させるべきであるとしている[354]。

(2) 1940年代の議論

1940年代に入って、モデル租税条約を改訂する作業が行われた。その成果のひとつがアメリカ諸国による1943年のメキシコ草案であり、もうひとつが国際連盟租税委員会による1946年のロンドン草案である（第4節第2款参照）。

これらの二つの草案には、「等しい待遇 (Equality of Treatment)」に関する条項が存在する。メキシコ草案の15条は次のように、一方締約国に「居住地 (fiscal domicile)」を有する納税者を、他方締約国が、その居住者でないことやその国籍を有しないことを理由として不利に扱ってはならないと定める[355]。また、ロンドン草案16条も全く同じ内容を規定している。

---

353) League of Nations, *supra* note 77, 7.
354) League of Nations, *supra* note 84, 5.
355) League of Nations, *supra* note 244, 12-13, 61.

Article XV

A taxpayer having his fiscal domicile in one of the contracting States shall not be subject in the other contracting State, in respect of income he derives from that State, to higher or other taxes than the taxes applicable in respect of the same income to a taxpayer having his fiscal domicile in the latter State, or having the nationality of that State.

(3) OEEC租税委員会における無差別条項の成立

1946年のロンドンモデル租税条約草案に至る国際連盟での検討を踏まえて，1956年，ヨーロッパ経済協力機構（OEEC）内の租税委員会での租税条約の検討が開始された。1958年に発行されたその最初の報告書で，この時点で合意に達した四つの項目を挙げている[356]。それらは，租税条約においてカバーされる租税の定義，恒久的施設の概念，税法上の居住者の概念，そして，国籍等に基づく課税上の差別（tax discrimination）である。ここで，恒久的施設無差別および資本無差別の規定案がはじめて盛り込まれている。恒久的施設無差別について言えば，国際連盟経済委員会で議論され，最終的には合意に至らなかった内容が，ここに形を変えて復活したわけである。そして，この1958年の条文こそが，現在のOECDモデル租税条約24条の直接の前身となっている。

「国籍に基づく，またはその他類似の事由に基づく課税上の差別に関する条文
1．一方締約国の国民は，他方締約国において，同一の状況にある他方締約国の国民が服するのと異なるまたはそれより重い課税およびそれと関連する要求に服してはならない。
2．「国民」という言葉は，(a) 一方締約国の国籍を有する全ての個人，(b) 一方締約国で効力を有する法に基づく全ての法人，パートナーシップおよび団体，を意味する。
3．国籍を有しない個人は，締約国において，同一の状況にある当該締約国の国民が服するのと異なるまたはそれよりも重い課税およびそれと関連する要求に服してはならない。
4．一方締約国の企業が他方締約国に有する恒久的施設に対する課税は，当該

---

356) OEEC, *supra* note 264 (1958), 15.

他方締約国において,同一の活動を行う当該他方締約国の企業に対する課税と比べて不利であってはならない。

　この規定は,一方締約国に,その居住者に対して民事法上の地位または家族に対する責任に応じて与えている税法上の人的控除,救済および軽減を他方締約国の居住者に対しても与えることを義務づけるものと解釈されてはならない。

5. 一方締約国の企業であって,一または複数の他方締約国の居住者によって,直接または間接的に,その資本の全部または一部を所有または支配されているものは,当該一方締約国による,それ以外の一方締約国の同様の企業が服するのと異なるまたはそれよりも重い課税またはそれと関連する要求に服してはならない。

6. 本条において『課税』という用語は,あらゆる種類および性質の租税を意味する。

(註)『一方締約国の企業』という表現は,当該締約国の居住者によって運営されている企業を意味する。」

ARTICLE ON TAX DISCRIMINATION ON GROUNDS OF NATIONALITY OR OTHER SIMILAR GROUNDS

1. The nationals of a Contracting State shall not be subjected in the other Contracting State to any taxation or any requirement connected therewith which is other or more burdensome than the taxation and connected requirements to which nationals of that other State in the same circumstances are or may be subjected.

2. The term "nationals" means:

　a) all individuals possessing the nationality of a Contracting State;

　b) all legal persons, partnerships and associations deriving their status as such from the law in force in a Contracting State.

3. Stateless persons shall not be subjected in a Contracting State to any taxation or any requirement connected therewith which is other or more burdensome than the taxation and connected requirements to which nationals of that State in the same circumstances are or may be subjected.

4. The taxation on a permanent establishment which an enterprise of a Contracting State has in the other Contracting State shall not be less favourably levied in that other State than the taxation levied on enterprises of that other

State carrying on the same activities.

　This provision shall not be construed as obliging a Contracting State to grant to residents of the other Contracting State any personal allowances, reliefs and reductions for taxation purposes on account of civil status or family responsibilities which it grants to its own residents.

5. Enterprises of a Contracting State, the capital of which is wholly or partly owned or controlled, directly or indirectly, by one or more residents of the other Contracting State, shall not be subjected in the first-mentioned Contracting State to any taxation or any requirement connected therewith which is other or more burdensome than the taxation and connected requirements to which other similar enterprises of that first-mentioned State are or may be subjected.

6. In this Article the term "taxation" means taxes of every kind and description.

NOTE: The expression "enterprise of a Contracting State" means an enterprise carried on by a resident of the Contracting State concerned.

第4款　むすびにかえて

　租税条約に含まれる無差別条項と，通商・投資関係条約における等しい待遇を要求する条項は，全く関係ないように見えるが，実は密接に関係する。租税条約における「恒久的施設なければ（事業所得）課税なし」の原則や恒久的施設無差別の原則は，通商・投資関係条約における内国民待遇と同様に，国際連盟規約23条e項の影響を受けて形成されていた。

　もちろん，歴史的事実として両者が共通の祖先を有するとしても，だからといって，現在において両者が共通の原理で規律されなくてはならないと言えるわけでもないし，両者が矛盾なく棲み分けられると言えるわけでもない。

　しかし，もし租税条約の背後に公平待遇という趣旨を重く見るならば，次のような議論の余地がある。

　第一に，租税条約で規定されている無差別原則には，従来考えられてきたよりも，広い射程があると解するべきかもしれない。この点に関しては，増井が，

恒久的施設無差別の規定（OECDモデル租税条約24条3項等）が恒久的施設に対する外国税額控除の準用（ないし，それと同等の二重課税排除措置）を要請すると論じているのが注目される[357]。さらに進んで，内国法人のみを対象とする租税実体法の規定（租税特別措置を含む）は，租税条約の無差別原則を通じて，おしなべて外国法人の恒久的施設にも適用されるべきである，といった議論ができるのかもしれない。

第二に，租税条約（さらには，多くの国の国内法）の中に等しい待遇（具体的には内国民待遇）という趣旨は織り込み済みであるのだから，通商・投資関係条約における等しい待遇を定める規定の解釈・適用に際して，所得課税は原則として（つまり，それが所得課税の域を超えているような場合を除いて）問題となりえない，という議論ができるかもしれない。また，国際経済法の論者の中には，通商・投資関係条約が義務づけている最恵国待遇や内国民待遇を租税条約が明示的には含んでいないことをもって，租税条約が専らカバーする直接税分野には十分な無差別原則が及んでいないと結論づける者もある[358]。しかし，このような見解も，元来，租税条約に内国民待遇が反映されているということが明らかになれば，議論の立て方を根本的に見直さざるをえないだろう。

---

357) 増井良啓「二国間租税条約における恒久的施設無差別の規定と国内租税法令における外国税額控除の人的適用範囲」ソフトロー研究11号101頁（2008年）。
358) 一例として，Iris Schlatzer, The WTO and other non-tax treaties, 2005. 筆者は，オーストリア・イギリスで経営学を修めた人物である。

第3章 ドイツ法

第1節 ドイツの国際課税の仕組み

第1款 はじめに

本章では、法人格内部での財産移転の問題に焦点をあてて、ドイツにおける議論状況を紹介する[1]。

ドイツにおいても、日本におけるのと同様に、租税法は基本的には私法に依存して組み立てられている[2]。しかし、国際的な局面においてはそのような仕組みが変容を迫られる。以下では、そのありさまを見ていきたいが、その前にまず、ドイツの国際課税の仕組みと、基本的な国内法上の諸概念について、簡単に述べる。

---

1) 概観を与える文献として、Otto H. Jacobs, Internationale Unternehmensbesteuerung, 1983; Brigitte Knobbe-Keuk, Bilanz- und Unternehmenssteuerrecht, 9. Aufl., 1993, §8a; Alexander Hemmelrath, in Klaus Vogel (Hrsg.), Doppelbesteuerungsabkommen, 3. Aufl., 1996; Siegfried Schröder, in Jörg Manfred Mössner u.a., Steuerrecht internationaltätiger Unternehmen, 2. Aufl., 1998; Harald Schaumburg, Internationales Steuerrecht, 2. Aufl., 1998 を参照した。なお、本章の叙述は、原則として20世紀末頃までの問題状況を描くものである。本書の主題との関係で有益な考え方のほとんどはこの時期までに提示されていることから、その後の裁判例・行政実務・学説については触れていない。

2) 例えば、国際課税における納税義務者であるかどうかの認識についてヴァッサーマイヤー（Franz Wassermeyer）は大要次のようにいう。連邦財政裁判所の1968年の判例（BFH Urteil vom 17. Juli 1968 I 121/64, BFHE 93, 1）によれば、外国の法的形成物が法人税法（KStG）1条から3条にあたるかどうかは基本的には私法によるが、それに引き続いて、租税法によってその法的形成物が法人税の納税義務を負うか判断しなくてはならない。しかし、彼によれば、実際には租税法独自に判断する余地は存在せず、（租税法が借用しているところの）ドイツの私法上その法的形成物が何にあたるかが決定的である（Franz Wassermeyer, Internationales Steuerrecht in der Rechtsprechung des RFH und des BFH, FS RFH/BFH (1993), S. 650f.)。

193

第1部　第3章　ドイツ法

第2款　「事業所」概念の重要性

　ドイツにおいては事業所（Betriebsstätte[3]）の所得算定が国際課税の領域で独立のテーマとして扱われている。ドイツにおいて，「事業所」は元来，地方団体間の税源調整のために採用された営業税法上の概念であった。それが1920年に創設された所得税法および法人税法の非居住者・外国法人の制限納税義務に関する規定で準用された。さらに，1925年の所得税法・法人税法で明文により採用された。現在の所得税法49条1項では営業所得について，「国内に事業所が設けられ，または常置代理人が置かれている営業から生ずる所得」が国内所得であると定めている[4]。この概念はさらに，1921年以来租税条約にも用いられてきた。

　所得が事業所に帰属するか否かは，国内所得か国外所得かの判定[5]に深く結びついている。このため，事業所の所得算定というテーマが重要なものになる[6]。

　論理的に考えて，事業所が課税との関係で問題となりうる類型は二つである[7]。

---

3) この概念の歴史についての以下の叙述は，水野忠恒「国際租税法の基礎的考察」同『国際課税の制度と理論』24～28頁（有斐閣，2000年，初出1987年）による。基本的には，事業所＝恒久的施設と考えてよい。
4) 谷口勢津夫「外国企業課税に関する帰属所得主義と全所得主義（1）」税法学389号7頁（1983年）。
5) 谷口勢津夫「外国企業課税に関する帰属所得主義と全所得主義（1）（2・完）」税法学389号1頁，390号1頁（1983年），中里実『国際取引と課税』（有斐閣，1994年）はこれについてもアメリカ同様ソース・ルールと呼んでいる。ただし，ここでは，アメリカのソース・ルールが専ら国際取引との関係で機能するのに対して，ドイツではそうではないことには注意を喚起しておきたい。
6) なお，さしあたり所得税，法人税に焦点を当て，ドイツにおける事業活動に対して重要な影響を与えている営業税については必要に応じて述べるにとどめる。営業税（Gewerbeertragsteuer, Gewerbekapitalsteuer）は，所得と資本に対して，地方自治体（ラントより下のレヴェル）によって課される。GewStG §2によると，ドイツに事業所を有する外国企業はこの税の課税に服するが，内国企業の外国事業所はこの税に服さないようである（Albert J. Rädler, General Description: Germany, in Hugh J. Ault (ed.), Comparative Income Taxation, 1997, 57; Schröder, a.a.O. (Fn. 1), S. 242）。
7) さらに租税条約が存在する場合としない場合とに分けて説明されることもある。例えば，Jörg-Dietrich Kramer, Gewinnabgrenzung und Gewinnermittlung bei Verbringung von Wirtschaftsgütern zwischen Betriebstätten im Internationalen Steuerrecht, StuW, 1991, S. 151.

すなわち，第一に，内国企業が外国に事業所を有している場合，その事業所が得た（と考えられる）所得ならびにその事業所が有している（と考えられる）資産の扱いが問題となりうる。その事業所が得た所得が国外所得であると認定されることによって，外国税額控除，あるいは，国外所得免税の対象となるからである。

第二に，外国企業が国内（ドイツ国内）に事業所を有している場合，その事業所にいかなる所得が帰属するか，その事業所がどのような資産を保有しているのかが問題となりうる。その事業所に帰属する所得が国内所得としてドイツの課税に服するからである。

以上の二つの類型に関しては，日本において既に，的確な紹介がなされているので，以下，それらを参照しながら簡単に紹介する。

第一の類型については中里実の研究がある[8]。ドイツでは内国企業（および居住者）に無制限納税義務を課しつつも，国内法上，租税条約上の二重課税排除措置が存在する。この二重課税排除措置は大まかに言うと，国内法上は外国税額控除制度を採用しているものの[9]，租税条約では国外所得免税方式を採用している[10]。そして，外国税額控除制度のもとでは国外所得が外国税額控除の対象となり[11]，国外所得免税方式のもとでは国外所得はドイツの課税を受けないが，国外所得免税方式のもとでも（国内所得か国外所得かという）源泉の判断は国内法を参照するため[12]，いずれにせよ，所得税法34d条2項にいう国外事業所が得た所得の範囲を判断しなくてはならない。

第二の類型については谷口勢津夫が明快に整理している[13]。いささか乱暴に整理すれば，租税条約の有無にかかわらず[14]，外国企業は制限納税義務者とし

---

8) 中里・前掲註5) 65頁以下（初出1991年）。
9) §34c EStG, §26 Abs.1 KStG. 中里・前掲註5) 74頁以下。
10) 中里・前掲註5) 85頁。国外所得免税は事業活動から生じる所得についてのみであり，投資活動から生じる所得については外国税額控除方式を採用している。OECDモデル租税条約23A条と同じである。
11) いわゆるソース・ルールを定めた規定として，§34d EStGが存在する。中里・前掲註5) 76頁以下。§34d EStGのソース・ルールは，後述する§49 EStGのソース・ルールとほとんど対応していることが指摘されている。
12) 中里・前掲註5) 87頁。なお，同書注111の記述に注意。
13) 谷口・前掲註5) 参照。
14) この点の指摘は，例えば，Kramer, *a.a.O.* (Fn. 7), S.152.

て，国内所得についてのみ課税を受ける。そして，所得税法49条1項2a号によると，国内事業所によって得られた所得こそが国内所得なのである[15]。

二つの類型のいずれにおいても，問題になっているのは国内所得か国外所得かの判断である。そして本来異なる二つの類型にほとんど共通の「ソース・ルール」が適用される[16]。さらに，これらの判断にあたって，議論はあるものの，事業所の所得はその実績に応じて認定されている。すなわち，外国企業の国内所得は（国内）事業所に帰属する所得を積み重ねて初めて算出されるわけであり，内国企業の国外所得は（国外）事業所に帰属する所得を積み重ねて初めて算出される。この結果，一般的にいかなる場合に所得が事業所に帰属するのかを独立に考察されるのである。もっとも，以上の二つの類型が存在し，考慮すべき要因も異なることはこれからの叙述においても意識していきたいし，どちらの類型について議論しているのか，両方に当てはまるのかは，随時，明らかにしていくつもりである。

第2節　国内法上の諸概念

さて，ドイツにおける国際課税を理解するに際しても，国内租税法の諸概念を理解しておくことは必要である。なぜなら，これから見ていくドイツの判例および学説は国際課税の議論においても多くの場合国内法の概念を援用しているからである。そこで，以下，ドイツの国内租税法における諸概念のうち，特に重要なものを簡単に考察しよう。

---

15) このような整理は，Kramer, *a.a.O.* (Fn. 7), S. 152 による。
16) 正確にいえば，ソース・ルールとはアメリカ法の概念であるが（水野・前掲註3）30〜32頁），ここではドイツ租税法の所得分類が国際的な側面においてソース・ルールと同じ機能を果たしていることに着目していわば比喩的に「ソース・ルール」と呼んだ。ソース・ルールの二重の機能については，中里実「外国法人・非居住者に対する所得課税」日税研論集33号139頁，185頁（1995年）参照。日本は二重の機能をひとつの条文に担わせていることを指摘した上で，一応，別々の条文に規定するドイツの方法を賢明なものであると評価している。

第2節　国内法上の諸概念

第1款　所得の帰属について

ドイツでは，収入（Bezüge）はそれを獲得した（erzielen）者に帰属するが[17]，いかなる場合に帰属するのかということについて法律の定めは存在しない[18]。そこで，例えばティプケ（Klaus Tipke）は以下のように説明する[19]。

「収入が獲得されるのは，それを稼得した者によってである。収入を獲得するのは，収入を自己の活動（Handeln）に基づいて得た者，すなわち，彼の労働と／あるいは，彼の資産の投下に基づいて，経済的取引に参加することによって収入を得た者である。投下した労働力と使用した資産は所得源泉とも呼ばれる……。」

このような一般論はもっともらしいが，具体的にはどのように判断するのか，また，獲得の主体が法人である場合にどのように考えるべきかということは直ちには明らかではない[20]。

そこで次に，課税要件と事実との関係について考察する一環として所得の人的帰属を取り上げたクルーゼ（Heinrich Wilhelm Kruse）の考えを聞いてみよう。クルーゼ曰く，

---

17)　§2 I EStG.
18)　本款の議論につき，Klaus Tipke/Joachim Lang, Steuerrecht, 16. Aufl., 1998, §9 Rz. 150ff. を参照した。国際課税の文脈では Helmut Debatin, Das Betriebsstättenprinzip der deutschen Doppelbesteuerungsabkommen, DB, 1989, S. 1740 を参照。
19)　Klaus Tipke, Steuerrecht, 9. Aufl., 1983, §11.4.5. このあたりの訳語は，ティプケの教科書の翻訳である木村弘之亮ほか訳『所得税・法人税・消費税——西ドイツ租税法』（木鐸社，1988年）に負う。
20)　人的帰属の問題については，Klaus Tipke, Übertragung von Einkunftsquellen, StuW, 1977, 293; Tipke (Hrsg.), Übertragung von Einkunftsquellen im Steuerrecht, DStJG 1, 1978（とりわけルッペ論文）を参照した。これらの文献を紹介した先行業績として，木村弘之亮「西ドイツ所得税法における所得帰属論（上）」ジュリスト909号96頁（1988年）がある。なお，経済的観察法に関する Klaus Tipke/Heinrich Wilhelm Kruse, AO, §4 (Kruse) も人的帰属に言及する。経済的観察法については，岩崎政明「租税法における経済的観察法——ドイツにおける成立と発展」筑波法政5号30頁（1982年）および同「経済的観察方法をめぐる最近の論争」租税法研究11号127頁（1983年）参照。

197

第1部　第3章　ドイツ法

「所得の人的帰属もまた納税義務者によって行われた事実の経済的性質決定の問題である。というのも，所得税法の租税請求権を基礎づける構成要件〔課税要件〕は経済的地位（Position）を含むからである。事実は私法という手段によって形成されるので，事実は法律に，逆に，法律は事実に徐々に近づかなくてはならない。ここには次のような危険が迫る。法適用者が事実の性質決定にあたって，所得税法の構成要件基準がその経済的意味によって実際に満たされているか，また，その代わりに表面的な私法上の評価で満足するのか，そしてこれによりひとつあるいはいくつもの接近過程を逃すのか，について証明しない，という危険である。事実の私法上の形成は単に事実の租税法上の性質決定への徴憑を提供するに過ぎない。このことは，所得の帰属に際して長いこと見落とされてきた。というのも，所得を自由に処分する権限を誰が持っているか，ということを問うていただけだったからである。このため，再三再四次のことが探求されてきた。譲渡（BGB 398条）あるいは用益権の設定（BGB 1030条以下）によって，所得が譲渡人から譲受人へ，設定者から用益権者へと移転しこれによって課税されるのか，ということである。このような，また似たような，形成は所得税率の累進構造を回避するためにとりわけ親子間で好まれる。しかしその際次のことが見落とされている。譲渡人および用益権の設定者が所得税法の租税請求権を基礎づける構成要件を満たすということである。〔すなわち，〕彼らが農林業（EStG〔所得税法〕13条）あるいは営利企業（15条1項1号1番）を行っている，独立あるいは非独立の労働を行っている（18条，19条），資本資産を使用のために提供している（20条），不動産と集合物（Sachinbegriff）を賃貸し，著作権および商標権を時的に区切って委ねている（21条）。」[21]

このような問題に対して，クルーゼはさらにルッペ（Hans Georg Ruppe）の論文を引用する。所得源泉の移転に関する論文で，ルッペは以下のように述べていた。

「〔大部分の〕所得税法の所得源泉の結びつける要素が本当は――給付の売上で

---

21) Tipke/Kruse, *a.a.O.* (Fn. 20), §4, Rz. 108b (Kruse).

あるところの——市場取引への関与であるならば，所得源泉の帰属主体としては明らかに以下の者であると判断できる。この関与に基づいて給付の提供を意のままにできる者である。すなわち，市場の機会を使い，給付を変化させ，例外的場合には（給付を）やめることによって活動を中止し，資本を引き上げ，賃貸借関係を解約する等の可能性を持っている者である。」[22]

つまり，所得は市場取引に関与した者に帰属する。私法上の所有権の所在によって形式的に判断されるわけではない，というのがルッペの議論の含意である。それは，ドイツにおいて租税法と私法との関係が近年緩やかに理解されていることと軌を一にするといえるかもしれない。しかし，ルッペのいうような人的帰属の判断が私法上の占有といかなる関係にたつのか，また，経済的なリスクは考慮されるのか，といった点は明らかではない。

なお，帰属の問題は費用についても生じる。例えば，事業用の支出なのか私的な支出なのか，ということが問題になるのである[23]。

第2款 利益実現

ドイツにおいてもアメリカや日本においてと同様に，原則として利益実現を待って初めて課税することになっている。ごく簡単にまとめると，次のとおりである[24]。

---

22) Hans Georg Ruppe, Möglichkeiten und Grenzen der Übertragung von Einkunftsquellen als Problem der Zurechnung, DStJG 1, 1978, S. 7ff., S. 18.
23) Tipke/Lang, a.a.O. (Fn. 18), §9 Rz. 227ff. ドイツでは，事業領域と私的領域が区別される（この点につき例えば，Hartmut Söhn (Hrsg.), Die Abgrenzung der Betriebs- oder Berufssphäre von der Privatsphare im Einkommensteuerrecht, DStJG 3, 1980 を参照）。なお，これは法人の所得算定についても用いられる。増井良啓「会社間取引と法人税法（2）」法学協会雑誌108巻4号501頁以下（1991年）参照。
24) Tipke/Lang, a.a.O. (Fn. 18), §9 Rz. 402ff. を参考にした。また，Knobbe-Keuk, a.a.O. (Fn. 1), §6. さらに，Hans Georg Ruppe (Hrsg.), Gewinnrealisierung im Steuerrecht, DStJG 4, 1981; Günther Felix, Zur Gewinnrealisierung, Stb KongrRep. 1980, S. 129. 利益実現原則は1884年の株式法改正法に遡ることができるが，これが所得税法に取り入れられたのは1921年の所得税法改正においてであった（Adolf Moxter, Das Realisationsprinzip- 1884 und heute, BB, 1984, S. 1780ff., S. 1780, Fn. 6)。なお，利益実現原則が納税者に納税資金（キャッシュフロー）があることを課税の条件とすることを求めるものであると理解するならば，それは，納税資金を有しないものには課税

所得課税の場合，利益実現に関する規定は以下のようである。まず，一般論として，実現したら課税する場合と実現していなくても課税する場合とが存在する。前者については，基本的には，対価を受け取ることによって利益が実現し，課税される。しかし，例外として，以下の二つがある。まず，①交換の場合，不可抗力等により代替財産を取得する場合，ならびに所得税法6b条に規定する場合がある。また，②組織変更の場合，他の納税義務者へ含み益をそのまま移転できることがある[25]。これに対して，後者，即ち，実現していなくても課税する場合としては，払出し（Entnahme）の場合，事業放棄の場合，その他がある。

さらに，実現していなくても課税する場合[26]を一般的に「離脱法理（Entstrickungsprinzip）」として説明しようとする考え方が存在する。

第3節　財産の移転について

第1款　はじめに

前節で見てきたようにドイツにおいては企業[27]の事業所得について「事業所」概念を用い，そこへの帰属によって所得の範囲を確定し，このような国内法の方式を国際的局面においても適用してきた。そして，このような方式はOECDモデル租税条約7条と基本的に等しい[28]。OECDモデル租税条約7条1

しないという意味での応能負担原則（吉村典久「地方における企業課税」租税法研究29号19頁〔2001年〕および租税法学会第29回シンポジウム〔同誌66頁以下〕参照）の一環と位置づけられるのかもしれない。
25) 資本会社への現物出資の場合（UmwStG §20）等。Tipke/Lang, a.a.O. (Fn. 18), §9参照。
26) Knobbe-Keuk, a.a.O. (Fn. 1), §7を参照。
27) 「企業」はここではドイツのUnternehmenを指す。企業とはドイツの租税法においては個人企業，人的会社，物的会社を包摂する広い概念である。前二者は所得税に服し，物的会社は法人税に服するという違いはあるが，ここでの探究の目的からすると，単一の法人格の中に事業所という独立の存在が擬制されることこそが問題なので，企業が自然人と対立する意味での法人であるかはここでは問題とならない。自然人も含み，法によって権利義務の帰属主体とされるものでありさえすればよい。そこで，以下では広く「企業」を念頭において議論を進める。
28) 前述のようにOECDモデル租税条約の恒久的施設概念はドイツのBetriebsstätteと同義である。

項では，恒久的施設に帰属する所得に限って恒久的施設所在地国が課税権を行使しうるとされており，これを受けて同条2項では恒久的施設の所得は恒久的施設がその属するところの企業から独立であった場合に得たであろう利得であると規定されている。この第2項は「独立企業の原則」などと呼ばれている（その起源につき，第2章第3節第2款2(5)参照）。

　事業所は私法上の概念ではなかった。このため，事業所は私法において権利義務の帰属主体となることは決してなかった。ところがこのような私法上は独立の法主体ではない事業所に対して，租税法が別の意味を付与している。第一に事業所に所得が帰属するという擬制を導入し，第二に帰属する所得の算定の基礎となる個々の取引について事業所がその属するところの企業とは独立であった場合の利得が事業所に帰属するとみなしたのである。私法上存在しないにもかかわらず，租税法上，所得算定という目的のためには事業所という主体ならびにそれによって行われる取引が存在するものとされるのである。このように私法と離れた結果，事業所の所得算定にはいくつもの困難がつきまとうことになる。事業所が企業の他部門の協力を得ずに行ったと言いうる場合は，さして困難は存在しない。企業が得た利益を事業所が得たものとみなせば足りるからである。しかし，例えば，本店あるいは特定の事業所が企業全体のために研究開発費，広告宣伝費を支出した場合に，その費用の扱いはどうなるのか。また，例えば，事業所相互間，本店事業所間で所得を生み出すのに役立つであろう財産を物理的に移転したらどうなるのか。

　以下ではまず，事業所間での財産の移転についてドイツでどのような議論があったのか見ていきたい[29]。はじめに1969年の連邦財政裁判所判決と行政実務を紹介し，これに対する学説の批判を概観する。さらに，1990年前後に出された財務省通達をもとに，現行の取扱いについて述べ，最後に，近年の議論を見る。

29）本節に関わる詳細な邦語の先行業績としては木村弘之亮「無制限納税義務と制限納税義務とのあいだの異動」（慶應義塾大学）法学研究69巻5号1頁（1996年）ならびに同「国際課税のトレンド——序論」ジュリスト1075号9頁（1995年）がある。

第1部　第3章　ドイツ法

第2款　裁判例と行政実務

1　1969年判決

フォーゲル（Klaus Vogel）はかつて当時の裁判所による固定資産の移転に関する課税上の扱いを次のように要約した[30]。

「内国企業家が事業用の経済財（Wirtschaftsgut）[31]——例えば機械——をその主たる事業から空間的に離れた事業所へ移した場合，この移転は所得税法上原則としてとるに足らない。しかし，機械が移された先の事業所が外国にあってその国とドイツとの間に租税条約がある場合には，判例によれば，この移転は払出し（Entnahme. 所得税法4条1項第1文）[32]として扱われなくてはならない。このため，機械の簿価（Buchwert）が時価（Teilwert. 所得税法6条1項4号）より低いならば，その差額が利益（Gewinn）として課税されなくてはならない。含み益[33]（die stillen Reserven）は『解消され』なくてはならない。連邦財政裁判所はこのような払出し概念の解釈を以下のように根拠づける。すなわち，このようにして課税しないと，移転される経済財の『含み益が終局的に課税を免れてしまう』からである。というのも，いったん機械が外国事業所に組み込まれると，その後に機械を使って得られた利益はその事業所の利益に含まれ，条約によると，その課税権は事業所所在国に留保されているからである。」[34]

---

[30]　本款で扱うのは，Urteil vom 16. Juni 1969, BStBl. II S. 175（1970），Urteil vom 30. Mai 1972, BStBl. II S. 760（1972）．これらの判決以前の文献としては Karl-Heinz Baranowski, Gewinnverwirklichung bei der Überführung von Wirtschaftsgütern in eine ausländische Betriebstätte?, DB, 1962, S. 881 がある。

[31]　以下の文脈では特に断らない限り，経済財とは，日本の所得税法・法人税法の文脈における「資産」と考えてよい。経済財については中里実「企業課税における課税所得算定の法的構造（2）」法学協会雑誌100巻3号502頁以下（1983年）参照。通説は，経済財とはドイツの商法にいう「財産の目的物（Vermögensgegenstand）」に対応する概念であると考えているという（505頁）。

[32]　払出しに関してはキャピタル・ゲイン課税の観点から検討した岩崎政明「事業用財産の『払出し』とキャピタル・ゲインの実現」ジュリスト806号96頁（1984年）がよくまとまっている。払出しと隠れた利益配当との関係については増井良啓『結合企業課税の理論』83～84頁（東京大学出版会，2002年，初出1991年）参照。

[33]　この訳語は木村・前掲註29（1996年）3頁に従う。

[34]　Klaus Vogel, Bemerkungen zur Gewinnverwirklichung und Gewinnberichtigung im deutschen

第3節 財産の移転について

　ここで述べられているのは連邦財政裁判所第一部の1969年7月16日判決[35]についてである。この判決を詳しく見てみよう。

　事実関係は極めて単純である。納税者はドイツで工場を合名会社形態で営んでいた。1960年6月以来，納税者はオーストリアに工場を保有しており，1960年と1961年に合名会社の可動固定資産たる経済財を主たる事業所からオーストリアの事業所へ簿価それぞれ約6万マルク，約5万マルクで移転した。移転した経済財は社員の個人勘定をこえる簿価がついていたが，これを課税に影響を与えることなく帳簿から差し引いた。課税庁は経済財の国外事業所への移転を払出しとして扱い，所得税法5条および6条に基づき時価で評価した。これに対して，納税者は経済財が合名会社の事業領域から離れていないことを理由に利益実現を否定した。しかし，財政裁判所は課税庁の課税を認めた。そこで納税者が上告した。

　裁判所はまず以下のような一般論を展開する。

「納税義務者が経済財を国内事業所からその保有するところの国外事業所へと移転した時，移転された経済財の有する含み益が実現するかという問題にとって，国外事業所が存在する国との間に租税条約があるか否かがまず重要である。

　租税条約がないとき，国外所得の利益はドイツにおいて国内所得と同様に課税される（所得税法1条1項2文）。おそらく，外国において事業所の利益に含まれるドイツの所得税に対応する税額が所得税法34c条1項，2項に基づき税額控除されることにより，租税の軽減が生ずる。〔しかし〕これに応じて，移転された経済財の有する含み益は課税される領域にとどまる。すなわち，移転された経済財の譲渡あるいは払出しによる利益は内国課税に服するのである。

　国外事業所が存在する国との間に租税条約があるとき，事業所の所得への課税権は事業所所在国へと配分されるので，経済財の有する含み益は経済財の外国事業所への移転によって課税される領域から分離する。なぜなら，その経済財のその後の譲渡や払出しからの利益は事業所所在国の課税権に服し，このた

Außensteuerrecht, StuW, 1974, S. 193. この論文は「離脱理論（Entstrickungstheorie）」の発展を要領よく概観している。

[35] Urteil vom 16. Juli 1969 I 266/65 U, BFHE 97, 342. この判決の紹介として，岩崎・前掲註32) 96頁参照。

め,内国課税に際しては評価する〔つまり課税の対象として考慮する〕ことが許されないからである。

それゆえ,租税条約がある国の事業所に移転された時点で経済財が有していた含み益は,所得税法の規定が許す場合のみ,内国課税のために確保される。ここで考慮されるのは所得税法4条1項,2項のみである。すなわち,それは,ドイツと租税条約を結んでいる国の事業所へと経済財を移転することが所得税法6条1項4号によって時価で評価される払出しと見られうるか,調べることである。この問いに,連邦財政裁判所第一部は以下の理由で肯定的に答える。

納税義務者が事業(Betrieb)から,自身のため,その家計のため,またはその他の事業外の目的のために,事業年度のうちに取り出したあらゆる経済財は払い出されたものとされる(所得税法4条1項2文)。これは時価で評価される(所得税法6条1項4号)。もっとも,判例は経済財のある事業から同じ納税義務者の別の事業への移転を払出しであるとは見ない。というのも,移転された経済財は事業領域を離れていないからである。ここではこの考察のためには幾つもの事業が一体を成しており,その全体で企業の事業資産を表している。そしてこの事業資産が企業の私的な(事業以外の)資産と対峙している(1951年12月12日判決,1960年9月30日判決,1964年2月7日判決[36])。しかし,この原則は,利益が同じ原則によって算定されている,同じ種類の所得の事業についてのみ妥当する。なぜならこのような場合にのみ,移転される経済財の有する含み益の,後の実現が保証されるからである。だが,含み益に対する課税が——たとえ後になってからであろうと——保証されていることは,所得税法4条1項2文の払出し概念の解釈にとって重要な意味を持つ。価値に対する税(Wertabgaben)において事業領域から利益を実現させる払出しがあったと見ることは,所得税法4条1項2文の目的と法体系上の意味に相当する(1967年3月16日判決等)。こうして,主として租税上の利益算定体系の目的に依拠する解釈からは,所得税法4条1項2文に言う『事業外目的』は私的目的に限られない。むしろ,別の事業あるいは別の事業所に移転された経済財の有する含み益がさもないと終局的に課税を免れてしまうような場合でありさえすれば,原則として払出しが存在する。農林事業における営利事業資産から経済財が移転する場合に時価で評価される払出しが存在するとした前出67年判決も,この法解釈に基づいている。それゆえ,経済財の移転に際して含み益に対する課

---

36) これらの判決については後述のようにコイク(Keuk)が言及している(第3款2参照)。

第3節 財産の移転について

税が——後になってから行われるにせよ——確保されているかどうかが重要である。資本会社の合併という組織変更に際して，含み益は組織変更によって法人税の領域から出ることがないという前提に基づいて，利益実現を放棄するとき，判例も，先に述べた原則から出発している（1969年5月14日判決）。同様の考慮から判例が利益実現を放棄している場合として，以下のものがある。協同組合の清算なき合併で包括承継の場合。対価なき事業の移転。人的会社の資本会社への組織変更。これら全ての場合について，即時の利益実現が放棄された決定的視点は，含み益に後で課税することが組織変更した会社，あるいは権利の包括承継者において確保されており，それゆえ含み益が同一の租税領域（steuerlich-erheblichen Bereich）にとどまっているということである。逆に，資本会社が人的会社や個人企業へと組織変更する場合（組織変更税法の特別の優遇組織変更を狙ったものである）には，利益実現はそういうわけで放棄されていない。なぜなら，含み益をそれまで存在した資本会社における法人税と社員における所得税の二重課税から守るならば，利益が実現したと判断するのに重要な，含み益を将来課税に取りこむことの確保が保証されていないからである。」

裁判所は以上の一般論から次のように具体的な処理を導く。

「以上より，経済財を別の租税領域に移転するにあたって払出しが認められるべきであるという解釈は正当である。したがって本件でも，この原則を適用することによって，オーストリアの事業所に移転された経済財が移転時に有していた含み益が実現することになる。というのも，さもないと含み益を有する経済財は外国事業所において〔利益を〕実現するかもしれない。そしてその〔含み益への〕課税権が独墺租税条約4条1項[37]によってオーストリア共和国にあるため，将来含み益を課税に取りこむことが確保されていないということになる。したがって，本件ではオーストリアの事業所に移転する経済財の含み益が実現しなくてはならない。オーストリアの事業所の簿記において経済財は払出し価値（時価）で資産計上されなくてはならない（独墺租税条約4条4項参照）。これに対応して，このような含み益が，経済財の外国事業所への移転とその後

---

[37] OECDモデル租税条約7条1項に対応する規定である。

の外国事業所からの譲渡あるいは払出しとの間にいつか生じる内国の課税から除外される。……」

なお，1972年5月30日判決[38]も1969年判決と同様の判断を下している。1971年4月28日判決[39]は全ての営利事業を国外に移転した場合についてのものであるが，払出しではなく営利事業の放棄（所得税法16条3項）の規定を適用して利益実現を認めている。

2 行政実務

財産の移転に関する行政実務についても，簡単に見ておこう[40]。租税条約の位置づけに関して判例とは異なった見解がとられており，それは後に述べるように外国税額控除をどのような制度として理解するかといったことにつながるからである。

行政実務が財産の国際的移転に対して意識的になったのは1950年代に入ってからである。それ以前には財産の国際的移転に関係しそうな規定としては，1920年および1925年に導入された現在の法人税法16条しか存在しなかった。16条1項は資本会社がドイツの納税義務から離脱する場合に，この会社を清算中の会社[41]とみなしてその含み益に課税するものである。また，16条2項は外国法人である資本会社についてその内国事業所を解消し，または外国に移転し，もしくは第三者に譲渡した場合について，前項と同様に扱うものである。この法人税法16条は，事業の全部を移転した場合に限り，また，納税義務者が資本会社である場合に限って適用されるという点で，極めて限定されたものだったといえよう[42]。

個別の財産の移転を明示的に扱った文献としては1952年のデュッセルドルフ上級財政管理部の通知が最初のものである。ここではライヒ財政裁判所のいくつかの判例[43]を根拠に，以下のように言われている。すなわち，経済財を租

---

38) Urteil vom 30. Mai 1972 Ⅷ R 111/69, BFHE 106, 198.
39) Urteil vom 28. Apr. 1971 I R 55/66, BFHE 102, 374. 岩崎・前掲註32）96頁参照。
40) Vogel, a.a.O. (Fn. 34), S. 195f., Hemmelrath, a.a.O. (Fn. 1).
41) §14 KStG.
42) Vogel, a.a.O. (Fn. 34), S. 195.
43) Vogel, a.a.O. (Fn. 34), S. 196, Fn. 20 の諸判例である。しかし，これらはフォーゲルが正当にも

第 3 節　財産の移転について

税条約がある国へ移転するのは，「払出しとして扱われ，時価で評価される」。この定式をフォーゲルにならって「払出し理論」と呼んでおこう。「払出し理論」は明らかに先に見た 1969 年判決が踏襲したところのものである。

　しかし，まさに 1969 年判決の事件において連邦財務省の代理人はさらに異なった理論へと踏み出していた。経済財が外国に移転すること（これを「租税離脱（Steuerentstrickung）」という[44]）によって利益実現（Gewinnverwirklichung）が生じるのは，収益税法（所得税法と法人税法）の一般原則からの帰結であり，租税条約の有無に左右されないと主張したのである[45]。しかも 1968 年に出された統一ラント命令では組織変更（個人企業が資本会社になる）の局面について租税条約の有無にかかわらず利益実現が生ずるとされ，この解釈が 1969 年の組織変更租税法 17 条，18 条，対外関係租税法 6 条においても採用された[46]。このような，財産の国外への移転により，租税条約の有無にかかわらず，その含み益について利益実現が生ずるという考え方をフォーゲルは「離脱（Entstrickung）法理」と呼んでいる。

　以上を要するに，1969 年の時点では，連邦租税裁判所と行政実務は異なった方法で国際的な財産の移転に対応していたといえる[47]。すなわち，連邦租税裁判所の判例は「払出し理論」を採用して所得税法の解釈により財産の国際的移転に対応している。これに対して，行政実務は「離脱（Entstrickung）法理」という一般的な法原則によって対応しようと試みている。それではこれら二つの考え方に対して租税法学者はどのように応対したのであろうか。

　　指摘するように，金銭の移転に関するものであって財の移転に関するものではなかった。金銭の移転については次節で検討する。
44)　課税管轄権からの離脱という意味である。岩崎・前掲註 32) 98 頁は「租税離脱」と呼んでいる。また，木村弘之亮『国際税法』815 頁（成文堂，2000 年）は「課税権からの逃散」と呼んでいる。
45)　Vogel, a.a.O. (Fn. 34), S. 197, Hemmelrath, a.a.O. (Fn. 1), Rz. 101.
46)　Vogel, a.a.O. (Fn. 34), S. 197.
47)　Karl Kohlenbach, Gewinnverwirklichung durch Steuerentstrickung?, DB, 1972, S. 360 はこの差異に意識的ではないように読める。

第1部　第3章　ドイツ法

第3款　学　説

1969年の判決ならびに行政実務に対する反応は大きく二つに分けられるといってよい[48]。ひとつは，判決の法解釈に反対する立場である。この立場からは行政実務のような法原則を立てることにも当然に反対することになろう。もうひとつは，判決を擁護する立場である。この立場の論者の行政実務に対する評価は分かれている。

ここでは，前者についてティプケ（Klaus Tipke），後者についてコイク（Brigitte Keuk），フォーゲル（Klaus Vogel），ノイバウアー（Heinz Neubauer）およびクンプ（Wolfgang Kumpf）の説くところを見ていこう。

1　ティプケ

ティプケは解釈と類推の限界をテーマに三つの判決をまとめて評釈する中で，1969年判決を取り上げている。ティプケはまず法の解釈と，それを超える法

---

[48] Klaus Tipke, Über Grenzen der Auslegung und Analogie, behandelt am Beispiel der "Entstrickung", zugleich Rezension der BFH Urteile I 266/65 vom 16. Juli 1969, I R 55/66 vom 28. Apr. 1971 und I R 205/66 vom 9. Feb. 1972, StuW, 1972, S. 264; Kohlenbach, a.a.O. (Fn. 47); Brigitte Keuk, Die neuere Einkommensteuer- Rechtsprechung des BFH zur Gewinnrealisierung, zur Abwicklung eines Erbfalls und zur Behandlung der Beziehungen zwischen Familienangehörigen, StuW, 1973, S. 74; Keuk, Zur Entnahme im geltenden und künftigen Recht, DB, 1973, S. 890; Vogel, a.a.O. (Fn. 34); Volkmar Kluge, Zur unmittelbaren Anwendung von DBA- Vorschriften bei der Gewinnermittlung, StuW, 1975, S. 294; Peter Hellwig, Die "Steuerentstrickung" in der Rechtsprechung des Bundesfinanzhofs und der Finanzgerichte, FR, 1976, S. 129; Wolfgang Ritter, Grenzüberschreitende Gewinnabgrenzung bei Betriebsstätten- Ein systematischer Versuch, JbFfSt, 1976/77, S. 288; Heinz Neubauer, Grenzüberschreitende Gewinnabgrenzung bei Betriebsstätten- Koreferat, JbFfSt, 1976/77, S. 312; Klaus Thimmel, Steuerliche Behandlung des Dotationskapitals inländischer Niederlassungen ausländischer Unternehmen, DB, 1980, S. 2058; Harald Schaumburg, Spezielle Gewinnrealisierungsprobleme im außensteuerlichen Kontext, in: Hans Georg Ruppe (Hrsg.), Gewinnrealisierung im Steuerrecht, DStJG 4, 1981; Jörn Ulrich Fink, Gewinnzurechnungsmethoden im Verhältnis zwischen inländischer Stammhaus und ausländischer Betriebsstätte, RIW, 1988, S. 43; Ferdinand Pach-Hassenheimb, Die "Entstrickung" von Wirtschaftsgütern im Vorentwurf einer EG- Richtlinie über die Harmonisierung der steuerlichen Gewinnermittlungsvorschriften, DB, 1989, S. 1581; Helmut Becker, Die Besteuerung von Betriebsstätten, DB, 1989, S. 10; Debatin, a.a.O. (Fn. 18); Helmut Debatin, Die sogenannte Steuerentstrickung und ihre Folgen, BB, 1990, S. 826.

第3節　財産の移転について

発見とを区別する。そして後者は法律の欠缺を埋めることに含まれるという[49]。次に，欠缺を埋めることは当然に欠缺の存在を前提とするが，ここで，欠缺と法の存在しない領域（rechtsfreier Raum）とは区別されねばならない[50]。法の存在しない領域について立法者は意識的であり，わざと放置しているのである。欠缺は類推の禁止（Analogieverbot）が存在しない場合に限り埋められるのに対し，法が存在しない領域は法発見によっては埋められることがない[51]。にもかかわらず，他方で，この二つの区別は実際上難しいという。

「離脱（Entstrickung）」についてはどうか[52]。まず，法文の解釈として認めることは，ありうる言葉の意味を超えるがゆえに困難である[53]。では，法発見によって「離脱」を正当化することはできるのか。ティプケによれば，欠缺がないわけではないようである。しかし，「離脱」による利益実現という考え方は，所得税法上の規範としては固まっていない。しかも，課税を基礎づける類推は判例・学説において禁じられている。このため，1969年判決のこの類推の禁止に反している点で問題があることになる。

ティプケの議論の一般論はもっともであるが，最終的な判断は「離脱」が所得税法において規範として存在しているか否かという事実にかかっている。しかも，規範の不存在については何ら論証が行われておらず，その点に不満が残る[54]。

2　コイク

コイクは1973年に利益実現についての判例評釈[55]および払出しについての判例評釈[56]の中で1969年判決に言及している。結論からいうとコイクは判例

---

[49] Tipke, *a.a.O.* (Fn. 48), S. 266.
[50] Tipke, *a.a.O.* (Fn. 48), S. 267.
[51] Tipke, *a.a.O.* (Fn. 48), S. 267.
[52] ティプケの「離脱（Entstrickung）」理解はフォーゲルのそれよりも広いと考えられる。ここではさしあたり，1969年判決の結論が「離脱（Entstrickung）」であると考えておけばよかろう。
[53] Tipke, *a.a.O.* (Fn. 48), S. 266.
[54] Tipke, *a.a.O.* (Fn. 48), S. 268では次のように述べられるのみである。"Damit ist jedoch die bloß vorausgesetzte Realisation nicht in den Willen des Einkommensteuergesetzgebers aufgenommen."
[55] Keuk, *a.a.O.* (Fn. 48, StuW); Knobbe-Keuk, *a.a.O.* (Fn. 1), S. 272ff. も参照。
[56] Keuk, *a.a.O.* (Fn. 48, DB).

の結論に賛成する。しかし，その理由づけには反対する。詳しく見てみよう。

1973年3月21日の連邦財政裁判所判決を評釈する中で，コイクはこの判決の問題点を過去の判例に求める。すなわち，そもそも経済財を同じ納税義務者の他の事業に移転する場合には払出しは認められないという（1969年判決でも引用されている）判例が間違っていたというのである。コイクによれば，このような事象は明らかに所得税法4条1項第2文の払出しの定義に含まれている。コイクは次のように述べる。

> 「鍵は『事業外』の理解にある。所得税法4条1項第2文が基礎として用いている『事業概念』は狭いのか，中くらいか，広いのか，ということについて人々は頭を悩ませてきた。人々は結局，同じ利益算定方法の諸事業がひとつの事業であるということを受け入れた。……所得税法4条1項と5条において大事なのは納税義務者の営利事業からの所得の総額の算定ではなく，具体的に，厳密に分けられた領域，これによってその領域に帰属する事業資産の利益算定である。この領域の利益とは事業資産の増加とこの領域からの払出しの価値の差である。所得税法4条1項第2文の『事業外目的のため』の定式化が意味しているのは，この領域——そこでは事業財産の比較が行われる——の外におく目的ということである。」[57]

このように考えるのであれば，ドイツ国内から，ドイツと租税条約を結んでいる外国の事業所に財産を移転することも当然に払出しを構成することになるはずである。

ところが，結論に至るまでにはもうひとつの階梯が用意されていた。コイクは払出しと含み益への課税とを切り離してしまうのである。コイクはいう。

> 「にもかかわらず，経済財の納税義務者の他の国内事業への移転に関する判例には結論において賛成である。このような事象が所得税法4条1項第2文によって払出しを構成するとしても，この場合に含み益へ課税することが望ましい（geboten）かは全く別の問題であるからである。含み益の解消は，それが租

---

57) Keuk, *a.a.O.* (Fn. 48, DB), S. 891.

税上包含されていることが依然保証され続けるならば，必要でない。だから，この前提のもとにこの事象は——払出しの法律上の構成要件に含まれてはいるが——即時に課税されることなし（erfolgsneutral）に扱われうるのである。」[58]

それでは，経済財を国外の事業所へ移転する場合にはどうなるのか。租税条約がある場合については，払出しが生じた上で，「のちの租税上の包含が保証されていない」がゆえに，課税が行われる。これに対して，租税条約が存在しない場合には，あとで課税できる保証がないにもかかわらず，そもそも，所得税法4条1項第2文の払出しの要件が満たされていないため，課税は行われない[59]。

「なぜなら，ここで経済財は本当は利益算定を行うための具体的な事業領域を離れていないからである。」[60]

コイクの見解は判例の結論を別の論理から基礎づけている。払出しの発生時期と課税時期とを切り離すということは，貸借対照表を通じて，財産比較法による課税所得の算定と実現原則との両立を図っているともいえよう。

3 フォーゲル

フォーゲルはまずティプケの見解を批判する[61]。曰く，

「含み益への課税は租税条約の趣旨によって断念されるという異議に，私は完全には与しない。というのも，国境を越える瞬間に課税するのは確かに，国際経

---

58) Keuk, *a.a.O.* (Fn. 48, DB), S. 891.
59) Keuk, *a.a.O.* (Fn. 48, StuW), S. 76 においては租税条約がなくとも払出しの要件は満たされることが前提とされていたようであるが，Keuk, *a.a.O.* (Fn. 48, DB), S. 892, Fn. 23 において，この見解を改めたことが示唆されている。ドイツでは国内法では外国税額控除方式，租税条約では国外所得免税方式によって国際的二重課税を排除していることを考えると，外国税額控除をどのような制度と考えるか（特別措置あるいは恩恵であるのか，それとも当然に認められるものなのか）によって，租税条約がない場合に国内と国外とで課税領域が同じなのか異なるのかという判断が左右されよう。
60) Keuk, *a.a.O.* (Fn. 48, DB), S. 892.
61) Vogel, *a.a.O.* (Fn. 34), S. 198f.

済取引の困難を除去するという租税条約の目的に反するけれども，国境を越える瞬間に課税するのは租税条約の文言には反しないし，条約は厳格に解釈すべきことが認められているのである。」[62]

とはいえ，フォーゲルはそのまま判決に賛成してしまうわけではない。フォーゲルは連邦財政裁判所の払出しに関する一連の判例について，含み益が（課税の対象として）捉えられている場合とそうでない場合とが存在することを指摘する。そして，租税公平主義からしていずれの場合にも含み益に課税しないこともありうるだろうという[63]。

このように判例に対しては積極的な議論を行っていないフォーゲルであるが，行政実務に対しては，利益実現との関係で詳細に述べている。

フォーゲルはまず利益実現概念について検討する[64]。利益実現概念は，未実現利益には課税してはならず，これに対して事業資産（Betriebsvermögen）の価値の減損はすぐに利益に反映させなくてはならないという所得税法上の原則の裏返しに他ならないという。そして，経営経済学[65]上の「不平等原則」[66]に対応するこの原則は，1920年に所得税法に導入されたものである[67]。実は，賠償問題を背景に，この1920年に所得税の最も高い課税段階における税率が，例えばそれまでのプロイセンでは5パーセントであったのに対して160パーセントに跳ね上がった。このため，未実現利益に課税することは——キャッシュフローがないわけだから——極めて困難になった。つまり，ドイツにおいては実際上のやむにやまれぬ要請から，実現した利益にのみ課税するという原則が生まれたといえる。にもかかわらず，フォーゲルによると，実現原則は今日で

---

62) Vogel, a.a.O. (Fn. 34), S. 199.
63) Vogel, a.a.O. (Fn. 34), S. 199.
64) 利益実現（Gewinnrealisierung あるいは Gewinnverwirklichung）については，第2節第2款で述べた。ここでは，利益実現が法人格あるいは取引と密接に関連していることを思い出しておきたい。
65) 中里実「企業課税における課税所得算定の法的構造（1）」法学協会雑誌100巻1号128頁以下（1983年）参照。
66) 中里・前掲註65) 124頁参照。
67) §§32 Abs. 2 Satz. 2, 33 Abs. 1 Satz. 4 EStG 1920. それまでは，事業資産の価値増加はその生じた年度に課税されるべきこととされていた（Vogel, a.a.O. (Fn. 34), S. 199）。

は憲法上の要請になっているという[68]。

それでは，財産を国外の事業所に移転する場合に，キャッシュフローがないにもかかわらず，例外的に未実現利益に課税することが正当化されるのか。憲法上の問題は除いた上で，フォーゲルは具体的な検討に入る。彼は，財産が移転する先がどのような国であるのかを重視する。相手先の国がその財の含み益に課税しない場合，あるいは，全く逆にその国があらゆる国際的な財産の移転に際して含み益に課税するような場合は，ドイツとしても財産の含み益に課税することが許されるという。極めて例外的場合に限って，行政実務に賛成するわけである。しかも，いずれにせよ，立法することが必要であるともいう[69]。

フォーゲルの考え方はいくつかの前提を置いている。まず，相手国との間で財産が相互に行き交うからネットでは不都合は生じないと見ている。また，納税者から見ていずれかの国で課税されるならば，課税の公平がみたされると考えている[70]。

4 ノイバウアー

ノイバウアーはリッターの報告[71]にコメントする中で「租税離脱（Steuerentstrickung)」に関して重要な提案を行っている[72]。

まず，企業の収益を配分する際には独立当事者間原則に従わねばならず，「このため，事業所から別の事業所に移される経済財は収益配分（Ergebnisaufteilung[73]）のために，またその目的のためだけに，その経済財の第三者への売却が同じ条件下で行われたとしたら売却価格として得られたであろう価値で評価される。もっとも，恒久的施設と本店とは一つの企業であるから，早すぎる利益実現が生じてはならない」[74]。事業所＝恒久的施設独立の原則と国内法による利益実現との緊張関係が意識されている。そこからノイバウアーはいか

---

68) Vogel, *a.a.O.* (Fn. 34), S. 200.
69) Vogel, *a.a.O.* (Fn. 34), S. 200.
70) Vogel, *a.a.O.* (Fn. 34), S. 200. 楽観的であるという印象は否めない。
71) Ritter, *a.a.O.* (Fn. 48), S. 288ff.
72) Neubauer, *a.a.O.* (Fn. 48), S. 312ff.
73)「収益」と訳したが，日本でいう利益（収益から費用を差し引いたもの）に対応すると考えられる。日本における用語法については金子宏『租税法〔第15版〕』264頁（弘文堂，2010年）を参照。
74) Neubauer, *a.a.O.* (Fn. 48), S. 319.

なる解決方法を提案するのか。

ノイバウアーはいくつかの例をあげている。最初は次のようなものである。内国本店が商品（日本でいう棚卸資産）を製造し，これを，外国支店を通じて売るために移転する。外国支店は内国本店に商品の製造費を払うことになっている。このとき，簡単にいうと，移転時に独立当事者間価格を対価とする商品の移転があったことにし，年度末においてまだ第三者に対して売れていない分の利益を棚卸高として貸方記帳する。

次に，商品ではなく，含み益のある固定資産たる経済財を移転する場合。含み益は経済財の（移転先の支店における）使用期間にわたって少しずつ繰り延べられる。ノイバウアーによれば，「要するに，含み益が移転時に実現し同じ額を貸方の調整項目としてたてる。この調整項目は移転した経済財の残りの使用期間に配分され，解消される」。含み益は実現するが，一遍に実現することは好ましくない。そこで，財産の使用期間にわたって少しずつ実現したことにするものといえよう[75]。

なお，判例に対しては，ノイバウアーは次の三点を指摘している[76]。第一に，判例によれば含み益が未実現のうちに課税されてしまっており，これは租税会計法の古くからの原則に反する。第二に，時価（Teilwert）は事業所の利益配分の基準とはなりえない。とりわけ，移転する財産が棚卸資産の場合，時価は原価であるので——国内で製造し国外で販売する場合に，国内に——課税されるべき利益が存在しないことになってしまう。第三に，判例の射程は限定されている。租税条約がない場合には適用されないし，新しい条約に基づいて事業所の利益が免税となった場合にも適用されない。

ところで，実は1974年に第三次租税改革法草案[77]の一環として，次のような規定が提案されていた。すなわち，この草案の所得税法に対応する部分の15条では，従来の4条1項第2文の払出しの定義をより明確にし，また同27条では，従来の6条にかえて，国内の事業（Betrieb）から国外の事業への移転，

---

75) つまり，例えば，残りの使用期間が5年である減価償却資産を内国本店から外国支店へ移転したとする。そして，この財産に含み益が5000あったとすると，毎年1000ずつを5年間にわたって本店で計上し，同じ額を支店で差し引く，ということになる（Schröder, a.a.O. (Fn. 1), Rz. C 116の例）。

76) Neubauer, a.a.O. (Fn. 48), S. 320.

77) Entwurf eines Dritten Steuerreformgesetzes, Drucksache 7/1470 vom 9. Jan. 1974.

214

第3節　財産の移転について

国外の事業相互の移転に際しては，時価で評価することとした[78]。これに対してノイバウアーは次のように述べている。

「所得税改革法草案の 15 条と 27 条の規定は一つの明らかな解決であって，そのことには賛成すべきである。これらの規定は私がこれまで収益配分について話してきたことに対応する。しかし，ここでなお熟慮すべきなのは，含み益の実現によって課税額に影響を与えて（erfolgswirksam）解消する貸方の調整項目を立てることによって含み益に早く課税することを調節する〔すなわちノイバウアーの方法をとる〕ほうが，適切ではないか，ということである。」[79]

5　クンプ

ところで，1980 年代に入るとここまでに見てきたような財産の移転を主題の一つとした博士論文が続けざまに刊行された[80]。クンプ（Wolfgang Kumpf）は，ノイバウアーの方法をさらに一般的に適用することを提案した[81]。

---

78) 草案 27 条の立法理由は，国内事業から国外事業へ経済財が移転する事例を念頭に次のようにいう。曰く，まず，租税条約が存在する場合はもはやドイツで課税できなくなる。しかし，租税条約が存在しない場合であっても，外国税額控除制度があるため，これまたドイツでは課税できなくなる。そこで移転の時点で課税しなくてはならないが，そこでは経済財の価値はいわゆる比準可能な売却価値で（mit dem sogenannten vergleichbaren Verkaufswert）評価されねばならない，というのである。もはや課税できなくなるのかどうか，移転の時点で課税しなくてはならないか，評価は時価でよいのか，といったいくつもの論点が存在するにもかかわらず，立ち入った検討は存在しない。結果的に審議未了で廃案になったこの第三次租税改革法案の審議の過程で，これらの条文について論じられることはなかったようである。

79) Neubauer, a.a.O. (Fn. 48), S. 321.

80) マンハイム大学経営経済学部にシュトルク（Alfred Storck）が提出した博士論文が 1980 年に刊行されている（Ausländische Betriebsstätten im Ertrag- und Vermögensteuerrecht）。また，1982 年にはミュンヘン大学法学部に提出されたヘンメルラート（Alexander Hemmelrath）の博士論文が刊行され（Die Ermittlung des Betriebsstättengewinns im internationalen Steuerrecht-Eine Untersuchung zur "Selbstandigkeit" der Betriebsstätte gemäß Art. 7 Abs. 2 OECD-Musterabkommen），クンプの著書も同年に刊行されている（Besteuerung inländischer Betriebsstätten von Steuerausländern）。

81) Kumpf, a.a.O. (Fn. 80), S. 124ff.; Wolfgang Kumpf, Ergebnis- und Vermögenszuordnung bei Betriebsstätten, in: StbJb 1988/89, S. 399, S. 414. また，Kumpf, a.a.O. (Fn. 80), S. V（ラウパッハ〔Arndt Raupach〕による序文）参照。

クンプは財産および収益が経済的帰属に応じて配分されることを前提に[82]，外国（法）人の内部関係については次のような考察を行う。まず，事業所が（法人格とは）独立に計算をすること（Abrechnung）の法的根拠を問う。第一の説は事業所間の譲渡取引が存在するとみなされるから，独立に計算されるという。第二の説は払込みと払出しが存在するとみなされるから，独立に計算されるという。第三の説は，財産および収益の配分の枠内で割り振り（Zuordnung）を行うために，独立に計算されるという。

このうち，第一の説は事業所を経済的のみならず法的にも独立のものと見てしまうことになるが故にとりえない。また，第二の説は判例がとるところのものであるが，判例には以下の四つの問題がある[83]。まず，財産の国際的な移転によって含み益への課税権がなくなると考えるのはおかしい。また，課税権がなくなるということを認めるとしても，そのような課税権の割り振りは当事国の一方に有利な形でなくドイツの課税権を変更するはずである。さらに，移転時の「離脱（Entstrickung）」は利益実現の時点を許されない形で早めている。最後に，払出し，払込みを時価で評価するのは適切ではない。こうしてクンプは次のようにいう。

「内部取引（Innentransaktionen）において譲渡や払込み・払出しから出発するべきではない。そうではなくて，内部取引とは，一般的収益および資産の配分の枠組みにおいて*配分*〔原文斜体〕のための価格の見直し（Verrechnung）を，内部取引の結果たる収益が経済的帰属に応じて分けられるような方法で，行うためのものである。」[84]

つまり，クンプによれば，内部取引を認識するというのは，収益・財産配分

---

82) この点については，Kumpf, *a.a.O.* (Fn. 80), S. 98ff. とりわけ，S. 104f. クンプは Ruppe, *a.a.O.* (Fn. 22), S. 7ff. を引用している (S. 104, Fn. 33)。確かに，ルッペのこの論文は所得税法における所得の人的帰属について私法的事実形成にとらわれないことを志向するものである。すなわち，所得源泉を自由に処分できるものにこそ所得は帰属するという。しかし，ルッペの所論はあくまで人的帰属に関するものであるから，事業所についても同じことが語れるかどうか，クンプは改めて検討すべきであったと思われる。

83) Kumpf, *a.a.O.* (Fn. 80), S. 121f.
84) Kumpf, *a.a.O.* (Fn. 80), S. 123.

のための,そしてそのためだけの,ひとつの擬制にすぎない。そして,クンプは利益実現がどのように延期されるべきか,経済財の移転その他の給付によって配分がどのように行われるか,といった個別問題の検討に進む。

利益実現については企業全体の観点から見るべきとした上で,利益実現を延期する方法を二つの場合に分けて考察する。このうち国内から国外に財産が移転する場合(国内に事業所,国外に本店がある場合と国内に本店,国外に事業所がある場合)についてはノイバウアーの方法を支持する。ここで,含み益に対する課税権が配分されることはない[85]。というのも,経済的帰属の原則によれば,含み益に対する課税権は含み益が生じた国に残るからである。

これに対して,国外から国内に財産が移転する場合(先と同様に二つのパターンがありうる)についてはこれまであまり論じられてこなかったという。そして,国外で生じた利益ならびに含み益が国内の課税に服さないという点に関して,経済的帰属の原則から従来の学説[86]を支持するが,それ以上の立ち入った検討は存在しない。経済的帰属の原則の立場からは二つの場合につき同じように扱うという結論になるのであろう[87]。

第4款　財務省通達

1　はじめに

1990年に内国法人について,1992年に外国法人について,それぞれ国際的な財産の移転をどのように租税上扱うかに関する財務省の立場が示された[88]。その内容を以下に引用しよう。

2　1990年2月12日通達

「租税条約で外国事業所の所得への〔ドイツによる〕課税が免除されている場合における,その外国事業所に対する経済財(Wirtschaftsgüter)の移転とその

---

[85] この点も,ノイバウアーと同じである。Neubauer, *a.a.O.* (Fn. 48), S. 319.
[86] バラノフスキ(Baranowski)とシュトルク(Storck)の見解である。
[87] この点は,以下に見る行政実務の立場とは異なる。
[88] BMF-Schreiben vom 12. Feb. 1990- IV B 2- S 2135- 4/90 / IV C 5- S 1300- 21/90, DB 1990, S. 351; BMF-Schreiben vom 3. Juni 1992- IV B 2- S 2135- 4/92, DB 1992, S. 1655.

第1部　第3章　ドイツ法

〔ドイツ〕国内への返還

　外国事業所の所得が租税条約に基づいてドイツによる課税を受けないならば，その企業の利益は，適用される租税条約のOECDモデル条約7条に対応する規定によって，内国〔ドイツ〕事業所と外国事業所に，第三者比較の原則（der Grundsatz des Fremdvergleichs）〔事業所独立の原則のもとで独立当事者間価格の原則を適用するようなもの〕にしたがって帰属する。

　各国の最上級課税庁との検討の結果，所得が租税条約によって〔課税を〕免除されているような外国事業所に対する経済財の移転に際して，また，その〔経済財の〕返還に際する，利益実現（Gewinnverwirklichung）の範囲と時点は，企業の法形式とは無関係に，以下のようになる。

　所得配分に際して，第三者比較価格〔独立当事者間価格〕は常に移転時に評価されねばならない。つまり，独立の第三者が同一あるいは類似の条件下で取り決めたであろう価格である。

　しかし，いつの時点で利益または損失が実現するかという問題について，租税条約は定めていない。この問題は一般的な原則から答えられるべきである。一般的原則によると，ある事業所から別の事業所への経済財の移転に際して利益または損失が実現することはない。というのは，経済財は事業領域を離れていないからである。

　それゆえ，個別には以下のようになる。

1　固定資産（Anlagevermögen）

　固定資産である経済財については，利益（損失）に含まれるのは，その経済財の第三者比較価格と，その経済財の移転の時点での所得税法6条に基づく価値〔つまり簿価〕，との差額である。この利益（損失）は経済財の移転の時点ではまだ課税され〔課税所得に反映させ〕得ない。このため，まず貸方（あるいは借方）の調整勘定（Ausgleichsposten）を立てることによって租税帳簿において中立化される。調整勘定は経済財が外国事業所から離れる時に課税額に影響を与えるよう（erfolgswirksam）に償却されねばならない。減耗する固定資産については，調整勘定はその固定資産の外国事業所での残りの使用期間に従って時間に応じて償却されなくてはならない。納税義務者は自分の選択で，固定資産の移転からの利益（損失）を，前出の原則と異なって移転の時点で〔ドイツの〕課税に服させることができる。

218

第3節　財産の移転について

2　流動資産（Umlaufvermögen）

　流動資産である経済財についても，利益（損失）に含まれるのは，その経済財の第三者比較価格と，その経済財の移転の時点での所得税法6条に基づく価値，との差額である。移転される経済財が決算日において明白に外国事業所に存在する限りにおいて，その利益（損失）は経済財の移転の時点ではまだ課税され得ない。このため，まず貸方（あるいは借方）の調整勘定を立てることによって租税帳簿において中立化される。調整勘定は経済財が外国事業所から離れるときに課税額に影響を与えるように償却されねばならない。納税義務者は自分の選択で，流動資産の移転からの利益（損失）を，前出の原則と異なって移転の時点で〔ドイツの〕課税に服させることができる。

3　無体経済財（Immaterielle Wirtschaftsgüter）

　自ら生み出した無体経済財については，前出の1と2があてはまる。自ら生み出した無体経済財の外国事業所への移転が存在するのは，経済財を外国事業所によって排他的に使用または利用させるときである。

4　即時の利益実現を選択する権利の一体的行使

　納税義務者は前出1あるいは2の選択権を，個々の経済年度について外国事業所に移転されるあらゆる経済財についてその都度〔その年度ごとに〕一体的にのみ，行使することができる。ある経済財について選択された租税上の扱いは，信義誠実の原則によってのちの経済年度においても拘束力を持つ（ドイツ連邦財政裁判所1966年4月22日判決参照）。

5　経済財の内国〔ドイツ〕への返還

　外国事業所に移転された経済財がその企業の内国事業所に返還されると，事業所間の利益配分の目的のためには，返還時点の第三者比較価格が出発点とされねばならない。この経済財は租税帳簿においては第三者比較価格で借方記帳される。この経済財のためにまだ存在している，外国事業所への移転に際して立てられた調整勘定は，第三者比較価格を差し引いて課税額に影響を与えることなし（erfolgsneutral）に解消される。

6　適用時点
　〔省略〕」

第1部　第3章　ドイツ法

3　1992年6月3日通達

「経済財の外国事業所への移転

　1990年2月12日の財務省通達の適用範囲が，経済財の外国事業所への移転だけでなく，制限的納税義務を負う〔すなわち非居住者・外国法人の，ドイツ国内に存在する〕事業所から外国本店への経済財の移転にも拡大されうるのかが問われてきた。これについては諸国の最上級課税庁との了解において以下のようになっている。

　1990年2月12日の財務省通達の規定は，その序文から明らかなように，経済財が無制限納税義務者たる企業〔内国法人〕の内国事業所から，その企業の外国事業所へと移転される場合にのみ，有効である。ここでは経済財は企業の全事業領域からまだ離れていないので，経済財に含まれた含み益は，その経済財が実際に企業の事業資産から離脱する時点で，あるいは——減耗する経済財の場合には——それが実際に使われた範囲に限って，はじめて課税の対象に含めることが許される。企業はその全所得，すなわち，外国事業所から得た所得についても内国の課税を受けるので（全世界所得主義），移転によって実現した含み益に対する課税は確保されているのである。

　しかし，経済財が外国企業の内国事業所から外国本店へ移転された場合は事情が異なっている。内国事業所のみが制限納税義務に服し，ドイツによる課税に際しては内国事業所において実現した業務上の出来事だけが事業所の営業利益算定のために考慮されねばならない。内国の制限納税義務者の事業所から経済財を移転するに際して，経済財はドイツの課税高権に服する企業領域を終局的に離れてしまう。それゆえ，早くも内国事業所からの離脱の時点で含み益を暴いて課税しなくてはならない。移転を構成要件とする利益〔含み益〕は外国の本店ではなく内国事業所にのみ帰属する。

　そういうわけで国内租税法の規定は，制限納税義務を負う内国事業所から経済財が離れるに際して1990年2月12日の財務省通達の規定を適用することを許さない。即時に課税することに対して，無差別原則（ein Diskriminierungsverbot）が課税の猶予を命じているとして，異議を唱えることはできない。現行のイタリアとの租税条約においてこのような無差別原則が取り決められているならば，イタリアの企業は事情によっては，〔差別禁止を〕援用することもできたかもしれない。しかし，これは当てはまらない。

事業資産の一体価値の算定に際しての貸方の調整勘定の扱いという問題は，この状況においては生じない。」

4 評　価

こうして，理論的に考えうる四つの国際的な法人格内部の財産の移転のうち，移出の2パターンについて明確な方針が示されている。外国法人については，時価評価による即時の含み益課税であり，内国法人については，時価評価による即時の含み益課税と繰り延べとの選択制である。もっとも，内国法人についてのこの扱いは租税条約が存在する場合に限られている。

この後の文献は，基本的には，移転時に時価評価することによって本店と事業所の間で所得を配分し，固定資産の含み益については残りの使用期間に割り付けるという，ノイバウアーやクンプ，財務省通達の方針を支持している[89]。もっとも，移入の場合の扱い，租税条約がない場合の扱い等はあまり論じられていない。

第5款　まとめ

以上の議論は以下のようにまとめられる。ドイツでは法人格内の国際的な財産移転の租税上の扱いについて様々な意見が提出されてきた。

まず，1969年の連邦財政裁判所判決が定式化する「払出し理論」があった。これは，内国法人が行った法人格内の国際的な財産移転を国内法の「払出し」とみなして即時に含み益に課税するものであった。内国法人の国際的二重課税排除につきドイツでは国内法においては外国税額控除制度，租税条約において

---

[89] 例えば，Schröder, *a.a.O.* (Fn. 1). なお，1990年以降の論文のうち，以下のものを参照した。Kramer, *a.a.O.* (Fn. 7), S. 151; Ferdinand Pach-Hanssenheimb, Der Transfer von Wirtschaftsgütern in eine und aus einer ausländischen Betriebsstätte durch unbeschränkt Steuerpflichtige, BB, 1992, S. 2115; Jörg-Dietrich Kramer, Gewinnermittlung und Gewinnabgrenzung bei Verbringung von Wirtschaftsgütern zwischen Betriebsstätten im Internationalen Steuerrecht, StuW, 1993, S. 149; Jürgen Lüdicke, Aktuelle Besteuerungsfragen bei inländischer Betriebsstätten ausländischer Unternehmen, in, Lutz Fischer (Hrsg.), Besteuerung wirtschaftlicher Aktivitäten von Ausländern in Deutschland, 1995, S. 35.

は国外所得免税制度がとられていることに対応して,「払出し理論」の射程は租税条約が存在する局面に限定されていた。

次に,1969年判決で連邦財務省の代理人がとった「離脱（Entstrickung）法理」によれば,租税条約の有無にかかわらず内国（法）人の財産の国外への移転により利益実現が生じ,即時に含み益は課税される。この「離脱法理」は何らかの明文の規定に基づくものではなく,租税法における一般的な法原則として位置づけられる。

これに対して,法人格内の国際的な財産移転の時期と課税が行われる時期を必ずしも一致させない見解もあった。例えばコイクは,「払出し」の要件とは別に,即時に課税することの必要性を検討した。そして内国法人による国外への財産移転の場合には,租税条約があれば「払出し」が生じ即時に課税する必要もあるのに対して,租税条約がないときはそもそも「払出し」が生じないとした。

しかしながら,「払出し」によって問題を解決する方向は必ずしも主流とはならなかった。むしろ,法人格内での移転によっては利益実現が生じないことを前提に,財産の課税管轄権からの離脱（国外への移転）に租税法上対処しようという見解が現れた。ノイバウアーは移転時の時価で移転があったとみなした上で,含み益に少しずつ課税する方法によって,キャッシュフローがないのに課税されるという不都合を回避しようとした。このような枠組みは,行政によっても採用され（1990年財務省通達）,法人格内部の国際的な財産移転一般に拡張された（クンプ。しかし,1992年財務省通達は射程を内国法人によるアウトバウンドの移転に限定した）。

第4節　利子について

第1款　序　論

1　はじめに

金銭は通常の財産と異なり観念的な存在である。もちろん我々は通常買い物

第4節 利子について

をするに際して紙幣や硬貨を用いるが，ビジネスの現場においては紙幣や硬貨が物理的に移転しているわけでは必ずしもない。むしろ例えば銀行が企業に対して貸付を行う場合には単に貸方記帳に基づくことが多い[90]。実はそもそも金銭にとって貨幣の物理的存在それ自体は本質的に重要ではない[91]。

だとすれば，事業所という物理的な存在をメルクマールとする国際課税の枠組みが，有体財よりもむしろ金銭に関して困難を露呈することは想像に難くない[92]。実際，利子費用の配分について，ドイツの実務と学説は，事業所独立の法理と本店支店の（私）法的一体性との狭間で揺れている。本節では以下，まず「付与資本（Dotationskapital）」という概念を軸に利子費用の配分が論じられていることを指摘した上で（第1款），判例ならびに学説によって提唱されてきた利子費用配分の諸方法を紹介し（第2款），さらに，本支店間に取引を擬制するべきか否かに関する議論を見ていこう（第3款）[93]。

2 付与資本

事業所が控除しうる利子費用の算定に関する，ドイツにおける議論において特徴的なのは，この議論が「付与資本（Dotationskapital）」という概念から出発していることである[94]。付与資本とはいわば企業から事業所に付与される事業所の自己資本を意味する講学上の概念である[95]。事業所が元来物理的な存在に

---

90) シュムペーター『経済発展の理論（上）』258～259頁（岩波文庫，1977年，原著第2版1926年）。
91) この点については，例えば，電子貨幣に言及する岩井克人「インターネット資本主義と電子貨幣」『二十一世紀の資本主義論』79頁以下（筑摩書房，2000年）を参照。
92) ノイバウアーも金融資産を実物資産と対比してその帰属を判定することの難しさを指摘する（Neubauer, *a.a.O.* (Fn. 48), S. 318）。
93) 本節の叙述に対応する概説書，体系書としては，以下のものがある。Schaumburg, *a.a.O.* (Fn. 1), Rz. 18.33ff.; Schröder, *a.a.O.* (Fn. 1), S. 272ff. (S. 298ff.); Hemmelrath, *a.a.O.* (Fn. 1), Rz. 100ff.; Heinz-Klaus Kroppen, in Becker/Höppner/Grotherr/Kroppen (Hrsg.), DBA- Kommentar, 1997, Rz. 175ff. また，研究書としては Hemmelrath, *a.a.O.* (Fn. 80); Kumpf, *a.a.O.* (Fn. 80); Jacobs, *a.a.O.* (Fn. 1); Christoph Bellstedt, Die Besteuerung international verflochtener Gesellschaften, 1973 がある。雑誌論文としては，Ritter, *a.a.O.* (Fn. 48); Neubauer, *a.a.O.* (Fn. 48); Gonnella, Zur Vermögensabgrenzung des Betriebsvermögens inländischer Zweigniederlassungen ausländischer Kapitalgesellschaften, DB, 1986, S. 297; Becker, *a.a.O.* (Fn. 48), S. 10f.; Debatin, *a.a.O.* (Fn. 18), S. 1740f. がある。
94) 実際，参照可能であったあらゆる概説書，体系書がこの用語を用いている。
95) 元来，婚資（dos）という概念に基づく観念であると考えられる。銀行規制関係では，endowment capital という英語があてられていることが多い。最近の OECD での議論においては，無償

着目した概念であったことを想いおこせば，事業所が自己資本を有すると考えなくてはならないとはいえない。確かに，果たして事業所が付与資本を持たなくてはならないのかは問題とされてきたという[96]。しかしここ30年の文献において付与資本を観念する必要がある理由はほとんど述べられていない[97]。ただ，「直接法によると支社（Zweigstelle）は経済的に独立した単位（Einheit）とみなされなくてはならず，監督法で規定されるように自己資本を持たなくてはならない」という連邦財政裁判所判決の一節によれば，事業所独立の法理から事業所の自己資本（すなわち付与資本）保有が導き出されているように思われる[98]。

第2款　付与資本算定の諸方法

1　はじめに

事業所に対して適当な付与資本が配分されることを前提とした上で，いかにしてこの配分を行うのか。この点についてさしあたり4種類の考え方を想定することができる。以下，これらについて簡単に見よう[99]。

2　資本鏡像説

まず，「資本鏡像説（Kapitalspiegelthorie）」[100]によれば，事業所の資本・負債比率が企業全体の資本・負債比率と等しいとみなされる[101]。この方法によれば，企業の規模が大きく，その資本構成が広く知られているような場合には，事業所の資産が企業全体に占める割合を把握するだけで，事業所が控除できる利子

資本（free capital）という用語が用いられているようである。フォーゲルらの注釈書（ヘンメルラートが執筆）の英語版では "allotted—or allotment—capital" という訳語があてられている。

96)　Kumpf, *a.a.O.* (Fn. 80), S. 148.
97)　わずかに Ritter, *a.a.O.* (Fn. 48), S. 302 が子会社と同様に扱うべきことをその理由としている程度である。
98)　BFH Urteil vom 25 Juni 1986, BStBl. II S. 785, BFHE 147, 264, 266.
99)　4種類への分類も含めて，以下の構成は主としてクロッペンの注釈に依拠する。
100)　Schröder, *a.a.O.* (Fn. 1), S. 275; Hemmelrath, *a.a.O.* (Fn. 1), Rz. 100; Kroppen, *a.a.O.* (Fn. 93), S. 53; Schaumburg, *a.a.O.* (Fn. 1), Rz. 18.36.
101)　フライブルク財政裁判所1962年判決が採用する。なお，設立時点の資本・負債比率について BFH Urteil vom 27. Juli 1965, BFHE 84, 69, 80 が，本店，事業所のどちらにも直接結びつかない負債の配分について Neubauer, *a.a.O.* (Fn. 48), S. 318 が，同様に考えている。

費用を明確に算定できることになる[102]。

しかし，第一に，本店と事業所との活動内容が違うならばその活動に必要な自己資本も異なるという前提をとった上で，自己資本比率を画一的に判断するこの方法は適切ではない，との指摘がある。第二に，事業所独立の法理と矛盾するのではないかという批判もある[103]。

この資本鏡像説を明示的に否定したと考えられているのが，1986年の連邦財政裁判所判決である[104]。そこでは，「少なくとも本件に関しては」との限定がついているものの，事業所と，資本鏡像説によって算定された本店の債務との，経済的な結びつきが否定されている。

3　通常性の基準による方法

次に，事業所の付与資本を決めるにあたって，支店において通例となっている額を付与資本として認める方法が考えられる[105]。この方法によれば，類似業種の必要な自己資本額に関するデータをとっておいて，これを各事業所にあてはめることになろう。

しかし，現実には様々な企業の様々な支店によって自己資本の（全資産に対する）比率は異なっていることが指摘され[106]，また，経営経済学[107]によっても自己資本比率が適正であることの価値は今のところ算定できないという[108]。もっとも，例えば金融機関のように業法によって適正な自己資本比率が定められているような場合にはこの方法は有効であると考えられる。

---

102) ヘンメルラートはアメリカにおける実務は資本鏡像説をとっていると理解する（a.a.O.（Fn. 1), Rz. 100, 106 参照)。
103) これら二つの批判を簡単に紹介するものとして Kroppen, a.a.O.（Fn. 93), S. 53。第一の批判の背景には，製造業，販売業という業種の違いによって，必要とされる自己資本の比率が異なるという観察があるようである。第二の批判としては，資本鏡像説は間接法に他ならない，という（Debatin, a.a.O.（Fn. 18), S. 1741)。また，Hemmelrath, a.a.O.（Fn. 1), Rz. 100 も「事業所独立」に反するという。
104) BFH Urteil vom 25. Juni 1986, BStBl. II S. 785 (1986), BFHE 147, 264, 265. 参照しえたあらゆる概説書，体系書において資本鏡像説を否定したものとして引用されている。
105) Kroppen, a.a.O.（Fn. 93), S. 53 はここで BFH Urteil vom 21. Jan. 1972, BStBl. II S. 374 (1972), BFHE 104, 471 を引用する。しかし，この判決では事業所設立時の資本配賦（Erstausstattung）について「支店で通例となっているかどうかによる」とされているにすぎない。
106) Jacobs, a.a.O.（Fn. 1), S. 318.
107) 中里・前掲註65) 128頁以下参照。
108) Becker, a.a.O.（Fn. 48), S. 10.

4 企業の決定に委ねる方法

現在連邦財政裁判所の判例が採用していると考えられるのが，事業所の付与資本の額を企業の決定に委ねるという方法である[109]。ヘンメルラートは次のように言う。

「原則として，事業所に自己資本で資金調達するか第三者からの借り入れとして資金調達するかは，企業家の自由裁量である。それゆえ，企業家はまた，利子を本店に配賦するか事業所に配賦するかも自由に決めることができる。」[110]

確かに，事業所がどのような活動を行い，その際にいかにして資金調達するのかは，本来企業の自由である。濫用的でない限りにおいて企業の決定に委ねるのは，制度の仕組み方として合理的であるといえよう。

むしろ注目すべきはこの方法について，本支店間の場合を親子会社の状況になぞらえるものだという理解が存在することである[111]。しかし，たびたび強調してきているように，本支店間の場合と親子会社では，私法上，取引が存在するのか否か，という点に重大な差異があるはずである[112]。にもかかわらず，最近の連邦財政裁判所の判決は，本支店間の「擬制的な債権」の存否について事業所における記帳を重要な徴表と考えている[113]。このことはドイツにおいて，法人より小さな単位（事業所あるいは本店）を租税法上――少なくともこの局面においては――法主体とみなして課税関係を考えようとする思考が存在することを示すといってよいであろう。

5 機能的関係を重視する方法

これに対して，1995年の連邦財政裁判所判決は次のように言う。

「……それに対応して資産価値が事業所に実際に帰属しているということは，資

---

109) Kroppen, *a.a.O.* (Fn. 93), S. 54; Hemmelrath, *a.a.O.* (Fn. 1), Rz. 100, 100a; Schaumburg, *a.a.O.* (Fn. 1), Rz. 18.33ff.
110) Hemmelrath, *a.a.O.* (Fn. 1), Rz. 100.
111) Kroppen, *a.a.O.* (Fn. 93), S. 54.
112) これはつとに連邦財政裁判所1965年判決が強調していた点である。
113) BFH Urteil vom 29. Juli 1992, BStBl. II S. 63 (1993), BFHE 168, 431.

産価値が事業所で行われている企業の活動と機能的関係を有していることを必要とする。その限りにおいて，対外関係租税法（AStG）8条に関して発展してきた機能的観察法の諸原則の趣旨が斟酌される。このため，一般的な取引理解によって事業所の中で重点が置かれている活動が考慮される。……」[114]

すなわち，ここでは企業者の決定ではなく裁判所による判断こそが前面に出ているといえよう。しかし，ここで目を向けたいのはHinzurechnungsbesteuerung（日本でいうタックス・ヘイブン対策税制）に関する規定が援用されていることである。対外関係租税法8条の機能的観察法とは，付随的活動から生じた所得を主たる活動から生じた所得へ含めてしまうことであるが[115]，この8条は同法7条から14条までに規定されたHinzurechnungsbesteuerungの一環をなすのである。

1995年の判決に対しては，OECDモデル租税条約の枠組みと整合的でないという批判がある。事業所は様々な活動を行っているのに，重点がおかれていないと判断された活動に対応する資産は事業所に帰属しないことになってしまうのはおかしいというのである[116]。

第3款　本支店間「貸付」を認識するか

利子費用の控除可能性に関わる非常に興味深い問題として，本支店間「貸付」の認識の可否がある[117]。すなわち，租税法が関わる限りにおいて本支店間取引を擬制するのか否かという問題である。

さきに，私法上，法人格こそが取引の主体であることから，本支店間には私法上の意味での取引は成立しえないことを見た。私法上の取引がありえないゆえに租税法上も取引を認識せず他の何らかの方法によって所得を本支店間に配分するのか。それとも，私法上は取引が存在しないにもかかわらず何らかの基準を用いて租税法上はあたかも取引があったかのように考え，それに基づいて

---

114) BFH Urteil vom 30. Aug. 1995, BFHE 179, 48, 53.
115) Schaumburg, *a.a.O.* (Fn. 1), Rz. 10.72.
116) Kroppen, *a.a.O.* (Fn. 93), S. 54.
117) Hemmelrath, *a.a.O.* (Fn. 1), Rz. 63ff., 100a; Kroppen, *a.a.O.* (Fn. 93), S. 55.

「所得」を算定するのか。大まかに言ってこのような二つの説が対峙しているのがドイツの学説の現状である。

　まず，あたかも法的に独立の主体間におけるように本支店間にも取引が存在すると（税法上は）考える立場がある（肯定説）[118]。支店を子会社とみなす考え方といってもよかろう。この考え方は事業所＝恒久的施設独立の原則を強い意味に理解することから出てくる[119]。本支店間に取引が存在するとみなすということは，私法上取引が存在しないため多くの国の現行の所得課税の仕組みからは所得は生じていないことになるはずのところに，所得が生じているとみなすということになろう。もっとも本支店間取引を認識して「所得」の発生を擬制したとしても，これらはネットではゼロになると考えられるから，所得を創出したと考えないことも可能だと思われる。

　これに対して，私法上取引が成立しえないことを重視し，租税法上も取引の存在は認められないと考える立場もある（否定説）。多くの学説がこの考え方を採り[120]，また，連邦財政裁判所の判決もこれに従っている[121]。この考え方は事業所独立の法理の射程を限定的に理解することから出てくる[122]。

　なお，否定説の論者でも金融機関については本支店間取引を認識すべきだと考えている場合が多い。

第5節　小　　括

　この章の締めくくりに，ドイツについてみてきたところを振り返っておこう[123]。はじめに，ドイツ租税法には幾つかの原則ないし思考様式が存在することを確認した。第一に，事業所得については，事業所（恒久的施設）への帰属

---

118)　バール，ベルシュテット，ベッカー，クルーゲ，クロッペンといった論者がこの立場に与する。
119)　ヘンメルラートのいう完全独立説である。なお，このような考え方の源流はキャロルの見解（第2章第3節第2款4参照）へと辿ることができよう。
120)　リッター，ノイバウアー，デバティン，ヴェーバー，シュトルク，ヘンメルラート等である。
121)　BFH Urteil vom 27. Juli 1965, BStBl. III 24 (1966), BFHE 84, 69.
122)　ヘンメルラートのいう限定独立説である。
123)　なお，無体財産についてはさしあたり，Günther Felix, Körperschaftsteuerrechtliche Beurteilung sogen. ″Regiekosten″ internationaltätiger Konzerne, StuW, 1964, S. 19.

第5節 小　括

が所得源泉地を決定する機能をも担っていることを指摘した。すなわち，国内事業所へ帰属する所得は国内所得であり，また総合課税の対象となる。もっとも，帰属という概念は，より綿密な検討の余地を残していた。第二に，実定法上の原則としては，利益実現を待ってはじめて課税できることになっている。しかし，多くの例外的規定の存在や体系書の記述からして，ドイツにおいて，資産価値の増加すなわち含み益をカテゴリカルに所得の範囲から除外しようという発想は存在しない。むしろ逆で，キャッシュフローがありさえすれば，課税してもかまわないと考えられている。

　続いて，法人格の内部で国際的に財産が移転する場合についての実務および学説の変遷を追った。そこでは，ドイツの事業所に帰属する財産の含み益にドイツが課税すべきことは一貫して肯定されてきた。そして，その上で，解釈論として，法人格の内部で国際的に財産が転出する場合に課税することが，いかなる根拠に基づいて可能か，論じられてきた。まず，裁判例において，「払出し」の規定に基づいて課税することが提案された。次に，課税庁からは，「離脱（Entstrickung）法理」という一般的な法原則に基づいて課税するという考え方が提出された。これに対して，学説は，課税される時期を問題にする。キャッシュフローがないのに課税するというのは妥当でない，あるいは，立法の根拠が必要であるというのである。こうして，現在の課税実務では，棚卸資産および固定資産について，移転時に時価評価をし，この時価を帳簿に載せて，財産が最終的に第三者に移転し，あるいは，使用されるのに応じて，税額に反映させる，という方法がとられている。なお，納税者の選択によっては，移転時に課税されることも認められている。

　最後に，法人格の内部で国際的に金銭が移転する場合について見た。そこでは，棚卸資産や固定資産といった通常の財産とは全く異なった議論がなされていることに気づく。すなわち，納税義務者が法人である場合については事業所も法人と同様に自己資本を持つことを擬制されている。そして，この「付与資本」（Dotationskapital）が，事業所の控除可能な利子費用を決定するのに大きな役割を果たす。このことを前提に，いかにして付与資本を算出するのかということが論じられているが，未だ決定的な方法は提示されていない。また，「本支店間取引」が租税法上擬制されるか否かについても，議論は必ずしも十分に行われていない。

第4章　アメリカ法

　本章ではアメリカ合衆国において法人格内部における財産の国際的な移転が租税法上いかなる扱いを受けているかについてみていきたい。とりわけ，いかなる国際課税の仕組みが存在し，それは国内租税法の仕組みとどのようにかかわっているか，また，国内租税法の仕組みに対してどのような問題を提起しているのかということに焦点をあてたい。

　そこで，以下，次のような順序で考察する。まず，アメリカ連邦所得税において，国内法上どのような原理・原則が存在するのかみる（第1節）。続いて，アメリカの国際課税の仕組みをごく簡単に概観する（第2節）。第1節で見た諸原則の変容ぶりを観察できるのが第3節以下である。第3節で法人格内部における財産の国際的な移転にかかわる規定を多少広い視角から紹介する。第4節では金銭の国際的な移転にかかわる規定に焦点をあてる。

第1節　国内租税法における諸原則——実現概念を中心に

　ここでは，アメリカの国内租税法における諸原則のうち特に重要なものを，以下の叙述に関係する限りで紹介する。

第1款　所得概念

　アメリカ連邦所得課税において，所得はどのように定義されているのだろうか。

　内国歳入法典には61条に総所得（gross income）の定義があり，そこでは「あらゆる源泉からの全ての所得（all income from whatever source derived）」とされている。同71条以下の規定も総所得に入るもの・入らないものを列挙す

231

るのみである。総所得とはあくまで課税所得計算の出発点にすぎず，最終的には 63 条の定義する課税所得（taxable income）の概念が税法上の所得の概念ということになるが，この課税所得という概念も実定法上の規定に従って算定されるものというしかない。このように，実定法上は，そもそも所得とは何かということは定義されていない。

しかし，実定法の背後にある所得の概念としては，ヘイグ（Robert Murray Haig）とサイモンズ（Henry C. Simons）による所得の定義が広く支持されてきた。サイモンズによると，所得とは「(1) 消費によって行使された権利の市場価値と，(2) 期首と期末の間における財産権の蓄積の価値の変化の合計」である[1]。そして「ヘイグ・サイモンズによる所得の定義」として知られるこのような定式は，多くの経済学者，法律家によって所得税の公正さを図る基準として用いられている[2]。これは我が国において包括的所得概念として知られているものである[3]。

【補論　ヘイグ（Robert Murray Haig, 1887-1953）の所得の概念について】

アメリカにおける租税法・租税政策の議論では，非常に頻繁にヘイグ・サイモンズの所得の概念への言及がなされる。しかし，実際に彼らの議論の内容に立ち入った検討が行われることはほとんどない。これに対して，日本では，包括的所得概念をベースラインとして採用して非営利公益法人についての議論を展開する藤谷武史が，ヘンリー・サイモンズの著書を読み込んでいる[4]。

ここでは，サイモンズと並んで所得概念の始祖とされながら，あまり検討されることのない[5]ヘイグの所説を分析してみたい。というのも，ヘイグの論文

---

1) Henry C. Simons, Personal Income Taxation, 1938, 50. 金子宏「租税法における所得概念の構成」同『所得概念の研究』1 頁，25 頁（有斐閣，1995 年，初出 1966 年・1968 年・1975 年）の訳による。
2) Boris I. Bittker & Lawrence Lokken, Federal Taxation of Income, Estates and Gifts, ¶3.1.1 (Haig-Simons Definition of "Income"). もっとも，このような所得概念が唯一のものではない。ヘイグ・サイモンズ流の包括的所得概念をヒックス・フィッシャーらの系譜（「経済的現価所得概念」）と対比する辻山栄子『所得概念と会計測定』第 1 部（森山書店，1991 年）参照。
3) 金子・前掲註 1) 24～26 頁参照。なお，渕圭吾「所得の構成要素としての純資産増加」金子宏ほか編『租税法と市場』92 頁（有斐閣，2014 年）も参照。
4) 藤谷武史「非営利公益団体課税の機能的分析 (2)」国家学会雑誌 118 巻 1 = 2 号 1 頁（2005 年），23～58 頁。
5) ただし，金子・前掲註 1) 25 頁，藤谷・前掲註 4) 28 頁参照。

第1節　国内租税法における諸原則

は所得課税が始まったばかりの時期に書かれており，所得概念に対する広く共有された理解が存在しなかった当時の裁判例や実務に対してこの論文が影響を与えた可能性があるからである。

　ヘイグの論文「所得の概念——経済的および法的側面」は，彼自身が編者となっている論文集『連邦所得税』の第一論文として1921年に公表されている[6]。この論文集は，1920年12月に，ヘイグが当時准教授として所属していたコロンビア大学ビジネス・スクール（School of Business, Columbia University）において行われた講演会において発表された報告を集めたものである。ヘイグ以外には，イェール大学の経済学の教授だったアダムズ（Thomas S. Adams），コロンビア大学の憲法の教授だったパウエル（Thomas Reed Powell）らの名が並んでいるほか，コロンビア大学の経済学の教授であったエドウィン・セリグマン（Edwin R. A. Seligman）が序文を寄せている[7]。

　ヘイグは，国や時代によって異なる現実の課税所得（taxable income）と，経済的な所得（economic income）とを区別した上で，前者はできるだけ後者に近いほうが望ましい，と考えている。経済的な所得を基準にすることで，納税者間の公平をもっともよく達成できるからである。

　さて，経済的な所得について，経済学者の間で意見の相違はあまりないというのがヘイグの立場である[8]。彼はおおよそ次のように議論を進める。近代経済学において，所得とは究極的には「満足ないし無形の心理的経験の流入」であると考えられてきた（別のところで，ヘイグはこれを「真の所得（true income）」と呼んでいる[9]）。しかし，経済学者たちは，経済分析に耐える，もっとはっきりした，もっと均質なものが必要なので，金銭（money）で所得を測ることになる。次に，モノの使用や満足そのものを金銭評価するのではなく，それらを得るための財やサービスを金銭評価して，それを所得であると見ることになる。

---

[6] Haig, The Concept of Income: Economic and Legal Aspects, in Robert Murray Haig (ed.), The Federal Income Tax, 1921, 1.
[7] 当時，セリグマンはMcVickar Professor of Political Economyであった。創設された1904年以来彼が名乗っていたこの教授職は，1931年にヘイグが引き継ぎ，さらに1953年にはシャウプ，1971年にはヴィックリー，1982年以来フェルプスがこの職にある。租税・財政に対する経済学の分析手法の変遷を反映しており，興味深い。
[8] Haig, *supra* note 6, 2.
[9] Haig, *supra* note 6, 7.

233

ここに至って，元々の「満足ないし無形の心理的経験の流入」とは大きな乖離が生じている。というのも，同一の財やサービスを受けたところで，人によって満足の度合いは異なるはずだからである。さらに，多くの現実の所得税においては，財やサービスを金銭評価するのではなく，財やサービスを購入できるような金銭を受け取った段階で所得があったとみなしている。現実には，財やサービスの購入はずっと後の時期に行われるかもしれないことを考えると，ここでも元々の「満足ないし無形の心理的経験の流入」とは大きな乖離が生じている。しかし，これらの乖離は，理論的な不公正をもたらすものではない。もっとも，金銭ではなく現物で（in kind）所得を得た場合にこれをカウントしないのは不公平である。

以上の検討をもとに，ヘイグは所得の捉え方として二つの選択肢を提示する[10]。第一に，一定期間に使用された財・サービスの金銭価値によって捉える方法がある。第二に，一定期間に受け取った金銭それ自体と金銭を使った取引を経ずに直接受け取った財・サービスの金銭価値の和として捉える方法がある。

このうち，第一の方法は，純粋な消費税（pure consumption tax）である。ジョン・スチュアート・ミルやイタリアの論者たち（例えば，エイナウディ）も（ヘイグのここでの分析とは）異なった分析からこの結論に達している。

しかし，第二の方法こそが，近代の諸所得税法において所得の定義として採用されてきたものである。この定義によれば，所得とは，人の一定期間の購買力（ただし，金銭ないし金銭評価可能なものから成るそれ）の増加，ということになる。もっと単純に言えば，所得とは二時点間の人の経済力の純増の金銭価値，である[11]。

ヘイグはこの定義が，（満足の流入という）真の所得に対する近似（approximation）であることを確認した上で，所得の定義を狭める方向で要件を付け加え

---

10) Haig, *supra* note 6, 6. ここの叙述は重要なので原文を引用しておく。

"It is necessary as a practical proposition to disregard the intangible psychological factors and have regard either for the money-worth of the goods and services utilized during a given period or for the money itself received during the period supplemented by the money-worth of such goods and services as are received directly without a money transaction."

11) Haig, *supra* note 6, 7.

"Income is the *money value of the net accretion to one's economic power between two points of time*."

る学説の批判に向かう[12]。この学説とは，分離（separation）を所得の要素として要求し，後述のマコンバー判決（*Eisner v. Macomber*, 252 U.S. 189（1920））を理論的に支える，セリグマンの所説である。セリグマンは，所得と言えるためには分離が必要であり，それゆえ株式配当は所得ではない，と主張していた[13]。ヘイグは，分離を要件とする狭い所得の定義を三つの問題[14]について検証しているが，要するに，ヘイグのような広い所得の定義を採用することで，投資対象は様々ではあるが経済的に等しい諸個人に対して同じ課税を行うことができるという。

　ヘイグは次に，彼の所得の概念が，会計実務において行われてきたことと一致していると述べる[15]。ヘイグによれば，実現を待って課税する（実現主義）というのは，所得概念自体に対する修正ではなく，所得概念を前提に，所得課税を取り巻く環境が不完全である場合に課税方法に修正を加えるものに過ぎない。当時のアメリカにおける環境の不完全性として，ヘイグは以下のものに言及する。第一に，通貨の価値変動に伴う，経済力を把握することの困難。第二に，帳簿を付けていないものが存在すること。第三に，租税に関する執行体制が十分に整っていないこと。ヘイグによれば，これらはやがて解消されるものであり，いずれは所得概念に従った課税がなされるべきなのである。

　以上のようなヘイグの議論の検討の結果，次のことが言えよう。ヘイグが所得の定義に関する議論を自然人の満足や効用から出発させていることを考えると，彼の所得の定義は消費への近似として捉えられるべきである。言い換えると，所得概念を論じるにあたって，発生型と消費型を対置し，前者の中に包括的所得概念と制限的所得概念を位置づけるのはミスリーディングである。むしろ，発生型も消費型も，包括的所得概念を具体化する諸ヴァージョンのうちの二つのヴァージョンにすぎないと考えるべきである。

---

12) Haig, *supra* note 6, 7-11.
13) Edwin R. A. Seligman, Are Stock Dividends Income?, 9 American Economic Review 517 (1919).
14) 株式配当，未分配の会社の利益，資産（例えば，不動産）の含み益。
15) Haig, *supra* note 6, 11-19.

第2款 実現と不認識

1 はじめに

アメリカ連邦所得税においては,「実現（realization）」の概念が重要な機能を果たしてきた[16]。実現が厳密に何を意味するのかというのは難しい問題なので,さしあたり,財産（property）の売買をはじめとする,納税者と財産との関係が大きく変動するあらゆる行為を指す,と考えておく[17]。

実現を待って,また実現した限りで,財産の含み損益ないし原価との差額が課税所得に反映される,という考え方は会計実務に起源を求めることができるようであるが[18],連邦所得課税が本格的に始まると同時に受け入れられた[19]。その経緯をもう少し詳しく述べるとすれば,以下のとおりである。

連邦憲法に対する第16修正（1913年）を受けた最初の本格的な連邦レベルの所得税法である1913年法[20]に基づく財務省規則（article 107 of Regulations 33）においては,ヘイグ・サイモンズの所得概念に近い,未実現の利得も所得であるとの考え方が採られていたようである[21]。しかし,1918年の同規則の改正において（article 106）,少なくともキャピタル・アセット[22]について,「売却または処分（sale or disposition）」により実現した利得が所得（gross income）として申告されるべきことが定められた[23]。

---

16) 代表的な先行研究として,金子・前掲註1) 57～77頁。
17) Bittker & Lokken, *supra* note 2, ¶5.2 における叙述を参考にした。William A. Klein, Joseph Bankman & Daniel N. Shaviro, Federal Income Taxation, 14th ed., 2006, 27-28 [Chapter 1, G. 4] では,「損益が実現したと言えるのは,税法上損益が考慮されるかもしれないというような何らかの状況の変化があった場合である」という同語反復的な定義が与えられている。
18) Haig, *supra* note 6, 14.
19) 20世紀前半に至るまでのアメリカ連邦所得税における実現概念については,石島弘「税法の所得概念における実現概念 (1)」甲南法学 18巻1=2号1頁（1978年）参照。
20) ウィルソン大統領の下,関税引き下げと同時に提案された。歴史的背景につき,畠山武道「アメリカに於ける法人税の発達 (1)」北大法学論集 24巻2号233頁（1973年）, 252頁参照。
21) Bittker & Lokken, *supra* note 2, ¶5.2, note 10.
22) アメリカ連邦所得税には通常所得（ordinary income）とキャピタル・ゲイン（capital gain）という2種類の所得区分しか存在しないが,キャピタル・アセット（capital asset）は後者の基因となる財産のことである。
23) Bittker & Lokken, *supra* note 2, ¶5.2, note 10.

ところが,1920年に最高裁判所のマコンバー判決が現れた[24]。この判決は,「株式配当(stock dividend)」が第16修正にいう意味での「所得(income)」にあたらないと判断した。この判決は,文字通りに受け取るならば,第16修正によって確立したかに思われた連邦の所得に対する広い課税権に制約を加えると同時に,実現(正確にいえば,資本〔capital〕からの分離)を憲法が要請する所得の要件であるとするものであった。しかし,その後の判例は,実現といえる事象の範囲を比較的緩やかに解してきた。このため,実定法に基づく課税が未実現の利得に対する課税として違憲と判断される事例は見られない。もっとも,このことは,実現概念の重要性が減少したことを意味するわけではない。現在に至るまで,利得が実現して初めて課税の対象として認識(recognition)されることになっており,未実現の利得を課税の対象とするためには制定法における定めが必要である。このことは,内国歳入法典1001条において黙示的に表現されている[25]。すなわち,同条a項によれば,「財産の売却その他の処分(sale or other disposition of property)」から生ずる利得(gain)は,「実現した額(amount realized)」から「財産の調整簿価(adjusted basis of the property)」を控除した差額として定義されている[26]。そして,「実現した額」とは,受領した金額と受領した金銭以外の財産の時価(the sum of money received plus the fair market value of the property (other than money) received)であると定義されている(内国歳入法典1001条b項)[27]。このため,未実現の財産の価値増加(unrealized appreciation)は課税所得(正確にいえばその前提たる総所得)にカウントされないのである[28]。

---

24) *Eisner v. Macomber*, 252 U.S. 189 (1920). この判決については,金子宏「アメリカの連邦所得税における『株式配当』の取扱い」同『所得概念の研究』189頁,194~196頁(株式配当等問題に即して論じている)(有斐閣,1995年,初出1973年),岡村忠生「マッコンバー判決再考」税法学546号49頁(2001年),52~53頁(組織再編という領域において同判決が果たしてきた機能を考察している)参照。
25) Bittker & Lokken, *supra* note 2, ¶5.2, note 7.
26) 内国歳入法典61条(a)(3)は「財産を取引したことにより生じた利得(gain derived from dealings in property)」が総所得(gross income)であるとしている。そして,ここでいう「利得」の意味を明らかにしているのが,内国歳入法典1001条である。
27) Bittker & Lokken, *supra* note 2, ¶43.1.
28) Bittker & Lokken, *supra* note 2, ¶40.2.

2 「課税に適する事件」の範囲

それでは，いかなる場合に利得（gain）（ないし損失〔loss〕）は実現するのか[29]。別の言い方をするならば，「課税に適する事件（taxable event）」[30]には何が含まれ，何が含まれないのか。

(1) 贈与・遺贈

まず，贈与（gifts）や遺贈（bequests）によって損益が実現することはない（ただし，すぐ後に述べるように，遺贈の趣旨による）[31]。贈与や遺贈のような財産の無償での移転（gratuitous transfer）は，対価ゼロの実現（「実現した額」がゼロ）とは扱われない。そうではなくて，いわば何も生じなかったと考えられる。贈与の場合には贈与者における取得費（basis）が受贈者に引き継がれるが，遺贈を含む死亡を契機とする財産移転の場合には相続人のもとでの取得費が死亡時の時価となってしまう。それにもかかわらず，遺贈は「課税に適する事件」でないばかりか，みなし実現（constructive realization）の扱いすらとられていない[32]。

これに対して，何らかの債務が存在しその債務の満足（satisfaction of claims）として財産を移転する場合（つまり，代物弁済の場合）には，財産に関する損益が実現する[33]。

財産の移転が代物弁済の一環であるかどうかが問題となる場合の一例として，遺贈に伴う財産の移転があげられる。既に述べたように遺贈に伴う財産の移転によっては損益が実現しないが，それには条件がある。遺贈が特定の財産を移転するという趣旨のもの[34]であり，その満足のために特定された財産が移転する場合には，確かに，財産に関する損益は実現しない。しかし，遺贈が金銭の

---

29) 会社株主間取引を念頭に置いた紹介として，水野忠恒『アメリカ法人税の法的構造』14～16頁（有斐閣，1988年）参照。
30) 金子・前掲註1) 69頁の訳語を参照した。
31) Bittker & Lokken, *supra* note 2, ¶40.3. なお，渕圭吾「相続税と所得税の関係」ジュリスト1410号12頁（2010年）も参照。
32) みなし実現（日本でいう「みなし譲渡課税」）を定める立法が成立しないどころか，取得費の引き継ぎを定める1976年改正による内国歳入法典1023条すら4年後の1980年には廃止されてしまった。
33) Bittker & Lokken, *supra* note 2, ¶40.4.
34) 特定財産遺贈（specific legacy）と呼ばれる。

給付を内容とするという趣旨のもの[35]であり，その満足のために遺産管理人が金銭ではなく遺産（estate）を構成する（土地や株式等の個々の）財産を移転する場合，これらの個々の財産についての損益が実現する[36]。というのは，遺産に義務づけられているのはそこから一定の経済的価値を受遺者に与えることであり，財産の移転は金銭を与えることに代わるものとして評価されるからである。

(2) 共有財産の分割

次に，共有財産を分割することは，「課税に適する事件」ではないと考えられている[37]。同様に，合有財産権（joint tenancy）を共有財産権（tenancy in common）へと転換すること（conversion）も，「課税に適する事件」ではない[38]。これに対して，共有関係の成立は「課税に適する事件」であるとされている。

なお，1984年に内国歳入法典1041条の制定によって広く不認識として扱われるようになるまでは，夫婦の一方の特有財産（separately owned property）が離婚時の夫婦財産の清算（marital property settlement）において移転するのも「課税に適する事件」であるとされていた[39]。

(3) 売買と担保の区別

財産が移転することが「課税に適する事件」であるための条件であるから，財産がある者に帰属しているといえるか否かが，損益の実現にあたっては決定的に重要である[40]。財産の売却（sale）と財産を担保とした金銭消費貸借（loan）との区別にあたっては，この財産の帰属という問題が顕在化する[41]。

この問題は，まずは私法上の問題である。古くから，形式的には売買であるにもかかわらず，エクイティ上ないし制定法上，金銭消費貸借のための担保で

---

35) 金銭遺贈（pecuniary legacy）と呼ばれる。あるいは，一定の金銭的価値を給付するという趣旨の遺贈であると考えることもできるかもしれない。
36) 特定財産遺贈において，特定されていたのと異なる財産を移転する場合も同様である。
37) Bittker & Lokken, *supra* note 2, ¶40.5.
38) もっとも，（一筆の土地を分割するのではなく）隣接していない複数の区画の土地について各区画をそれぞれ別の人が所有するように分割する場合には，「課税に適する事件」として扱われるようである。
39) *United States v. Davis*, 370 U.S. 65 (1962). *See also* Bittker & Lokken, *supra* note 2, ¶40.6. なお，金子宏「所得税とキャピタル・ゲイン」同『課税単位及び譲渡所得の研究』89頁，102～103頁（有斐閣，1996年，初出1975年）も参照。
40) 財産の帰属に関するアメリカでの最近の議論につき，渕圭吾「所得課税における帰属（tax ownership）をめぐる研究動向」学習院大学法学会雑誌45巻1号173～204頁（2009年）参照。
41) Bittker & Lokken, *supra* note 2, ¶40.7.

あると扱われる例があった[42]。

　連邦所得税においても，形式的な所有権（title）の移転が財産の帰属を変更するのかどうか，問題となった例は少なくない。例えば，*Helvering v. F. & R. Lazarus & Co.*, 308 U.S. 252 (1939) においては，ラザラスというデパートを経営する会社（納税者）がその店舗にかかる建物の所有権（legal title）を銀行に移転し，この銀行が受益証券保有者（受益者）のために建物の受託者となっていた[43]。さらに，建物はラザラスに対して長期間（99年間）の賃貸（lease）に供されていた。いわゆる，sale and leaseback[44] の仕組みである。納税者が建物についての減価償却費を損金算入したのに対して，内国歳入庁長官は減価償却の資格が所有権（legal title）に従うとしてこれを否認した。同種の事案についての控訴審段階の判断が分かれていたため，最高裁判所は本件についてのサーシオレイライを認めた。最高裁判所は，減価償却の資格が必ず所有者（owner）にあるわけではなくむしろ投資した資本が減価することによる損失を被る者にあると判断した。その上で，租税訴願庁（the Board of Tax Appeals）の事実認定を是認した。租税訴願庁の事実認定とは，書面上は納税者から銀行への所有権の移転と賃貸借という取引（the transaction between the taxpayer and the trustee bank, in written form a transfer of ownership with a lease back）が実際には財産を担保とした消費貸借（a loan secured by the property involved）であったというもので，納税者の主張を裏づけるものであった[45]。

　この判決からわかるように，財産の帰属の問題について実質的に判断することは，必ずしも納税者に不利になるわけではない。財産の帰属は，租税回避否認の問題とは切り離して論じられるべき，ニュートラルな問題である。

---

42) 例えば，金銭消費貸借の担保として不動産が移転した場合に，形式的には売買であるにもかかわらず，売主と称する当事者に受戻し（redemption）の権利を認めた，*Peugh v. Davis*, 96 U.S. 332 (1877) 参照。

43) なお，不動産の一部については，ラザラスから銀行へ所有権を移転するのではなく，銀行との間で期間99年の賃貸借（lease）が行われていた。以下，適宜事案を簡略化して紹介する。

44) セール・リースバックについては，例えば，増井良啓『結合企業課税の理論』308頁（東京大学出版会，2002年）参照。前註で述べた賃貸借に対応する部分については，リース・アンド・ソースバックということになる。

45) 判決は，前述の *Peugh v. Davis*, 96 U.S. 332 (1877) をはじめとするエクイティ法廷（courts of equity）の先例を引用した上で，租税の世界でも（課税庁・裁判所の判断にあたって）実質と現実（substance and realities）が重視されるとしている。なお，渕圭吾「アメリカ信託税制の諸問題」信託239号27頁，40頁（2009年）も参照。

なお，現在に至るまで，財産の帰属の判断をめぐる問題は後を絶たない。いわゆるフィルム・リースをめぐる事件[46]において，第八巡回区控訴裁判所は，税法上減価償却の資格を有する所有者（owner）の判断基準として，次のような諸要素を挙げている。「①所有権（legal title）が移転したかどうか，②当事者たちによる当該取引の取り扱い方，③買い手が財産に対する何らかのエクイティ上の権利（equity）を取得したかどうか，④買い手が財産に対する何らかの支配を行っているか，また，その場合，どの程度の支配なのか，⑤買い手が財産への損失・損害への危険を負担しているかどうか，⑥買い手が財産の使用ないし処分からの便益を受け取ることになっているかどうか」[47]。

　さて，借入金が所得とはならない[48]ことを前提に，担保として供される財産の取得費（basis）を超える額の借り入れをノン・リコース（nonrecourse）で行う場合に，借り入れの時点で財産に関する損益が実現するのかどうかが問題とされた[49]。確かに，ノン・リコース，つまり，財産の価格を超える部分について人的責任を負わない以上，借り入れを行ったものは財産の価格下落のリスクから解放されている[50]。そうすると，ノン・リコースでの借り入れが「財産の売却その他の処分」（内国歳入法典1001条a項）に該当すると考えることもできそうである。しかし，裁判所は，ノン・リコースでの借り入れも真正な借り入れであり，それによって担保に供された財産を「処分」したことにはならない

---

46) 日本のパラツィーナ事件（最判平成18年1月24日民集60巻1号252頁）と事案は類似する。多くの事案において，映画フィルムに対して投資したパートナーシップが映画フィルム自体を購入した（つまりこのパートナーシップが映画フィルムのownerである）のか，それとも，映画フィルムからの利益に参加する契約上の権利を取得したに過ぎないのか，が争われた。（パートナーシップを構成する）納税者が映画フィルムの所有者（owner）であると言えるならば，彼にこの映画フィルムにかかる減価償却費の損金算入や投資税額控除（Investment Tax Credit）（1982年から1990年まで内国歳入法典48条k項が映画フィルムについての投資税額控除を認めていた）の資格が認められることになる。
47) *Upham v. Commissioner*, 923 F. 2d 1328, 1334 (8th Cir. 1991). *See also* Bittker & Lokken, *supra* note 2, ¶40.1, note 15.
48) *See e.g.*, Klein, Bankman & Shaviro, *supra* note 17, 145 [Chapter 2. G. 1].
49) Bittker & Lokken, *supra* note 2, ¶40.7.2.
50) 例えば，取得費1万ドル，時価1万5000ドルの土地を担保に，ノン・リコースで1万2000ドルを借りたとする。この場合，借り手は，たとえ土地の価値がゼロへと下落したとしても，何ら人的債務を負わない。他方，この土地の価値が1万2000ドル以上であるならば，借り手にとっては1万2000ドルを債権者に返したほうが得である。

と判断した[51]。

財産の一部にかかる経済的価値（"carved-out" interests）を手放す場合に，それが「財産の売却その他の処分」に該当するかどうかということが問題となる[52]。一筆の土地の一部（の持ち分）を他人に譲渡する場合，それは「財産の売却その他の処分」にあたる。ところが，このように共時的に切り分けるのではなく，通時的に分割する場合には，「財産の売却その他の処分」に該当するか必ずしも明らかではない。例えば，保有している株式からの配当のうち今後受け取る1万ドルのみを他人に譲渡することは，株式の一部についての「売却その他の処分」にあたるのか。もし，「財産の売却その他の処分」にあたるのであれば，財産の取得費を売却された株式と手元に残った株式とに按分する必要がある。これに対して，同じ事実関係を，ノン・リコースでの借り入れと構成することもできるかもしれない[53]。このような財産の一部にかかる経済的価値の移転は採掘業では一般的であるが，それ以外の業種ではもっぱら節税目的で利用されているようである。このため，この分野に関する実定法の規定は大変入り組んだものになっている。

(4) 交換・現物出資

交換により損益が実現することは，古くから認められている[54]。同様に，現物出資によって，出資した財産に関する損益が実現する。

なお，内国歳入法典1001条a項に関する財務省規則では，同条にいう「処分（disposition）」のうち交換については「種類・程度において相当程度に異なる他の財産との交換」のみを含むとしている。しかし，最高裁判所は，1991年の判決で，このような（「相当程度に異なる」という要件を読み込む）財務省規則による内国歳入法典の解釈を承認した上で，モーゲッジ付債券から成るポートフォリオをほとんど同じ内容の別のポートフォリオと交換する場合でも，

---

51) *Woodsam Associates Inc. v. Commissioner*, 198 F 2d. 357 (2d Cir. 1952). この事件で納税者は，（既に時効にかかっている）12年前の課税年度に行ったノン・リコースでの借り入れにより財産にかかる損益が実現し，それに対応して財産の取得費も（実現した額の分）増加している，と主張していた。
52) Bittker & Lokken, *supra* note 2, ¶40.7.3.
53) 本文の例で言えば，配当を受け取る権利を譲渡した際に受け取った対価を借入金と見て，配当相当額の支払いを借入金の返済と見ることになる。
54) Bittker & Lokken, *supra* note 2, ¶5.2.

「相当程度に異なる」という要件を満たすと判断した[55]。

(5) 附　合

単なる財産の価値増加は実現していないから課税所得に反映されないが，新たに財産（金銭・現物）を取得すればそれが「総所得（gross income）」（内国歳入法典61条a項）にあたることは疑いない。それでは，土地を賃貸する場合に賃借人が土地に附合させた建物について，いつ課税所得に反映させたらよいのか。この問題につき，最高裁判所は，賃借人の賃料不払いにより契約が解除され賃貸人が土地の占有を回復した時点で，建物の価値に相当する利得が実現すると判断した[56]。

3　不認識

以上のように損益が実現すると原則としてそれに伴って損益が課税所得の計算に反映される（認識される）。しかし，これはあくまでデフォルト・ルールである。内国歳入法典は，非常に多くの場面で，実現した額を課税所得に反映させない，不認識（nonrecognition）の扱いを定めている[57]。例えば，同種の財産を交換する場合の不認識（1031条），夫婦間の財産の移転の場合の不認識（1041条），会社株主間取引の不認識[58]などがある。

第3款　法人への課税

アメリカ連邦所得税において，法人（corporation）は自然人と並んで納税義務に服する[59]。そして，法人の課税所得の算定方法は原則として自然人のそれと同じである[60]。しかも，いわゆる法人と株主の二重課税について特に配慮をしない，クラシカル・システムとなっている。こうした基本的な仕組みに関す

---

[55] *Cottage Savings Association v. Commissioner*, 499 U.S. 554 (1991). *See also* Bittker & Lokken, *supra* note 2, ¶40.8.1.

[56] *Helvering v. Bruun*, 309 U.S. 461 (1940). *See also* Bittker & Lokken, *supra* note 2, ¶5.2.

[57] Bittker & Lokken, *supra* note 2, ¶44.1.

[58] 水野・前掲註29) 19〜38頁参照。水野は，nonrecognitionに「課税繰り延べ」という訳語を当てている。

[59] 内国歳入法典11条a項。

[60] Boris I. Bittker & James S. Eustice, Federal Income Taxation of Corporations and Shareholders, ¶1.01.

る限り，アメリカ連邦所得税は法人実在説的立場をとっているといってよい。

それでは，連邦所得税は納税義務者たる法人の範囲をどのように定義しているのであろうか。内国歳入法典7701条a項3号によれば，"corporation" とは "associations"，"joint-stock companies"，"insurance companies" を含むという。そして多くの場合，問題は，ある組織が "association" であるのか，それとも "partnership"，"trust"，"proprietorship" であるのか，ということである[61]。その判断についてビトカーは次のようにいう。

> 「内国の法人格のないエンティティ（domestic noncorporate entity）あるいは外国のエンティティを法人として分類するのは，本質的には二段階のプロセスである。『租税法上の』法人であるためになくてはならない法人の特性を決めているのは連邦法であるが，当該組織がそうした法的属性を有しているかどうかは，州法あるいは外国法によって決まる。」[62]

つまり，「取引の前提としての私法」[63]が考慮される。しかし，連邦法はアメリカの各州法が法人格を与えている組織についてはおしなべて連邦所得税法上も法人として扱っているようである[64]。その限りで州法は連邦法によって「借用」されているといえる[65]。

第2節　アメリカの国際課税の基本原理——課税管轄権の概念を中心に

第1款　概　　観

アメリカ合衆国はその国際課税の仕組みの基礎をソース・ルールにおいてい

---

61) Bittker & Eustice, *supra* note 60, ¶2.01.
62) Bittker & Eustice, *supra* note 60, ¶2.01.
63) 補論第2節第2款参照。
64) Bittker & Eustice, *supra* note 60, ¶2.01.
65) 連邦所得税と各州の私法との関係について，Boris I. Bittker, The Federal Income Tax and State Law, 32 SW. L. J. 1075 (1979) 参照。

第2節　アメリカの国際課税の基本原理

る。すなわち、内国歳入法典861条から865条までのソース・ルールに基づいて所得が国内源泉所得（US source income）と国外源泉所得（foreign source income）とに二分され、この二分法が、非居住者・外国法人に対する課税と内国（法）人に対する外国税額控除において、原則として共通に用いられるのである。もちろんこの原則には多くの例外がある。しかし、基本的には、ソース・ルールを基礎に二つの制度――非居住者・外国法人に対する課税と居住者・内国法人に対する外国税額控除――が組み立てられていると考えてよい[66]。

このような基本的には明快な制度にもかかわらずアメリカの国際課税が極めて複雑な相貌を呈するのは、様々な特別の制度が付け加わっているからである。例えば、タックス・ヘイブン子会社に関するサブパートF税制、外国子会社の形成・組織変更にかかわる内国歳入法典367条、外国子会社を用いた投資活動に関する諸規定がある[67]。さらに、関連者間取引についての一般的な法原則である内国歳入法典482条があり[68]、輸出促進税制も存在する[69]。先に見た基本的な枠組みですら、その内部に複雑な例外を多く抱える。外国税額控除の限度額が厳しく設定されていることはその一例である。

第2款　課税管轄権について

所得課税が始まる前から、アメリカにおいては課税管轄権に関する議論が存在していた。連邦制の下では、州の課税管轄権の抵触が重要な問題だったからである。

1　ビールの見解

ハーバード・ロースクールで主として抵触法を講じていたビール（Joseph Henry Beale）は、1919年の論文で、課税管轄権について租税の種類ごとに検

---

[66]　ソース・ルールの起源については、以下の文献を参照。Richard R. Dailey, The Concept of the Source of Income, 15 Tax L. Rev. 415 (1960) ; Martin Norr, Jurisdiction to Tax and International Income, 17 Tax L. Rev. 431 (1962).
[67]　Paul R. McDaniel & Hugh J. Ault, Introduction to United States International Taxation, 4th revised edition, 1998, Chapter 7.
[68]　McDaniel & Ault, *supra* note 67, Chapter 8.
[69]　McDaniel & Ault, *supra* note 67, Chapter 9.

245

討を加えている[70]。

　人税（住民税。personal tax）については、居住（domicile）が基準となり、外国人や法人に対しても課税が及ぶ。裏から言えば、財産が領土（territory）内にあるからといって非居住者に対して人税の納税義務を課すことは許されない。これに対して、領土内に財産があることを理由に課税することもできるが、この場合は、財産の所有者が人的な納税義務を負うわけではなく、当該財産のみが引き当てとなる（enforced *in rem*）。人税を富に応じた累進税とする場合、適用される税率を決めるにあたって、州外にある動産の価値を考慮することは許されるが、州外にある不動産の価値を考慮することは許されない。最高裁判所は、永久に州外にある動産（例えば、鉄道会社の所有する車両）の価値を考慮することも許されないと判断した[71]。ビールによれば、半数の州の実務を否定することになるだけでなく、理論的にも（州法によってその存在を認められている）法人に対する人税であることを看過している点で、この判断は妥当ではなく、その射程も限定的に解すべきである。

　土地に対する財産税（land tax）については、土地の所在する州が課税権を有する。土地に対する権利（an interest. 賃借権や抵当権）についてはその権利を有する者に対して課税権が及ぶが、土地に対する主たる権利者（例えば、抵当権設定者〔mortgagor〕）は、土地の全価値に対しての課税を受ける。土地に付随する特権（a franchise appurtenant to land）[72]は土地に対する権利として、その土地のある州で課税される。

　動産に対する財産税（tax on chattels）については、主権国家（州）は領土内に所在する動産に対して管轄権を有し、それゆえ課税することができる。前述のとおり、非居住者に対して人的にかかっていけるわけではない。一時的に領土内に存在しているような動産は領土内に「所在する（situated）」ということができない。例えば、たまたま課税日に領土内の港に寄港していた船舶に課税することはできない。約束手形、債券、株券は恒久的に所在する州にて課税される。

　無形資産に対する財産税（taxation of intangible property）は一層難しい問題を

---

70) Beale, Jurisdiction to Tax, 32 Harv. L. Rev. 587 (1919).
71) *Union Refrigerator Transit Co. v. Kentucky*, 199 U.S. 194 (1905).
72) 例えば、橋を建造する特権やフェリーを運航する特権。

はらんでいる。無形資産には，通常，所在地（situs）が観念できないからである。そこで，これらはその所有者の居住地で課される人税に含められることが多い。しかし，一定の場合に無形資産に対する財産税が課されうる。例えば，証券取引所の会員資格，のれん（goodwill），判決，株式（株主たる資格）に対する課税が可能である。金銭債権に対して所在地を観念し課税を認める判例があるが[73]，ビールはこれに反対する。債権者の人税において考慮されるのみであるというのである。前述の約束手形や債券も含めて，有価証券が一般にその所有者の居住地で（財産税の）課税の対象となるという裁判例も存在する。銀行預金についても所在地を観念できないので預金者の居住地で課税の対象となるべきであるが，ニューヨーク州等の裁判例では銀行所在地州が課税することが認められた。

事業用の財産および事業からの所得に対する課税（taxation of business capital and income）。集合動産，売掛債権等，基本的には事業遂行地で課税すべきというのがビールの見解である。個々の財産の価値を超える企業価値すなわちのれんについてもまた，事業遂行地で課税すべきであるが，企業価値をどのように評価するか，また，複数の州にわたって活動している会社についてどのように課税するかということは難しい問題である。後者の問題についてのリーディング・ケースは，豪華な寝台列車を造っていたイリノイ州シカゴ近郊を本拠とする会社に対する，ペンシルベニア州による課税に関するものである[74]。この会社の事業用財産である車両は全米各地に存在したが，そのうちペンシルベニア州にあるものについて同州が課税しようとした。その際，同州は，全米の鉄道路線の総延長に対する同州内の鉄道路線の総延長の比に基づいて，課税標準を算出した。最高裁判所はこの方法を合理的であるとして是認した。このような課税標準の算定方法は，線路，蒸気船，鉄道車両，運送会社の所有する車両（stock），電信電話会社の財産についても用いられた。前述の個々の財産の価値を超える企業価値についても，同様にして算定が行われる。

特権・便益に対する租税（excise tax）。ヒトや財産に対する租税以外に，国家や州によって与えられている特権や便益に対する対価として使用料（license fee）や租税（excise tax）が課される。これらの課税管轄権は特権や便益に基づ

---

73) *Blackstone v. Miller*, 188 U.S. 189 (1903).
74) *Pullman's Palace Car Co. v. Pennsylvania*, 141 U.S. 18 (1891).

く行為が行われた場所に応じて決まる,というのがビールの見解である.

2 マグワイアの見解

ハーバード・ロースクールで証拠法・租税法を講じていたマグワイア (John MacArthur Maguire) は,1923年の論文で個人所得税の二重課税について論じている[75]。彼は,ビールの論文において示された従来の租税に対する課税管轄権についての理解を基礎に,新種の租税というよりは新しい課税方式である[76]個人所得税に対する課税管轄権の範囲を検討している.さらに,国内法による(つまり,一方的な)二重課税排除の方法を,イギリスでの議論を参照しつつ,検討している.ここでは,このうち課税管轄権の範囲についての議論を紹介する.

課税管轄権の範囲について,所得税の人税としての側面からは次のようなことが言える.従来の人税の算定にあたって州がある財産を除外している場合,所得税の算定にあたってもその財産からの所得を除外しなくてはならない,という考え方がある.この考え方に従うなら,居住者の所得算定にあたって州外所在の不動産・動産からの所得を除外しなくてはならないということになる.これに対して,連邦所得税については,(非居住者である)国民に対する国外財産をもとに算定した所得に対する課税を最高裁判所は是認しそうである[77]。このような課税の正当化根拠は,国家が国民を保護していることに求めることになる.そしてそのように考えるならば,居住者である外国人に対しては,その国外財産からの所得に対しては課税してはならないことになるはずである.もっとも,居住者の国外財産からの所得が,国内へと送金された後に課税の対象となることは(それが人税か財産税かは別として)ありうる.

所得税の財産税としての側面からは,次のことが言える.所得税が金銭の流れ自体に注目するとすれば,徴収するのはかなり困難である.そこで,所得を

---

75) Maguire, Relief from Double Taxation of Personal Incomes, 32 Yale L.J. 757 (1923).
76) マグワイアによれば,居住者やアメリカ市民権のある非居住者に対する課税の局面では所得税の人税としての側面が,非居住者の所有する国内財産に対する課税の局面では所得税の財産税としての側面が,事業活動に対しての課税の局面では所得税の excise tax としての側面が,それぞれ問題になる。Maguire, *supra* note 75, 760.
77) 実際,マグワイア論文が公刊された後,*Cook v. Tait*, 265 U.S. 47 (1924) において,最高裁判所は非居住者であるアメリカ人の国外所得に対する課税を認めた.

第2節 アメリカの国際課税の基本原理

生み出す財産に注目することになる。そして，財産に注目するならば，所得税に関する管轄権の範囲は，財産税についてのそれを踏襲すれば足りる。もっとも，難しい問題は残っている。国外に所在する証券に化体している債権についての，外国人に対して支払われる利子は，いかなる場合に課税できるか。1872年の最高裁判決は利子支払地が州内である限りで州の課税権を認めたので[78]，この考え方に従うと利子支払地が国内でないと課税できないということになる。1872年の最高裁判決は，州内の会社により発行された債券の利子が州外の債権者に対して支払われた場合に，この利子に対してかけられた租税（南北戦争時に導入されたもの）に関するものであった。この租税の性質については裁判官の間でも考えが分かれていた。一部の裁判官たちは債務者ないし債務に対する課税であると理解していたのに対し，法廷意見に与する裁判官たちは債権者ないし債権に対する課税であると理解していた。マグワイアは，この判例からは連邦の課税管轄権を制約するような原則は導けないと考え，むしろ，1920年のイギリスの判例[79]の重要性を強調する。事案は，アメリカの鉄道会社がイングランド法を準拠法としてイギリス人（の引受人）に対してロンドンで発行した債券について支払われた利子について，アメリカ連邦歳入法に基づき鉄道会社が源泉徴収を行ったのを受けて，債権者が保証人（surety）に対して利子の満額との差額（つまり源泉徴収された額）の支払いを求めたというものである。裁判所は，イギリスの制定法，コモン・ローのいずれによっても，アメリカの会社がアメリカの連邦財務省に対する支払いによって債権者に対する債務の履行を免れることはできない，と判断した。これを受けて，マグワイアは，アメリカ連邦政府にこのような課税を行うための管轄権が存在しないということであると結論づける。

続いて，所得税の，行為を契機として課されるという側面（exciseとしての側面）からはどのようなことが言えるか。マグワイアによれば，特権・便益に対する租税（excise tax）は，課税対象となる行為が領土内で行われたこと，税額の算定が合理的であること，という二つの要件が満たされれば有効である。しかし，外国人が国内での製造ないし販売を行う場合，行為＝取引の場所（situs）を定めること，（課税の対象となる）利益を配賦することは難しい。

---

78) Case of the State Tax on Foreign-Held Bonds, 82 U.S. 300 (1872).
79) *Indian and General Investment Trust, Ltd. v. Borax Consolidated, Ltd.* [1920] 1 K.B. 539.

まず，非居住者が（製造は行わず）販売だけを国内で行う場合には，この販売から生じる利益の全てに対して課税してよいとマグワイアは言う。むしろ，問題は，販売が行われた地（place of the sale）の認定である。契約の締結，商品の引き渡し，代金の支払いを，非居住者がその居住地（つまりアメリカから見て国外）で行う場合，商品の最終目的地であるアメリカは課税できないということになりそうである。ところが，イギリスの判例は契約締結場所等に関わりなく実質的に利益の発生を認定した[80]。マグワイアはこの判例およびそれを受けたイギリスの立法提案がアメリカの裁判例をも説明できるという。

非居住者がアメリカ国内で製造したものを国外で販売し，利益が出た場合，アメリカは課税できるか。納税者側からの反論として予想されるもののうち最も重要なのは，実現（realization）および憲法に基づく議論である。前者は，実現は国外での販売時に生じるわけだから，それ以前の（財産がアメリカにある）段階では未実現なので課税できない，というものである。後者は，アメリカ合衆国憲法第1編9節・10節が輸出に対する課税の禁止を定めている，ということである。

前者につき，マグワイアは，利益が（excise taxに服しないような）財産の受動的な所有（passive ownership）から生じる場合は確かに実現が必要であるが，事業活動からの所得は，実現などと関係なく，つまり，取引ごとに分割することなく，課税の対象となっていると指摘する。問題は，（アメリカ国内で行われた）製造に帰属する利益の算定方法である。当時は州も連邦も，財産の価額等を基準として利益を割り出しており[81]，マグワイアもこのような方法を支持しているようである。これに対して，後者については何も述べられておらず，マグワイアの考えは分からない。

第3款　セリグマンとT・S・アダムズの所説について

1　序　論

前述[82]の通り，国際課税についての基本的な考え方である，独立当事者間基

---

80)　*F. L. Smith & Co. v Greenwood*, [1921] 3KB 583.
81)　連邦について，Regs. 62 (1922) art. 327.
82)　緒論 1 (2) 参照。

第2節　アメリカの国際課税の基本原理

論　者	対　象	課税ベース	国際課税	課税権の配分
セリグマン	個　人	所　得	居住地主義	独立当事者間？
アダムズ	事　業	様々な可能性	源泉地主義	定式配分？

準と定式配分法について，それらを所得概念や納税義務者の単位といった諸問題と結びつけて議論することは行われてこなかった。ところが，1920年前後のアメリカにおける立法・学説の状況を見ると，課税一般についての二つの異なる考え方（正確には，重点の置き方）が，国際課税についての二つの基本的な考え方と結びついている，ということがわかる。しかも，アメリカにおける国際課税の枠組みの形成に際しては，二つの考え方の両方が流入しているのである。

ここでは，セリグマンとアダムズという当時の二人の代表的な学者の学説を検討することにより，これまで十分には指摘されていなかった，課税一般についての考え方と国際課税についての考え方との結びつきについて次のような仮説を提示する。

セリグマンは，世界中で現に存在する租税に様々な種類があることを認識しつつ，基本的には個人所得課税を中心に，国際的二重課税の回避を論じた。個人所得課税を租税制度の基幹として捉えたこと自体は先見の明があったというべきであるが，国際的二重課税の回避に際して様々な種類の租税にきめ細やかに配慮することには限界があった。むしろ，個人所得課税と，偶々所得を課税ベースとする事業課税という，性質においては全く異なる二つのものを「所得課税」として括り，これについて国際的二重課税回避を考えたアダムズの戦略のほうに現実味があった。

もちろん，セリグマンとアダムズの学説自体はそれほど違わず，あくまで重点の置き方の違いではある。しかし，国際課税における様々な考え方を，セリグマン的な要素とアダムズ的な要素に分けることで，多少見通しがよくなるかもしれない。

セリグマン的な考え方とアダムズ的な考え方を図式的にまとめると表のようになる。

なお，T・S・アダムズがアメリカの国際課税制度の確立に際して果たした役割に光をあてたのは，グラッツとオヒアの共著論文，「アメリカ国際課税の

251

第1部　第4章　アメリカ法

『原意』」であった[83]。この論文は，今まであまり省みられなかった，アメリカの立法およびモデル租税条約の形成にあたっての，アダムズの重要性を強調している点で画期的である[84]。しかし，アダムズが理論を軽視したとしている点，アダムズの事業課税に関する主張と国際課税に関する立法提案との間の関係を（触れているにもかかわらず）重視していないという点で，この論文には不満が残る。

他方，アダムズの租税一般に関する議論自体は，付加価値税の萌芽という位置づけで，我が国でも既に紹介されている。水野忠恒は1989年の著書で，アダムズをアメリカでの付加価値税の最初の提唱者と位置づけて[85]，その学説に検討を加えている[86]。そして，その中でアダムズの企業に対する課税についての議論にもふれている。しかし，この議論とアダムズの国際課税に関する議論の内的連関についての指摘は特に見あたらない。

これに対して，本書は，アダムズの国際課税に関する議論は彼の事業課税に関する議論を下敷きにしていたのではないか，少なくとも，そのように考えることによって，セリグマンとアダムズの国際課税に関する構想の違いを説明することができるのではないか，という仮説を提示する。

---

83) Michael J. Graetz & Michael M. O'Hear, The "Original Intent" of U.S. International Taxation, 46 Duke L.J. 1021 (1997)．グラッツはイェール・ロースクールの租税法担当の教授である。オヒアはイェール・ロースクール出身で，現在はミルウォーキーにあるマーケット大学ロースクールの教授として主として刑事法を講じている。この論文に基づいてT・S・アダムズの業績を紹介した研究として，浅妻章如「所得源泉の基準，及びnetとgrossとの関係 (1)」法学協会雑誌121巻8号1174頁 (2004年)，1233～1234頁参照。
84) 谷口勢津夫「モデル租税条約の展開 (1)」甲南法学25巻3=4号243頁 (1985年) や水野忠恒「国際租税法の基礎的考察」同『国際課税の制度と理論』1頁 (有斐閣，2000年，初出1987年) でも，アダムズの仕事は特に強調されていなかった。
85) このような位置づけは，既にPaul Studenski, Toward a Theory of Business Taxation, The Journal of Political Economy vol. 48 No. 5, 621 (1940) に見られる。ステュデンスキー論文は，水野忠恒『消費税の制度と理論』(弘文堂，1989年)，畠山武道「アメリカに於ける法人税の発達 (4)」北大法学論集28巻2号279頁 (1978年)，301頁以下，吉村典久「地方における企業課税」租税法研究29号 (2001年) でも参照されている。企業課税・事業課税に関する基本的文献である。
86) 水野・前掲註85) 17～23頁。

第 2 節　アメリカの国際課税の基本原理

2　セリグマンと四経済学者報告書
(1)　二重課税の排除に関するセリグマンの議論

19世紀後半から20世紀前半に財政学のみならず社会科学全般にわたる巨人として活躍したセリグマンは，その主著のひとつである"Essays in Taxation"において，二重課税に一章を割いている。1895年の初版において既に書かれていたこの章[87]において，セリグマンは「経済的貢献（帰属）(economic allegiance)」ないし「経済的利益 (economic interest)」という概念を提出している。この概念は，人の短期的な滞在，人の長期的な居住，財産の所在，という課税権の所在を決定するにあたっての三つの原則の折衷であり，具体的には以下のように説明される。

「あらゆる人は，競合する課税権者 (authorities) によって，彼の課税権者の下での経済的利益に従って課税される。理想的な解決は，個人の全担力 (faculty) が課税の対象となり，しかし，一度しか課税されず，しかも，彼の相対的な利益に従って〔課税の行われる〕地域間に分けられる，ことである。個人は，偶々住んでいるところにも，居住地にも，財産所在地や所得の得られるところにも，一定の経済的利益を有している。あるところでお金を稼ぎ，別のところで使うのである。既に指摘したように，担税力は二つの考慮要素を含む。取得ないし生産に関する考慮と，支出ないし消費に関する考慮である。それゆえ，個人の全納税義務を配分するにあたって，彼の稼ぎがどこに由来するのか，そしてそれがどこで支出されるのか確かめる必要がある。これが彼の本当の経済的利益の場所を定める唯一の方法である。」

しかし，消費課税が普及していないことを考慮して，セリグマンは妥協案を提示する。それは，もっぱら生産という要素に応じて課税して，その一部を居住地国に配分する，というものである。配分の基準は恣意的にならざるをえないが，配分を行わないよりはよい，というのがセリグマンの見解である。

セリグマンは以上の一般論をまず州間，地方自治体間の二重課税に適用した上で[88]，国際的な二重課税へと筆を進める。しかし，何らかの明確な配分基準

---
87) Seligman, Essays in Taxation, 1st ed., 1895, 107-120.
88) そこでは，基本的には，財産の所在地や稼ぎの得られるところに大部分の租税を，居住地に残

253

が提示されるわけではない。強調されているのは、国籍ないし「政治的帰属 (political allegiance)」に基づく課税が望ましくない、ということに尽きる。

(2) 四経済学者による報告書

1923年、4人の高名な経済学者により提出された国際連盟の報告書は、セリグマンの学説を下敷きにしている[89]。そして、この報告書は、所得税について、二重課税排除の方法として、非居住者に対する免税を提案している[90]。個人所得課税を念頭におけば、本来消費活動を行っている国が課税権を有するべきであり、しかも担税力に応じた課税が可能だから、居住地国がもっぱら課税権を有するというのは当然の結論であろう。

しかし、執筆者の一人であるスタンプが後年エンサイクロペディアで述べているとおり、居住地国課税を貫徹するには実際上の困難があった[91]。彼によると、第一に、債務国にとって不利であること（当時多くの国が債務国だった）、第二に、各国の租税制度は個人所得税を中心とするものへと発達しておらず、依然として物税が中心だったこと、という二つの困難があった。

1923年の報告書では、不動産・動産・有価証券と並んで企業 (business enterprises) も富のひとつとして挙げられ検討の対象となっている。しかし、企業から得られた富は個人へと帰着する、というのがこの報告書の前提である。個人を単位として厳密な意味での「所得」を考えるのはただでさえ困難なのに、その「所得」に対する課税権を各国に配分することの難しさは容易に想像できる。

3 アダムズの二重課税論と事業課税論

(1) アダムズの二重課税論

1932年に刊行された書物の中で、アダムズは州際・国際二重課税について、

りの租税を割り当てるという結論が導かれている。もっとも、無形資産（金融資産）の存在が、このような結論の実行を困難にしていることが指摘される。

89) 四教授の役割については、Graetz & O'Hear, *supra* note 83, 1074, note 215.

90) League of Nations, Economic and Financial Commission, Report on Double Taxation, 1923, 23. 第2章第1節第2款参照。

91) J. C. Stamp, Double Taxation (international), in Edwin R. A. Seligman (editor in chief), Encyclopedia of the Social Sciences, 15 volumes, 1930-1935, vol. 5, 224-225.

まとまった形で述べている[92]。それによると、そもそも所得税は、人税（personal tax）と物税（impersonal tax）という二つの側面を併せ持っている。しかし、この二つの側面は完全に切り離すことができない。しかもアダムズは、将来への見通しとして、物税の側面が（純額ではなく）総額への課税という形で維持されていき、それは（歳入にとって）個人所得税よりも重要であろうと考える。

このように所得税に二つの側面があり、しかも様々な基準によって、様々な主体によって課されていることからすると、二重課税を回避するには各課税主体が課税権を自制するしかない、とアダムズはいう。ここでアダムズは、経済理論や法理論によって二重課税の問題を解決することはできない、と強調する。にもかかわらず、彼はセリグマンの「経済的貢献」とそれに基づく居住地国の課税権の主張を批判する。「経済的貢献」はバラバラで個別的な判断の集積に過ぎないし、(「経済的貢献」の下で主張される判断の多くにアダムズは賛成するものの）居住地国の課税権の強調は債権国国民の立場を反映したものに過ぎないからである。

なお、この論文では、独立会計法（separate accounting）か定式配分法（fractional apportionment）か、という対立に結論を出した *Hans Rees' Sons, Inc., v. North Carolina*, 283 U.S. 123 (1931) が引用されている。この判決は、企業全体としては利益があっても支店は赤字であるということがありうる、として独立会計を支持している。

(2) 事業課税擁護論

アダムズは1918年の論文において、事業課税に対する様々な反対論、とりわけ能力説に基づく批判に反駁している[93]。アダムズによると、事業課税の根拠は、事業を行うための環境を国や地方公共団体が維持していることにある。そして、事業課税は財産税や個人所得税によっては代替することができず、また、その課税ベースとしては純所得が望ましく、累進税率を採用するのがよい。アダムズはさらに、アダム・スミスを引用して能力説と利益説とは両立しうると述べ、能力説に基づいて主張される消費こそが担税力の尺度であるという考

---

92) Thomas S. Adams, Interstate and International Double Taxation, in Roswell Magill (ed.), Lectures on Taxation, 1932, 101-128.

93) Thomas S. Adams, The Taxation of Business, Proceedings of the eleventh annual conference under the auspices of the National Tax Association 185 (1918).

えを退ける。こうして，アダムズは，個人所得税とも財産税とも別の租税[94]，物税（tax *in rem*）としての事業課税が今後とも必要であるとする。

なお，この論文では，複数の課税主体の間での配賦についても言及している。ごく簡単な叙述であるが，アダムズは定式配分法を支持していた[95]。

(3) 事業課税としての法人所得税

アダムズは 1921 年の論文で，連邦所得税全般について考察を加えている[96]。この論文の主眼は付加税（surtax）の税率が高すぎて脱税や租税回避を招いているから税率を下げるべきだ，という主張にあるが，論文の後半には会社や事業に対する所得税についての詳しい叙述がある。ここでも，事業に対する所得税はあくまで物税であり個人所得税とは性質が異なることが強調され，それゆえ個人所得税と法人所得税との統合は必要ないこととされる。つまり，クラシカル・システムが積極的に擁護されている。

もっとも，このような事業課税・法人所得税の理解は当時，決して突飛なものではなかった。実際，1918 年のアダムズの論文に付された議論の記録によれば，セリグマンも事業課税・法人所得税を物税として位置づけ，この点でアダムズに賛同していたのである[97]。

第 3 節　財産の移転について

第 1 款　序　論

本節では，アメリカにおいて法人格の内部で国際的な財産（property）の（物理的な）移転があった場合の課税について考察する。アメリカでは，法人格

---

94) ただし，事業に用いられている動産に対する財産税は事業課税によって代替されるべきだという。
95) Adams, *supra* note 93, 193.
96) Thomas S. Adams, Fundamental Problems of Federal Income Taxation, 35 Quarterly Journal of Economics 527（1921）.
97) 3 American Economic Review 42（1918）における Edwin R. A. Seligman の発言。さらに彼が執筆した Encyclopedia, *supra* note 91 の Income tax の項にも同様の叙述がある（vol. 7, 632）。

の内部で国際的な財産の（物理的な）移転があったとしても，原則として，それを機に課税が行われることはない[98]。課税が行われない理由は，次のとおりである。

第一に，一つの法人格の内部で財産が物理的に移動することは，たとえ，それが国際的な移転であったとしても，私法上の取引を構成しない。そして，租税法としても納税義務者の単位として法人格を採用し，自然人ないし法人という権利義務の帰属主体が行う取引（そこでは，少なくとも，財産の帰属の変更が存在する）を機縁として所得が実現すると考えている[99]以上，取引が存在しない場合に所得が実現して課税の対象となるということは困難である[100]。

第二に，アメリカでは居住者・内国法人（以下，内国法人で代表させる）に対して，その全世界所得に対して課税している。財産がアメリカ国内の本店から外国にある支店へと移転したとしても，その支店を通じて得られる利得も内国法人の所得に当然含まれ，課税の対象となるのであるから，財産が移転すること自体に着目して課税する必要はない。のちの時点で支店が当該財産を使って生み出した所得に課税すれば足りる。

これら二つの理由は，実現や内国法人に対する全世界所得課税といった，アメリカの所得課税制度の根本に根ざしているだけに，説得力がある。にもかかわらず，法人格内部における国際的な財産の移転を租税法として何ら認識する必要がないということにはならない。

まず，先の第二の理由に対しては次のように留保を付することができよう。外国法人にはその国内源泉所得に課税するのだから，国内にあった財産が国外に移転することは，爾後アメリカが当該財産から生ずる所得に課税できなくなることを意味する。例えば，外国法人がアメリカに支店を有していて，そこにおいて保有する財産に対して多額の費用をかけて当該財産の価値を高めていたとする。そして価値の高まった当該財産を外国に移転するとしよう。先の費用を支店がアメリカで控除できていたとしたら，財産の価値上昇分にもアメリカが課税できてよいのではないかと考えられる。しかし，費用を控除したにもか

---

98) 例えば，Dolan & Rich, National Report, Cahiers de droit fiscal international, 76a (The Determination of the Tax Base for Real Property), 1986, 250, 261e を参照。
99) 本章第1節第2款参照。
100) 例えば，Reg. §1.446-3(c)(1)(i); Diane M. Ring, Risk-Shifting within a Multinational Corporation, 38 Boston College L. Rev. 667 (1997), 668, note 4 を参照。

かわらず，財産の国際的移転時に何ら租税法上の手当てが行われないならば，控除した費用に対応する財産の価値上昇分へのアメリカの課税が永久に不可能になってしまう。つまり，費用と収益の対応関係が崩れてしまう。

また，内国法人については外国税額控除制度の存在を考慮すべきだと指摘できる。財産の国際的移転によって，それ以後の当該財産の生み出す所得の源泉地が国内から国外へと替わるとすれば，財産の移転によって外国税額控除の限度額が増加する。国内において財産に対して多額の費用をかけていて，かつ国外に移転してから当該財産が多額の所得を生み出すような場合，事実上，所得の国外への移転が行われたと見ることが可能である。こうした事例に対して何らかの租税法上の手当てを行う必要がありそうである。

以上のような法人内における財産の国際的な移転に対して，第3章で見たように，ドイツでは取引が私法上は存在しないにもかかわらず，支店の一定の独立性に着目して課税している国内法の仕組み（帰属所得主義）にのっとって，課税管轄権からの離脱（Entstrickung）の時点で，財産の評価換え，あるいは課税を行っている。

これに対して，アメリカは前述のような実現主義に基づいて，財産の移転の時点では，何らの対応も行っていないように見える。しかし，よく観察するとそうではないことがわかる。ドイツ法がダイナミックなルールを用いて問題に対処しているのに対して，アメリカ法は基本的にはスタティックなルールを用いて問題に対処しようとしているのである[101]。

具体的には，第一に，アメリカではソース・ルールを改正し，所得の源泉地を納税義務者の居住地とできるだけ一致させることによって法人格内の国際的財産移転に対して対処していると考えられる（第2款）。第二に，棚卸資産（inventory）の売却益のソース・ルールについては，法人格内で移転した場合について手当てがある（第3款）。第三に，法人格内ではないものの，通常は財産の移転に際してその損益が実現せず取得価額が維持されるような場合について，国際的な移転に限って，所得の実現を認めている。これは国際的な財産の移転に対してアメリカ連邦所得税法が意識的であることを示している（第4款）。最後に，法人格内での国際的な移転に関する近年の議論にふれる（第5款）。

---

[101] ダイナミックなルールとスタティックなルールという用語法については，第1章第2節第1款参照。

第3節　財産の移転について

第2款　ソース・ルールの変更——1986年改正

1　概　観

　法人格内部の国際的な財産移転による事実上の所得の移転に対処していると考えうるのが，1986年のTax Reform Actによる所得の源泉地に関する規定（以下，ソース・ルールと呼ぶ）の変更である。内国歳入法典に865条を付け加えたこの改正は，所得の源泉地に関する原則を変更したといえるかもしれない。というのも，ソース・ルールは所得の種類ごとに決められているが，その中で企業の一般的な事業活動に対応するのが，財産[102]の売却から生じた利益（gains on sales of property）であり，1986年改正がソース・ルールを変更したのはまさにこの種の所得についてであったからである。

　大まかに言うと，それまでのソース・ルールは財産の売却地，それも，財産に対する所有権（title）[103]が移転した場所を基準に源泉地を判断していた[104]。これに対して，新たに付け加えられた865条は財産を売却する際に生じた所得の源泉地を原則として納税者の居住地と一致させた。法人格内部で国際的な財産の移転が行われたとしても，もし865条の原則が貫徹されるとすれば，それによって財産の生み出す所得の源泉地が変わることはないから，そもそも問題にならない。

　にもかかわらず急いで付け加えなくてはならないのは，のちに見るように865条の原則に対して数多くの例外（とりわけ重要なのは棚卸資産についての旧来のルールの維持）が存在していることである。

　以下では，まず，1986年Tax Reform Act以前のソース・ルールについて述べる。続いて，Tax Reform Actにより導入された現行規定をその立法資料とともに示す。最後に，現行規定に対する批判を紹介する。

---

102)　財産（property）はreal property（我が国の不動産にほぼ対応する）とpersonal property（動産。ただしこの文脈では無体財産権も含む）に分けられる。前者（不動産を主要な財産とする会社の株式を含む）については財産所在地が源泉地とされている（I.R.C. §861(a)(5)）。以下の叙述では，国際的に移転する可能性のあるpersonal propertyをもっぱら対象とする。
103)　ここでの議論に関しては，日本の民法にいう「所有権」をイメージして差し支えない。
104)　改正前のI.R.C. §861(a)(6)を参照。

2 1986年以前の所有権移転基準 (title passage test)

(1) 序　　論

1986年に改正されるまで内国歳入法典861条a項6号は次のようになっていた。

「(a)　アメリカ合衆国内の源泉からの総所得

　　以下の項目の総所得はアメリカ合衆国内の源泉からの所得として取り扱われる。

(6)　動産の売却または交換

　　アメリカ合衆国の外での動産の購入およびそのアメリカ合衆国内での売買または交換から生じた利得・利益および所得」

(a) GROSS INCOME FROM SOURCES WITHIN UNITED STATES.

　　The following items of gross income shall be treated as income from sources within the United States.

(6) SALE OR EXCHANGE OF PERSONAL PROPERTY.

　　Gains, profits, and income derived from the purchase of personal property without the United States ... and its sale or exchange within the United States.

つまり，動産を国外で購入し国内で売却した場合に得られた利得の源泉地は，国内であるというのである。そして，この規定に基づいて，財産一般について，財産が売却された場所が売却により生じた所得の源泉地を決めることになっていた（いわゆる the place-of-sale rule)。問題は，売却された場所の決め方である[105]。

(2) 初期の実務

初期[106]の実務は多少の混乱を示す[107]。

---

105)　以下の記述に関する先行業績として，水野・前掲註84) 31〜32頁参照。

106)　ソース・ルールは1918年歳入法で導入されているが，この規定は1921年法の217条e項として導入されたようである。Dailey, *supra* note 66, 444.

107)　以下の記述は主として，Krahmer, *infra* note 122, 235-240; Isenbergh, International Taxation, ¶16.3 に基づく。

第3節　財産の移転について

　まず，1916年歳入法により財産の売却についての所得の源泉地は財産の売却された場所であることが明らかにされた。1921年から1928年にかけて，財務省はいくつかのルーリングを通じて，財産に対する所有権（title）と収益を受ける権利（beneficial interest）が移転した場所で売却が行われたとみなされると述べていた。

　ところが，1929年の *Compania General de Tabacos de Filipinas v. Collector of Internal Revenue*[108]の射程について内国歳入庁が誤解した。明らかに事例判決だったにもかかわらず，内国歳入庁はこの判決を以下のように解釈した。すなわち，「取引に不可欠な特性（essential character）である売買契約が，所得の源泉地を決めるにあたって売却された場所を決する決定的な要素である」，と。そして，売買に不可欠な特性は，契約締結地，より正確には，「契約の形成に不可欠な行為が行われた地」（契約が締結された場所と契約が履行された場所は，はっきりと区別されている）に由来する[109]。こうして，1930年に出されたルーリングにおいて，内国歳入庁は *Compania General* 判決を根拠に，契約締結という当事者の行為が物理的に行われた地を所得源泉地であると考えるに至った。

(3)　所有権移転基準の定着

　無論，その後の裁判例はこのような内国歳入庁の見解に従わなかった。むしろ，わずか5年後に下された *East Coast Oil Co., S.A. v. Commissioner*[110]をはじめとする多くの裁判例[111]が，財産の所有権が売主から買主へと移る場所

---

108)　279 U.S. 306 (1929). この事件では，スペイン法人である納税者は，フィリピンで購入した食料品等（タバコや砂糖など）を，フィリピン支店を通じてアメリカで販売していた。フィリピンでの所得税の課税を不服とした納税者が返還請求を提起し，フィリピンの最高裁判決についての納税者のサーシオレイライが認められたのが本件である。納税者の主張は，食料品等の販売はフィリピンではなくアメリカで行われたので，（フィリピンの）国外源泉所得であるというものである。事実認定については訴訟上の合意（stipulation）が存在したが，最高裁判所（ストーン裁判官が法廷意見を執筆）は，この事実によってはフィリピン最高裁判所の判決を覆すに足る立証がなされているとは言えないとして，上訴を棄却した。

109)　G.C.M. 8594 IX-II, Cum Bull. 354, 358 (1930).

110)　31 B.T.A. 558 (1934), aff'd, 85 F. 2d 322 (5th Cir. 1936). この事件の原告であるメキシコの会社は，メキシコで石油を生産または購入し，アメリカで販売していた。石油の引き渡しはメキシコ国内の埠頭で，買い手の船か運送業者に対して行われていた。課税庁は1930年のルーリング（G.C.M. 8594）に従ってこの売却からの利益に課税しようとしたが，租税訴願庁は，同ルーリングにおける *Compania General* 判決の解釈は誤っているとして，従来の所有権移転基準（the title-passage test）を復活させた。訴願庁の判断は，第五巡回区控訴裁判所によっても是認された。

111)　*Briskey Co. v. Commissioner*, 29 B.T.A. 987 (1934); *Ronrico Corp. v. Commissioner*, 44 B.T.A.

261

において売買が生じると考えた（所有権移転基準）。そして，内国歳入庁も1947年には諸裁判例の見解にしたがうことを明らかにした[112]。すなわち，所有権移転基準を規則において明示的に採用したのである[113]。この規定は，現在に至るまでそのまま残っている。もっとも，そこでは所有権の移転が唯一の基準となっているわけではない。Reg. §1.861-7(c) は次のように定める[114]。

> 「動産の売買は，当該動産に対する売主の権利，所有権，利益が買主に移転するときに，また，その（移転する）場所で，完了する。形式的な所有権を売主が留保する場合には，収益を受ける権利と損失の危険が買主に移転した時点で，またその場所で，売買が行われたとみなす。しかし，租税回避を主たる目的とするようなやり方で売買取引が行われた場合，以上のルールは適用されない。このような場合，交渉，合意の実行，財産の所在地，代金の支払地など，取引のあらゆる要素が考慮され，売買の重要な部分が生じた地で売買が行われたとみなされる。」

この規定は様々な適用上の困難を孕んでいる。とりわけ，以下の三つの点は注目に値する。一つは，先に触れたように所有権の移転だけでなく権利，利益と合わせて三つの移転が基準とされていることである。次に，担保目的の所有権を除いた実質的な所有権である，「収益を受ける権利（beneficial ownership）」という概念が用いられていることである[115]。最後に，租税回避が取引の主目的

1130 (1941); *Exolon Co. v. Commissioner*, 45 B.T.A. 844 (1941); *American Food Products v. Commissioner*, 28 T.C. 14 (1957).

112) G.C.M. 25131, 1947-2 Cum. Bull. 85.

113) 1957年に定められた。

114) [A] sale of personal property is consummated at the time when, and the place where, the rights, title, and interest of the seller in the property are transferred to the buyer. Where bare legal title is retained by the seller, the sale shall be deemed to have occurred at the time and place of passage to the buyer of beneficial ownership and the risk of loss. However, in any case in which the sales transaction is arranged in a particular manner for the primary purpose of tax avoidance, the foregoing rules will not be applied. In such cases, all factors of the transaction, such as negotiations, the execution of the agreement, the location of the property, and the place of payment, will be considered, and the sale will be treated as having been consummated where the substance of the sale occurred.

115) 渕圭吾「所得課税における年度帰属の問題」金子宏編『租税法の基本問題』200頁（有斐閣，

第3節 財産の移転について

である場合には取引のあらゆる要素が考慮されることである[116]。

なお、ソース・ルールは、Western Hemisphere Trade Corporations という、南米で活動するアメリカの会社に対する租税軽減措置の判定基準として用いられており、所有権移転基準がこの文脈で問題になることもあった[117]。

さて、1950年代における所有権移転基準に対する評価として、サリー（Stanley S. Surrey）とウォーレン（William C. Warren）による1953年の論文を見ておこう[118]。

> 「売却された場所が決定的であるあらゆる場合において、売却は一般的に商品に対する所有権が移転した場所において行なわれたとみなされている。所有権移転基準は重大な批判を免れない。所有権が移転した時と場所は、通常、売買当事者の合意に基づく取り決めに服する。当事者が特に所有権の移転についてその意図を明らかにしなかったとしても、売買を規律する法〔引用者注：取引法のこと〕によってつくられたいくつかの推定は望ましい租税上の結果を達成するために操作されうる。……さらに、確かに所有権移転地は商品輸送中の滅失の危険がどこに存するかといった問題を決めるに際しては重要であるが、当該取引に関わっている国のうちどこで、また、いかなる割合で所得が稼得されたかという問題には、ほとんどあるいは全く関係ないであろう。」[119]

このような批判を認識しつつも、サリーとウォーレンは現行の所有権移転基準を維持する。それは他にありうるルールとして、有体財産について仕向地を所得源泉地にするという説と、売却活動が行われた地を所得源泉地にしつつ仕

2007年）参照。
116) なお、この租税回避に関する規定がその曖昧さゆえに限定的にしか適用されていないことについて、See Bittker & Lokken, *supra* note 2, ¶73.6.3.
117) この点の指摘として、例えば、Krahmer, *infra* note 122, 237; Victor J. Chao, "Substance of the Sale" Test: From the *Balanovski* Case Up to Date, 48 Taxes 68（1970）参照。
118) サリーは当時、ハーバード・ロースクールの教授。ウォーレンは、当時、コロンビア・ロースクールの学部長。二人は、the American Law Institute のプロジェクトの一環として、国際課税について包括的な検討を加えていた。二人は、シャウプ使節団のメンバーでもあった。
119) Surrey & Warren, The Income Tax Project of the American Law Institute: Partnerships, Corporations, Sale of a Corporate Business, Trusts and Estates, Foreign Income and Foreign Taxpayers, 66 Harv. L. Rev. 1161（1953）, 1197.

向地を売却活動が行われた地であると推定する説とを検討した結果，これらがともに輸出業者に有利に，輸入業者に不利に働くことを理由に支持できなかったからである[120]。

(4) *Balanovski* 判決

1950年代に入って所有権移転基準に関する重要な判例として注目を集めたのは，*United States v. Balanovski*[121] であった。この事件では，非居住外国人二人からなるパートナーシップ（partnership）がアメリカ国内で事業活動を行っていた。具体的には，パートナーの一人がアメリカにいて買い付けを行い，買い付けた商品をアルゼンチンの顧客に対して売却しており，商品の所有権の移転はアメリカで生じていた場合に，このパートナーシップの所得に対してアメリカの課税が及ぶかということが問題となった。連邦地方裁判所のパルミエリ（Palmieri）裁判官は所有権移転基準を否定し，アルゼンチンこそが売買契約が締結された地であり，また商品の最終目的地であることを考慮して，アメリカにいたパートナーに帰属する所得のみに対してアメリカの課税権が及ぶと判断した。これに対して，第二巡回区控訴裁判所は，所有権移転基準が依然として有効であり，所有権の移転はアメリカにおいて生じ，パートナーシップの全所得がアメリカの課税権に服すると判断した。

(5) 学説による評価

Balanovski 判決を受けて，所有権移転基準に対して包括的に検討を加えた論文がいくつか現れた。もっとも優れたものとして，1962年のクラーマーによるものがある[122]。彼は，商取引法（commercial law）において所有権移転についてどのように考えられているのか調べている。

まず，コモン・ロー上，所有権移転の時期について当事者が自由に合意することができ，このことは，制定法である統一売買法（the Uniform Sales Act）[123]にも規定されている。所有権移転の場所についても，当事者の意思が重視され

---

120) Surrey & Warren, *supra* note 119, 1198.
121) 236 F. 2d 298 (2d Cir. 1956). この判決の紹介として，浅妻章如「所得源泉の基準，及び net と gross との関係（2）」法学協会雑誌 121 巻 9 号 1378 頁，1403～1406 頁（2004 年）参照．
122) Johannes R. Krahmer, Federal Income Tax Treatment of International Sales of Goods: A Re-evaluation of the Title-Passage Test, 17 Tax L. Rev. 235 (1962). クラーマーは，ハーバード・ロースクールを 1959 年に卒業したばかりの，若手の弁護士であった．
123) 当時，34 の州において効力を有していた．

ると考えられている。これに対して，統一商事法典（the Uniform Commercial Code）では，所有権の概念はあまり重視されておらず，（従来所有権から導かれると考えられてきた）危険の移転等については，契約における定めに従うとされている。商取引法は州法であり，州によって統一商事法典ないし統一売買法を採用しているので，法の抵触の問題，すなわち売買契約がどの州法によって規律されるのかという問題が生じる。売買契約の一方当事者が外国所在の場合も，同様である。クラーマーは，以上のような問題を認識した上で，統一売買法によって体現されているコモン・ローのルールが適用されると仮定して議論を進めている[124]。

売主と買主が地理的に離れていると，運送業者（a common carrier）を利用することになるが，そのような場合の所有権移転のタイミングとしては，船積み時[125]か到着時[126]のいずれかとなる。

統一売買法の下では，所有権が売主に残っていることの効果としてはもっぱら次の二点が重要である[127]。第一に，所有権が売主に残っている場合にのみ，代金の支払いを受けていない売主は，商品の引き渡しを差し止めることができる。第二に，所有権が移転してしまうと，売主としては代金と損害賠償の支払いを求めることしかできないが，移転前であれば，所有者としての救済方法（remedies of an owner of the goods），すなわち，エクイティ上の財産権の形態転換（conversion）や動産占有回復訴訟（replevin）が利用できる。

所有権移転に関する売買当事者の意思表示については，いくつかの方法がある。所有権移転の時期と場所について個別に明示するのがもっとも明快な方法だが，このような方法が採られることはあまりない。むしろ，"F.O.B.", "F.A.S.", "C.I.F." といった定型的な契約条件に従っている。所得源泉地に関する租税事案でも，これらの契約条件において所有権がいつ，どこで移転することとされているのかということが重要になることがある。もっとも，これらの契約条件においても，当事者が明示的に所有権移転について定めていれば，

---

124) Krahmer, *supra* note 122, 240-242.
125) 売主が運送業者に商品を引き渡す時点。このように定める契約を，a "shipment contract" という。
126) 運送業者が買主に商品を引き渡す時点。このように定める契約を，a "destination contract" という。
127) Krahmer, *supra* note 122, 242-243.

それが定型的な契約条件に優先する。また，明示的に定めていなくても，所有権移転に関する当事者の意思が認定されることがある[128]。

　国際売買においては，船荷証券（a bill of lading）や倉庫証券（a warehouse receipt）のような，所有権を表す書類が用いられることがある。これらの書類が譲渡可能である場合，書類の譲渡によって商品の所有権も移ることになるが，商品の所有権移転の場所はどのように決まるか。商品に先んじて書類が目的地に到達することがよくある。このとき，書類が譲渡される時点では，商品はまだ運送途中であり，例えば，海の上にある。統一売買法ではこの点について明示的に定めていないが，書類の譲渡される場所で商品の所有権も移転すると考えられているようである[129]。

　以上のとおり，商取引法において当事者の意思が重要視されているため，アメリカに商品を輸入する納税者にとっては，所有権が国外で移転するように destination contracts を利用するのが有利である。アメリカから商品を輸出する納税者にとっては，所有権が国外で移転するように shipment contracts を利用するのが有利である。これに対して，前述のように内国歳入庁は規則を定め，その中で租税回避を要件として，当事者の主張する所有権移転の時期と場所を否認しようとしてきた。

　クラーマーは，租税回避として，真の事実関係と異なる合意がなされている場合（例えば，本当はアメリカで所有権が移転していることを前提に，カナダで所有権が移転したことにしておこうと当事者間で合意しておく）と異常な取引が行われる場合（例えば，アメリカ人がわざわざカナダに出向いて，そこで商品の引き渡しを行う）という，二つの類型があることを指摘する。そして，内国歳入庁による否認がこれら二つの類型に対してのものに限られるべきであると主張している[130]。

3　1986年改正による内国歳入法典865条の新設

(1)　1986年法による改正

1986年 Tax Reform Act で内国歳入法典に865条が新設された。まず条文

---

128)　Krahmer, *supra* note 122, 243-245.
129)　Krahmer, *supra* note 122, 245-246.
130)　Krahmer, *supra* note 122, 255-258.

第3節 財産の移転について

を見よう[131]。

　原則
　この条文中に特則のない限り，動産の売却からの所得は，（アメリカ合衆国の）居住者による場合は国内源泉，非居住者による場合は国外源泉である。
　棚卸資産についての例外
　棚卸資産の売却からの所得については，本条文は適用されず，その源泉地は，861条a項，862条a項6号，863条によって定められる。

　従来の personal property に関する原則にとって替わる一般的な定めがある。財産移転に関する所得の源泉地が原則として納税者の居住地と一致することになる。そして，棚卸資産については例外が定められている。これに伴って先に引用した861条にも手が加えられた[132]。

　アメリカ合衆国源泉の総所得
　以下の内容の総所得はアメリカ合衆国源泉からの所得として扱われる。
　(6)　棚卸資産の売買または交換
　アメリカ合衆国の外での棚卸資産の購入（865条i項1号の意味でのそれ）およびそのアメリカ合衆国内での売買または交換から生じた利得・利益および所得

---

131)　Section 865
　(a) GENERAL RULE.
　Except as otherwise provided in this section, income from the sale of personal property
　(1) by a United States resident shall be sourced in the United States, or
　(2) by a nonresident shall be sourced outside the United States.
　(b) EXCEPTION FOR INVENTORY PROPERTY.
　In the case of income derived from the sale of inventory property
　(1) this section shall not apply, and
　(2) such income shall be sourced under the rules of sections 861(a), 862(a)(6), and 863.

132)　(a) GROSS INCOME FROM SOURCES WITHIN UNITED STATES.
　　The following items of gross income shall be treated as income from sources within the United States.
　(6) SALE OR EXCHANGE OF INVENTORY PROPERTY.
　　Gains, profits, and income derived from the purchase of inventory property (within the meaning of section 865(i)(1)) without the United States ... and its sale or exchange within the United States.

動産 (personal property) についての一般的な規定が，棚卸資産 (inventory property) についてのみの限定的なものになってしまった。

以上に見たようなソース・ルールの変更と棚卸資産に関する例外について，立法者はどのように考えていたのであろうか。両院合同租税委員会による説明（いわゆるブルーブック）を見てみよう[133]。

改正の理由という項目は主として三つの部分からなる。最初に一般論が述べられる。すなわち，財産移転に関するソース・ルールは一般に所得を生み出した経済活動の場所を反映すべきである。しかし，外国法人，非居住者については従来の規定によると所有権の移転を操作することによってアメリカの課税を免れることができた。また，内国法人，居住者についてもこの Tax Reform Act によってかなり税率が下がるため低税率国で生ずる国外源泉所得を生み出すインセンティブが高まった。以上のことを考慮して，外国法人，非居住者の活動に対しては適正な課税管轄権を確保し，内国法人，居住者については，外国で生じた所得でかつ外国の課税に服しそうな所得に限って（外国税額控除の対象となる）国外源泉所得として扱うため，議会はソース・ルールを変更する。

次に内国法人，居住者を念頭においた叙述が続く。ここで注目すべきは，先の一般論にもかかわらず，アメリカの産業の競争力を維持し，貿易赤字を減らすために，棚卸資産については従来のソース・ルールを廃止すべきではないと議会が考えているということである。これに対して，財産のうち棚卸資産以外のものについては，（後に留保を付しながらも）以下のように言う。

> 「売却地ルールの操作が比較的容易であるその他の場合（例えば，portfolio stock investments の売却）について，従来の法よりも意味のある基準を参照することによって合衆国は課税権を行使するべきであると議会は信ずる。源泉の操作が起こるような場合について，外国がこの所得に課税することはほとんどありえないことに議会は気がついた。このような場合，売り手の居住地がその所得の源泉を統べるべきであると議会は信ずる。なぜなら諸国が動産からの利得に対して，源泉に基づいて課税していることはめったにないからであ

---

[133] Staff of Joint Committee on Taxation, 99th Congress, 2nd Session, General Explanation of the Tax Reform Act of 1986, 916-923.

る。」[134]

　ブルーブックはさらに外国法人，非居住者に対する課税の局面に言及している。ここでは，従来のルールによってアメリカの課税ベースが侵食されており，従来のルールが適切でないことを議会は認識している。とはいえ，売却された財産が国外で用いられており，所得を生んだ活動が実質的に国外で行われていて，かつ外国によって課税されているならばその国に課税権を譲るのが適切であると考えている。

(2)　現行規定に対する評価

　現行規定への批判としては，棚卸資産に関して所有権移転基準を維持していることに対するものが多い。アイゼンバーグはその国際課税の体系書において次のような的確な指摘をしている[135]。曰く，所有権（title）の移転については売買の両当事者が自由に決めることができるし，そもそも，商取引法において所有権の概念自体がほとんど意味を失っている。それゆえ，所有権の移転について当事者は専ら租税のみを考慮して決めることになる。そして，他の国々がもはや財産売却からの所得の源泉地を判断するにあたって所有権の移転に着目していない以上，取引当事者（納税者）は外国での課税を気にすることなく，アメリカの租税のみを考えて所有権を移転させればよいことになる。

　実のところ，1986年の改正にあたって財務省は当初，あらゆる財産の移転について865条の原則を貫こうと考えていた。しかし，議会が自国の産業保護を主張したため，棚卸資産について旧来の規定を残す妥協した形になったわけである。その後も例えば，1997年のRevenue Reconciliation Actにおいて内国法人・居住者から内国法人・居住者への棚卸資産の移転について国内源泉所得と扱おうとする提案が上院に出されたりしている。しかしこれも結局成立しなかった[136]。

　棚卸資産について所有権移転基準が維持された結果，私法上の所有権移転の

---

134)　Staff of Joint Committee on Taxation, *supra* note 133, 918.
135)　Isenbergh, *supra* note 107, ¶16.1.
136)　Charles I. Kingson, International Taxation, 1998, 59-60. なお，2000年グリーンブックでは外国法人，非居住者に関する文脈で，title passage ruleの撤廃が提案されている（Department of the Treasury, General Explanations of the Administration's Fiscal Year 2001 Revenue Proposals, February 2000, 214-215）。

時期と場所とが，ソース・ルールに対して依然として意味を持っている。とこ ろが，国際商品売買に関する条約である CISG（the United Nations Convention on Contracts for the International Sale of Goods）をアメリカ合衆国が 1986 年に批准 した（1988 年に発効）。CISG は，取引の当事者が別々の条約批准国に所在する 場合に，デフォルト・ルールとして適用される（すなわち，取引の当事者は，合 意によって，CISG のルールの適用を排除することができる）。このため，条約で ある CISG が国内法であるソース・ルールの内容としていわば取り込まれること になった[137]。

第 3 款　複合源泉所得に関するソース・ルール——内国歳入法典 863 条 b 項 2 号

1　概　観

より直接に法人格内部での財産の移転を射程に収めているのが内国歳入法典 863 条 b 項 2 号である[138]。これは，納税義務者が自ら製造した売却目的の財産 につき，製造地と売却地のうちどちらかのみがアメリカ合衆国である場合のソ ース・ルールを定めたものである。具体的な配分方法は財務省規則に規定され ている。この規則は 1996 年に大きく改正されているので，ここでは改正の前 後に分けて簡単に見ていこう。

2　1996 年改正以前

まず，1996 年改正の前後で規則[139]の基本的な仕組みは変わっていないこと を確認しておく[140]。その基本的な仕組みとは，大要，次のとおりである[141]。

最初に，対象となる総所得（gross income）が特定される。それは，納税義務 者自らの製造による棚卸資産（inventory）の売却によって生じた所得であって， この棚卸資産が国外で製造され，国内で販売された場合，あるいは逆に，国内

---

137) この問題については，Caroline A. Krass, Note, A Guide to the Source of Income Rules for the Sale and Purchase of Inventory Property, 45 Tax Law. 857（1992）参照。
138) この条文についての叙述は，中里実「OECD モデル租税条約 7 条における利益の計算方法に ついて」日本税務研究センター『移転価格に関する調査研究報告書』(1998 年) を参考にした。
139) Regs. §§1.863-2, 1.863-3.
140) Bittker & Eustice, *supra* note 60, ¶15.02 [1][d].
141) 基本的な仕組みは Reg. §1.863-3(a)(1) が分かりやすく説明している。

第3節　財産の移転について

で製造され，国外で販売された場合，である[142]。

　続いて，この総所得が，三つの方法のうち納税者の選ぶものによって，製造活動からの総所得と販売活動からの総所得とに分けられる。ここでの三つの方法に関して1996年に改正が行われた。これらについてはすぐ後に詳しく見る。

　さらに，製造活動からの総所得と販売活動からの総所得のそれぞれについて，源泉地が決定される。ここで，販売が行われた場所が前述の所有権移転基準（the title passage rule）に基づいて，売却利益の所得源泉地となるようである[143]。

　最後に，控除項目（deductions）が配分されて，各源泉の総所得から控除項目を差し引くことにより各源泉の課税所得が算出される。

　さて，総所得を製造活動と販売活動とに分ける方法は1996年以前においてどのように規定されていたのか。基本的に三つの方法があった。第一はIFP（independent factory price. 独立工場価格）に基づく方法，第二は定式に基づく方法，第三に納税者の記録に基づく方法，であった。このうち，第三のものは内国歳入庁の承認に基づいてとることができるいわば例外的な方法であった。そして，残る二つのうちでは，第一の方法が原則とされ，これがとりえない場合に第二の方法がとられることになっていた。

　第一の方法は以下のようなものであった。まず，納税義務者が「その産出物の一部を，完全に独立の販売者（distributors）あるいはその他の売り手に対して，租税負担の考慮に影響されることなく independent factory or production price を公正につけるような方法で日常的に販売している場合」，IFPが存在する[144]。いささか同語反復的な叙述であるが，次の二つのことを言っている。一つは，IFPが存在する場合に限り，この方法が使われるということ。もう一つは，IFPとは商品の卸売段階における独立当事者間価格（arm's length price）であるということである。要するに，内国歳入法典482条に似ているが[145]，IFP

---

142)　I.R.C. §863(b)(2).
143)　Reg. §1.863-3(c)(2) が Reg. §1.861-7(c) を参照している。製造利益については，製造の行われた場所が所得源泉地である。Reg. §1.863-3(c)(1) 参照。
144)　Bittker & Lokken, *supra* note 2 (2nd ed., 1991 version), 70-19. 1996年以前のReg. §1.863-3(b)(2) Ex. 1.
145)　Bittker & Eustice, *supra* note 60, ¶15.02 [1][d].

271

が存在することは納税者が示さなくてはならなかった[146]。このため，この方法の及ぶ範囲は，原則であるにもかかわらず，限られていたといえよう。

　これに対し，第二の方法は次のように算定を行う[147]。まず，製造と販売から得た総所得を二つに分ける。そして，まず半分については，製造と販売のそれぞれが行われた国にある納税義務者の資産の価値に応じて配分する。残り半分については，それぞれの国における納税義務者の総売上高（gross sales）に応じて配分する。ここで考慮される資産および総売上高は，ここで問題となっている総所得を生み出すのに使われたものに限られる。それから控除項目がそれぞれの源泉に（総所得に応じて）比例的に（pro rata）割り付けられる。こうして，それぞれの源泉からの課税所得が算出される。

　第二の方法に対しては，それが経済的にもっともらしくないことおよび納税義務者による操作可能性の高さが指摘されていた[148]。

3　Intel Corp. v. Commissioner 判決（1993）

　ここでは，アメリカで製造を行い，国外で販売を行っている会社の国外源泉所得の範囲がどのようにして決まるのかということの具体例として，Intel Corp. v. Commissioner を取り上げる[149]。

　コンピュータの部品を製造・販売しているインテルは，国外源泉所得の範囲を決めるにあたって，暫定規則で例示されていた 50・50 法（50/50 method）を採用していた。これにより，部品の販売から生じる所得のほぼ半分が国外源泉所得となる。これに対して，内国歳入庁はIFP法を適用した。それによると，販売から生じる所得は全て国外源泉所得ということになる。なお，インテルは，国外に販売のための支店や部門を設けることなく，輸出を行っていた。

　租税裁判所判決は，国外源泉所得の範囲を決めるにあたってIFP法を用いる前提として，商品の売却を行う地に売却を行うための支店や部門が存在していなくてはならない，と判示して納税者（インテル）による扱いを是認した[150]。

---

146) Isenbergh, International Taxation, 1996, 10-11.
147) 以下，Isenbergh, *supra* note 146, 10-12 による。Reg. §1.863-3T(b)(2).
148) Isenbergh, *supra* note 146, 10-13-17.
149) *Intel Corporation v. Commissioner*, 100 T.C. 616（1993）. *See* Bethany A. Ingwalson, Note, Sourcing Income from Cross-Border Sales: *Intel Corp. v. Commissioner*, 47 Tax Law. 549（1994）.
150) 判決は，まず規則（Section 2.863-3(b)(2)）の性質が解釈（interpretive）規則なのか立法

アメリカで商品を製造し輸出する企業にとって，国外源泉所得が多いほうが有利である。IFP 法では 50・50 法を用いる場合よりも国外源泉所得とされる範囲が狭い。IFP 法が適用される範囲が限定され，50・50 法が適用される範囲が広く認められることで，輸出を行うアメリカ企業は外国税額控除の限度額をより多く確保できることになる[151]。

4　1996 年改正後

1996 年に改正された規則は，最初の二つの方法について次のような変更を行った。まず，50・50 法を原則とした[152]。これに伴って，IFP法は納税者があえて選ぶことによってのみ用いられるようになった[153]。

50・50 法によると「納税義務者の総所得の半分が製造活動に帰属する所得とみなされ……，残りの半分が販売活動に帰属する所得とみなされる……」[154]。

5　まとめ

こうして，現在では，かなり大雑把な定式配分法と独立当事者間基準的な方法とが併存し，前者が原則とされているといえよう。しかし，そもそも所得のうちのどの部分がこの規定の対象になるのかという点が必ずしも明らかではないという問題もある。なお，50・50 法は 2000 年グリーンブックにおいて外国税額控除の文脈において，改正を提案されている[155]。

(legislative) 規則なのかということを検討し，議会の授権に基づくものであるから立法規則であると結論づける。そして，立法規則の解釈は制定法の解釈と同様の方法（明白で曖昧でない文言に従う）で行われるべきであるとする。そして，規則の文言が明らかに支店ないし部門の存在を IFP 法適用の前提としていると認定する。さらに，規則の前身である 1922 年の Reg. 62, art. 327 以来の納税者および課税庁の解釈を裏づけとしている。もっとも，以上のような解釈は，（確かに規則の文言には合致するものの）規則の根拠規定である内国歳入法典 863 条 b 項の趣旨とは合致しない（Ingwalson, *supra* note 149, 553-554）。なお，控訴審（第九巡回区控訴裁判所）も原審の判断を是認している。*Intel Corporation v. Commissioner*, 76 F. 3d 976 (1996)。

151)　Ingwalson, *supra* note 149, 552-555.
152)　Reg. §1.863-3(b)(1) and (e).
153)　Bittker & Eustice, *supra* note 60, ¶15.02 [1][d]. しかし，IFP 法が従来も限定的にしか用いられていなかったことは先に見た通りである。
154)　Reg. §1.863-3(b)(1).
155)　Department of the Treasury, *supra* note 136, 211-212.

第4款　不認識取引への例外——内国歳入法典367条

1　概　観

アメリカでは法人の組織変更に関わる取引に際して不認識（non-recognition）の扱いがなされる。すなわち，大まかに言うと，内国歳入法典のサブチャプターC（Subchapter C）に基づいて，個人が財産を法人に対して出資したり，法人相互間で財産を移転したりするような取引について課税が行われない[156]。法人を納税義務者の単位とし，これが取引を行うことをもって利益が実現し所得が認識されて課税が行われるという，アメリカの租税法の大原則にとって，サブチャプターCによる一連の不認識規定は大きな例外の領域である。

ところが国際的な局面においては，サブチャプターCで認められた不認識規定に対してさらに例外が存在する。内国歳入法典367条がそれである。不認識規定は今課税しなくてもあとで課税できるということを暗黙の前提としていると考えられるが[157]，367条が適用されるような場合はあとで課税できないからである。

この，あとで課税できない，ということを，アイゼンバーグは概ね次のように説明する[158]。すなわち，租税法から見ると法人の属する環境は大きく四つに分けられる。一つは内国法人の環境であって，その全世界所得に対して所得を得た年度に課税される。二つ目はCFC（Controlled Foreign Corporations）の環境であって，CFCの株主は法人が所得を得た年度に彼の持ち分に応じて課税される[159]。三番目は，PFIC（Passive Foreign Investment Companies）で，その株主は法人の受動的投資所得（passive investment income）に対して所得を得た年度

---

156)　See Bittker & Eustice, supra note 60, Chapters 3, 10, 11 and 12. また，水野忠恒『アメリカ法人税の法的構造』24頁以下（有斐閣，1988年）も参照。さらに，最近の動向について，岡村忠生＝岩谷博紀「国外移転に対する実現アプローチと管轄アプローチ——インバージョン（inversion）取引を中心に」岡村忠生編『新しい法人税法』185頁（有斐閣，2007年），吉村政穂「国際的組織再編をめぐる課税問題——日米比較を中心に」租税法研究36号45頁（2008年）を参照。

157)　Isenbergh, supra note 107, 45-2.

158)　Isenbergh, supra note 107, 45-1.

159)　詳しくは，例えば，McDaniel & Ault, supra note 67, 110を参照。法人を独立の納税義務者と考える前提から見ると，CFCやPFICは例外と位置づけられよう。PFICについては，神山弘行「対外間接投資と課税繰延防止規定」フィナンシャル・レビュー94号123頁（2009年）参照。

第3節　財産の移転について

に課税される。最後は，通常の外国法人であって，その所得は株主に対して配当されてはじめて課税され，解散時にはキャピタル・ゲインとして課税される。ところが，このような四つの環境の相互間で財産が移転することは法典の規定において通常は想定されていない。そして，

> 「もし何ら歯止めがなかったとしたら，財産が課税される環境から課税されない環境へと移ることは，様々な地位の内国法人，外国法人に適用される様々な租税枠組みの相互作用によって，課税の繰り延べでなくむしろ課税を免除してしまうことを意味しかねない。したがって，利益のうち適切な額がアメリカの課税のために取っておかれるべきであるならば，国際的な場面については不認識規定を大きく修正しなくてはならない。これこそが367条の領域である。」[160]

　要するに，内国歳入法典367条とは法人課税の対象となる領域内において，財産がより課税の少ない環境に移転する場合において，その移転に着目して何らかの租税上の手当てを行おうとする規定であるといえる。もし今見たような課税に関する環境を「課税管轄権」と呼ぶことが許されるならば，367条は財産が課税管轄権から離脱することへの租税法上の対応であるといえよう。そしてそうだとすれば，法人内において財産が国際的に移転することに租税法として「離脱（Entstrickung）」法理等で対応するドイツと，問題意識において共通していると評価することができよう。
　しかしながら，内国歳入法典367条にまつわる歴史を見ると，その趣旨は必ずしも明らかではなかった。それどころか，1984年に現在の規定になる前は条文の定め自体に無理があったと考えられる。以下，367条がどのような機能を果たしてきたか述べ，1984年改正がなぜ必要だったのか明らかにする。それによって，先に述べたごとく現在の367条を課税管轄権に関わる規定だと理解してもかまわないということを示す。

2　1984年以前──「租税回避」要件の存在
　内国歳入法典367条はその起源を1932年歳入法（the Revenue Act of 1932）

---
160)　Isenbergh, *supra* note 107, 45-2-3.

275

に求めることができる。1932年歳入法の112条k項は次のように規定していた。

> 「〔不認識の扱いがされる〕交換や分配の場合において，どの部分の利得が認識されるか決定するにあたって，外国法人は法人とみなされない。ただし，交換や分配に先立って，この交換や分配が連邦所得税の回避を主目的のひとつとする計画を遂行する一環ではないことが内国歳入庁長官に承認されている場合には，この限りではない。」

> In determining the extent to which gain shall be recognized in the case of 〔nonrecognition〕 exchanges or distributions … a foreign corporation shall not be considered as a corporation unless, prior to such exchange or distribution, it has been established to the satisfaction of the Commissioner that such exchange or distribution is not in pursuance of a plan having as one of its principal purposes the avoidance of federal income taxes.

　一連の不認識規定は法人が関わることが要件となっていたから，外国法人を法人として扱わないということは，不認識の扱いを認めないということになる。例外的に不認識とされるのは内国歳入庁長官の承認が得られた場合であり，この承認の要件は「連邦所得税の回避を主目的のひとつとする計画を遂行する一環ではない」ことである。そして，いかなる場合に「連邦所得税の回避を主目的のひとつとする計画を遂行する一環でない」のかに関して議論され，先例が蓄積してきたのが1984年までの約50年であった。

　もっとも，そのうちのかなりの期間，すなわち1968年に至るまで，367条[161]の条文以上に具体的な指針が内国歳入庁によって示されることはなかった。「30年以上にわたって，この領域の法はほとんど隠されたままだった」とアイゼンバーグは言っている[162]。個々の納税者が内国歳入庁に対してアドバンス・ルーリングを求め，歳入庁は納税者に対して，一定の条件のもとに不認識の扱いを認めていたようである。一定の条件としては，取引全体について不認

---

161)　1954年内国歳入法典（the Internal Revenue Code of 1954）において，先に掲げたのと同趣旨の規定が367条として定められた。
162)　Isenbergh, *supra* note 107, 45-7.

識として扱う代わりに「通行料（toll charge）」を支払う，あるいは，一定額を将来所得に含めることを約束する，といったものが存在したのではないかと言われる[163]。

しかし，1962年に外国法人のうちある種のものをCFCとして括り出して，いわば本来法人が有していてしかるべき租税上の地位を一部奪う，サブパートF税制が登場した[164]。そこで，一方では課税庁にとってサブパートF税制の趣旨を貫徹するために（アイゼンバーグの言う）異なる環境間での財産移転を見張る必要が生じ，他方では納税者にとって，制度が複雑化したのに伴って，課税庁の方針が示されることがより強く求められるようになった。

このような要請に基づいて出された内国歳入庁のルーリングのうち最も重要だと考えられるのが，1968年のRevenue Procedure 68-23[165]（以下，1968年ガイドラインという）である。この1968年ガイドラインは内国歳入庁が租税回避（tax avoidance）であると判断する際の基準を示すとともに，不認識の扱いを受けるための諸条件（「通行料」など）を明らかにした。にもかかわらず，必ずルーリングが要求される（またその取得に時間がかかる）のは納税者にとって煩瑣であり，また，内国歳入庁の認定に対して納税者が反論したり争ったりする手続が存在しないことも，依然として問題であった。

このような問題に対処するために1976年，さらに1984年に367条の条文自体が改正された[166]。ルーリングに基づく制度が廃されたのと並んで，ここでとりわけ注目したいのが，租税回避の要件が，少なくとも，主観的な要件としては，削除されたことである。

3　1984年改正──租税回避要件の削除

1984年改正[167]の契機となったのは，1979年の*Dittler Bros.*事件であった[168]。この事件で租税裁判所は，「租税回避目的」とは納税者の主観的意図に

---

163) Isenbergh, *supra* note 107, 45-7 もしそうであったならば，ドイツにおける現在の対応との類似性を指摘することができよう。
164) サブパートF税制については，第2部第2章参照。
165) 1968-1 Cum. Bull. 821.
166) 1976年改正についてはBittker & Eustice, *supra* note 60, ¶15.80 [4] を参照。
167) *See* Bittker & Eustice, *supra* note 60, ¶15.80 [5].
168) *Dittler Bros., Inc. v. Commissioner*, 72 T.C. 896 (1979).

関する要件であると理解した上で，移転に際しての租税回避目的が他のあらゆる事業目的を凌駕することを要求した。この結果，367条a項の適用領域は非常に狭く解されることとなった。これに危機感を募らせた内国歳入庁は[169]，主観的要件を廃し，1968年ガイドラインのような客観的要件で判断することを提案した[170]。367条a項1号は今では次のようになっている。

「　332条，351条，354条，356条または361条に規定する交換に関連して，アメリカ合衆国の居住者・内国法人が外国法人に対して財産を移転する場合，当該外国法人は，当該移転に基づいて認識されるべき利得の範囲を決定するにあたっては，法人でないものとみなす。」

If, in connection with any exchange described in section 332, 351, 354, 356, or 361, a United States person transfers property to a foreign corporation, such foreign corporation shall not, for purposes of determining the extent to which gain shall be recognized on such transfer, be considered to be a corporation.

こうして，現在では367条は，財産の課税管轄権からの離脱に際してアメリカによる課税を完結させる規定として理解することができよう。

第5款　その後の動向

その後，法人格内の国際的な財の移転を多少広い見地から分析する研究が現

---

169)　Joint Committee on Taxation, General Explanation of the Revenue Provisions of the Deficit Reduction Act of 1984, (H.R. 4170, 98th Congress, Public Law 98-369), 427 (1984).
170)　アイゼンバーグは租税回避が依然中核にあると考えているようである（Isenbergh, *supra* note 107, 45-10）。しかし，少なくとも現在いわゆる租税回避として理解されているものとは違うのではないかと思われる。この点につき，第2部第2章第3節第3款参照。

れ[171]，また立法提案においてもこの問題が取り上げられている[172]。

　まず，ヴォーシ（Mary F. Voce）の指摘によると，財産が物理的にアメリカに移転してくる場合，またはその所有者が新たにアメリカによって全世界所得について課税されるようになった場合について，財産の取得価額（basis）に関するルールが全く明らかでない[173]。

　また，エンゲル（Keith E. Engel）や立法提案，ならびにビトカーらは「租税属性（tax attributes）」[174]の国際的移転として問題を捉えている。すなわち，含み益や含み損といった租税属性がある国の課税管轄権を離れる[175]形で移転する場合と，逆にある国の課税管轄権に入ってくる形で移転する場合との両方を視野に入れている。そして，租税属性が移出する場合については租税法の規定は充実しているのに対して[176]，移入する場合については規定が存在せず，租税の抜け道になっているとして様々な提案がなされる。

　幾つかの方法を比較検討しているのは，エンゲルおよびグリックリッチとライトナー（Glicklich & Leitner）である。このうちエンゲルは，外国法人，非居住者が財産を移入する，あるいは内国法人，居住者になる場合には，移入時の時価評価を提案する。しかし，内国法人，居住者が支店や子会社から財産を移入する場合については，租税属性の維持を認める。それは含み益のある財産の移入を阻害しないためであり，含み損のある財産を移入する場合については特別の手当てが必要だという。これに対してグリックリッチとライトナーは，問題ごとに個別に対応すべきだとする。2000年グリーンブックは移入時の時価

---

171) Mary F. Voce, Basis of Foreign Property That Becomes Subject to U.S. Taxation, 49 Tax Law. 341 (1996); Peter A. Glicklich & Abraham Leitner, Loss 'Importation': Opportunities and Limitations, Tax Notes 1051 (Feb. 15, 1999); Keith E. Engel, Importing Assets into Domestic Taxing Jurisdiction: Learning from Canada, 52 Tax Law. 275 (1999).

172) Department of the Treasury, *supra* note 136, 205-207. もっとも，類似の提案は1998年以来毎年行われていたようである。

173) Voce, *supra* note 171, 341 and 382. *See also* Bittker & Eustice, *supra* note 60, ¶15.02 [1][c].

174) 税額算定上の諸勘定項目のこと。租税属性については，増井良啓「租税属性の法人間移転」同・前掲註44）265頁（初出1996年）および Bittker & Eustice, *supra* note 60, Chapter 14 (Corporate Tax Attributes: Survival and Transfer) 参照。

175) これはあくまで比喩的表現である。課税管轄権の内部においても租税上の扱いが変わる場合はあり，そうした場合も含めて考える。

176) 様々な規定があげられているが，内国歳入法典の条文を示せば以下のようなものである。367条a項，897条d項およびe項，1291条f項，684条，877条。

評価を提案している[177]。

第4節　利子費用の配賦について

第1款　序　論

　国際的に展開している法人が他者に対して支払う利子のうち，本店あるいは支店がどれだけを自己の費用とすることができるか。また，そもそも本支店間，支店相互間の金銭の融通に際して利子を観念することが租税法上許されるのか[178]。これらの問いに対して，事業所（恒久的施設）独立の擬制にどのような内容を盛り込むか考え，そこから演繹的に答えを与えようとするのがドイツのアプローチであった。これに対して，アメリカでは利子の控除可能性自体を問題としており，それをより一般的な原則と結びつける思考は弱いように見える。

　利子の控除可能性はソース・ルールにおいて判断される。ただし，外国法人課税の場面と内国法人の外国税額控除の場面とで別々の規定が置かれたり，金融機関については一般企業と別の扱いがなされたりと，規定ぶりはかなり複雑である。さらに，国内法と租税条約との齟齬が問題になることもある。

　以下では，支払利子に関するソース・ルールを検討する前提としてまず，控除項目一般に関するソース・ルールの仕組みを簡単に紹介する（第2款）。続いて，内国法人の外国税額控除の局面，外国法人課税の局面それぞれについて，支払利子に関するソース・ルールがどのようになっているのか，その基本的な枠組みを見ていく（第3款，第4款）[179]。最後に，ひとつの裁判例を素材として，

---

177) Department of the Treasury, *supra* note 136, 206-207. *See also* Bittker & Eustice, *supra* note 60, ¶14.47 [6].

178) 本節で扱う問題に関する雑誌論文としては，以下のものがある。J. Thomas Rosch, Travel and Entertainment Expense Deductions for Nonresident Aliens: An Analysis and Critique, 21 Tax L. Rev. 103 (1965); James P. Fuller & Alan W. Granwell, Allocations and Apportionment of Deductions, 31 Tax Law. 125 (1977); Alan S. Lederman & Bobbe Hirsh, Treaty vs. Regulations: Can U.S. Branches Bank on *NatWest*?, 91 J. Tax'n 287 (1999).

179) 原則として，ソース・ルールは内国法人の二重課税排除のための外国税額控除，外国法人課税の二つの局面に対して，共通である（McDaniel & Ault, *supra* note 67, 35）。しかし，ここではこ

先の基本的な枠組みが，異なった論理を有する租税条約との間でどのような相互作用を生み出しているか，検討する（第5款）。

第2款　控除項目の配賦に関する一般論

アメリカ連邦所得税において課税所得（taxable income. §63(a)）は，総所得（gross income. §61(a)）から様々な控除項目（deductions. §62(a)）を差し引いて算出される[180]。同様に，国内源泉か国外源泉かの判断においても，まず，総所得を構成する様々な種類の所得について判断がなされ，しかるのちに，控除項目について判断がなされる。そして前者から後者を引くことによって，課税所得についてどれだけが国内源泉であり，どれだけが国外源泉であるのか，明らかになる[181]。このように，いささかおかしな用語法ではあるものの，控除項目についても源泉（source）を観念することができる。

この控除項目の源泉について1913年法，1916年法では明示的に条文の規定が置かれていた[182]。これに対して，1918年法では詳細が規則に委ねられてい

の二つの場面のそれぞれについてソース・ルールが存在する。

180) Bittker & Lokken, *supra* note 2, ¶2.1.
181) McDaniel & Ault, *supra* note 67, 41-42; Bittker & Lokken, *supra* note 2, ¶73.10.
182) Isenbergh, *supra* note 107, 11-3. "Sources within the United States" という表現が初めて用いられたのは1916年法においてである（Dailey, *supra* note 66, 415）。その6条は以下のようになっている。

"Sec. 6. That in computing net income in the case of a nonresident alien —
(a) For the purpose of the tax there shall be allowed as deductions —
　First. The necessary expenses actually paid in carrying on any business or trade conducted by him within the United States, not including personal, living, or family expenses;
　Second. The proportion of all interest paid within the year by such person on his indebtedness which the gross amount of his income for the year derived from sources within the United States bears to the gross amount of his income for the year derived from all sources within and without the United States, but this deduction shall be allowed only if such person includes in the return required by section eight all the information necessary for its calculation〔以下省略〕".

1909年法，1913年法における外国法人課税の方法についてはDailey, *supra* note 66, 415, n.3を参照。1913年法のSection II, G(b) には，外国法人の純所得算定に関して，以下のような規定が存在していた。

"Provided, That in the case of a corporation, joint-stock company or association, or insurance company, organized, authorized, or existing under the laws of any foreign country, such net income shall be ascertained by deducting from the gross amount of its income accrued within the

る[183]。そして，1977年の規則以来，相当複雑な規定が存在する[184]。

もっとも，ここでは基本的な仕組みが分かれば足りる。財務省規則1・861-8（Reg. §1.861-8）を見よう。一般的な説明は次のようになっている。

"A taxpayer to which this section applies is required to allocate deductions to a class of gross income and, then, if necessary to make the determination required by the operative section of the Code, to apportion deductions within the class of gross income between the statutory grouping of gross income (or among the statutory groupings) and the residual grouping of gross income."[185]

テクニカルタームが多くてわかりにくいが，要するに，まず，控除項目（deductions）を対応する class of gross income へと配賦（allocation）する。続いて，classes のそれぞれにおいて，控除項目を statutory grouping と residual grouping とに配分（apportionment）する。このように，配賦（allocation）と配分（apportionment）という二段階を経て，課税所得のうちどれだけが国内源泉

---

year from business transacted and capital invested within the United States, ... 〔以下，4種類の項目が列挙されている〕."

なお，外国税額控除制度が導入されたのは1918年法においてである（Graetz & O'Hear, *supra* note 83, 1043-1054）。

183) Isenbergh, *supra* note 107, 11-3. 1918年法では次のようになっている（1921年法でも基本的には同じ）。

"Sec. 214. (b) In the case of a nonresident alien individual the deductions allowed in paragraphs (1), (4), (7), (8), (9), (10), and (12), and clause (e) of paragraph (3), of subdivision (a) shall be allowed only if and to the extent that they are connected with income arising from a source within the United States; and the proper apportionment and allocation of the deductions with respect to sources of income within and without the United States shall be determined under rules and regulations prescribed by the Commissioner with the approval of the Secretary."

なお，1918年法234条b項も参照。

184) 1977年以前の財務省規則はそれほど複雑ではなかった（Fuller & Granwell, *supra* note 178, 125）。1977年以前については，例えば，以下の文献を参照。Dailey, *supra* note 66, 452-462; Harvard Law School: International Program in Taxation, World Tax Series: Taxation in the United States, 1963, 1004-1007; Sidney I. Roberts & William C. Warren, U.S. Income Taxation of Foreign Corporations and Nonresident Aliens, 1966, II-12-17; Boris I. Bittker & Lawrence F. Ebb, United States Taxation of Foreign Income and Foreign Persons, 2nd ed., 1968, 186-192.

185) Reg. §1.861-8(a)(2).

第4節 利子費用の配賦について

でありどれだけが国外源泉であるのか，明らかになる。

　第一段階たる配賦（allocation）は非常に大まかに言うと，ソース・ルールにおける総所得の所得分類に控除項目を対応させるものといえよう[186]。ここで配賦（allocation）は控除項目とclassとの事実上の関係を基に行われる[187]。

　第二段階たる配分（apportionment）は，要するに，各classにおいて，割り振られた控除項目を国内源泉に対応するものと国外源泉に対応するものとに振り分ける作業である。Statutory groupingとは，総所得のうち，条文で積極的に規定されている源泉に対応する部分であると考えてよかろう[188]。このため，場面によって，何がstatutory groupingであり何がresidual groupingであるかは異なる。配分（apportionment）の手順はReg. §1.861-8T(c)(1)が定める。すなわち，

> 「この帰属の作業は，合理的に厳密な限りにおいて，控除項目と総所得の所得分類との事実上の関係を反映するようなやり方で，成し遂げられなくてはならない。」

> "Such attribution must be accomplished in a manner that reflects to a reasonably close extent the factual relationship between the deduction and the grouping of the gross income."[189]

という。しかし，具体的な手順は必ずしも明らかではない。引用部分に続く部

---

186) もっとも，"class"（Reg. §1.861-8(a)(3)）と所得分類とが必ずしも正確に対応しているわけではない。このため，所得分類とは別の"class"という概念が用いられていると考えられる。これとは逆に，アイゼンバーグは所得分類と対応していない点をむしろ強調する（Isenbergh, *supra* note 107, 11-13）。

187) Reg. §1.861-8(b)(1)。

188) 具体的にはマクダニエルとオールトが示す以下の例を参照されたい。
「例えば，もしアメリカ法人が国内源泉所得と国外源泉所得を得ており，外国税額控除の限度額を決める必要があったとする。このとき有意なstatutory groupingは国外源泉所得であり，residual groupingは国内源泉所得となる。また，非居住者たる納税者にとって，statutory groupingは"effectively connected income"であり，その他の所得はresidual groupingになる」（McDaniel & Ault, *supra* note 67, 43）。なお，statutory groupingは複数存在することがありうる（Reg. §1.861-8T(c)(1) 参照）。

189) Reg. §1.861-8T(c)(1)。

283

分では，考慮しうる事実を，優先順位をつけることなく列挙するにとどまっているからである。

第3款　利子費用の配賦（1）——内国法人の外国税額控除の局面

1　概　観

利子費用の配分についても，費用一般の配分に関する基本的な仕組みは維持されている。すなわち，原則として，まず配賦（allocation）が行われ，配分（apportionment）が続く。しかし，以下に見るような特別な規定が利子費用については存在する。

現時点において，内国法人の外国税額控除の限度額を算定するための利子費用のソース・ルールは，Reg. §1.861-9T から §1.861-13T において定められている[190]。1977年に比較的詳細な規則が導入されて以来，基本的な仕組みは変わっていない。1986年の税制改革により付け加えられた864条e項も，1977年規則の方向性をはっきりさせただけといってよい[191]。

2　「金銭の代替可能性」

規則の根幹をなす原則として「金銭の代替可能性（fungibility）」がある[192]。Reg. §1.861-9T(a) は以下のように定める。

> 「本条が定める利子の配賦および配分の方法は，一般に，金銭には代替可能性があり，利子費用は，当該利子が支払われているところの債務を負った特定の理由にかかわらず，あらゆる活動と財産に帰せられる，とのアプローチに基づいている。この代替可能性ルールへの例外は規則1.861-10T で定められている。

---

190) Reg. §1.861-8(e)(2) が Reg. §1.861-8T(e)(2) を参照し，さらにこれが Reg. §1.861-9T から §1.861-13T を参照するという規定ぶりになっている。1977年時点での規定ならびにそれ以前の判例については，Fuller & Granwell, *supra* note 178, 133-139 を参照のこと。1977年以前は，総所得の比率による配分あるいは負債をそれが用いられた資産や活動に対応させることによる配分が主流であった。これに対して，1977年の規則により資産（しかもその帳簿価値）に着目する方法が原則とされた。

191) もっとも，864条e項は，多国籍企業グループについては実質的な規定を導入している。Isenbergh, *supra* note 107, 12-27以下を参照。

192) Isenbergh, *supra* note 107, 12-2-3.

第4節　利子費用の配賦について

代替可能性アプローチは，あらゆる活動と財産には資金が必要であり，経営は資金の源泉と使用に対して大きな柔軟性を有している，ということを認識している。」

"The method of allocation and apportionment for interest set forth in this section is based on the approach that, in general, money is fungible and that interest expense is attributable to all activities and property regardless of any specific purpose for incurring an obligation on which interest is paid. Exceptions to the fungibility rule are set forth in §1.861-10T. The fungibility approach recognizes that all activities and property require funds and that management has great deal of flexibility as to the source and use of funds. 〔以下省略〕"

代替可能性を原則として掲げたことは，事業活動あるいは財産と利子費用（直接には借入）とを対応させようとする1977年以前のいくつかの裁判例[193]との訣別を意味する。すなわち，少なくとも外国税額控除の局面で，資金調達についてはtracingを行わず，何らかの指標（すぐあとで見るように，ここでは資産）に基づいて利子費用の配分を行うことが明らかになった[194]。また，代替可能性によれば，利子は所得を生み出すあらゆる活動と財産とに関係するわけであるから，利子は，あらゆる活動と財産によって生み出される総所得へと配賦（allocation）される。その上で，各classにおいて配分（apportionment）が（以下に見るように）資産を基準にして行われる。配賦（allocation）自体にはさして困難は存しないといえよう。

3　資産への着目

1986年の864条e項2号は，利子費用の配賦（allocation）ならびに配分（apportionment）を，総所得に応じてではなく，資産（asset）に応じて行うべきこ

---

[193] *Missouri Pac. R.R. v. United States*, 392 F. 2d 592, 604-606 (Ct. Cl. 1968); *Chicago, Milw., St. P. & Pac. R.R. v. United States*, 404 F. 2d 960, 974 (Ct. Cl. 1968).
[194] このことは，McDaniel & Ault, *supra* note 67, 44, note 38 が示唆する通り，国内法における利子費用控除の扱いと原理的に鋭い緊張関係に立つ。国内法において tracing が行われていることにつき，例えば Bittker & Lokken, *supra* note 2, Chapter 52 を参照。

とを要求する[195]。具体的には，規則が次のように定める。

「資産法においては，納税者は，様々な statutory groupings に，当該課税年度の各 grouping における総資産価値の平均に基づいて，利子費用を配分する。資産評価のルールは本規則本条 g 段落（1）および（2）であり，資産の分類に関するルールは本規則本条 g 段落（3）および規則 1.861-12T で定められている。」

"Under the asset method, the taxpayer apportions interest expense to the various statutory groupings based on the average total value of assets within each such grouping for the taxable year, as determined under the asset valuation rules of this paragraph (g) (1) and paragraph (g) (2) of this section and the asset characterization rules of paragraph (g) (3) of this section and Reg. §1.861-12T."[196]

問題は資産の評価方法である。ここでは"tax book value"ならびに"fair market value"の二つの方法が選択的に用いられる。

ところで配分（apportionment）は，費用を statutory grouping と residual grouping とに割り振ることであったが，各 grouping は資産ではなく所得をその構成要素としているため，各 grouping に対応する資産とはどのようなものであるか，必ずしも明らかではない。そこで，各 grouping に属する所得を生み出す資産が，各 grouping に属するものとされている。すなわち，資産が物理的に国内にあるか国外にあるかは関係ないのである[197]。もっとも，このよう

---

195) より重要なのは，このような資産に基づく利子費用の配分が関連企業グループ（affiliated group）に対しても行われるようになったことである（§864(e)(1)）。その背景については，Isenbergh, *supra* note 107, 12-28-30 を参照。内国歳入法典 864 条 e 項の立法時の資料として，General Explanation of the Tax Reform Act of 1986（Tax Reform Act 1986: A Legislative History, Doc. No. 235），941-956; Report of the Committee on Ways and Means（Doc. No. 6），372-381; Report of the Committee on Finance（Doc. No. 4），344-356．なお，アイゼンバーグによると利子を資産に基づいて配分する趣旨は，未実現あるいは未配分の国外源泉所得を生み出している資産に対して応分の利子費用を負担させることにあるという（Isenbergh, *supra* note 107, 12-18）。

196) Reg. §1.861-9T(g)(1)(i).

197) Isenbergh, *supra* note 107, 12-20, note 82.

な基準はかなり直感的ではある。

4　「金銭の代替可能性」への例外

「金銭の代替可能性」を原則とする規則に，大きな例外の領域が存在する[198]。すなわち，いくつかのノン・リコース負債（nonrecourse debt）ならびにある種の integrated financial transactions については，利子と財産あるいは所得とを一対一に対応させて，それに基づいて源泉地を決定する。

ノン・リコース負債とは，ある財産を購入するための借り入れであって，貸し手から見て引当財産が当該財産に限定されている（借り手が人的な責任を負わない）ものをいう[199]。ここでは例外の扱いを受けるノン・リコース負債について定義がおかれている[200]。要するに，金銭の貸し手がその資金を利用して得られた財産の価値までしか得られないような場合（単なるノン・リコース負債である）にのみ，当該財産から生ずる所得に利子費用が割り付けられる[201]。

第 4 款　利子費用の配賦（2）——外国法人課税の局面

1　概　　観

外国法人はそのアメリカ事業に実質的に関連した所得について課税を受ける[202]。その際に控除可能な利子費用については規則に定めがある。この規則は様々に変遷してきた。その変遷を見るには二つの点に着目するとわかりやすい。

第一に，利子とその他の費用とを一緒に扱うのか別々に扱うのかということに目を向けたい。すると，1977 年を境に，扱いが変わっていることがわかる。1977 年以前は利子とその他の費用は同じルールで判断されていた[203]。しかし，

---

198) Isenbergh, *supra* note 107, 12-25.
199) ノン・リコース負債については，以下の文献を参照。
　　Boris I. Bittker, Nonrecourse Debt, and the *Crane* Case, 33 Tax L. Rev. 277 (1978); Daniel N. Shaviro, Risk and Accrual: The Tax Treatment of Nonrecourse Debt, 44 Tax L. Rev. 401 (1989).
200) Reg. §§1.861-10T(b)(2)(i)-(iii).
201) Isenbergh, *supra* note 107, 12-26.
202) 内国歳入法典 882 条。この項全般につき，以下の文献を参照。Fred B. Brown, Federal Income Taxation of U.S. Branches of Foreign Corporations: Separate Entity or Separate Rules?, 49 Tax L. Rev. 133 (1993).
203) 例えば，1957 年の財務省規則においては Reg. §1.882-3(b)(2) が Reg. §1.873-1(a)(1) を参照

1977年の規則（先に見た Reg. §1.861-8）において利子については特別の規定が設けられた。

第二に，内国法人の外国税額控除の局面と外国法人課税の局面とで共通のソース・ルールを用いるのかどうかということに注目しよう。すると，ここでは1981年以前と以後とで異なることがわかる。すなわち，1981年に財務省規則1・882-5が制定され，外国法人課税の局面における利子費用の配分について新たなルールが設けられた。規則1・882-5導入の背景には，規則1・861-8を外国法人課税の局面で用いるのは過酷であるという事情があったという[204]。

2 算定方法

大前提として，同一の外国法人の支店間での貸付ないし信用取引から生じる，資産・負債・利子費用は無視される[205]。控除可能な利子費用は，三段階で算定される。第一に，支店の資産が計算される。アメリカで行われる事業に関連した資産を認定し，それを時価または簿価で評価する。第二に，支店の負債（U.S. connected liabilities）が算出される。これは，前述の資産に，法人全体の負債・資産比率を掛けて求める。第三に，branch book/dollar pool method あるいは separate currency pool method のいずれかを用いて，外国法人がアメリカにおいて控除可能な利子費用を割り出すのである。

以上のような方法においては，もはや金銭の代替性の観念は後退してしまっている。重要なのは，外国法人のアメリカ支店が有する負債に対する利子率ではなく，支店の負債・資本比率である[206]。「資本の代替可能性（the fungibility of capital）」の概念が採用されたと見ることも可能であろう[207]。

し，これがさらに Reg. §1.861-8(a) を参照していた。
204) Isenbergh, *supra* note 107, 12-45.
205) Reg. §1.882-5(a)(5).
206) Jessica L. Katz, Treaties and Interest Expense Allocation: Moving in a *NatWest*erly Direction, 86 Tax Notes 403, 404 (2000).
207) McDaniel & Ault, *supra* note 67, 45.

第5款　国内法のソース・ルールと租税条約の関係

1　はじめに

銀行は業法上の理由から子会社ではなく支店形態で国際的に活動していることが多い。こうした外国銀行の支店はアメリカ合衆国において，観念的にはReg. §1.882-5 の適用を受ける。しかし，実際には国内法に優先する租税条約が存在するならば，条約が優先的に適用される。そして，多くの外国銀行の本店所在国はアメリカ合衆国と租税条約を締結しているから，租税条約が適用されることになる。

これらの租税条約には，ほとんど全ての場合，OECDモデル租税条約7条類似の規定が存在する。恒久的施設 (permanent establishment) 所在地国は恒久的施設に帰属する所得にのみ課税することができ，恒久的施設に帰属する所得とは，恒久的施設が独立の企業であって同一あるいは類似の条件下で同一あるいは類似の活動に従事していたとしたら生じるであろう所得である[208]。いわゆる「独立企業の原則 (the separate enterprise principle)」が適用されるのである。

さて，条約が優先するといっても，条約の規定は独立企業の原則というかなり抽象的なものである。このため，条約の適用にあたって，具体的には国内法の規定が参照されることが論理的にはありうる。そこで，租税条約と国内法の規定がどのような関係に立つのか，考える必要が生じる。というのも，もし租税条約の内容が国内法の規定と矛盾するものであるならば先に述べた優先劣後関係の結果として租税条約がもっぱら適用されるのに対して，租税条約が国内法の規定を排斥しないならば，租税条約の具体化として国内法の規定が参照されるからである[209]。

2　ナットウエスト事件

(1)　請求裁判所の判決・その一 (*NatWest I*)

このような問題が利子費用に即して具体的に争われたのが，*National West-*

---

208) OECDモデル租税条約7条1項，2項。第2章第5節参照。
209) 本款全般に関わる文献として，以下のものがある。Lederman & Hirsh, *supra* note 178; Katz, *supra* note 206.

minster Bank, PLC v. United States (1999)[210]である。この事件は，イギリスに本店を有する銀行（National Westminster Bank. 以下，ナットウエスト〔NatWest〕と略称）のアメリカ支店の課税に際する利子費用の算定方法にかかわる。

ナットウエストのアメリカ支店[211]は本店や他の支店，他の法人から資金を「借り」[212]，また，他の支店や他の法人等に「貸しつけて」いた。そして，アメリカ支店は他の支店からの借り入れが多かったので，その支払利子は支店独自に考えたほうが財務省規則1・882-5（Reg. §1. 882-5）によって算定した場合よりも，ずっと多かった。ナットウエストのアメリカ支店では，納税申告書において，本支店間，支店相互間の貸し借りも通常の貸し借りと同様に扱っていた。すなわち利子を取り，利子を支払っていた。これに対して，内国歳入庁はアメリカ支店の帳簿における利子費用の一部を否認し，利子費用の計算は規則1・882-5に基づいて行うべきだとした。同規則によれば，前述のとおり，支店の資本の額が推定され，それに基づいて控除可能な利子の額が決まってくる。このような内国歳入庁の見解に基づいて支払った租税（1981年から87年についてのそれ）の還付を，ナットウエストが求めたのが本件訴訟である[213]。なお，訴訟提起以前に，ナットウエストは，内国歳入庁の見解に従って増加した租税についてイギリスの外国税額控除が得られないことから，イギリスに対してアメリカとの相互協議を行うように要請した。しかし，相互協議の結果を踏まえて提示されたsettlement offerに対してなお不満であったため，いったん租税を納付した上で還付請求を行ったのである。

なお，この裁判の過程で，イギリス政府は，ナットウエストの立場を支持する内容のamicus briefを提出した。

請求裁判所はまず，両当事者の見解の相違は，規則1・882-5が（1975年に

---

210) 44 Fed. Cl. 120 (1999).
211) 「アメリカ支店」とはナットウエストのアメリカ合衆国における活動拠点（6ヶ所）の総称である。See 44 Fed. Cl. 120, 121.
212) 同一の法人格の内部において，本当に本店や他の支店から借りたり，これらに貸したりできると考えてよいのかどうかということが，まさに問題のひとつなのであるが，ここではその点に注意を喚起するにとどめ，「借りる」「貸す」という表現を暫定的に用いることにする。
213) 一旦納付し還付請求をしたが認められなかった場合に，訴訟を請求裁判所（the Claims Court）へ提起することができる（Bittker & Lokken, *supra* note 2, ¶115.1）。請求裁判所は1992年にUnited States Court of Federal Claimsに改組されている（田中英夫編集代表『BASIC英米法辞典』192頁〔東京大学出版会，1993年〕参照）。

第 4 節　利子費用の配賦について

締結された) 米英租税条約と矛盾すると考えるかどうかにかかわるという。そしてそれは租税条約 7 条をどのように理解するのかによる[214]。7 条は独立企業の原則を定めるが，この原則が法人内の (すなわち本支店間あるいは支店相互間の)「貸付」取引が独立当事者間のそれとして扱われるべきことを要求しているのかどうかについて，両当事者は意見を異にする。すなわち，ナットウエストはアメリカ支店の帳簿に表れた利子が——本支店間のそれも含めて——基本的にはそのまま税額の計算に用いられると考えた。これに対して，政府は次のように言う。すなわち，利子費用に関して，帳簿に表れた法人内「貸付」取引を無視する規則 1・882-5 のような定式配分法 (formulary approach) を用いることを (納税者に) 求めうる[215]。

どちらの意見が妥当であるか判断するために判決は続いて，7 条について検討する。条約の文言と並んで財務省の報告書，上院の報告書が検討の対象となるが，裁判所がとりわけ詳細に見ているのが OECD モデル租税条約とそれに対する注釈である[216]。7 条 2 項の文言を注釈の 10，11，12，21，22 等の諸節と併せて考えると，法人内取引も含めて恒久的施設の帳簿を尊重すべきだと思われる。

しかし他方で，注釈の 15 節は本支店間の支払利子を費用として控除することは否定されるとする。もっとも，15 節には続いて，金融機関については特別の考慮が必要だと述べられている。

以上を踏まえて，裁判所は，米英租税条約 7 条に基づいて，ナットウエストをも含めた銀行について，その (恒久的施設たる) 支店の利益が基本的には法人内取引を含めた恒久的施設の帳簿を尊重することによって算定されるとした[217]。

それでは以上のように理解される米英租税条約 7 条に，規則 1・882-5 は整合的か。裁判所はまず法人内取引を無視すべきだとする規則 1・882-5a 第 5 号の存在を指摘する[218]。そしてこの条項が先に見た三段階のあらゆる場面に影響を与えていることを理由に，規則はアメリカ支店を企業の一部分と捉えていて，

---

214) 44 Fed. Cl. 120, 122.
215) 44 Fed. Cl. 120, 123; 44 Fed. Cl. 120, 124-128.
216) 44 Fed. Cl. 120, 124-128.
217) 44 Fed. Cl. 120, 128.
218) 44 Fed. Cl. 120, 129.

独立のものとして扱っておらず，それゆえ条約7条2項の独立企業の原則（および3項）とは整合的ではないという[219]。

(2) 請求裁判所の判決・その二 (*NatWest II*)

両当事者は，内国歳入庁がアメリカ支店の「適正な (adequate)」資本の額を決定ないし推定する方法についての partial summary judgment を求める申し立て (cross-motions) を行った。

政府の主張は，アメリカ支店の資本を算定するにあたって，アメリカの銀行が服する銀行規制や市場の要求する要件を基礎とすべきであるというものである。いわゆる，"corporate yardstick" 論である。これに対して，ナットウエスト側の主張は，同銀行はアメリカの銀行でないのだから（銀行全体としては）アメリカの銀行規制等に服しておらず，それゆえ，アメリカで適用されるような規制等を基準として資本を算定するべきではない，というものである。

裁判所は，2003年に，この点に関する判決を下した[220]。判決の要旨は次のとおりである。独立企業の原則によれば，支店の資本を算定するための出発点は実際の支店の帳簿や記録である。それどころか，この帳簿や記録に対して，その支店に適用されないような規制等を基準として資本が増強されたと仮定して，政府が修正を加えることを，同原則は要求も容認もしない，という。政府ができるのは，実際に支店に割り当てられている資本を帳簿が正しく記録していない場合にそれを修正することのみである。

この判決のあと，政府は，本店の帳簿についての開示を求めたほか，他の支店の資本がアメリカ支店に帰属させられるべきであるという新たな主張をした。しかし，この主張は時機に遅れた主張として却下された[221]。

(3) 請求裁判所の判決・その三 (*NatWest III*)

三番目の summary judgment では，6500万ドル超の租税の還付（および利子）が認められるかどうかということが判断された。

結論として，請求裁判所は，最終的に6500万ドル超の還付を認容した。

---

219) 44 Fed. Cl. 120, 130-131.
220) 58 Fed. Cl. 491 (2003).
221) *Nat'l Westminster Bank, PLC v. United States*, No. 95-758T (Fed. Cl. Jan. 18, 2005).

第4節 利子費用の配賦について

(4) 連邦巡回区控訴裁判所の判決

2008年1月,控訴審の判決が下された[222]。

政府側の主張は,以下のとおりである。第一に,*NatWest I* の判断に対して,財務省規則1・882-5は1975年に米英租税条約が締結された当時の両国の期待に合致する,と主張した。第二に,*NatWest II* の判断に対して,(従来の規則1・882-5の代わりに提案中の) corporate yardstick method が支店の資本算定の方法として許容されると主張した。第三に,*NatWest II* の後の本店の帳簿開示の要求が却下されたことに対して,改めて本店の帳簿開示が認められるべきであると主張した。

裁判所は,覆審として判断にあたった[223]。まず,条約の解釈方法についての一般論を述べ,続いて,政府の三つの主張のそれぞれについて判断している。

条約の解釈方法についての判断は,どのようにも読める。原則として文言が重視されるが,締約国の意思や立法趣旨(さらにそのために,文脈)が考慮されるという[224]。周知のとおり,アメリカ行政法においては,制定法の解釈方法について激しい議論が繰り広げられている[225]が,この裁判所の判断は,いずれかの陣営に与することを避けているように読める。そもそも,制定法の解釈方法についての抽象的な議論と,具体的事例における判断が直結しているわけではない[226]ので,本判決の条約の解釈方法についての抽象的な判断をそれほど論じる必要はなさそうである。

第一の争点について,政府は四つの主張をしていた。

第一に,*NatWest I* の判断は,米英租税条約の文言 (plain language) に反すると主張していた。これに対して裁判所は,7条の文言からは,「恒久的施設と企業の間の取引」を無視することは許されず,法人内取引 (intracorporate transactions) に対して独立当事者間の条件 (arm's length terms) を反映するべ

---

222) 512 F. 3d 1347 (2008).
223) 512 F. 3d 1353.
224) 512 F. 3d 1353.
225) この点については渕圭吾「*Chevron* Step Zero とは何か」学習院大学法学会雑誌50巻1号173頁(2014年)を参照されたい。
226) 渕・前掲註225)を参照。

く調整が加えられる（ことのみが許される）と述べている[227]。

　政府の主張の第二は，請求裁判所の *NatWest I* の判断は，政府の立場を支持するはずの，1963年モデル租税条約の注釈を誤って適用していた，というものである。これに対して裁判所は，1963年モデル租税条約は支店間の利子の支払いが許されるとしており，財務省規則1・882-5が支店間利子を無視していることは，1963年モデル条約およびそれをもとにした米英租税条約と相容れないという[228]。

　政府は第三に，条約の締結から発効に至るまでの間，米英両政府が税法上，定式配分（formulaic allocations）を用いていたことが，条約が定式配分を排除しない証拠であると主張した。しかし，裁判所は，1978年にイギリスは定式配分を，独立企業の原則と相容れないとして放棄したこと，当時，アメリカ政府が用いていた財務省規則1・861-8は（同1・882-5と異なり）支店間取引を明示的には排除しないこと，を指摘して，政府の主張を退けた[229]。

　政府は第四に，政府（行政庁）が長期間一貫して採用してきた条約の解釈に対して，裁判所は敬譲（deference）を払うべきであると主張した。これに対して裁判所は，政府の解釈への一定の配慮を認めながらも，解釈を行うのはあくまで裁判所であるばかりか，外国政府と解釈が異なっている場合には敬譲の程度は低くなるし，条約批准時に政府と上院の解釈が異なっている場合には敬譲は行われないと指摘する[230]。そして，1984年のOECD財政問題委員会の報告書において1984年時点でアメリカ政府がモデル租税条約7条の解釈として金融機関に対して規則1・882-5を適用することが許されていたと考えていたことがわかるけれども，だからといって1975年の時点で英米両国が同様に考えていたと結論づけることはできない，と述べている[231]。また，批准後のアメリカ政府の行為も，1975年当時の解釈が政府主張のようなものであったことを支持するに十分ではない[232]。こうして，裁判所は政府の主張を退けた。

---

[227] 512 F. 3d 1354-1355.
[228] 512 F. 3d 1355-1356.
[229] 512 F. 3d 1356-1357.
[230] いずれも，最高裁判所および巡回区控訴裁判所の先例に基づいている。512 F. 3d 1358.
[231] 規則§1.882-5が提案されたのは1980年であったし，これがOECDモデル租税条約7条に合致するという解釈をとっていたのはOECDの中でアメリカと日本だけだった。512 F. 3d 1358.
[232] 512 F. 3d 1358-1359.

第二の争点（*NatWest II* 参照）について，政府の主張は，独立企業の原則からはアメリカ支店にはアメリカの銀行であれば服するような銀行規制による資本の額があるとみなされるべき，というものである。裁判所は，7条の独立企業の原則の文言を分析した上で，この条文によって課税庁に求められていることを次のように要約する。すなわち，法人内取引を精査し，①取引が正確に性質決定されているか，②取引が独立当事者間の条件と対価を反映しているか，確かめることである[233]。

本件では，アメリカ支店は最低資本金の要件を課されていない。政府の主張する corporate yardstick 論を適用することは，本支店間の貸付（loans）を自己資本の注入（equity capital infusions）と性質決定し直している（recharacterize）ことになるが，これはアメリカ支店についての事実（real facts of the U.S. Branch's situation）に反して，条約違反となる[234]。その他の政府の主張も退けて，裁判所は corporate yardstick 論を排斥した請求裁判所の判決を支持している[235]。実際の支店の帳簿を出発点にして，支店の利益を計算しなくてはならないというのである。

第三の争点は，*NatWest II* の後の政府による申し立てを請求裁判所が退けたことが，裁量権の濫用（an abuse of discretion）にあたらないかということであるが，裁判所は裁量権の濫用ではないと判断した[236]。

第5節 小　括

最後に，アメリカ連邦法についてみたところをごく簡単に整理しておこう。まず，アメリカでは——非常に大まかに言えば——全世界所得に課税することになっているにもかかわらず，国外源泉所得については外国税額控除制度によって税額控除を受けられる。そして，所得の源泉地についてはソース・ルール

---

233) 512 F. 3d 1360-1361.
234) 512 F. 3d 1361.
235) 512 F. 3d 1362.
236) 512 F. 3d 1363.

によってこれを定めている。所得は包括的所得概念の下で，基本的には総合課税に服する。しかし，利益実現が課税を行うための要件とされることがある。

法人格内部における国際的な財産の移転については，直接にこれを対象とする規定は存在しない。しかし，このような問題に，アメリカ連邦所得税が必ずしも無関心であるわけではない。そのことを証拠づける規定は少なくないが，例えば，1986年の内国歳入法典865条の制定は，棚卸資産以外の財産から生ずる所得につき，物理的な財産の所在を基準とすることを止めた。これによって，法人格内部における国際的な財産の移転が租税の局面で問題となることを未然に防げるわけである。また，複合源泉所得に関するソース・ルールは，1996年に，製造活動と販売活動の比重を半々とみなすことによって，所得の帰属に関する複雑な立証を不要にした。さらに，内国歳入法典367条は，法人の組織変更に関わって，連邦の課税権から離脱する財産に関して所得が発生するものとみなしている。

これに対して，金銭が同様に移転する場合については，全く別に論じられている。このことは，金銭については「代替可能性」が存在するということに裏づけられているようである。「代替可能性」の考え方によれば，ある法人ないし自然人が複数の国家に支店を置いて活動した場合，ある支店が控除できる利子費用は，その納税義務者において当該支店が占める所得ないし資産の比率によって算出される。しかし，この「代替可能性」の論理は，様々な規定の中で必ずしも一貫して用いられているわけではない。

いずれにせよ，アメリカにおいては盛んな立法活動によって，種々の規定が入り乱れている。しかし，それらはいずれも一旦発生した国内源泉の所得に対する課税を全うしよう（そして逆に，国外源泉所得にかかる費用の控除を国内において認めない）という発想に貫かれているとも考えられる。

結　論

1　これまでの検討のまとめ

(1)　本書第1部の課題

　第1部では，移転価格税制に関する議論をはじめとする国際租税法の諸議論が，国内租税法の研究と切り離されているのではないか，という問題意識を背景に，国際租税法の議論枠組みや概念を国内租税法の問題設定や概念によって基礎づけることを最終的な目標としてきた[1]。

　そのために，第1部では，OECDモデル租税条約7条に代表される，国際的に事業所得を配賦・配分するための法的枠組みを研究対象とした。OECDモデル租税条約7条は，「恒久的施設（permanent establishment）なければ（事業所得）課税なし」の原則により，制限納税義務者（非居住者・外国法人）の課税が及ぶ事業所得の範囲に一定の限界を設けてきた[2]。同様の考え方はドイツや日本を含む，多くの国の国内法でも採用されている。また，「恒久的施設なければ課税なし」の考え方を採用しないアメリカの国内法においても，課税権が及ぶ事業所得の範囲には一定の限界がある[3]。

　このような事業所得を配賦・配分するための法的枠組みのうち，第1部では特に，法人格内部での財産の移転・役務の提供，つまり本支店間「取引」を考察の対象とした[4]。本支店間「取引」をどのように理解するかということは，国内租税法の基本的な諸観念によって規定されているのではないか。本支店間「取引」に関する立法・判例・学説の言説を読み解くことで，国際租税法の議論がどのような観念群を前提としているか，解明することができるのではないか。

---

1)　緒論1参照。
2)　恒久的施設の概念が初めて用いられた1927年条約草案につき，第2章第2節第1款参照。
3)　第4章第3節第1款参照。
4)　緒論3参照。

297

第1部　結　論

　なお，国内租税法ではほとんど問題とならないが国際課税のあり方を規定しているのが管轄権という概念である。課税管轄権が及ぶ範囲についての認識が，国際課税の法的仕組みの前提となっているはずである。第1部では，課税管轄権の範囲についての考え方と本支店間「取引」に対する規律の関係にも注目した[5]。

(2)　日本法の沿革と現状

　第1部の具体的な検討は，日本の国際課税に関する制度の沿革と現状を調査することから出発した。

　まず，本支店間「取引」に問題を限定することなく，日本の国際課税に関する制度の枠組みがどのように発展してきたのか，整理した。所得課税が始まった明治20 (1887) 年から戦前までの制度の変遷については，主として帝国議会の会議録を参照した。さらに，昭和37 (1962) 年の税制改正の内容を紹介した上で[6]，日本の現在の国際課税の枠組みの特徴を以下の三点にまとめた[7]。

　第一に，自然人と法人に対してほぼ同一のルールが適用されている。第二に，納税義務者の種類と所得の種類について二分法が存在する。すなわち，納税義務者が内国法人・居住者と外国法人・非居住者に二分されていると同時に，所得は国内源泉所得と国外源泉所得に二分されている。第三に，大きく異なる二つの課税方式が存在する。ひとつは，事業所得に対する総合課税・申告納付であり，もうひとつは，それ以外の所得に対する源泉徴収である。

　次に，日本法における本支店間「取引」の扱いを調査した。

　最初に，所得を生み出す財産の帰属についての判定基準（スタティックなルール）を確認した[8]。この点につき，日本法は財産の帰属の判定基準自体を定めているわけではなく，財産から生じる所得の源泉地を判定するルール（ソース・ルール）として定めていた。事業所得に関するソース・ルールにおいては，次のような規律がなされていた。他の者から取得した棚卸資産を自ら手を加えずに譲渡した場合にはその譲渡の場所が源泉地となる（法人税法施行令176条1項1号〔以下，規定の内容・条文の引用はいずれも平成26年改正前のもの〕）。これに対

---

[5]　緒論2(2)参照。
[6]　第1章第1節第2款参照。
[7]　第1章第1節第3款参照。
[8]　第1章第2節第2款参照。

して，棚卸資産を自ら製造し，別の国で譲渡した場合には，独立当事者間基準とほぼ同様の擬制によって，「国内において行う事業から生ずる所得」の額が求められる（同項2号）。もっとも，前述の譲渡の場所の意義についてのルールは複数の要件をあげて，そのひとつが充たされる場合に「国内において……資産の譲渡」があったものと扱っている（同条4項）。さらに，金銭の貸付等の投資活動を支店等に帰属させ，そこから得られる所得を「国内において行う事業から生ずる所得」とするルールが存在する（同条5項）。このように，日本のスタティックなルールには，財産や行為を支店等に帰属させる発想と，財産や行為のひとつひとつについてその源泉地を考える発想とが混在していたように思われる。

次に，所得を生み出す財産の帰属の変更を規律するルール（ダイナミックなルール）について日本法の現状を調べた[9]。その結果，棚卸資産については多少の規律が存在するものの，固定資産についてのルールははっきりしないことがわかった[10]。さらに，本支店間での無体財産権の移転や役務の提供，金銭の移動についての規律も，十分なものとは言い難いことが判明した。

最後に，本支店間「取引」が租税負担の軽減に用いられている様子を，証券化におけるダブルSPCスキーム，平成10（1998）年改正前法人税法51条の組織変更規定の利用（オウブンシャホールディング事件）という二つの例を通して描写した[11]。

(3) 租税条約ネットワークの形成

国際的に事業所得を配賦・配分するための法的枠組みであるOECDモデル租税条約7条はどのように成立したのか。また，同条の背後にはどのような考え方が存在するのか。第2章では，一次資料を読み込んで，これらの点について先行研究[12]に何かを付け加えることを目指した。

まず，国際的二重課税の防止のためのまとまった考え方が初めて示された，

---

9) 第1章第2節第3款参照。
10) さしあたり，第1章第2節第3款2(6)の表を参照。
11) 第1章第3節参照。
12) 銀行規制まで視野に入れ，オランダ・イギリス・ドイツ・アメリカの比較法研究を行った，ブルガース（フローニンゲン大学）の博士論文が代表的な先行業績である。*See* Irene J. J. Burgers, Taxation and Supervision of Branches of International Banks: A Comparative Study of Banks and Other Enterprises, 1991.

299

第 1 部　結　論

国際連盟財政委員会に提出された 1923 年の報告書および 1925 年の報告書を分析した[13]。1925 年の報告書は所得税を人税と物税という二つのカテゴリーに分けて論じている。事業所得は，商工業施設（industrial and commercial establishments）からの所得として，後者の一類型として位置づけられていた。もっとも，この段階では，具体的な配賦・配分の基準は示されていなかった。1925 年の報告書について注目されるのは，国際連盟経済委員会で行われていた内国民待遇についての議論が同報告書に影響を与えていたということである（「補説」でもさらに分析を加えた）。このことは，OECD モデル租税条約 7 条に至る事業所得の配賦・配分の枠組みが，そもそもは内国民待遇の考え方に基づいていたことを強く示唆する。

次に，1927 年の条約草案から 1930 年代初頭までの，国際連盟におけるモデル租税条約草案の起草過程を追った[14]。1927 年のモデル租税条約草案 5 条では，事業所得（工業，商業，農業，その他事業活動からの所得）について，「恒久的施設」の概念を通じた課税権配分が初めて定められた。翌 1928 年のモデル租税条約草案にも，ほぼ同様の内容の事業所得に関する規定が存在する。

事業所得の配賦・配分に関する研究は，国際連盟租税委員会（財政委員会の後身）の依頼を受けて調査を行ったキャロル（Mitchell B. Carroll）の報告書によって，大きく進展した。そこで，キャロルの報告書，とりわけその結論部分にあたる第 12 章を丹念に分析・検討した[15]。

キャロルは，事業所得配賦・配分についての一般論を展開した上で，恒久的施設のうち，「最終的な所得の発生が他の施設の活動に左右されるため，当該施設を観察しただけでは所得が算定できないような」従属的な施設の所得算定が難しいという[16]。そして，商工業における所得の配賦については，以下の二つの方法を対置させる[17]。

第一は，独立の帳簿をもとに課税所得を計算し，施設をできるだけ独立の企業であるかのように扱うという方法である。第二は，企業の全純所得のうち，国内施設の相対的な経済的重要性に対応する部分に対して課税を行うという方

---

13)　第 2 章第 1 節参照。
14)　第 2 章第 2 節参照。
15)　第 2 章第 3 節参照。
16)　第 2 章第 3 節第 2 款 2 参照。
17)　第 2 章第 3 節第 2 款 3(3)参照。この対立軸につき，緒論 1(2)も参照。

法である。キャロルはこのうち第一の方法の採用を推奨した。その理由は，恒久的施設所在地国（源泉地国）が企業の全純所得に対して管轄権を行使することの（理論的および実際上の）困難性にある。

キャロルは，独立の帳簿をもとにする方法を採るにしても，具体的な配賦の基準として二つのモデルがあると考えていた[18]。ひとつは，支店（これは恒久的施設の代表的な類型である）と本店との間に委任契約（あるいはその一類型としての委託販売契約[19]）を擬制し，各支店が本店から役務提供の対価を受けるというモデル（独立手数料基準）である。もうひとつは，本支店間・支店相互間で商品の売買が行われると擬制するモデル（独立販売業者価格基準）である。同一法人格の内部には私法上の取引が存在しないことを前提に，所得の配賦という目的のためにどちらのモデルを採用するべきか。キャロルによれば，後者のように商品の所有権が移転することを擬制する場合，各恒久的施設の所得を算定するためには，そこに（負債と対置される意味での）資本が存在するとみなさざるをえない。しかし，この資本の水準を決定することには困難が伴う。このため，キャロルは，独立手数料基準を採用するべきであると結論づける。

もっとも，銀行業については，キャロルも，支店の資本の存在を擬制することを承認する[20]。

キャロルの報告書を受けて，国際連盟租税委員会は1933年に租税条約草案を作成した[21]。これは，事業所得の二重課税問題に特化した条約草案である。その後，第二次世界大戦の間も租税委員会による検討は継続し，最終的には1946年のロンドン草案に結実した[22]。さらに，議論はOEECおよびその後身のOECDへと引き継がれ，OECDモデル租税条約7条として結実する[23]。7条に関する議論は，その後も継続して行われ，1984年の銀行業に関する報告書，1994年の「恒久的施設への所得の帰属」に関する報告書等が，本支店の法的

---

18) 第2章第3節第2款3(4)参照。
19) 委託販売と固有の売買の区別については，大塚龍児「委託販売契約」淡路剛久ほか編『現代契約法大系第4巻（商品売買・消費者契約・区分所有建物）』25頁，25〜31頁（有斐閣，1985年）参照。問屋につき，江頭憲治郎『商取引法〔第6版〕』234〜258頁（弘文堂，2010年）参照。
20) 第2章第3節第2款4参照。
21) 第2章第4節第1款参照。
22) 第2章第4節第2款参照。
23) 第2章第5節参照。

第1部　結　論

一体性と事業所得の配賦・配分の必要性との間で揺れ動く議論の動向を示していた。

さらに，OECD 移転価格ガイドラインの改訂（1995 年）を受けて，関連会社間の移転価格に関する規律と本支店間の所得配賦・配分に対する規律との整合性を高めることを目的として，1998 年から 7 条の見直しの作業が継続している[24]。2008 年 7 月には，「恒久的施設への利得の帰属に関する報告書」の最終版が公表された。7 条への注釈も改訂されつつある。また，この作業の最中の 2006 年には IFA（International Fiscal Association）の大会で恒久的施設の帰属利得というテーマが取り上げられた[25]。こうした近年の動きの背後にある問題意識は，増井の言葉を借りれば，「関連会社間における独立当事者間基準の適用と，同一会社内の本店・支店間あるいは複数支店間の内部取引における独立当事者間基準の適用とを比較する観点にたち，1995 年にできた移転価格ガイドラインの考え方を PE の領域に推し及ぼすことが，租税条約の解釈論としてどこまで可能か」ということである[26]。国際的な課税所得配賦・配分の本家本元である 7 条よりも，むしろそこから分かれていった関連会社間の移転価格を規

---

[24]　2009 年までの議論の動向につき，例えば，以下の文献を参照。駒宮史博「独立当事者間原則とソース・ルール——非居住者・外国法人に対する事業所得課税について」碓井光明ほか編『公法学の法と政策（上）（金子宏先生古稀祝賀論文集）』393 頁（有斐閣，2000 年），同「国際課税租税条約における事業所得課税の最近の動向——OECD における議論を踏まえて」租税研究 627 号 127 頁（2002 年），浅妻章如「PE・代理人 PE に帰属する利得と所得の地理的割当」ジュリスト 1287 号 126 頁（2005 年），青山慶二「OECD における恒久的施設（PE）の帰属利益の算定に関する議論」租税研究 678 号 101 頁（2006 年），松田直樹「第 60 回 IFA 総会——主なテーマを巡る議論の評釈と論考」税大ジャーナル 4 号 138 頁（2006 年），増井良啓「第 60 回 IFA 大会の報告——PE に帰属する利得を中心として」租税研究 388 号 137 頁（2007 年），赤松晃「恒久的施設（PE）の認定と帰属する所得——国内法と OECD モデル租税条約」租税研究 688 号 159 頁（2007 年），徳永匡子「恒久的施設に帰属する利得——2006 年 OECD 報告書における改訂事項」租税研究 691 号 167 頁（2007 年），西村開多「OECD による恒久的施設（PE）の帰属利得に関するレポートの公表と OECD モデル租税条約第 7 条（事業所得）に関するコメンタリーの改正について」租税研究 693 号 113 頁（2007 年），矢内一好「非居住者規定改正の方向性」租税研究 697 号 131 頁（2007 年），浅妻章如「PE をめぐる課税問題」租税法研究 36 号 27 頁（2008 年），田中琢二＝宮木優治「OECD モデル租税条約を巡る国際課税の成果と課題——2008 年 OECD モデル租税条約の改訂を中心に」租税研究 712 号 141 頁（2009 年），川端康之「2008 年 OECD モデル租税条約——OECD モデル租税条約の動向」租税研究 719 号 236 頁（2009 年）。

[25]　*See* Cahiers de droit fiscal international, 91b (The Attribution of Profits to Permanent Establishments), 2006. IFA での議論の様子につき，松田・前掲註 24），増井・前掲註 24）参照。

[26]　増井・前掲註 24）139 頁。

律するOECDモデル租税条約9条の世界の議論のほうが精緻化し，これが7条の議論を鍛え直そうとしていると言えよう。

(4) ドイツ法

本支店間「取引」の問題に関する比較法研究の対象として取り上げたのは，ドイツ法とアメリカ法である。

ドイツでは，恒久的施設に対応する概念として「事業所（Betriebsstätte）」概念が存在する[27]。そして「事業所」への所得の帰属ということが重要な意味を持っている。

所得の人的帰属については，ドイツ租税法には，かなりの蓄積がある[28]。代表的な研究によれば，形式的な私法上の所有権の帰属ではなく，経済的地位ないし市場取引の関与が人的帰属の基準となるという[29]。

また，ドイツにおいても，日本におけるのと同様に[30]，利益実現の観念が存在する[31]。つまり，原則として，手放した財産に対応する収入があって初めて，またその収入の額の限度で，当該財産に関する損益が課税所得に反映される。もっとも，この原則は絶対的なものではなく，一定の場合（払出し〔Entnahme〕や事業放棄等）には未実現の利得に課税することが法律で認められている。

ドイツでは，財政裁判所1969年7月16日判決をきっかけに，国際的な本支店間「取引」を契機に課税することが認められるかどうかについて，議論が深まった[32]。租税条約を締結している相手国へと財産を移転した場合にのみその財産に関する未実現利得に課税することが許されるという説（払出し理論），租税条約がない場合でも一般的に国外へと財産を移転した場合にその財産に関する未実現利得に課税することが許されるという説，後日実現したタイミングで課税することが許されるという説，相手国での課税のあり方に応じて課税の可

---

27) 第3章第1節第2款参照。
28) 第3章第2節第1款参照。
29) 第1部補論註94）およびそこから派生した渕圭吾「所得課税における年度帰属の問題」金子宏編『租税法の基本問題』200頁，214頁（有斐閣，2007年）も参照。
30) 日本法における利益実現の意義については，以下の論文で若干の検討を加えた。渕・前掲註29）（「年度帰属」），同「適正所得算出説を読む」金子宏編『租税法の発展』209頁（有斐閣，2010年），同「新株有利発行と受贈益課税」中里実ほか『金融取引と課税（1）（トラスト60研究叢書）』（2010年）。
31) 第3章第2節第2款参照。
32) 第3章第3節参照。

第1部　結　論

否が決まるという説，調整項目を立てて減価償却資産の使用期間に応じて課税を行うという説といった，様々な考え方が提出された。

外国銀行の支店に対する課税については，支店が保有するものとして擬制される「付与資本（Dotationskapital）」の算定方法，本支店間の「貸付」の認識の可否，について議論が行われていた[33]。

(5)　アメリカ法

アメリカでは，所得概念は包括的に構成されているが[34]，日本やドイツ同様に利益実現の観念によって修正されている。すなわち，原則として，実現して初めて利得が課税所得に反映される[35]。例外的に，未実現利得に課税される場合があるのも，日本・ドイツ同様である。なお，所得の帰属については，アメリカでも，私法上の所有権（title）に必ずしも固執しない方向で考えられている[36]。

課税管轄権の範囲に関する議論は，州際での人税・物税に関する課税管轄権の議論を参照する形で行われてきたが，確立した理解は存在しないようである[37]。むしろ，時代を追って，課税管轄権の及ぶ範囲について拡張的に解されるようになってきたことが注目される[38]。国際的に事業所得を配賦・配分するための方法について，国際課税に関する最初期の専門家であるアダムズは，当初は定式配分に親和的であるが，のちに独立会計の考え方に傾いている[39]。もっとも，そこで前提とされている所得税とは，事業所得に対する物税としてのそれであることには注意が必要である。

本支店間「取引」について，とりわけ内国本店から外国支店へと棚卸資産・固定資産を移転させることに対して，アメリカ法では判例・立法が積み重ねられてきた[40]。もともと，棚卸資産の譲渡から得られる所得の源泉地は，財産が売却された場所によって決することとなっていた。具体的には，財産の所有権

---

[33]　第3章第4節参照。
[34]　第4章第1節第1款参照。
[35]　第4章第1節第2款参照。
[36]　渕圭吾「所得課税における帰属（tax ownership）をめぐる研究動向」学習院大学法学会雑誌45巻1号173頁（2009年）参照。
[37]　第4章第2節第2款参照。
[38]　第2部第1章参照。
[39]　第4章第2節第3款参照。
[40]　第4章第3節第2款参照。

が移転した物理的な場所が基準となっていた。ところが，この基準によれば所得の源泉地を恣意的に指定することが可能になるため，1986年改正で，財産の譲渡から得られる所得の源泉地は譲渡を行う者の居住地とされた（内国歳入法典865条）。このようにソース・ルールを変更することは，本支店間「取引」の後も譲渡された財産に対して課税管轄権を及ぼすことに他ならない。財産の課税管轄権からの離脱を未然に防止する方法として，注目に値する。もっとも，このようなソース・ルールの変更は肝腎の棚卸資産には適用されていない。

　自ら製造した商品を別の国で販売する場合の国内源泉所得の範囲を定めるルールも存在する[41]。これは，大まかに製造活動と販売活動の規模を推定することにより所得の配賦を行っている。

　直接，国際的な本支店間「取引」を対象とするわけではないとはいえ，内国歳入法典367条は興味深い規定である[42]。企業グループ内での取引によって実現する損益について課税を繰り延べる（不認識の扱いをする）ことを前提に，その例外として，財産がより課税の少ない環境へと移転する場合には課税を行うのである。

　銀行の支店がその所得計算上損金算入できる利子の範囲については，現在のところ，金銭の代替可能性（fungibility）という観念が大きな役割を果たしている[43]。外部からの借入金に対して利子を支払うとしても，借入金を用いて行った活動・借入金を用いて取得した財産を特定することは原理的に不可能であるから，活動や財産の属性に着目して利子を割り付けることも不可能だというのである[44]。このため，銀行が全体として支払う借入金利子のうち，ある支店に配分される部分は，何らかの形式的な基準（例えば，当該支店に帰属する資産の額）によって決めざるをえないということになる。

　このようなアメリカ国内法の考え方と鋭く対立するのが，支店の帳簿を出発点として支店の利益を算定することを求めていると思われる，OECDモデル租税条約7条（およびそれをもとにした各租税条約）の考え方である。イギリスの

41）　第4章第3節第3款参照。
42）　第4章第3節第4款参照。
43）　第4章第4節参照。
44）　金銭の代替可能性という問題を扱っている先行研究として，中里実「借入金利子の本質」同『金融取引と課税』147〜229頁（有斐閣，1998年，初出1987年）参照（借入金利子のchargeされるべき所得はどれか，ということを論じている）。

第1部　結　論

銀行のアメリカ支店の所得算定が問題となったナットウエスト事件では，この対立が顕在化した[45]。

2　おわりに
(1)　未実現利得への課税

以上の研究の結果，得られた結論のひとつは，国際的な事業所得の配賦・配分の問題，本支店間「取引」の問題とは，「実現」と課税管轄権の緊張関係の問題に他ならないということである。

法人格を納税義務者の単位とし[46]，法人格のある主体相互の取引に際して対価が支払われることをもって損益が実現する，という思考は，検討の対象としたあらゆる国で採用されていた。そして，実現した利得は，原則として，課税所得に反映（認識）される。このような思考枠組みからすると，法人格内部の「取引」から課税関係が生じることはありえないということになりそうである。

しかし，実際には，各国の国内租税法において，実現＝認識という原則に対しては，例外が存在していた。このため，本支店間「取引」は私法上の取引ではないから利益実現も存在しない，というところで思考を停止するのではなく，むしろ，未実現利得に課税することが要請されるような事情が存在するかどうかを考えるべきである。

そして，本支店間「取引」が厄介な問題を生むのは，必要な課税が行われることなしに財産が課税管轄権から離脱する場合であった。そうすると，本支店間「取引」の問題を考える際に，まず，課税管轄権が及ぶ範囲について明確に意識する必要があるということになる。課税管轄権の及ぶ範囲を比較的緩やかに解するのであれば，本支店間「取引」が課税管轄権からの離脱を惹起することは少なくなる。逆に，課税管轄権の及ぶ範囲について厳格に解するのであれば，そこから離脱する事例も多くなる。

このように，やや逆説的ではあるが，課税管轄権の範囲が狭い場合には未実現利得に課税していく必要が高まると言える。

---

45)　第4章第5款参照。
46)　納税義務者の単位を定めるにあたっての法人格以外の正当化根拠につき，例えば，渕圭吾「法人税の納税義務者」金子宏編『租税法の基本問題』418頁（有斐閣，2007年）参照。

(2) 課税管轄権の範囲

それでは,課税管轄権の範囲について,どのように考えればよいか。

国際連盟における最初期の議論では,事業所得に対する課税ルールを定めるにあたって内国民待遇の考え方が援用された[47]。この考え方によれば,恒久的施設(支店)を内国法人と同様に扱うことが要請される。これに対して,恒久的施設が独立した法人格を有しないという現実を踏まえつつ,できるだけ内国法人と近い扱いをすべく精緻な議論を組み立てたのがキャロルだった。しかし,近年,OECDモデル租税条約7条を9条に近づけていこうという動きが生じている。これは,いわばキャロル以前の国際連盟の考え方,恒久的施設に対して内国民待遇を与えようという考え方に立ち帰っているものと評することができる。

このように内国民待遇を重視するならば,非居住者・外国法人の恒久的施設に対して源泉地国課税を及ぼす場合に,できるだけ恒久的施設を独立の存在とみなして,そして,可能な限り本支店間「取引」が存在すると擬制して,課税関係を考えていくべきということになろう。定式配分はできる限り回避されることになる。そして,本支店間「取引」を契機として未実現利得に対して課税が行われることは,内国民待遇からは,むしろ前向きに評価されることになる。

これに対して,やや別の角度からの議論が考えられる。恒久的施設についてそこに帰属する事業所得についてのみ申告納付させ,それ以外の国内源泉所得については源泉徴収で課税関係を終了させる,現在の国際課税の基本的枠組みは,課税管轄権(とりわけ執行管轄権)の限界によって規定されている,という議論である[48]。このように課税管轄権(執行管轄権)の限界が現在の恒久的施設に対する事業所得の算定方法に影響を与えていると考え,課税管轄権(執行管轄権)について拡張的に考えることができれば,それに応じて事業所得への課税方法も変わってくると言えるだろう。具体的には,外国政府との情報交換・執行共助の枠組みが整備されれば,本支店間「取引」による財産の課税管轄権からの離脱を契機として即座に未実現利得に課税する必要はなくなるかもしれない。

現在のところ,一方では,OECDモデル租税条約7条については上記のよ

---

47) 第2章第1節第3款4(2),同章補説参照。
48) 第2章第3節第2款3(3)のキャロルの議論を参照。

うに9条に近づけようとする方向の議論が進んでいる。他方では，情報交換・執行共助についてはこれらを促進する方向で国内法や租税条約の整備が進んできている。このように，課税管轄権の範囲については，やや対立する二つの動きが同時に存在している。今後の国際的な議論の動向に注目したい。

補論　租税法と私法の関係

第1節　租税法と私法の関係をめぐる従来の議論

第1款　序　論[1]

　我が国の租税法研究において，租税法と私法との関係はもっとも活発に議論されてきた問題の一つである[2]。

　例えば，金子宏は「租税は，……各種の私的経済生活上の行為や事実を対象として課されるが，これらの行為や事実は，第一次的には私法によって規律されており，租税法がこれらの行為や事実をその中にとり込むに当っては，これらを生の行為や事実としてではなく，私法というフィルターを通して――ということは私法を前提としてそれを多少ともなぞる形で――とり込まざるを得な

---

[1] Masui（増井良啓），Statutory Interpretation as a Process of Tax Law-Making: The Case of Japan, in Vogel（ed.），Interpretation of Tax Law and Treaties and Transfer Pricing in Japan and Germany, 1998, 21-37 を参考にした。なお，本補論の基準時は 2001 年 3 月であり，文献引用につき，初出の 2009 年 3 月時点のものに改めてある。基準時後に多くの優れた文献が現れている。ここでは，弘中聡浩「我が国の租税法規の国際取引への適用に関する一試論」西村あさひ法律事務所ほか編『グローバリゼーションの中の日本法（西村利郎先生追悼論文集）』363 頁（商事法務，2008 年）のみを挙げておく。

[2] 佐藤英明が初学者向けの法学雑誌における（にもかかわらずハイレヴェルな）連載において租税法と私法の関わりを取り上げているのも，租税法と私法との関係が重要であるという認識を示していると思われる。佐藤英明「私的取引における『租税』の意義」法学教室 239 号 113 頁（2000 年），同「租税債権と私債権（その 1）（その 2）」法学教室 240 号 104 頁，241 号 92 頁（2000 年），同「租税法と私法」法学教室 242 号 126 頁（2000 年）。とりわけ，最後のものがここでの興味関心と重なる。なお，佐藤が取り上げているように，租税債権と私債権の異同も租税法と私法との関係にかかわるが，ここでは論じない。

い場合が多」く[3]，また「いかなる合理的経済人といえども，経済的意思決定を行なうに当っては，それに伴う税負担を度外視するわけにはゆかない」[4]という認識を背景に，借用概念の解釈および租税回避について検討を加えた。金子は体系書『租税法』において，私法上の法律行為に瑕疵があった場合の扱いについても触れている[5]。また，水野忠恒はドイツにおける「租税法と私法」論を検討した上で，借用概念の解釈と並んで，課税物件の帰属（所得の帰属）および当事者の選択する私法形成の否認が問題になりうることを示した[6]。

他方で，金子がアメリカの法学研究，法学教育の影響を受けて早くから着目していたビジネス・プランニングもケースブックの形に結実している[7]。また，私法学者により租税法の私法に対する影響が指摘されることもある[8]。

以上のような租税法と私法との関係についての議論は，租税法と私法のどのような関係を扱っているかに応じて大きく二つに分けられると思われる。

第一は，租税法の規定を解釈，適用する場面を主として念頭においた議論である。借用概念の解釈，課税物件の帰属，租税回避についての議論がそれであ

---

3) 金子宏「租税法と私法」租税法研究6号1頁（1978年）。
4) 金子・前掲註3) 1〜2頁。
5) 「租税法と私法」という項で借用概念論と並んで言及されている。金子宏『租税法〔第13版〕』106頁以下（弘文堂，2008年，初版1976年）。
6) 水野忠恒「『租税法と私法』論の再検討」同『所得税の制度と理論』2頁（有斐閣，2006年，初出，法学〔東北大学〕45巻1号1頁，51巻2号237頁〔1981年，1987年〕。とりわけ51巻2号237頁）参照。
7) 『ビジネス・プランニング①』別冊商事法務180号（1996年）など。ビジネス・プランニングの教育における重要性は，田中英夫ほか「座談会・法学教育における予防法学」ジュリスト301号15頁，とりわけ27頁の金子宏発言（1964年）において早くも述べられている。なお，ミクロ経済学の手法を取り入れたタックス・プランニングについては，中里実「タックス・プランニング」同『金融取引と課税』34頁（有斐閣，1998年），同「学界展望 Myron S. Scholes and Mark A. Wolfson, Taxes and Business Strategy, A Planning Approach」国家学会雑誌108巻7＝8号983頁（1995年）。
8) 例えば，竹内昭夫「利益積立金の資本組入れとみなし配当課税の当否（上）（下）」商事法務1258号43頁，1259号30頁（1991年），同「自己株式取得規制の緩和と商法・税法」商事法務1286号2頁（1992年），同「税法による商法の変容について」企業法学（筑波大学）1号13頁（1992年），江頭憲治郎「租税法と会社法」租税法研究20号46頁（1992年），神田秀樹「自己株式取得と企業金融（上）（下）」商事法務1291号2頁，1292号7頁（1992年），同「企業買収課税」商事法務1402号16頁（1995年）。なお，みなし配当課税制度については，渋谷雅弘「自己株式の取得とみなし配当課税」租税法研究25号14頁（1997年）が問題の所在を明らかにしており有益である。

第 1 節　租税法と私法の関係をめぐる従来の議論

る。租税法規範の裁判規範としての側面に着目した議論といってもよい。水野のいう「当事者の形成する私法形式の否認」は租税回避に含めて考えられよう。私法上の法律行為に瑕疵がある場合の扱いもこの類型であろう。

第二は，租税法の存在が私法上の取引に影響を与えることに関する議論である。租税法規範の行為規範としての側面に着目した議論といってもよい[9]。租税法の規定が存在することを前提にいかにして取引を行うか考えるビジネス・プランニングはここに入る。また，租税法が私法を歪めている（私法が予定している取引あるいは行為に対して租税法が何らかのインセンティブを与えている）といった私法学者の議論もここに含まれよう[10]。

このうち本節では第一の点について我が国の従来の議論を振り返っておこう[11]。本節では租税法がどのような意味で私法を前提としているのか確認したいのであるが，このことは租税法の規定を解釈，適用する場面において，これまで必ずしも正面から扱われてきたわけではなかったからである。以下，我が国での通説と目されている金子宏や清永敬次の体系書から先の第一の類型に含まれる題材を選択し，それらを紹介すると同時に，関連する研究を補足して学説の現状を示したい。まず借用概念の解釈について（第 2 款），次に私法上の法律行為に瑕疵がある場合の扱いについて（第 3 款），続いて課税物件の帰属について（第 4 款），そして租税回避について（第 5 款），見ていこう。最後に租税法の適用ないし課税要件事実の認定について触れる（第 6 款）。

---

9) 法規範が裁判規範であると同時に行為規範であることを確認した上で，行為規範としての法がインセンティブ効果を持つことに着目した議論として，神田秀樹「法のインセンティブ効果と会社法」法曹時報 44 巻 7 号 1213 頁（1992 年）。
10) ここで「歪めている」というのは何ら価値判断を含まない言明でありうる。確かに例えば竹内昭夫は租税法によって商法が変容していることをネガティブに捉えるが，歪みが政策的に正当化されることもありうるからである。文脈は異なるが，アメリカのシザーは従来包括的所得概念からの逸脱として批判されてきた利益実現（realization）という概念を貯蓄促進のための補助金であるとして政策的に正当化可能であると述べている。David M. Schizer, Realization as Subsidy, 73 NYU L. Rev. 1549 (1998).
11) 行為規範としての租税法も興味深い研究領域である。しかし，本文で述べたように裁判規範としての側面とは分けて論じることが可能であると思われる。そこで，行為規範としての租税法の側面についての検討は別の機会に譲りたい。

第1部　補　論

第2款　借用概念の解釈[12]

　金子は租税法が用いている概念を借用概念と固有概念の二つに分けた[13]。前者は、「ほかの法分野で用いられ、既にはっきりとした意味内容を与えられている概念」[14]であって、後者は「社会生活上または経済生活上の行為や事実を、他の法分野の規定を通ずることなしに、直接に租税法規の中にとりこんでいる」[15]概念である。

　このうち、借用概念については、「それを他の法分野で用いられているのと同じ意義に解すべきか、それとも徴収確保ないし公平負担の観点から異なる意義に解すべきかの問題」があるが、別意に解すべきことが明らかな場合は別として、「借用概念は他の法分野におけると同じ意義に解釈するのが、租税法律主義＝法的安定性の要請に合致している」という[16]。

　これに対して、固有概念については、「その意味内容は、法規の趣旨・目的に照らして租税法独自の見地からきめるべきである」とされる[17]。続いて金子は固有概念として「所得」を例示し、次のように言う。

> 「たとえば、所得という概念は、固有概念の一つであるが、それは経済上の利得を意味するから、ある利得が所得であるかどうかは、その利得の原因をなす行為や事実の法的評価をはなれて、実現した経済的成果に即して判定すべきであ

---

12) 金子・前掲註5) 104頁以下、清永敬次『税法〔第7版〕』36頁以下（ミネルヴァ書房、2007年、初版1973年）、金子・前掲註3)、村井正「租税法における『借用概念』の問題点」同『現代租税法の課題』（東洋経済新報社、1973年）、水野・前掲註6)、谷口勢津夫「借用概念と目的論的解釈」税法学539号105頁、132頁以下（1998年）。

13) 金子宏「実質課税の原則(2)――納税者の利益に適用した例（判例解説・東京地判昭和39年7月18日行集15巻7号1363頁）」『租税判例百選〔初版〕』28頁（有斐閣、1968年）に遡ることができる（同・前掲註3) 13頁注2参照）。もっとも、金子は既に「市民と租税」加藤一郎編『岩波講座現代法8 現代法と市民』303頁、321頁以下（岩波書店、1966年）において、借用概念という言葉は使っていないものの、以下に見るのと同様の議論を展開している。

14) 金子・前掲註5) 104頁。

15) 金子・前掲註5) 106頁。

16) 金子・前掲註5) 104〜105頁。また、同・前掲註3) 12頁により詳しく述べられている。なお、同・前掲註13)（「市民と租税」）323頁に既に同趣旨の叙述がある。

17) 金子・前掲註5) 106頁。

312

第1節　租税法と私法の関係をめぐる従来の議論

る。所得税・法人税は，所得を個人または法人の総合的担税力の標識としてとらえ，これに課税するものであるから，合法な利得であるか不法な利得であるか，有効な利得であるか無効な利得であるかを区別せずに，それが個人または法人の担税力を増加させるという事実に着目して所得の意義をきめてゆくべきであろう。」[18]

　要するに，第一に金子は租税法（規）に用いられている概念を借用概念と固有概念とに分け，第二に借用概念について統一説を採った上で，その根拠としては専ら法的安定性にかからしめ，第三に租税法独自に解釈すべき固有概念の例として「所得」をあげている。
　清永敬次も金子とほとんど同じ意味に借用概念を定義した上で，統一説に与する[19]。その理由を清永は以下のように言う。

　「……税法がその規定の中に他の法領域において用いられている概念をとりこんで規定する場合，当然他の法領域においてそれに与えられている意味内容を知ってこれをなすのであり，もしこれと異なる意味内容を与える場合にはその旨の特別の規定がおかれると考えるのが自然であり，また税法独自の解釈がどこまで広がるかについての明確な枠が見出せないため，特に納税者の経済生活における安定性を阻害するおそれがあること等を考えると，一定の意味内容が確立している借用概念について税法独自の解釈を認める考え方はこれをとることができない。」[20]

　金子と多少異なる部分を，理由づけの第一の点，すなわち，立法者意思を考えた場合に統一説が「自然」であるという点に見出すことができる。
　明示的に統一説を採る金子，清永と異なり，村井正と水野忠恒は目的論的解釈ないし立法趣旨の考慮を強調する。
　村井は，借用概念の解釈がもっとも問題になるのは目的論的解釈が可能でか

---

18)　金子・前掲註5) 106頁。なお，同・前掲註13) (「市民と租税」) 323頁において，「所得の観念は，もともとなまの経済的観念であって，いわゆる私法規定のフィルターを通ることなく，そのまま租税法上の観念として採用されている」と述べられている。
19)　清永・前掲註12) 40〜42頁。
20)　清永・前掲註12) 41〜42頁。

313

つ法文に別段の定めのない場合だとした上で,「匿名組合契約」のような高度に法技術的な概念について概念の相対性を認めることは取引社会における通念に反するが,「利益配当」といった計算概念の借用のように様々な政策的配慮の妥協的側面が強い場合においては目的論的解釈が重要だと結論づける[21]。

水野はドイツにおける「租税法と私法」論の展開を跡づけた上で,租税法と私法が独立か統一かという「基本的位置づけ」[22]と,借用概念の解釈とは直接には結びつかないという[23]。むしろ,借用概念の解釈は,「租税法において私法概念を借用する立法趣旨〔原文傍点〕から検討されなければならない」[24]。

もっとも,村井にしても水野にしても,金子のいう「別意に解すべきことが租税法規の明文またはその趣旨から明らかな場合」[25]について考察しているにすぎず[26],統一説の優位は揺らいでいないといえよう[27]。

第3款　私法上の法律行為に瑕疵がある場合の扱い[28]

金子は「私法上の法律行為と租税法」について論じている。すなわち,私法上の法律行為に取消原因・無効原因のような瑕疵があった場合に,これらの瑕疵が租税法にどのような影響を及ぼすか,考えている[29]。極端な経済的実質主義ないし実質課税の立場に拠るならば,私法上の法律行為を考慮する必要はない。しかし,金子はこうした立場とは距離をとる。租税法が対象とする種々の経済活動ないし経済現象は,第一次的には私法によって規律されている,という認識から出発する金子にとって,必然的に,私法上の法律行為と租税法の関係が問題になるのである。

---

21) 村井・前掲註12) 62頁。
22) 水野・前掲註6) 37頁。
23) 水野・前掲註6) 37〜38頁。
24) 水野・前掲註6) 39頁。さらに,48〜51頁参照。
25) 金子・前掲註5) 105頁。
26) 水野は,彼の見解が金子の統一説と矛盾しないことを述べている（水野・前掲註6) 39〜40頁)。
27) これは,ドイツにおいては目的適合説が復権しているのと好対照を成す。この点については,清永・前掲註12) 42頁注2,木村弘之亮『租税法学』117頁以下（税務経理協会,1999年),谷口・前掲註12) 参照。
28) 金子・前掲註5) 106頁以下,清永・前掲註12) 51頁以下,金子宏「テラ銭と所得税」ジュリスト316号31頁(1965年)。
29) 金子・前掲註5) 106頁。

第1節　租税法と私法の関係をめぐる従来の議論

　まず金子はドイツの租税通則法40条，41条1項を引用する。そこでは，法律または良俗に反する行為，無効な法律行為に対しても，当事者が経済的成果を得ている限り，課税は妨げられないという原則が述べられている。
　これらについて何ら論評を加えることなく，続けざまに，金子は日本法に関する結論を提示する。すなわち，

　「……課税の対象が私法上の行為それ自体ではなく，私法上の行為によって生じた経済的成果——例えば所得——である場合には，その原因たる私法行為に瑕疵があっても，経済的成果が現に生じている限り，課税要件は充足され，課税は妨げられないと解すべきである。後に，原因たる行為の瑕疵を理由として経済的成果が失われた場合に，更正がされなければならないことは，いうまでもない。」[30]

　これに対して，課税の対象が私法上の行為それ自体である場合（例えば有価証券取引税）や私法上の行為の法的効果である場合（例えば不動産取得税）には，私法上の法律行為の瑕疵が直接に課税要件の充足と結びつくという。以上の二分法は言い換えると，収得税については経済的価値の取得という事実に着目して課されている以上，私法上の法律行為からの一定の乖離も止むを得ないが，流通税については私法上の法律行為の効力に依存することになる，ということになろう[31]。
　収得税に関する金子の考え方は，金子の所得概念に関する研究とも結びついていると思われる[32]。金子は包括的所得概念を支持した上で，例えば不法利得についても課税の対象たる所得を構成するという。その際に金子は所得概念を経済的に把握すべきだとしており，この立場は，私法上の法律行為に瑕疵があっても経済的成果が生じている限り課税要件は充足される，という先の見解と整合的である。
　以上に見たような金子の見解は次のように要約できる。一方で，租税法が第

---

[30]　金子・前掲註5) 107頁。清永・前掲註12) 51頁も金子とほとんど同じである。
[31]　なお，租税の分類については金子・前掲註5) 12〜14頁を参照した。
[32]　金子宏「租税法における所得概念の構成」同『所得概念の研究』1頁（有斐閣，1995年，初出1966年・1968年・1975年），同・前掲註28)（「テラ銭と所得税」）。

315

第 1 部　補　論

一義的には私法によって規律されている経済活動・経済現象を対象としていることから，私法上の法律行為の効力が租税法にいかなる影響を与えるのかを，敢えて取り上げている。にもかかわらず，収得税については，所得を経済的に把握する立場から出発するため，結論としては，私法との乖離を認め，経済的成果を直接認識する。

これに二点付け加えるべきことがある。

第一は，民法学の分野で，無効と取消しとが相対化される傾向にあることである[33]。とりわけ，従来絶対的に無効だと考えられてきた「無効」ですら「特定人を保護するための無効は，当該特定人しか無効を主張できない」と考えられるようになってきた[34]。このような民法学の傾向は，一方で，無効原因と取消原因とを「瑕疵」として区別せず捉える金子の議論と整合的である。しかしまた他方では，所得概念の理解において法律的把握と経済的把握とを対比し後者に与する金子の枠組みは相対化される。なぜなら，無効を取消同様に理解するならば，そして取消原因があっても取り消されるまでは有効であると考えるならば，私法上の法律行為の経済的成果が得られていることと，私法上の法律行為の（法律的な）効果が帰属していることとは，ほとんど同義だからである。

第二は，中里実の所説である。中里は前述の金子の議論を引用した上で，以下のように述べる。

「もっとも，このことは，所得税・法人税において，私法上の行為をまったく無視すべきであるという意味では決してない。なぜなら，私法上の（有効な）行為によりある経済的成果がもたらされていれば，その私法上の行為は結果として当然に課税上も尊重されるからである。そして，犯罪行為のような例外的な場合を除いて，経済的成果は，当事者の私法上の行為を前提として，当該行為にしたがって（法律効果として）もたらされるから，その意味において，私法上の行為も，課税上，（いわば結果としてではあるが）尊重されることになる。……その意味で，所得が固有概念であるからといって，私法上の法形式をまっ

---

[33]　四宮和夫＝能見善久『民法総則〔第 7 版〕』250 頁以下（弘文堂，2005 年，能見が共著者として加わった第 5 版〔1999 年〕以来の記述であるが，同趣旨の記述はそれ以前から存在していた）。
[34]　四宮＝能見・前掲註 33）252〜253 頁。いわゆる取消的無効の議論である。

たく無視して課税を行うことが許されているわけでは決してない。」[35]

　中里はこの叙述が金子の議論といかなる関係に立つかについて述べていない。しかし，原則として私法上の行為に基づいて何らかの経済的成果（所得）が生ずる，という中里の叙述と，一旦成立した経済的成果は直接認識されるべきだという先の金子の議論は矛盾することはないと考えられる。

第4款　課税物件の帰属[36]

　どのような種類の租税においても，「具体的な場合に課税物件が誰に帰属するかに関して問題が生ずることが少なくない」[37]。とりわけ，「名義と実態，形式と実質とが一致しない場合」[38] において課税物件の帰属は判定が困難である。そして，このような課税物件の帰属も租税法と私法との関わる場面のひとつである。というのも，「一般に，納税義務は課税対象である経済事象や財産を支配〔原文傍点〕することに結びつくのであるが，その経済事象や財産は私法上の形式により形成されることが多いからである」[39]。

　課税物件の帰属に関わる規定として所得税法12条，法人税法11条等があり，これはいわゆる実質所得者課税の原則を定めたものであるといわれている。これについて金子宏は二つの見解がありうるとする。すなわち，

> 「一つは，課税物件の法律上（私法上）の帰属につき，その形式と実質とが相違している場合には，実質に即して帰属を判定すべきである，という趣旨にこれらの規定を理解する考え方である。これを法律的帰属説と呼ぶことができる。

---

35)　中里実「タックス・シェルターと租税回避否認」税研83号61頁，65頁（1999年。のちに同『キャッシュフロー・リスク・課税』122頁〔有斐閣，1999年〕に再録）。

36)　金子・前掲註5) 148頁以下，清永・前掲註12) 73頁以下，碓井光明「租税法における課税物件の帰属について (1) (2)」税経通信26巻14号59頁，27巻2号48頁（1973〜1974年），水野・前掲註6)，中里実「法人課税の時空間（クロノトポス）——法人間取引における課税の中立性」杉原泰雄教授退官記念論文集刊行会編『主権と自由の現代的課題（杉原泰雄教授退官記念論文集）』361頁（勁草書房，1994年）。

37)　金子・前掲註5) 148頁。

38)　金子・前掲註5) 149頁。

39)　水野・前掲註6) 51頁。

第1部　補　論

　他の一つは，これらの規定は，課税物件の法律上（私法上）の帰属と経済上の帰属が相違している場合には，経済上の帰属に即して課税物件の帰属を判定すべきことを定めたものである，と解する立場である。これを，経済的帰属説と呼ぶことができる。」[40]

　法律の解釈としてはどちらもありうるとしながらも，金子は法律的帰属説に軍配をあげる。曰く，

　「しかし，経済的帰属説をとると，所得の分割ないし移転を認めることになりやすいのみでなく，納税者の立場からは，法的安定性が害されるという批判がありうるし，税務行政の見地からは，経済的に帰属を決定することは，実際上多くの困難を伴う，という批判がありうる。」[41]

　租税法律主義に基づいて課税要件は形式的に定められているがゆえに，経済的帰属説をとって納税者あるいは課税庁に自由な主張を許すことは，決め手を欠く混乱へつながるという危惧を読みとることが可能である。先に引用した叙述から窺われるように，金子は法律上（私法上）の帰属と別に経済上の帰属を観念しており，ここでは敢えて法律上（私法上）の帰属に依っているのである。
　水野はドイツにおける課税物件の帰属に関する議論を検討して，課税物件の判定には，帰属の判定基準としての私法の妥当性と，帰属の判定の前提としての当事者の法形成の真実性，という二つの点が問題になるとした[42]。前者については，さらに，アメリカにおける課税物件の帰属に関する議論を検討して，所得の法律上（私法上）の帰属という考え方は，法律関係が複雑になった場合には，所得の経済上の帰属を判断する一素材に過ぎなくなるという[43]。
　こうして所得の法律上（私法上）の帰属が限定的にしか機能しないことを指摘する水野と対照的なのが清永の所説である。清永によれば，

---

40)　金子・前掲註5) 150頁。
41)　金子・前掲註5) 150頁。
42)　水野・前掲註6) 53頁。
43)　水野・前掲註6) 61～62頁。後者については，65頁以下で議論している。

「実質所得者課税の原則の規定から，経済的実質主義のような見解を導きだすことが全く不可能であるとはいえない。しかし，経済的な成果は通常法律上の関係によってその帰属者が決ってくるのであるから，法律上の関係を離れて経済的な帰属が存するとされる場合が仮にあるとしても，それは限られた場合であろう。そして，それは，特にそう考えなければ課税上著しく不都合を生ずる，すなわち担税力を欠く者に課税する結果となるというような場合でなければならないと思われる。さもなければ，法律上の関係をはなれて経済上の帰属を考えるといっても，経済的帰属の存在を肯定するための基準は必ずしも明らかでなく，納税義務者の地位をいたずらに不安定なものにするだけになると思われるからである。」[44]

清永がここでいう「経済的実質主義」とは金子のいう経済的帰属説にあたるから，結論において清永と金子はともに法律的帰属説をとる。しかし，理由づけは大きく異なる。金子，水野と違って，清永においては，法律上（私法上）の帰属を離れた経済上の帰属はそもそも観念し得ないのであって，このことから法律的帰属説がストレートに導かれていると考えられる。

ところで，課税物件の帰属に関しては，誰に帰属するかだけではなく，いつ帰属するかということも問題となる。中里によれば，

「法人所得税は，内国法人の各事業年度の所得に対して課される。すなわち，法人所得税の課税標準は，基本的に，空間的には法人格毎に，また時間的には事業年度毎に区分された座標平面の中の各ブロック毎に独立に計算される。」[45]

そして，こうした各ブロックを中里は「時空間（chronotopos）」と名づけた。このような議論は先に中里が所得税に関して課税のタイミングを問題にし包括的所得概念を批判したのと，軌を一にするものである[46]。所得税においても，法人税においても，法人格単位かつ一年単位の「時空間」ごとに課税が行われ

---

44) 清永・前掲註12) 75頁。
45) 中里・前掲註36) 364〜365頁。
46) 中里実「所得概念と時間――課税のタイミングの観点から」金子宏編『所得課税の研究』129頁（有斐閣，1991年）。

第1部　補　論

るゆえ，課税物件がどの「時空間」へ帰属するのかが重要であるといえよう。

　もっとも，いつ帰属するか，という問題自体は，所得税，法人税のそれぞれについて議論されてきた[47]。金子は所得税においても法人税においても，原則としてその所得の計算には発生主義が妥当するとした上で，所得の発生の時点は所得の実現を基準にすべきだとする。そして，現実の収入がなくとも収入すべき権利が確定することで所得は実現するという（権利確定主義）。

　権利確定主義についてもまた，私法への依存を指摘できる。なぜなら，ここでいう権利とは通常，私法が背後に存在して初めて確定しうるからである。金子は通達の定める引渡基準を分析する中で次のようにいう。

　　「……理論上はもとより，所得税法の解釈上も，私法上の権利の確定ないし所有権の移転の時点が所得の実現の時点であると解すべきである。」[48]

　　「……所得の年度帰属は，更正・決定の除斥期間が経過したかどうか，納税義務が時効によって消滅したかどうか等，多くの法律関係において問題となる。これらの法律問題の解決に当っては，単純に引渡基準を適用するわけにはゆかず，やはり元にもどって，私法上権利の確定した時点はいつであるか，所有権の移転した時点はいつであるかを，個別の事案ごとに認定しなければならない。これは，租税法の解釈・適用は，特段の法令上の定めのない限り，私法上の法律関係に即して行うべきであることの当然の帰結である。」[49]

　ここでは金子は経済上の帰属を明示的には観念していない。むしろ法律上（私法上）の帰属に判断が一元化され，これが経済上の帰属と一致すると考えられているように思われる[50]。

---

47) 所得税について，金子・前掲註5) 225頁以下（収入金額と必要経費）。法人税について，同259頁以下（収益および費用の年度帰属）。
48) 金子宏「所得の年度帰属——権利確定主義は破綻したか」同『所得概念の研究』282頁，299頁（有斐閣，1995年，初出1993年）。
49) 金子・前掲註48) 300頁。
50) これに対して，アメリカにおいては経済的リスクが課税物件の帰属の基準となっているとの指摘がある。Daniel N. Shaviro, Risk-Based Rules and the Taxation of Capital Income, 50 Tax L. Rev. 643 (1995). 紹介として，渕圭吾「学界展望 Daniel Shaviro, Risk-Based Rules and the Taxation of capital Income」国家学会雑誌115巻3=4号430頁（2002年）。

第 1 節　租税法と私法の関係をめぐる従来の議論

　また，中里の「所得概念と時間」も，（包括的所得概念に基づく）所得課税においては所得を生み出す取引をいつ行うかは納税者の自由であり，課税所得算定期間との関係で私法上の取引の存在とそれが行われた時期が尊重されることを，暗黙の前提としていると考えられる[51]。

第 5 款　租税回避とその否認[52]

　租税回避とは，金子によれば「……私法上の選択可能性を利用し，私的経済プロパーの見地からは合理的理由がないのに，通常用いられない法形式を選択することによって，結果的には意図した経済目的ないし経済的成果を実現しながら，通常用いられる法形式に対応する課税要件の充足を免れ，もって税負担を減少させあるいは排除すること」をいう[53]。もっとも，広義には，納税者が自己の意思決定を租税制度にアジャストさせ，その税負担が最も少なくなるような法形式ないし取引形式を選択することを指す[54]。これに対して，清永は「課税要件の充足を避けることによる租税負担の不当な軽減または排除」を租税回避と呼び，「税法上通常のものと考えられている法形式（取引形式）を納税者が選択せず，これとは異なる法形式を選択することによって通常の法形式を選択した場合と基本的には同一の経済的効果ないし法的効果を達成しながら，通常の法形式に結びつけられている租税上の負担を軽減または排除する」ような租税回避をもたらす納税者の行為を租税回避行為と呼ぶ[55]。金子と清永の言葉遣いは微妙に異なるが，両者とも，前提として，同一の経済的目的ないし経済的成果が，複数の法形式によって達成しうるという認識を有している。

　租税回避については大きく分けて三つの点が論じられてきた。一つは，租税回避に対する否認規定がない場合に，租税法規の解釈・適用上，否認が認めら

---

51)　中里・前掲註 46)。
52)　金子・前掲註 5) 109 頁以下，清永・前掲註 12) 44 頁以下，金子・前掲註 3)，清永敬次『租税回避の研究』（ミネルヴァ書房，1995 年）。
53)　金子・前掲註 5) 109 頁。
54)　金子・前掲註 3) 16 頁。このように広く定義した場合，租税回避は納税者側から見ればタックス・プランニングであるといえよう。なお，課税要件事実の認定や仮装行為については次款で検討する。
55)　清永・前掲註 12) 44 頁。

321

れるかどうかという問題である。これについては，例えば，金子は租税法律主義および否認の要件や基準の設定が困難であるという二つの理由から，消極に解している。また，清永も「税法は，当然のことであるが，納税者が選択した法形式，すなわち実際に行なわれた法形式を基礎として課税関係を形成せしめるものである」から，このような原則に対する例外をなす租税回避の否認は，租税法律主義からして法律上の根拠があってはじめて可能であるとし，解釈・適用上の否認を認めない[56]。

二番目の論点として，立法によって租税回避に対処する場合に，一般的な規定によるべきか，個別的な規定によるべきか，という問題がある。これについては，外国法を参照した議論が多い。例えば，一般的否認規定を持つドイツと個別的な否認規定で対処するアメリカとを対比して論じ，個別的否認規定を支持する金子の研究がある[57]。また，それ以前にも清永のドイツの租税回避に関する詳細な研究が存在する[58]。アメリカについては岡村忠生がタックス・シェルターについての研究を行っている[59]。さらに，イギリスについても福家俊朗や渡辺徹也が詳しく研究している[60]。

第三に，広義の租税回避否認として租税法規の解釈方法それ自体が取り上げられることがある。金子はかつて「法規の趣旨・目的に即した解釈，すなわち目的論的解釈の結果として，否認を認めたのと全く同じことになる場合がありうる」と述べた[61]。もっとも，「全く同じことになる」という表現が適切とは思えない。中里が指摘する通り，「この場合，当事者の採用した私法上の有効な法形式が課税にあたって無視されるわけではないから，それは狭義の租税回避

---

56) 清永・前掲註12) 45頁。
57) 金子・前掲註3) 24頁以下。もっとも，ドイツとアメリカの相違は相対化されている（25～26頁）。
58) 清永・前掲註52)（『租税回避の研究』）。
59) 岡村忠生「タックス・シェルターの構造とその規制」法学論叢136巻4＝5＝6号269頁（1995年）。
60) 福家俊朗「イギリス租税法研究序説――租税制定法主義と租税回避をめぐる法的問題の観察」東京都立大学法学会雑誌16巻1号～18巻1＝2号（1975～1978年），渡辺徹也「英国判例における実質課税原則の変遷」同『企業取引と租税回避』1頁（中央経済社，2002年，初出1992～1993年），同「租税回避否認原則に関する一考察――最近のイギリス判例を題材として」同前掲書59頁（初出1994年）。
61) 金子・前掲註3) 20頁。金子はこの部分に続いてアメリカの *Gregory v. Helvering* 事件判決を紹介している。

否認ではなく，ただ，課税減免規定の解釈の結果として当然のこととして課税が行われるにすぎない」からである[62]。この方法があてはまる具体例として，中里は法人税法69条（外国税額控除制度）をあげている[63]。

第6款　租税法の適用（課税要件事実の認定）[64]

体系書の「租税法の適用」という節において金子は課税要件事実の認定と，その際にしばしば問題になる仮装行為に言及している[65]。まず，課税要件事実の認定に際しては，要件事実の認定に必要な事実関係や法律関係の実体や実質に従って判断し認定しなければならないとされる。注意的に，金子は以下のように言う。

「ただし，このことは，要件事実の認定に必要な法律関係についていえば，表面的に存在するように見える法律関係に即してではなく，真実に存在する法律関係に即して要件事実の認定がなされるべきことを意味するに止まり，真実に存在する法律関係からはなれて，その経済的成果なり目的なりに即して法律要件の存否を判断することを許容するものではないことに注意する必要がある。」[66]

また，仮装行為については，「意図的に真の事実や法律関係を隠ぺいないし秘匿して，みせかけの事実や法律関係を仮装すること」であると定義した上で，仮装行為が存在する場合に「隠ぺいないし秘匿された事実や法律関係に従って課税が行われなければならない」ことは，「特段の規定をまつまでもなく，課税要件事実は外観や形式に従ってではなく，実体や実質に従って認定されなけ

---

62) 中里・前掲註35) 63頁。
63) 中里実「課税逃れ商品に対する租税法の対応（上）」ジュリスト1169号116頁，122頁以下（1999年，同「（下）」ジュリスト1171号86頁〔2000年〕と合わせ，のちに同・前掲註35) に再録）。
64) 金子・前掲註5) 121頁以下，清永・前掲註12) 50頁（仮装行為），中里・前掲註35)，同・前掲註63)，岡村忠生「税負担回避の意図と二分肢テスト」税法学543号3頁（2000年）。
65) 金子・前掲註5) 121〜124頁。
66) 金子・前掲註5) 121〜122頁。これを金子は「実質課税の原則」と呼ぶ。なお，第2節第3款参照。

ればならないことの，当然の論理的帰結である」という[67]。

第2節 従来の議論の再構成

第1款 はじめに

今見てきた，我が国における租税法と私法の関係をめぐる議論をどのように統一的に理解すればよいであろうか。先に，租税法と私法との関係についての議論を二つの類型に分け，そのうち第一のもの，すなわち，租税法の規定を解釈，適用する場面を主として念頭においた議論を詳しく見てきたのであった。もっとも，この第一の類型に含まれる五種の議論（①借用概念の解釈，②私法上の法律行為に瑕疵がある場合の扱い，③課税物件の帰属，④租税回避とその否認，⑤租税法の適用〔課税要件事実の認定〕）を統一的に理解する試みは従来，存在しなかった。これら五つは，それぞれにおいて私法との関係が意識されることはあったにせよ，互いに独立に論じられてきた。しかし，実は五種の議論をさしあたり以下の二つに分類することができる。

すなわち，一つは②私法上の法律行為に瑕疵がある場合の扱い，③課税物件の帰属および⑤租税法の適用（課税要件事実の認定）に関する議論である。これは，取引の前提としての私法が問題になっている場面である。もう一つは，①借用概念の解釈，④租税回避とその否認に関する議論である。これは，租税法適用の前提としての私法が問題になっている場合，言い換えると，租税法の解釈に関して私法が参照される場面である。

どういうことか。なぜ，このように分けるのか。説明しよう。

租税は経済活動・経済現象に対して課されている。確かに，経済活動・経済現象は第一義的には私法によって規律されているが，租税法は課税物件としては経済活動・経済現象それ自体を採用する。とりわけ，所得課税においては，課税物件は自然人ないし法人の「所得」であり，この「所得」が生じたか否か

---

67) 金子・前掲註5) 123頁。

は，経済的成果に即して判断すべきだと考えられている[68]。ここで，「経済的成果」とはいかなるものであるか，必ずしも明らかではないが，少なくとも，法によっては記述し得ないある観念が想定されていることは確かである[69]。むろん，中里のように，経済的成果を正面に押し出すことに極めて慎重な立場もありうる[70]。しかし，中里といえども，経済的成果を私法に寄り添わせつつも，経済的成果という観念自体は排斥しないのである[71]。

このように経済活動・経済現象，なかんずく経済的成果を課税物件として観念することは，租税法と私法との関係について以下のような理解をもたらす。

ひとつには，何らかの経済的成果をもたらす前提として私法が機能していると考えられる[72]。すなわち，経済的成果がもたらされる前提として，私法に基づく取引が，終局的には民事執行手続・民事保全手続をも含めた広い意味の民事訴訟制度が機能していることによって，履行を担保されていることが，通常は，必要である。仮に，形式的には私法ないし法が存在しても，それに則って行われた「取引」が，その履行について何ら裏づけが存在しないならば，そのような私法が存在する社会で行われた「取引」に果たして経済的成果が付随していると考えるべきであろうか？　もちろん，経済的成果を裏づけるのは，私法だけではない[73]。例えば，共同体の内部における信用によって何らかの経済

---

68) 金子・前掲註5) 106頁。
69) 租税法がおそらく想定していると考えられる経済的成果という概念は，貨幣あるいは金銭と密接に結びついていると思われる。電子マネーの登場により，租税法が想定する貨幣あるいは金銭について探究する必要性が増している。租税法はとりわけ所得課税において，金銭あるいは貨幣とそれ以外（一般の財）とを峻別し，前者の増加のみを原則として所得として把握してきたが（もちろん，フリンジベネフィットは課税の対象となってきたが，それは例外的なものにすぎない），電子マネーの登場によって，何が金銭あるいは貨幣であるのか，曖昧になってきているからである。なお，この論点は，租税法が原則として市場における取引のみを考慮してきた（市場で行われなければそもそも取引ではない）こととも関わる。以上のように経済的成果という概念は極めて難しい問題をはらむがここではそうした点を棚上げして，議論を進める。経済的成果を一応想定しておくことによって，従来の租税法と私法との関係に関わる議論を整理することが可能であると思われるからである。
70) 中里・前掲註35)。
71) 中里・前掲註35) 64頁。
72) フランス法で議論されている「制度（institution）」と似ているかもしれない。「制度」の概念については，大村敦志「フランス法における契約と制度」同『契約法から消費者法へ』238頁以下（東京大学出版会，1999年，初出1998年）参照。
73) 前掲註43) に対応する本文の水野の議論はこの点を強調したものと見ることができる。

第1部　補　論

的成果が発生すると見ることも可能かもしれない[74]。とはいえ，通常は，何らかの（おそらくは国家の，しかしそれに必ずしも限られない）権力によって担保された私法が存在し，それに則って取引が行われることによってはじめて経済的成果が発生するのである[75]。

　二つ目には，租税法（規）の解釈において租税法（規）が私法を前提としていると考えられる。課税物件として何らかの経済的成果を採用するにしても，経済的成果自体は法の言葉による記述に極めてなじみ難い。しかも，租税法律主義の要請から，租税法（規）の立法にあたっては，経済的成果そのものを課税要件として書き込むわけにはいかない。そこで，何らかの私法上の用語ないし概念を利用して課税要件を組み立てざるを得ない。そもそも，経済的成果とは漠然としたものであるため，もし経済的成果そのものを課税物件として規定したとしたら，納税者のみならず課税庁も，いかなる場合に納税義務（租税債権）が発生するのか分からなくなるであろう[76]。こうして，租税法の規定には私法上の概念が直接に，また間接的に用いられる[77]。このため，租税法（規）を適用する前提として，租税法の規定中に用いられているあるいは当然に前提とされているであろう私法上の概念の意味が問題になる。

　以上のように，租税法を解釈・適用する場面において，租税法と私法との関わり方をなお二つに分類することができる。こうした二つの局面への整理には，それがいかなる意味を持つのかを訝る声もあがるかもしれない。しかし，少なくとも，のちにみるように外国法を準拠法として行われる取引を念頭に置いた場合には，いったん経済的成果を想定し，その前提として存在する私法と，経済的成果に対して租税法（規）が適用される局面で租税法（規）にいわば借用されたものとして作用する私法とを区別したほうが，議論が明快なのである[78]。

---

74)　共同体内部の信用について，簡単には，岩井克人『資本主義を語る』（講談社，1994年。引用はちくま学芸文庫版〔1997年〕による）187頁以下参照。
75)　約束を破ることに何らペナルティーが存在しないような社会があったとしたら，そこでは取引のような行為を行ったとしても，何ら財ないし金銭が移転したとはいえない。約束を無視して財を取り返すことも可能であろうからである。なお，中世の日本について，笠松宏至『徳政令』（岩波書店，1983年）参照。
76)　これは金子が課税物件の帰属について法律的帰属説をとる理由と同じ論理である。前掲註41)に対応する本文参照。
77)　中里・前掲註35) 63〜64頁。
78)　なお，本文で述べたような租税法と私法との関係は，折茂豊『当事者自治の原則』287頁以下

この二つの局面へと整理することの他のメリットは以下，漸次明らかになろう。

それでは，二つの局面をそれぞれみていこう。

第2款　取引の前提としての私法[79]

今，何らかの取引によって財産ないし金銭が移転し，経済的成果が発生すると考えよう。例えば，ある人と別の人との間で，特定物の売買契約が締結され，履行される。特定物の移転に対応して，反対給付としての金銭が支払われる。おそらく，このとき，租税法は特定物の売り手の側に経済的成果が生じた，すなわち売り手は経済的な利得すなわち所得を手にしたと考えるであろう。

このような場合に，まず取引を記述するのに私法が必要である。少なくとも，今述べたごとき取引がはたして当事者のうちの誰かに経済的成果をもたらすような取引であったのかどうかは，租税法を適用することを考えた場合，考えざるを得ない。そして，その際に，明示的あるいは黙示的に当事者が前提としている私法によって取引が記述されていると考えるしかない。

さらに，取引は何らかの私法によって記述されていればすむというわけではない。当事者が拠って立つところの私法によって，もたらされる経済的成果の内容も異なるのである。一見全く同じ内容の取引であっても，当事者が前提とする私法（準拠法[80]）によって，当事者が合意していない部分に関するデフォルト・ルールは異なる[81]。準拠法が同じであったとしても，取引の行われた場所や取引当事者の属性によって，各国の業法や事実上の慣習，規制の及び方は違

（創文社，1970 年）（契約の公法的規整と国際私法），同『国際私法（各論）〔新版〕』124 頁以下（有斐閣，1972 年）（準拠法選択の場面における当事者自治の原則は，公法的性質をもつ強行的法規によって影響を受けないという）からも裏づけられよう。要は，取引の準拠法たる私法と，取引から得られた所得に対してかかる租税法規範が参照する私法とを区別するということである。また，第3節第3款参照。

79) ここでの議論は，主として日本法を念頭に置くが，他の国でも妥当するのではないかと考えている。もっとも，ドイツには AO 41 条（無効な法律行為），42 条（法的形成可能性の濫用）があり，取引の前提としての私法と経済的成果の間に距離があるように思われる。

80) ただし，ここでの議論は準拠法選択という意味での国際私法とは関わらないことに注意されたい。

81) 法的ルールが制度設計の際の初期設定であるという考え方については，神田秀樹＝藤田友敬「株式会社法の特質，多様性，変化」三輪芳朗ほか編『会社法の経済学』453 頁以下（東京大学出版会，1998 年）参照。

ってくる。例えば，ある国においてある国の私法を準拠法として行われる取引は有効に成立し，経済的成果が発生するが，別の国において別の国の私法を準拠法として同じような取引を行おうとしたら，取引はそもそも有効に成立せず，あるいは効果が当事者に帰属せず，経済的成果も生じない，といった事態が発生しうるのである[82]。経済的成果が生じないような「取引」を行った場合に——それを取引と呼ぶことが適切かどうかは別としても——これに対して，収得税の課税を行おうという国は存在しない。課税物件として経済的成果を観念する以上，業法や規制とあわせて私法が経済的成果発生の前提として機能するのである。

そして，ここで強く意識しておきたいのは，このように経済的成果に着目する収得税に関しては，以上に述べたような意味ではあらゆる法域で私法を尊重せざるを得ない，ということである。

さて，先ほど見た従来の日本の租税法と私法の関係に関する五つの議論のうち，今述べたような意味での私法に関わるものはどれであろうか。おそらく，第一に私法上の法律行為に瑕疵がある場合に関する議論が，第二に課税物件の帰属に関する議論が，第三に租税法の適用（課税要件事実の認定）に関する議論が，ここに含まれる。それぞれにつき，簡単に見よう。

まず，私法上の法律行為に瑕疵がある場合[83]とは，私法によって経済的成果が発生したと果たしていえるのか，がまさに問われる場面である。先に見たように，金子は経済的成果を直接認識することを仄めかすのに対して，中里は「……経済的成果は，当事者の私法上の行為を前提として，当該行為にしたがって（法律効果として）もたらされる」ことを前提として議論する[84]。金子と中里の立場は微妙に異なるようにも思える。しかし，先に述べたように両者は矛盾しない[85]。そして，金子の立場をとるにしても，経済的成果が発生したかどか判定するためには，いかなる国の私法のいかなる規定に基づいて取引が行わ

---

82) 租税法に対して有意な差異をもたらすかは必ずしも明らかではないが，例えば，日本の民法に基づく贈与は諸外国と比べて「贈与約束の保護が一番厚い」（来栖三郎『契約法』245頁〔有斐閣，1974年〕）。日本の民法に基づく贈与が何らかの経済的成果を発生させるが，外国法に基づく贈与類似の行為によっては経済的成果が生じないということは，十分ありうる。
83) 第1節第3款に対応。
84) 中里・前掲註35) 65頁。この部分に続いて，中里は私法上の行為が課税上尊重されるという。
85) 第1節第3款参照。

れたのかを考えざるをえない。金子は，私法上の法律行為に瑕疵があっても経済的成果が生じている限りでは課税要件が充足される，という。この見解は，経済的成果を生ぜしめないような私法上の法律行為の瑕疵を考慮することを許容するだけではない。むしろ，経済的成果の有無を判定するための，一つの，しかしおそらくは最も重要な考慮要素として，私法が立ち現れるのである。このように考えてくると，従来の私法上の法律行為に瑕疵がある場合についての議論は，取引の前提としての私法にかかわるものだったということができる。

次に，課税物件の帰属[86]とは，先に見たところによれば，課税物件がいつ，いかなる者に帰属するのかという問題であった。課税物件として経済的成果が示唆されている場合においては，課税物件の帰属とは，経済的成果がいつ，誰によって得られたかという問いに他ならない。そして，経済的成果を特定の自然人ないし法人に帰する最大の要因は，その自然人ないし法人によって行われた取引の効果が有効に彼らに帰属することであるが，このことは通常，一定の私法の枠組みが前提にあり，それにのっとって取引が行われたことを条件とする。そうだとすれば，課税物件の帰属に関する議論もまた，取引の前提としての私法にかかわることは明らかである。そして，このように取引によってもたらされる経済的成果の前提に私法があると考えるならば，人的な帰属について金子や清永が法律的帰属説に与し，時間的な帰属について金子や中里が明示的または黙示的に私法への依存を語るのは，自然である。

最後に，租税法の適用[87]という題目の下で，課税要件事実の認定が扱われてきた。課税要件事実の認定は，すぐあとで見るように，租税法（規）が定める課税要件に事実を包摂する作業であるといってよい[88]。そしてこのとき，認定される課税要件事実に至る前の段階で何らかの経済的成果を想定するとすれば，この経済的成果を生ぜしめる重要な要素として，私法を考慮せざるを得ない。このことは納税者が行った取引の準拠法が外国法である場合を考えれば明らかであろう。

---

86) 第1節第4款に対応。
87) 第1節第6款に対応。
88) Klaus Tipke/Heinrich Wilhelm Kruse, AO, §4 (Kruse) なお，包摂技術については村上淳一『法の歴史』157頁以下（東京大学出版会，1997年）参照。もっとも，単なる形式論理的な包摂ではないこと，そこで「擬制」が重要な役割を果たすことにつき，木庭顕「余白に」（来栖三郎『法とフィクション』〔東京大学出版会，1999年〕のあとがき364頁）の来栖三郎理解を参照。

第1部　補　論

第3款　租税法の解釈に際して参照される私法[89]

　金子が借用概念論という領域を拓いて以来，いわゆる借用概念の解釈について租税法と私法との関係が強く意識されてきたことは疑いない。ここではむしろ，明示的に概念を私法から借用している場合でなくとも，租税法（規）の解釈に際して私法が参照されうることを確認しよう[90]。

　すなわち，日本の租税法は課税要件を定めるにあたって，従来から存在していた私法上の概念あるいは枠組みを利用している[91]。私法による分節を課税要件が借用しているともいえる。そして，このような私法上の概念，枠組みは，通常，日本の私法のそれであると考えられる[92]。具体的には，例えば，日本の租税法は売買と交換の差異を有意なものと考え，それぞれに違った課税上の扱いを与えている。その限りで，日本の私法でいう売買と交換の差異が参照されていると考えられる[93]。

　この場面においては，私法が参照されるのは課税要件の定めによって参照されている限りにおいてにすぎない。たとい，私法が厳密に区別している事柄であっても，それを租税法が参照しておらず，その区別を捨象しているならば，租税法の適用にあたって，この区別を考慮する必要はない。

---

89)　第1節第2款に対応。租税回避否認もここで論じるべきであるが，便宜上，次節に譲る。
90)　以下の議論は，さしあたり，日本法について妥当する。アメリカにおいては，租税法は，納税義務者の単位を大きく租税法独自に定めていること，および，私法の主要構成要素たる取引法が州法であることから，租税法が私法を参照している度合いは，少なくとも日本より低い。
91)　このことは日本法に限らない。ドイツ法について，クルーゼは次のようにいう。「租税法律で用いられている概念の解釈の問題はとりわけ権利を基礎づける課税要件に関係する。この課税要件は生活事象を記述するが，この生活事象の私法上の側面（Relevanz）は長いこと，法律による規定，私法上の裁判，そして，法学的記述の対象であった。これに対して，この生活事象の租税法的側面は19世紀になって次第に，そして，第一次大戦の終結以来激しく法学者の観察領域に入ってきた。その際，私法的な概念理解，問題理解が真っ先に検証を経ずにこの生活領域の租税法上の扱いに取り込まれた。この扱いの方法に対抗したのが経済的観察法であって，これはエンノ・ベッカー（Enno Becker）とクルト・バル（Kurt Ball）により主張された……。」（Tipke/Kruse, a.a.O.（Fn. 88）§4, Rz. 107）
92)　法秩序の統一性を根拠とすることもできようが，日本の場合は，日本語で記述された法律が他の国には存在しないという事情からも基礎づけることができよう。
93)　民法の定める典型契約が租税法によって活用されているといえるかもしれない。なお，民法の領域における典型契約の意義については大村敦志『典型契約と性質決定』（有斐閣，1997年）参照。

もっとも，以上のように私法が参照されているといっても，なお，二つのパターンがあると考えられる。日本法を例に説明しよう。

第一は，租税法（規）が私法上の概念をいわば典型的な例として参照している場合である。例えば，所得税法24条の配当所得の定義において，「法人……から受ける利益の配当」というとき，その法人が外国法人である場合には，たとえその法人が日本の商法（会社法）に基づく配当を行わないとしても，日本の商法（会社法）にいう配当に対応するような利益分配を外国の私法に基づいて行った場合，それは「法人から受ける利益の配当」と考えるべきであろう。「利益の配当」といってもそれは日本の商法（会社法）に基づくそれと一対一に対応するわけではない。

第二は，租税法（規）が特定の（通常は自国の）私法上の概念まさにそのものを参照している場合である。例えば，かつての所得税法11条3項にいう「信託法……第66条に規定する公益信託」は外国法に基づく同種のものは含まなかったと考えられる。また，租税特別措置法に引用される様々な他の法分野の概念も，その多くが日本法の概念そのものを指し，それ以上ではない。

第4款　暫定的なまとめ

以上の議論を整理するために，ここでは見取図を掲げ，簡単な説明を加えよう。

見取図

租税法と私法の関わる局面として，
①租税法→私法
租税法が私法に影響を与えている，私法上のプランニングにおいて租税（法）が考慮される場合
②私法→租税法
租税法の解釈・適用に際して私法が考慮される場合
がある。
このうち②はさらに，
ⓐ取引の前提としての私法が問題になる場合

第1部　補　論

　ⓑ租税法の解釈に際して参照される私法が問題になる場合
に分けられる。

　ⓐの例としては，私法上の取引に瑕疵がある場合，課税物件の帰属，租税法の適用（課税要件事実の認定），がある。

　ⓑの例としては，借用概念の解釈，がある。

　租税回避に関する議論は，基本的にはⓑの問題。しかし，いわゆる「事実認定による否認」の議論はⓐに関わる（第3節参照）。

説明

　租税法は納税義務者の単位を私法上の法人格と概ね一致させている。このため，「取引の前提としての私法」に基づいて行われた取引から（租税法が着目するところの）「経済的成果」が生じる（もっとも，その意味は自然人と法人とで異なる）。この「経済的成果」は広く「所得」として捉えられるが（包括的所得概念），租税法律主義の要請から，租税法は「経済的成果」を把握するために課税要件を定め，それを充足する場合に限って「経済的成果」を課税の対象とする。課税要件は通常，私法と共通の用語を持って記述されており，それは法的安定性の要請から（金子），あるいは当然に（清永），私法と同義に解される（借用概念の解釈に関する統一説）。この場面での私法は，「租税法の解釈に際して参照される私法」といえる。

　租税法と私法に関する従来の日本の通説（金子，清永）は，「取引の前提としての私法」，「租税法の解釈に際して参照される私法」，「経済的成果」という用語によって以上のように整理される[94]。

---

94) ただ，いささか気になるのが「経済的成果」という概念の内包である。言い換えると，個々の課税要件を離れて経済学的な所得を観念する場合に，例えば包括的所得概念というものを考える場合に，「経済的成果」あるいは所得であるか否かを判断する基準があるのかどうか。この点についての研究は見当たらないが，形式的に決まる所有権よりもむしろ事実的な概念である占有の所在が「経済的成果」ないし所得の帰属の基準となっているのではないかという印象を筆者は抱いている。つまり，従来漠然と「経済的成果」，あるいは「経済的」という言葉を冠して言われてきた事柄は，実は占有という概念と近いのではないか。確かにこうした基準は法人に関しては適用が困難であるかもしれない。しかし自然人に関しては実務でも隠れた基準となっているかもしれない。もっとも，以上は単なる思いつきにすぎず，今後の検証が必要である。

第3節　広義の租税回避否認をめぐって[95]

第1款　はじめに

　以上のように租税法と私法との関係を分析してくると、いわゆる租税回避否認についても新たな見方ができるかもしれない。

　中里は、広義の租税回避否認を三つの類型に分けている。一つは、狭義の租税回避否認である。次に、租税法の規定の解釈によって、より具体的には限定解釈によって、結果として納税者の求める租税法上の効果と異なる租税法上の効果が実現する場合である。最後に、いわゆる「事実認定による否認」である。これは中里によれば、課税要件事実の認定にあたって「私法上の当事者の真の意思」を探究した結果、納税者の主張とは異なる課税が行われることである[96]。中里が指摘するように、確かにこの三つの類型は経済的には極めて類似している。これらの相互間の境界は、しばしば不分明であろう[97]。にもかかわらず、租税法と私法との関わり方においてこれらの三類型は全く異なるといってよい。

　狭義の租税回避否認は、納税者が行った取引等の事実については争いがないことを前提に[98]、専ら、適用されるべき租税法の規定の側で、ある事実を別の事実とみなす。背後には、納税者の達成した経済的成果が「通常用いられる法形式」によって達成されるそれとほとんど同じであるという観察があるだろうが、経済的成果の同一性を——法形式を離れて——直接認定することは通常は困難である。このため、「みなす」という法技術によって経済的成果に即した

---

95) 第1節第5款および第6款に対応。
96) 中里・前掲註63) 参照。
97) すぐあとで見るように、中里はこれらのうちの少なくとも後二者について適用領域が重なりうることを認めている。なお、渕圭吾「フィルムリースを用いた仮装行為と事実認定」ジュリスト1165号130頁, 131頁（大阪地判平成10年10月16日訟務月報45巻6号1153頁に対する判例評釈, 1999年）に引用の最判昭和49年7月19日訟務月報20巻10号159頁およびその原審である大阪高判昭和47年2月18日訟務月報18巻6号938頁を参照。
98) 金子も清永も租税回避を定義する中で、課税要件を充足していないことをメルクマールの一つとしている。

課税を達成するのである。このような狭義の租税回避否認において，租税法と私法との関係が問題になるのは，せいぜい，適用されるべき租税法の規定の解釈においてである。なぜなら，狭義の租税回避否認が問題になっている場面においては，一定の経済的成果が私法に基づいて生み出されている点については，納税者と課税庁は一致しているからである。

次に，適用されるべき租税法の規定の解釈がクリティカルな問題になる場合を，中里は狭義の租税回避否認とは別に類型化している。中里はこれを，「課税減免規定の限定解釈による『否認』」と呼んでいる[99]。しかし，租税法と私法との関係との関わりでは，このような類型は狭義の租税回避否認と同様に捉えられよう。高々，租税法の解釈の局面で私法との関係が問題になりうるに過ぎないからである。

これに対して，中里のいう「事実認定・私法上の法律構成による『否認』」においては，経済的成果の前提としての私法，すなわち別の言葉でいえば「取引の前提としての私法」が問題になっていると考えられる。しかし，話は必ずしも単純ではない。以下，詳しく述べよう。

第2款　いわゆる「事実認定による否認」論における私法の位置づけ

金子『租税法』の「租税法の適用」に関する部分[100]は——豊富な裁判例や学説の引用を特色とするこの著作の他の部分とは極めて対照的に——1976年の初版以来，1992年の第4版に至るまで，何らの裁判例ならびに論文への言及を含んでいなかった。1995年の第5版になってはじめて，2件の裁判例が示唆されたが依然としてこの分野に関する論文は見当たらなかった。

ところが，1999年に入って，突然，租税法の適用をめぐる活発な論争が生じた。いわゆるフィルム・リースに関する事件の評価をめぐって，今村隆，中里が課税庁に好意的な見解を発表し，これに対して岡村忠生が基本的には納税者側に立つ見解を公表したのである[101]。諸見解の当否を判断することはここで

---

99) 中里・前掲註35)。
100) 第1節第6款で言及した。
101) フィルム・リースに関する事件とは，大阪高判平成12年1月18日訟務月報47巻12号3767頁（原審，大阪地判平成10年10月16日訟務月報45巻6号1153頁，上告審は最判平成18年1月24日民集60巻1号252頁），千葉地判平成12年2月23日税務訴訟資料246号791頁等。フィル

第3節　広義の租税回避否認をめぐって

の課題ではない。しかし，これらの見解はそれぞれ，一定の租税法と私法との関係を前提としている。そこで，ここでは，租税法と私法との関係をいかなるものとして考えているかに焦点を絞って，見ていこう。

まず，中里は租税回避の否認を広義に捉えた上で，その一類型として「事実認定・私法上の法律構成による『否認』」を提唱する。これは，課税要件事実の認定にあたって「私法上の当事者の真の意思……を探究」した結果，課税が行われることを指し，先に引用した金子のいう課税要件事実の認定における「実質課税の原則」からの当然の帰結だという[102]。このような「事実認定・私法上の法律構成による『否認』」をめぐる中里の叙述はアンビバレントである。

すなわち，一方では「アグレッシブな納税者の行為に対して，現行法の下でどこまで課税庁が対応することが可能であるか」[103]ということをテーマに据えているだけのことはあって，（悪質な）租税回避は否認されるべきという価値判断が前面に出ている。租税回避の否認という言葉を広義に用いているだけでなく，否認されるべき租税回避を想定した上で，これに対して「課税減免規定の解釈による否認」あるいは「事実認定・私法上の法律構成による『否認』」とがともに行われうることを示唆する[104]。否認されるべき租税回避はア・プリオリに存在し，これに対して中里のあげる三つのうちいずれかの方法が適用されて結果として（広義の）「否認」がなされる，と考えているように読める[105]。

他方で中里は，租税法の適用の前提として，私法――あるいは納税者の行った取引の私法上の法律構成――を尊重することから出発する。まず，第1節第

ム・リースに関するものではないが，同様に租税法の適用が問題になった事件として，東京高判平成11年6月21日判例時報1685号33頁（原審，東京地判平成10年5月13日判例時報1656号72頁）等。今村隆「租税回避行為の否認と契約解釈（1）～（4）」税理42巻14号206頁，15号262頁，43巻1号242頁，3号205頁（1999～2000年）。

102)　中里・前掲註63)（上）117頁，124～126頁。

103)　中里・前掲註63)（上）116頁。同（下）87頁でも課税が行われるべきだという前提から議論が出発している。

104)　中里・前掲註63)（上）123頁では「上の外国税額控除の事例に関しては，課税減免規定の解釈による対応を論じたが，この事例に対しては，事実認定で対応することも可能である」という。しかし，同126頁では「事実認定・私法上の法律構成による『否認』」と狭義の租税回避否認とが別のカテゴリーに属することが強調されている。

105)　このような，いわば実質論と形式論の区別は，民法学における加藤一郎，米倉明の議論と類似しているかもしれない。加藤，米倉の利益考量論の理解については，内田貴「内田ゼミ補講・(民)法の解釈とは何か」(1996年，ゼミ配布資料)を参考にした。

335

3款で引用した議論（前掲註35））を繰り返し[106]，「現実に発生している経済的効果に即して課税が行われ」る所得課税においても，私法上の行為は尊重されるという。そして，この議論の帰結として中里は二つの論点を提示する。第一に，中里によれば，納税者が結んだ契約の準拠法が，租税法の適用に際して問題になる。私法を尊重するがゆえに，日本の租税法を適用しうる条件として契約の準拠法が日本法であることが必要とされると考えているようである[107]。第二に，納税者が行った複数の契約が純粋に私法上の観点からは個別に存在することを一旦は認めている。もちろん，中里は課税逃れ商品を構成するこれらの契約を一体としてみることが「事実認定・私法上の法律構成による『否認』」のために必要だとするが，複数の契約を一体としてみることが当然に可能であるとは考えていないのである[108]。

岡村は，課税庁および裁判所による仮装行為であるという認定（「仮装行為の否認」）[109]に際して，納税者が「税負担回避の意図」を有していたことが直接の理由となることを批判する。岡村は，フィルム・リースに関する事件の諸判決において「税負担回避の意図ないし目的が，取引を否認する直接の理由とされた」と考えており，このことを否定的に捉えているのである[110]。岡村は次のように言う。まず，（狭義の）租税回避と仮装行為とは，「教科書的な説明によると……課税要件事実充足の有無という極めて明確なラインが引かれている」[111]にもかかわらず，実際には両者の区分は微妙である[112]。そして，仮装行為であ

---

106) 中里・前掲註63）（上）125頁。
107) 中里・前掲註63）（下）92～93頁にも同様の議論が存在する。
108) 中里は，「……租税法においても，他の法分野におけると同様に，当事者の表示をそのまま尊重して法律関係を考えるわけではない点に留意しなければならない。すなわち，当事者が自らの私法上の合意に反する表示をした場合に，その納税者の表示をそのまま前提として課税がなされるわけでは決してないのである」（中里・前掲註63）（上）125頁。同（下）91頁にも同様の叙述がある）とも言っている。しかし，このことから複数の契約を一体としてみることが正当化されているわけではないようである。
109) 岡村・前掲註64）では「仮装行為の否認」という言葉遣いがされている。中里と同じく「否認」という語を広義に用いているといえよう。
110) もっとも，渕・前掲註97）や藤谷武史「フィルムリースを用いた租税回避が契約解釈により否認された事案」租税法研究29号165頁（2001年，前掲註101）の大阪高裁判決の評釈）は租税回避の意図が決め手になったとは考えていない。
111) 岡村・前掲註64）4頁。
112) 岡村・前掲註64）5頁。

第3節　広義の租税回避否認をめぐって

るという認定には「取引を行った当事者〔納税者〕の意思」が考慮される。そこでは納税者の「税負担回避の意図」が仮装行為であるという認定にポジティブにもネガティブにも考慮されうる[113]。

続いて，岡村はアメリカの sham transaction の法理における二分肢テストを検討したのち，最後に日本法への示唆を述べる。ここでは民事法と切り離された「税法独自の否認」が提案され，さらに，「税負担回避の意図」は取引が経済的実質を欠く場合にはじめて問題とされるべきだという。また，フィルム・リースに関する事件の諸判決は，課税前利益獲得の可能性（岡村の言う「客観的要素の判断」）が検討されていないところに問題があるという。

結局のところ，「税負担回避の意図」が仮装行為において考慮されることへの明確な対応は見当たらない。また「税法独自の否認」はまさに従来の租税回避否認（それは法律の根拠があってはじめて許される）に他ならないとも思われる。なお，岡村も中里と同様に，準拠法に言及している。曰く，

「まず，私法上の事実認定による否認のアプローチは，たとえそうした否認類型を認めるとしても，すでに限界が見えているように思われる。それは，国際取引や非居住者に対する日本の税法の適用の問題があるからである。このようないわゆる国際税法の領域において私法を持ち出すと，準拠法の点で，特に執行上の困難に直面するであろう。しかし，もし準拠法を無視して日本の民法を適用するのであれば，それは現実に成立している私法上の法形式を引き直しているのであり，租税回避の否認と異ならないと思われる。これに対して，アメリカの否認法理には，そうした難点はない。」[114]

ここでは中里が尊重するところの私法がネガティブに言及されている。そして岡村は，中里の言う「私法上の事実認定による否認」（それは岡村の言う「仮装行為の否認」と極めて近いものであろう）とは，「日本の民法を適用する」ことであると捉えている。

このように見てくると，中里と岡村は，まず私法上の事実認定が存在し，それに対して租税法が適用されると考えているようである。そしてその際には，

---

113)　岡村・前掲註64) 6頁。
114)　岡村・前掲註64) 26頁。

337

第1部　補　論

私法とは日本法であることが必要だと考えているようである。しかし，このような見解には二つの点で問題がある。第一に，納税者の主張する取引が，少なくとも一旦は，そのまま認定されるという発想が存在することである。それは，事実認定による「否認」という言葉遣いからも窺われる。第二に，このような見解が，租税法と私法の関わる二つの局面を混同していることである。以下，それぞれについて見よう。

第3款　当事者の意図について

　第一の問題点については次のことを指摘できる。すなわち，納税者が（存在したと）主張する取引と，実際に存在した取引が必ずしも一致しないのは，当然のことである。このような場合に，裁判所は，実際に存在した取引を前提に事実認定を行わなくてはならない[115]。ヴィトゲンシュタイン（Wittgenstein）が『哲学探究』202節で指摘しているように，「規則に従っていると思うことは，規則に従うことではない」のである[116]。

　ところで，納税者が（存在したと）主張する取引が課税庁あるいは裁判所によって認められない，ということが生じるには二つの前提が必要である。第一に，納税者が主張する取引（以下A）と，実際に存在した（と課税庁が主張，あるいは裁判所が認定する）取引（以下B）との間に，租税法の規定が有意な差異を設けていることである。例えば，Aは課税要件αを充たし，Bは課税要件βを充たす。そして，αの効果とβの効果は異なっている，というような場合である。第二に，Aが充たす課税要件とBが充たす課税要件とが互いに排他的であることである。例えば，実は，さらに別の取引Cがαもβも充たすのであれば，課税要件が互いに排他的であるとはいえない。

　要するに，AとBとが別々の課税要件を充たし──あるいはどちらかが何

---

115)　実際に存在した取引を純粋私法的に事実認定する必要はない。事実認定が必要なのは，あくまで租税法の課税要件が求める限りにおいてである。この点については先に見た。

116)　これについては，哲学者のクリプキ（Saul Kripke）が私的言語論との関連で論じている（Wittgenstein on Rules and Private Language: An Elementary Exposition, 1982〔黒崎宏訳『ウィトゲンシュタインのパラドックス』（産業図書，1983年）〕）。また，大村敦志「『脱法行為』と強行規定の適用」同『契約法から消費者法へ』129頁，158頁（東京大学出版会，1999年，初出1991年）もほぼ同様の指摘を行う。

らの課税要件をも充たさず——そして，これらの課税要件——あるいは課税要件にあてはまらないこと——が互いに排他的であることが必要である。

近時の裁判例においては，売買と交換（東京地裁，高裁の事例）なり，組合への参加と融資（大阪地裁，高裁の事例）なりが，租税法の規定が有意とみる課税要件の差異として裁判所によって認識されている。しかし，そこでは α と β の差異および排他性が必ずしも明確に述べられているわけではなかった。

このような，いわゆる「事実認定による否認」については，事実認定が裁判官の専権事項であるということから，納税者がいかなる主張立証を行えばよいのか必ずしも明らかではなかった。しかし，さしあたり次のように考えられないか[117]。すなわち，第一に，課税要件 α ないし β を明確に定式化した上で，納税者の主張する取引 A が α にあてはまること，ないし β にあてはまらないことを述べることができよう。課税要件 α がいかなる内容であるかということについて，課税庁と争うわけである。議論は法律論のレヴェルである。第二に，課税庁が主張するあるいは当然に前提とする課税要件 α と課税要件 β の相互の排他性を攻撃することである。α をも β をも充たす取引 C の存在を示せばよい。

なお，租税法研究者の任務は，課税要件 α と課税要件 β との間の線引きに明確な理論的根拠を与え，あるいは，理論的根拠がないことを理由に α と β の間の線引き自体を批判することだといえるかもしれない。

第4款　いわゆる租税回避論の再構成へ

第二の問題点については敷衍すると以下のように言えよう。

中里が広義の租税回避否認として分けた三類型の位相は，次のように整理される。まず，狭義の租税回避否認においては，事実認定は問題にならない。租税法の規定の解釈が問題になりうるのみである。もし，租税法の規定が私法上の概念を参照しているならば，その限りで私法上の概念の意味内容が問題になる。また，「課税減免規定の限定解釈による『否認』」においても，同様に，租税法の規定の解釈が問題になりうるのみである。これらの類型においては，問題となりうる私法は「租税法の解釈に際して参照される私法」である。

---

[117] 証明責任の配分については，追って検討したい。

第1部　補　論

　これに対して，いわゆる「事実認定による否認」においては，租税法が定める課税要件自体は問題にならない。そうではなくて，納税者の行った取引が課税要件を充足しているのかどうかが，問題である。取引が課税要件に規定されている経済的成果を生じさせたか判断すること。それは，納税者の行った個々の行為を認定し，それが納税者の背景とする準拠法（ないし取引慣行）のもとでいかなる経済的成果を生み出すのか認定する，という作業である。そこでは，「取引の前提としての私法」が探究の対象となりうる。

　もちろん，三類型の最初の二者と最後のものとが重なる領域はありうる。すなわち，租税法の規定も，事実認定も問題になる，という場合である。しかし，このように広義の租税回避の三類型を二つの次元に分けることは，次のような場面を考えると，有意義である。それは，納税者の行った取引の準拠法が日本法ではないという場面である。このようなとき，「取引の前提としての私法」は外国法であり，「租税法の解釈に際して参照される私法」は日本法である。先に見た中里と岡村の議論は「取引の前提としての私法」と「租税法の解釈に際して参照される私法」とを区別していなかったようにも見える。このため，そこでは「取引の前提としての私法」と「租税法の解釈に際して参照される私法」とが同一のものとされ，次のような必ずしも望ましいとは思えない結論に至っていた。中里においては，「取引の前提としての私法」が常に日本法であるべきことになる。岡村においては，「租税法の解釈に際して参照される私法」としての日本の私法を参照することが「取引の前提としての私法」としての準拠法を無視することになってしまう。本書での主張のように「取引の前提としての私法」と「租税法の解釈に際して参照される私法」とを区別し，これらが別々の次元において問題になることを意識することによって，中里や岡村が危惧するような不都合をそもそも回避できるのではないかと考えられる。

　ところで，広義の租税回避の三類型を二つに次元に分けたとき，その一つは法の解釈に関する問題であり，他の一つは事実の性格づけおよび法的評価に関する問題であった。後者は事実認定の問題，と呼んでもよいのかもしれないが，ともかくこの二つの問題は法の適用に際しての二つの段階にそのまま対応する。このように考えると，広義の租税回避の問題は，実は，裁判においては，一般的な法の解釈・適用の問題に他ならないことになる。そうだとすれば，立法論としてはともかく，裁判の場面では，「租税回避」という概念は必ずしも役に

立たないのではないか[118]。それでは，一般的な法の解釈・適用の問題に解消されるにもかかわらず，いわゆる「事実認定による否認」といった議論が登場したのはなぜだろうか。単に裁判過程への認識が不足していたのか。そうは考えない。むしろ，本書の立場[119]と異なり，従来の（訴訟を含めた）租税実務においては納税者の主張する契約類型，取引類型がそのまま認定される傾向があったのではないか[120]。それゆえ，納税者の主張するのと異なる契約類型，取引類型を認定することが「否認」であるかのように捉えられてきたのではないか。だからこそ，本来許されるはずの事実認定が，「事実認定による否認」として，さも特殊なもののように扱われることになったのであろう。

---

118) 以上の議論は，租税回避を含む「広義の脱法行為」に関する議論を検討し，「広義の脱法行為にはいくつかの性格の異なる行為が含まれており，それぞれの性質に応じた法的処置が必要ではないか。そう考えると，問題となるのは単に法解釈の方法だけではなく，それをも含めた法適用の方法ではないか。」と結論づける大村・前掲註116）に示唆を得，またそれと方向性を同じくしている。
119) 第3款の冒頭で述べた考え方。
120) その背景に処分証書の証明力が無条件に認められるという実務が存在したのかもしれない。処分証書については賀集唱「契約の成否・解釈と証書の証明力」民商法雑誌60巻2号179頁以下（1969年）参照（本論文については，吉村政穂の指摘に負う）。

第2部　タックス・ヘイブン対策税制とは何か

第1章　タックス・ヘイブン対策税制の意義と機能

第1節　はじめに

　タックス・ヘイブン対策税制（外国子会社合算税制）は何のための制度なのか。従来，この制度は十分な考察の対象となってこなかった。我が国で，タックス・ヘイブン対策税制が導入されて40年近くになるが，この制度の趣旨や，他の制度との関係についての，突っ込んだ研究はそれほど蓄積していない[1]。しかし，この制度自体は実務的にも非常に重要な役割を果たしており，近年では，訴訟においてもその本質が問われるに至っている。

　本章では，タックス・ヘイブン対策税制の意義について，課税繰延防止の文脈で理解する考え方と租税回避防止の文脈で理解する考え方を対置したうえで，後者が正しいと論じる。そのために，最初に，タックス・ヘイブン対策税制の母法であるアメリカ法におけるサブパートF税制の歴史，議論の変遷を紹介する（第2節）。ここでは，みなし配当という法律構成が採用されたこと，課税管轄権の限界について緩やかに解されるようになったこと，それにより，サブパートF税制が課税繰延防止の文脈で理解されるようになってきたこと，しかし，サブパートF税制を租税回避防止の文脈で理解する見解も存在したことを示す。続いて，タックス・ヘイブン対策税制の意義およびこの制度が果たしている機能について論じる（第3節）。ここでは，タックス・ヘイブン対策税制の意義が租税回避の防止にあることを示すだけでなく，そこで問題となっている租税回避の内容についても述べる。さらに，タックス・ヘイブン対策税制の法律構成について論じる（第4節）。ここでは，みなし配当方式や子会社に対する直接の課税という法律構成を紹介したうえで，端的に内国親会社に対する

1）これまでの議論については，吉村典久「タックス・ヘイブンの課税問題」租税法研究36号87頁（2008年）参照。

課税として構成するべきであると論じる。むすびにかえて，タックス・ヘイブン対策税制と国際的二重課税排除措置との関係について簡単に述べる（第5節）。

第2節　タックス・ヘイブン対策税制の起源と発展

第1款　1937年の foreign personal holding corporations に関する税制

1　Foreign personal holding corporations に関する税制の内容

アメリカで所得課税が始まったとき，現代から振り返ってみるならば，その税率は極めて低かった。ところが，遅くとも1930年代には，戦費調達，社会政策の財源として所得税の重要性は極めて高いものとなっていた。そして，高い税率に伴う重い租税負担を回避するため，気の利いた納税者は，できるだけ租税を払わなくて済むように，会社を設立し財産をそこに移転したりし始めた。納税者のとった方策の中には，当時の税法の規定に照らして違法であるものと違法とまでは言えないものとがあったが，いずれであろうと望ましくないことは明らかだった。ちょっと頭を使えば所得税を払わなくてよいというのであれば，真面目に所得税を払おうとしている納税者ですら，その気をなくしてしまうからである。

1937年5月末，財務長官のヘンリー・モーゲンソー・ジュニア（Henry Morgenthau, Jr.）はフランクリン・ルーズベルト（Franklin D. Roosevelt）大統領に対して脱税と租税回避についての手紙を認めた。6月，大統領はこの手紙の全文を引用して，議会に対して脱税と租税回避についての検討を行うように指示した。議会は，上院の財政委員会のメンバー6名と下院の歳入委員会のメンバー6名から成る，「脱税と租税回避に関する合同委員会（the Joint Committee on Tax Evasion and Avoidance）」を創設した。この委員会は，与えられた権限に基づいて公聴会などを開催し，8月に報告書[2]を議会に提出した。この報告書をもとに立法されたのが，1937年の歳入法（the Revenue Act of 1937）である。

---

[2] The Joint Committee on Tax Evasion and Avoidance, Report of the Joint Committee on Tax Evasion and Avoidance, 75th Congress, 1st Session, 1937.

第 2 節　タックス・ヘイブン対策税制の起源と発展

　合同委員会の報告書およびその前提となった委員会における公聴会等の記録は，所得税の脱税と租税回避に関する最初の包括的な議論という意味で注目に値する。さらに，脱税と租税回避とが厳密に区別されることなく一体として論じられていることにも注意しておきたい。

　ここでは，合同委員会の報告書の内容を紹介する。報告書は 23 ページから成り，大統領からの手紙の引用に続いて本論が述べられる。委員会によれば，早急に対応すべき問題は八つにのぼる。列挙すると，①domestic personal holding companies，②incorporated yachts, country estates, etc.，③incorporated talents，④artificial deductions for losses from sales or exchanges of property，⑤artificial deductions for interest and business expense，⑥multiple trusts，⑦foreign personal holding companies，⑧nonresident aliens である。このうち，①は我が国でいう同族会社の典型的な事例である。会社を設立してそこを通じて事業活動を行い（あるいは行ったことにする），株主に対して分配しない，それにより個人所得税の累進税率を回避するという方策である。これに対しては当時既に未分配の所得に対する課税（現在の内国歳入法典 531 条以下）が導入されていたが，この報告書でその不備を是正する提案がなされた[3]。②は，不動産等を現物出資して会社を設立し，株主がこの不動産等を利用する際に僅少な対価しか支払わず，しかし会社としては経費名目で出費を鷹揚に控除することで，株主・会社双方の租税負担を軽減するという方策である。③は，人的役務提供の対価を，会社を通じて得ることにより，租税負担を軽減するという方策である。④は，関連者（会社を含む）間での財産の譲渡損失を任意のタイミングで控除することによる租税負担の軽減である。⑤は，関連者（会社を含む）間での金銭の貸借を行い，課税所得算定方法の差異（発生主義か現金主義か）を利用するものである。⑥は，多数の信託を設定し，信託の所得のうち最初の 1000 ドルが免税とされることを利用するものである。

　要するに，これらは，個人以外のエンティティを設立し，個人とそれらとの間でのやり取りを通じて，本来の個人に対する所得課税が行われた場合よりも

---

[3] 従来の留保利益税（the Accumulated Earnings Tax）が容易に回避されることに鑑みて，特定の類型の会社すなわち人的保有会社（personal holding companies）に対して，より重い課税を導入した（内国歳入法典 541 条以下）。詳しくは，水野忠恒『アメリカ法人税の法的構造』261～262 頁（有斐閣，1988 年，初出 1985 年）。

租税負担を軽減するという仕組みである。報告書の提案は，これらの仕組みからの便益を少しでも少なくするように，エンティティ段階での課税を強化したり，理由を問わずに一定の控除項目を否認したりするものであった。

これに対して，⑦は，独特の問題を抱えていた。①＝domestic personal holding companies と基本的には同じ仕組みであるにもかかわらず，会社が外国に設立されているので，未分配所得課税による対処が不可能だったからである。当時，アメリカ合衆国の管轄権はアメリカ国民，居住者，内国法人にしか及ばないと考えられていたため，管轄権の及ばない外国法人に対して未分配所得課税を行うことはできなかった[4]。

そこで，報告書の画期的な提案が登場する。外国会社に対して管轄権は及ばないが，アメリカ国民あるいは居住者であるような，その外国会社の株主に対しては課税権が及ぶ。そこで，「foreign personal holding companies の所得を，それが株主に対して実際に分配されたか否かに関わらず，株主に対して比例的（pro rata）に課税する」，というのである[5]。テクニカルに言えば，foreign personal holding companies の所得のうち株主に対して分配されていない部分を実際に分配されたかのようにみなして，株主に対しての課税を行うのである。

もちろん，報告書はこのような課税が法人の所得（corporate income）に対して従来用いられてきた課税方法から乖離するものであることは認めている。しかし，同時に，歳入を守り，明白な抜け道をふさぐためにはこのような革新（innovation）が必要であると述べている。さらに，少数のアメリカ国民または居住者によって支配されている外国会社のみが対象になること，国内の同様の会社（personal holdings company）にも未分配所得課税が行われていること，それゆえ株主がたくさん存在するあるいは真に事業活動を行っている外国会社はこの課税に服さないこと，を挙げてこの課税の正当性を主張している。

報告書の提案のうち，もう一つ注目に値するのが，foreign personal holding companies の解散を促す仕組みである。報告書は，foreign personal holding

---

[4] Joint Committee on Tax Evasion and Avoidance, *supra* note 2, 17 によれば，1937年歳入法以前の段階で，留保金課税は外国に存する子会社にも及んでいたようである。そうだとすれば，外国会社を納税義務者とするような立法についての立法管轄権がないというよりも，立法管轄権はあるとしても執行できないというところに問題があると考えられたのであろうか。

[5] Joint Committee on Tax Evasion and Avoidance, *supra* note 2, 17. カナダで既に同様の課税が行われていることが指摘されている。

第2節　タックス・ヘイブン対策税制の起源と発展

companies がもっぱら租税回避ないし脱税のために設立されているという認識を背景に，これらの会社の解散を促進するための立法措置を提案している[6]。例えば，一定期日までに解散しないと解散に際する課税が重くなるようにするといった提案が行われている。

以上をまとめると，課税管轄権の限界が意識されていたので，外国会社に対して未分配所得課税を行うのではなく，その株主に対して配当されたとみなして課税するという方策が提案されたということである。

2　Foreign personal holding corporations に関する税制が採らなかった方法

ここでは，1937年歳入法で採用されていない方法と対比することにより，foreign personal holding corporations に関する税制の特質を明らかにしたい。

先に引用した1937年歳入法が最初の包括的な脱税・租税回避対策の規定であるが，実はそれ以前にも租税負担を恣意的に軽減することに対する対策がないわけではなかった。後の議論との関係でそのような対策のひとつを取り上げる[7]。

移転価格（transfer pricing），すなわち，関連者（会社）間の取引においてその対価を操作することは，租税負担の軽減のためのもっとも初歩的な手法である。これに対して，1917年歳入法は，内国歳入庁長官が関連会社に連結申告書（consolidated return）の提出を要求する権限を与えた。1921年の内国歳入法典にもほぼ同様の規定が置かれたが，その趣旨のひとつは属国（possessions）に置かれた子会社と内国親会社との所得の連結申告を認めることにあったと言われている。

連結申告の規定が廃止された1928年の内国歳入法典では，前述の規定の後継者として45条に次のような規定が置かれた。すなわち，「複数の事業（trades or businesses. 法人であるか，内国で設立されたか，関連者であるかを問わない）が直接または間接的に同一の者（the same interests）に保有ないし支配されている場合に，内国歳入庁長官は，脱税を防止し，あるいは，これらの事業の所得を明確に反映するために，必要に応じて，これらの事業間で総所得（gross

---

6) Joint Committee on Tax Evasion and Avoidance, *supra* note 2, 21.
7) 以下，Reuven S. Avi-Yonah, The Rise and Fall of Arm's Length: A Study in the Evolution of U.S. International Taxation, 15 Va. Tax Rev. 89, 95-98 (1995) に依拠する。

income) ないし控除項目 (deductions) を分配，割当，ないし配賦 (distribute, apportion, or allocate) することができる」。この規定は，1986年改正に至るまでほぼ同じ文言が維持され，内国歳入法典482条として重要な役割を果たしてきた。

「脱税を防止し，あるいは，これらの事業の所得を明確に反映するために」という目的が明示されたものの，何が「正しい」所得（ないしそれに基づく租税債務）なのかということは当初は明らかにされていなかった。そして，1935年に内国歳入庁が発遣した規則が，支配されていない納税者が得るような所得こそが正しい所得である，という立場を明らかにした[8]。独立当事者間基準である。さらに具体的なルールについては，その後の裁判例を通して探究が進むことになる。

さて，内国子会社に対する未分配所得課税，外国子会社の内国親会社に対するみなし配当課税，独立当事者間基準による所得算定のいずれも，何らかの意味で正しい所得に対して課税を行うための制度である。なぜ，前二者と後者の両方が存在するのだろうか。論理的には，後者をもってすれば正しい所得に達することができるようにも思えるが，なぜそれと別に前二者のルールが存在するのだろうか。このような問題意識を持ちつつ，その後の議論・制度の動向を見ていこう。

第2款　1950年代のサリーの見解

ハーバード・ロースクールのスタンリー・サリー (Stanley S. Surrey) は，1950年代に国際課税，それもアウトバウンド[9]の課税問題について，包括的な研究を公表した[10]。その主眼のひとつは，間接外国税額控除制度を改革してグロス・アップ方式を導入することにあったが[11]，外国子会社一般に対する課税

---

8) Art. 45-1(c) of Reg. 86 (1935) (Revenue Act of 1934).
9) 居住者・内国法人が，外国で活動する場面のこと。
10) Stanley S. Surrey, Current Issues in the Taxation of Corporate Foreign Investment, 56 Colum. L. Rev. 815 (1956); Stanley S. Surrey, The United States Taxation of Foreign Income, 1 J.L. & Econ. 72 (1958).
11) 当時，外国で支払った法人税が二度カウントされることによって，外国子会社が外国支店よりも税制上有利になっていた（少なくともサリーらはそのように認識していた）。1962年の税制改正

のあり方についての記述も注目に値する。

　サリーによれば，次のとおりである[12]。アメリカは本来，外国子会社に対してもその所得が稼得された（earned）段階で，すなわち内国親会社（ないし一般に株主）に対して配当される以前に，課税することができる。実際，foreign personal holding companies に対する課税が合憲とされた裁判例[13]によれば，外国子会社に対する持株関係（ownership）さえあれば，内国親会社に対して課税して構わないということになる。しかし，現実には，外国子会社の所得は稼得した段階では（アメリカによって）課税されず，親会社に配当されて初めて課税される。これは，敢えて政策的に外国子会社に対する課税を配当段階まで繰り延べていると考えるべきである。

　また，当時既に盛んに用いられるようになっていたタックス・ヘイブン子会社[14]については，それらを通じて別の外国での事業活動が行われていること（a third country arrangement）を指摘しつつも，それが憂慮すべき問題であるとは述べていない。

　以上のような認識を前提に，サリーは次のような結論を下す。第一に，外国支店には認められず外国子会社に対してのみ認められる課税の繰延については，最終的に課税される場合の税率は同じであることからあまり問題視する必要はない[15]。また逆に，外国支店の得る所得に対して課税の繰延を認める必要もない。第二に，タックス・ヘイブン子会社を含めた外国子会社にのみ与えられている課税繰延の便益を，もっぱら外国に投資する内国法人にも与えることを検討すべきである。

　でグロス・アップ方式が導入され，この不均衡は是正された。1962年の改正前どうなっていたかも含めて，Joseph Isenbergh, International Taxation, 2nd ed., 2005, Chapter 14 参照。

12)　Surrey, *supra* note 10 (1956), 825-828, Surrey, *supra* note 10 (1958), 74-77.
13)　*Eder v. Commissioner*, 138 F. 2d 27 (2d Cir. 1943).
14)　当時，パナマ，リヒテンシュタイン，バハマ，あるいはカナダがタックス・ヘイブンとして利用されていた。タックス・ヘイブン子会社=「基盤会社（base company）」という法現象を明示的に取り上げた嚆矢は，William J. Gibbons, Tax Effects of Basing International Business Abroad, 69 Harv. L. Rev. 1206 (1956) であるが，1950年代において論者たちは必ずしもタックス・ヘイブン子会社を否定的には捉えておらず，むしろ国外投資促進に役立つ存在だと考えていたようである（Keith Engel, Tax Neutrality to the Left, International Competitiveness to the Right, Stuck in the Middle with Subpart F, 79 Texas L. Rev. 1525, 1534-1535 (2001)）。
15)　むしろ，外国子会社の得た所得に対する税率が支店に対するそれより低くなっているという前掲註11）の問題こそ是正されるべきだという。

第2部　第1章　タックス・ヘイブン対策税制の意義と機能

このようなサリーの議論は，前款で紹介した1930年代の議論とは大きく異なる。課税管轄権の限界という問題はもはや存在しない。また，外国子会社の所得は，内国親会社の所得と同視されている。さらに，適正な課税よりもむしろ国外への投資の促進が強く意識されている。この結果，サリーの議論においては，外国子会社の設立地（タックス・ヘイブンか否か），その活動内容（まともな事業活動をしているか），といったことは捨象されてしまう[16]。

第3款　1962年のサブパートF税制

1　ケネディ大統領の提案

1961年4月，ジョン・F・ケネディ大統領は議会に対して租税制度についての教書を送ったが，その中で国外所得（foreign income）に言及していた[17]。それによると，国内に向けられた投資と国外に向けられた投資についての課税上の扱いに差があり，後者のほうが有利になっているという。というのも，後者については，外国に子会社を設立して投資を行う場合，外国子会社の稼得した所得に対するアメリカの課税はそれが分配されるまで繰り延べられるのに対し，内国子会社は内国法人であるから当然その所得はそれが稼得された段階で課税に服するからである。そこで，教書は，先進国に対する投資に関してこの課税繰延の諸特権（tax deferral privileges）を撤廃することを提案した。なお，教書は，タックス・ヘイブンを通じて租税負担が軽減されていることにも，この提案を支える理由のひとつとして言及していた。そして，タックス・ヘイブン的活動により租税負担が軽減されている場合には，その活動が undeveloped countries [sic] で行われていようと，課税繰延の諸特権が撤廃されるべきであるとしていた。

このような提案の背後には，政治的には，労働者団体の利益が控えていた[18]。

---

16)　サリーの理解によれば，後述のサブパートF税制は，課税繰延防止のための制度として捉えられることになる。この点の指摘として，租税法研究10号124頁（1982年）の租税法学会「国際租税法の諸問題」シンポジウムにおける金子宏発言を参照。

17)　ケネディ大統領の教書については，Robert W. Wales, Tax Policy in Relation to Foreign Business Income: The Revenue Act of 1962, 40 Taxes 961 (1962) を参考にした。

18)　David R. Tillinghast, Taxing the Multinationals: Where Is the United States Headed?, 20 Harv. Int'l L. J. 253, 254 (1979).

352

第2節　タックス・ヘイブン対策税制の起源と発展

多国籍企業の経営側としては，少なくとも国外に投資する場合に課税繰延の諸特権が得られるのはありがたいことであった。しかし，アメリカの労働者にとっては，そのような国外投資への優遇は国内での雇用の減少につながるのである。

2　実際の立法

1962年改正により，controlled foreign corporations（CFCs）の（アメリカの課税に服する）株主は，CFCs の一定の種類の国外所得の比例的（pro rata）持分を，その所得が分配されていなくても，申告しなくてはいけないことになった。Foreign personal holding corporations についての税制と比べると，通常の事業活動に従事しているような外国子会社も課税の対象に含まれるようになり，課税の対象は大きく広がったと言える[19]。1962年改正によって導入されたCFC に関するルールは，内国歳入法典の Subchapter N の第3部の Subpart F に規定が置かれたので，the Subpart F rules と呼ばれる（本章では，サブパートF 税制と呼ぶ）。以下，このサブパート F 税制の内容について簡単に述べる。

まず，この税制によって，外国法人に対する課税方式は変更されていない。外国法人の国外源泉所得について課税を及ぼさないという原則を維持したまま，CFCs の株主たる内国法人等に対して課税するという，foreign personal holding corporations についてのルールと同じ方法が採用されている[20]。

次に，サブパート F 税制に服する法人，すなわち，CFC の定義について説明する[21]。内国歳入法典957条 a 項は，CFC を，外国法人であって，課税期間のいずれかの日において「アメリカの株主」によって議決権のある株式の50パーセント以上を保有されているようなものと定義する。ここでいう「アメリカの株主（a United States shareholder）」とは，アメリカで全世界所得について納税義務を負うような者（国民，居住者，内国法人等）のうち，議決権のある株式の10パーセント以上を保有する者とされている。つまり，ざっくばらんに言えば，アメリカを拠点に活動しているような個人または内国法人が支配を及

---

19)　Boris I. Bittker & James S. Eustice, Federal Income Taxation of Corporations and Shareholders, ¶15.60 [3].
20)　Bittker & Eustice, *supra* note 19, ¶15.61.
21)　Bittker & Eustice, *supra* note 19, ¶15.61.

ぼしているような外国法人が，CFCである。典型的には，内国法人の完全子会社を外国に設立する場合，それはCFCになる。

CFCの株主であることによってどのような効果が生じるかというと，CFCの所得の比例的持分（pro rata share）に相当する額を自らの所得に加えて申告しなくてはならないことになる。ここで，対象となるCFCの所得はその未分配の所得のみである。このため，この未分配の所得に対応する額が課税されることにより，株主の保有するCFC株式の簿価は課税済み所得相当分，引き上げられる。

CFCの株主に帰属させられる所得は，3種類に分けられるが，その中で最も重要なのが，サブパートF所得である[22]。サブパートF所得の中心は，「外国基盤会社所得（foreign base company income）」である[23]。外国基盤会社所得は，基本的には（1962年の制定時においては）3種類の所得の総称である。第一に，foreign personal holding company income，すなわち，配当・利子・使用料等の受動的な所得である。受動的な所得というのは，所得の稼得者（ここではCFC）が直接に活動に関わるのではなく，単に資本を提供する対価として受ける所得のことである。第二に，foreign base company sales income，すなわち，CFCが関連者から購入した動産を売却して得られた所得，および，購入した動産を関連者に売却することにより得られた所得のことである。なお，動産の製造および最終的な使用がともにCFCの設立地国以外で行われることが条件となっている。第三に，foreign base company services income，すなわち，CFCが関連者に対してCFCの設立地国以外で各種の役務を提供して得られる所得のことである。

3　何が変わったのか

サブパートF税制の趣旨をどのように理解すればよいか[24]。

もしかすると，それを政治的な妥協の産物として捉えることができるかもし

---

22) Bittker & Eustice, supra note 19, ¶15.62.
23) なお，ドイツの同様の仕組みにつき，参照，清永敬次「基地会社とAO 42条」同『租税回避の研究』260頁（ミネルヴァ書房，1995年，初出1985年）。同論文では「基地会社」と呼んでいる。
24) 以下，Boris I. Bittker and Lawrence F. Ebb, United States Taxation of Foreign Income and Foreign Persons, 2nd ed., 1968, 279-348（CFCについては，Bittker & Eustice, Federal Income Taxation of Corporations and Shareholders（2nd ed. 1966）の抜粋）を参考にした。

第 2 節　タックス・ヘイブン対策税制の起源と発展

れない[25]。すなわち，以下の二つの考え方の折衷と見るのである。ひとつには，資本輸出中立性を達成するために，国外に向けられた投資のうち子会社を通じて行われているものについての（それまで存在していた）課税繰延を完全に排除するという考え方である。もうひとつは，アメリカの企業の国際競争力を維持するために，このような課税繰延を維持するという考え方である。

　確かに，1950 年代のサリーの議論や 1961 年のケネディ大統領の教書の内容からは，サブパート F 税制を政治的な妥協ないし折衷として見ることにも理由がある。しかし，そのような見方からは，サブパート F 税制においてなぜ受動的所得および関連者間取引から得られた所得のみが問題視されているのか，ということが説明できない。

　むしろ，このような所得のみが問題とされていることをより適切に説明するのは，ビトカーの次のような叙述である。

> 「『外国基盤会社所得』という言葉は 954 条によって詳細に定義されているが，『外国基盤会社』を国際的な事業活動の中で使って国外源泉所得に対する外国およびアメリカの課税を回避する（shelter）というよく行われている行為を制限しようとしていることを，この名称自体が示している。回避の手段は色々な形式を採るが，954 条が直接に対象としているのは，アメリカで製造した財を外国（『基盤国』）に設立された子会社に売り，この子会社が今度は財の最終消費者（あるいは，関連者でない卸売業者）の所在する国に設立された関連会社に売却する，というものである。親会社から基盤会社に売る際の価格および基盤会社から仕向地国に所在する関連会社ないし孫会社に売る際の価格を巧妙に設定することで，財の製造コストと関連者でない買主から支払われる価額の差額のほとんどを基盤会社に分け与えることができる。そして，もしこの基盤会社が，所得税を課さない国あるいは基盤会社の所得を免税の国外所得として扱う国に設立されている場合には，アメリカの親会社と仕向地国の孫会社の支払う租税は最小化される（基盤会社が恒久的施設〔permanent establishment〕を有していないとか，基盤会社の設立地国との間に租税条約があるとかいった理

---

25) 例えば，Robert J. Peroni, J. Clifton Fleming Jr. & Stephen E. Shay, Getting Serious About Curtailing Deferral of U.S. Tax on Foreign Source Income, 52 S.M.U.L. Rev. 455 (1999); Engel, *supra* note 14. この説明のみに拠るわけではないが，Hugh J. Ault & Brian J. Arnold, Comparative Income Taxation, 2nd ed., 2004, 380.

由で，仕向地国が基盤会社の所得を免税扱いする場合にも，同じ結果が達成される）。確かに，このような回避の手段は482条の適用を受ける。しかし，実際には，この制定法上の武器（482条）は，主として，総収入のうち適切な割合が親会社によって〔引用者注：課税所得として〕申告されることを確保するために用いられており，外国孫会社がその設立地国で租税を回避することを防ぐために外国基盤会社から孫会社に対して所得を割り付ける（allocate）ためには用いられていない。しかし，なぜアメリカは仕向地国における租税回避に関心を持つべきなのであろうか。1962年法の目的として書かれているのは国外投資に対する『人工的な』刺激を除去するということであるが，立法が主として狙っているのは（法律の文言によれば）『基盤国』によって与えられた租税誘因（tax inducements）である。もし財が売却される国，役務が提供される国〔引用者注：前述の仕向地国のこと〕がその税率を下げたいのであれば，アメリカの投資家はこの刺激を，その国において設立された会社を通じて活動することによって利用することができる。」[26]

このように，ビトカーは，「基盤国」の与える租税誘因を利用することによって見かけ上減少しているアメリカの親会社の所得を適正に算定する（すなわち，「基盤国」による租税誘因が存在しなかったとしたら現れたであろう所得の額を算定する）こと，さらには，482条だけではなし得ないような「基盤国」の租税誘因を相殺することをサブパートF税制の趣旨であると理解している。

もっとも，サブパートF税制と482条の適用領域が重なるということは，サブパートF税制がたかだか482条によってなし得ることしかできないということではない。このことも含め，サブパートF税制の導入により何が変わったのか，ということを具体的に説明するためにひとつの裁判例を取り上げる。1965年の *Johnson Bronze Co. v. Commissioner*, T.C. Memo. 1965-281, 1965 WL 1051 (Tax Ct.), 24 T.C.M. (CCH) 1542という裁判例である[27]。

この裁判例は，サブパートF税制の導入前の事案である。ペンシルベニア州で設立されベアリング等の製造を行ってきたJohnson Bronze Companyという会社がパナマに100パーセント子会社を設立し，この子会社を通じて輸出

---

26) Bittker & Ebb, *supra* note 24, 341-342.
27) Bittker & Ebb, *supra* note 24, 301; Avi-Yonah, *supra* note 7でも引用されている。

を行ったことにより得られた所得の課税関係が問題となった。

　この事案における争点は，内国歳入法典 61 条あるいは 482 条に基づいて子会社の所得の全部または一部を親会社の所得に含めることができるかということであった。具体的には三つの争点がある。第一に，課税庁は，税法上（for federal tax purposes）子会社の法人格は認められないという主張を行った。裁判所は，この主張を退けた。第二に，課税庁は，子会社の名で行われた個々の行為（取引）は実は親会社に帰属するという主張を行った。裁判所はこの主張も退けた。

　第三に，課税庁は 482 条に基づいて親会社の各年度の所得を計算し直した（allocation）が，これが裁量権の濫用（a clear abuse of discretion）にあたるかが問題となった。この事案において課税庁は，売り上げの全てを親会社の所得であるとしていた。これに対して納税者はこのような行政処分が違法であると主張し[28]，裁判所によって認められた。その上で，裁判所は親会社の所得の額を自ら計算した。裁判所は，子会社が親会社とは独立の当事者であったとしたらついたであろう価格で取引が行われたと擬制して，親会社の所得を算出した。納税者側は，子会社に対して割引をして販売した，あるいは，子会社に対して他の輸出業者にはない手数料を払ったなどと主張したが，これらの証拠は認められなかった。

　このサブパート F 税制導入前の事例からわかることは，第一に，サブパート F 税制が 482 条の代替として機能しうるということである。この事例で課税庁は 482 条に基づいて親会社の所得を計算し直したが，サブパート F 税制によっても同様の結果が達成される。そもそも 482 条は課税庁の二番目の主張の立証の困難を緩和する機能を部分的に果たしていたと言えるのであるが，サブパート F 税制も同様の機能を果たす。

　第二に，上記の事例からは，サブパート F 税制は 482 条よりも強力であるということがわかる。引用した裁判例によれば，482 条に基づいて課税庁ができるのは，子会社の存在およびそれが一定の（上記の事例では，輸出代理店としての）機能を果たすことを前提として，親会社の所得を独立当事者間価格に基づいて算定することであった。実際には，タックス・ヘイブンに設立された子

---

[28]　納税者としては，課税庁による決定が"arbitrary, capricious, and unreasonable"であることを示せばよい。

会社がそれほどの機能を果たしていないかもしれないが，そのことを課税庁が立証することは困難であった。さらに，タックス・ヘイブン国（「基盤国」）により租税誘因が与えられていること自体への対抗措置としては，482条は不十分であった。482条によっては，この租税誘因自体をなくすことはできない。これに対して，サブパートF税制があれば，タックス・ヘイブン国に設立した子会社を通じて取引を行うインセンティブが完全になくなる。

4 租税条約との抵触に関する議論

ここでは，サブパートF税制の租税条約との抵触を批判する，立法されてから日が浅い時期の議論を紹介する。租税条約との抵触について論じた論文はあまり存在しないが，シカゴの弁護士であるビーマーという人物による1964年の論文[29]がよくまとまっていることから，この論文をもとにして論じる。

前提として，内国歳入法典7852条（d）は，内国歳入法典の規定と租税条約の規定に抵触がある場合には条約が優先することを定めていた[30]。ところで，1962年法（サブパートF税制を含む全体としてのそれ）には，租税条約と抵触するとも考えられる規定が含まれている。そこで，1962年法は，この法に関しては7852条（d）が適用されないという規定を盛り込むことで，抵触の問題を回避した。そのようにして抵触を回避したことが果たして適切であったかというのがひとつの大きな問題であるが，ここではその点については論じず，サブパートF税制と租税条約の間にどのような抵触が生じうるのかということを紹介する[31]。

ビーマー論文のサブパートF税制と租税条約の抵触に関する分析は三つに分かれる。

第一に，サブパートF税制に基づく課税を「アメリカの株主」に対する課税として理解する場合の分析が行われる。ここでは，最高裁判所の判例[32]に基

---

29) Michael G. Beemer, Revenue Act of 1962 and United States Treaty Obligations, 20 Tax L. Rev. 125 (1964).
30) この規定は現在も存在する。Boris I. Bittker & Lawrence Lokken, Federal Taxation of Income, Estates and Gifts, ¶65.4.
31) Beemer, *supra* note 29, 147-161.
32) *Maximov v. United States*, 373 U.S. 49 (1963). これは，イギリス居住者を受益者とし，コネチカット州で設定された信託について生じたキャピタル・ゲイン（受益者にはまだ分配されていない）

づいて，租税条約にsaving clauseが明示されていなくともそれがあるかのように考える．すなわち，租税条約があってもアメリカ国民・居住者・内国法人市民に対する連邦所得税の課税は原則として影響を受けないということが前提とされている．そして，このような前提に立てば，「アメリカの株主」に対する課税である以上，サブパートF税制が租税条約と抵触することは原理的にありえないということになる．

　第二に，サブパートF税制を外国法人に対する課税であると見る場合の分析が行われる．外国法人に対する課税であると捉える場合，租税条約の「恒久的施設なければ（事業所得）課税なし」の原則と抵触するという見解があるが，ビーマーはこれに与しない．彼によれば，同原則は源泉地国による同国源泉所得に対する課税を制限する原則である．サブパートF税制は，外国会社の株主が「アメリカの株主」であることを理由とした課税であって，源泉地国としての資格に基づく課税ではない．それゆえ，抵触は生じない，というのである．

　しかし，第三に，サブパートF税制が租税条約の精神（the spirit of the treaties）と抵触するのではないかということが検討される．ビーマーによれば，サブパートF税制は，外国の政策に対する干渉であるという域に達している．サブパートF税制のようなもの（タックス・ヘイブンへの対策）が必要であることを認めるにしても，その適用範囲があまりに広過ぎるというのが問題だという．結局，ビーマーの見解は，租税条約への抵触を問題視するというよりは，サブパートF税制の行う課税管轄権の拡張自体を批判しているように読める．この当時，先に紹介したサリーの見解をはじめとして，課税管轄権には限界がないという考え方が主流だっただけに[33]，ビーマーのような見解も存在してい

　がアメリカで連邦所得税の課税の対象となるかということが争われた事案である．最高裁判所は，信託がその受益者とは独立の納税義務者である（つまり，アメリカの内国法人と同様の課税に服する）と判断し，キャピタル・ゲインへの課税を認めた．イギリスがキャピタル・ゲインに対する課税を行っていないことを反映して，事件当時の英米租税条約では，イギリスの居住者のキャピタル・ゲインはアメリカで事業に従事していない場合には免税扱いとされていた（同条約14条）．納税者は，アメリカの居住者等がイギリスでキャピタル・ゲイン課税を受けないことを指摘したが，裁判所は租税条約が両国の納税義務者の対称的な扱いを保障しているわけではないと述べた．

33) Martin Norr, Jurisdiction to Tax and International Income, 17 Tax L. Rev. 431 (1962). さらに参照，水野忠恒「国際課税の基礎的考察」同『国際課税の制度と理論』1頁，4頁（有斐閣，2000年，初出1987年）．

たということは興味深い[34]。

第4款　近年の改革論

1　みなし配当という法律構成への批判

サブパートF税制の改革論の一例として，みなし配当という法律構成を批判する，アヴィヨナの議論[35]を紹介する。

彼は，次のように述べる。まず，前身の foreign personal holding corporations において国家管轄権の限界からみなし配当という法律構成が採用された[36]。そして，みなし配当という法律構成を採っている限りで国家管轄権の問題は生じないと各国で考えられている。さらに，いくつかの国では（タックス・ヘイブン対策税制の法律構成として）みなし配当という法律構成すら採らず，外国子会社の所得をパス・スルーして株主に課税する方法がとられている。これに対して，一般国際法の分野では通常，ある国（A）の国民によって支配されているという理由で別の国（B）において設立されている会社に対してAの管轄権が及ぶことはないと考えられている。アヴィヨナは，このような国際課税と一般国際法との乖離に鑑みて，国際課税の分野においては一般国際法とは異なる独自の慣習国際法が成立したという仮説を提示する。すなわち，源泉地国課税が居住地国課税に優先する（後者が二重課税を排除しなくてはならない）が，逆に源泉地国課税を侵蝕しない限りにおいて居住地国課税を広げるのは構わないというものである。そして，アヴィヨナは，みなし配当という法律構成抜きに，直接CFCのサブパートF所得に課税すべきであると主張する。

彼のこの主張の主眼は，みなし配当という法律構成によって生じる問題に対処することにある。その問題の例として彼は以下の三つを提示している。第一

---

[34]　ビーマーは論文においてハーバード・ロースクールの国際法の教授であるヴァッツ（Detlev F. Vagts）に謝辞を述べている。課税管轄権に限界がないとするノア（Norr）の見解を批判する Stanford G. Ross, United States Taxation of Aliens and Foreign Corporations: The Foreign Investors Tax Act of 1966 and Related Developments, 22 Tax L. Rev. 277, 363 (1967) の記述も合わせて考えると，一般に租税法の研究者より国際法の研究者のほうが課税管轄権の限界について厳格に考えていたのかもしれない。

[35]　Reuven S. Avi-Yonah, The Deemed Dividend Problem, Proceedings of the Annual Conference on Taxation, 2004, 251-257.

[36]　第1款1参照。

に，みなし配当という法律構成を採用するということは，配当可能利益があって初めてサブパートF所得があるということになるわけだが，関連者間で優先株を発行することにより配当可能利益，ひいてはサブパートF所得を圧縮できる[37]。第二に，CFCが（同じくタックス・ヘイブン所在の）partnershipを保有しそれを通じて活動する場合に，問題が生じる。Partnership段階で（サブパートF所得か否かという）所得の性質決定をしなくてはならないが，サブパートF所得が（partnerである）CFCの所得としては定義されていないことから，partnerのさらに親会社（「アメリカの株主」）の所得の性質をpartnershipの所得に反映させるという複雑な規定を置かなくてはならない。もし，みなし配当という法律構成を放棄してCFCの所得に直接課税するならば，このような複雑な規定を置く必要もなくなる。第三に，CFCに損失が生じている場合に，みなし配当という考え方の下ではそれを「アメリカの株主」の課税において考慮することができない。その不都合を回避するためにマイナスの配当可能利益を認めるルール，さらにはグループの他の会社の損失を一定限度考慮するルール（the chain deficit rule）があるが，これらは極めて複雑である。みなし配当という法律構成をやめて，直接CFCの所得に課税することでこれらの複雑なルールから解放される。

2 外国税額控除制度の改革に伴う議論

アメリカでは，近年，対外直接投資に関する租税制度をどのように改革するか，ということが，熱心に論じられている。現行法を中央において，一方ではテリトリアル・システム（territorial system. 国外所得免税方式），他方では完全合算（full inclusion）システムの，それぞれの支持者が存在する[38]。この議論の中で，サブパートF税制に言及されることがある。

対外直接投資に関するアメリカの租税制度としては，現在，外国税額控除制度が採用されている。これに対して，ヨーロッパ諸国ではテリトリアル・シス

---

37) Avi-Yonah, *supra* note 35, 253-254.
38) 議論状況については，Joint Committee on Taxation, Economic Efficiency and Structural Analyses of Alternative U.S. Tax Policies for Foreign Direct Investment (JCX-55-08), June 25, 2008; 増井良啓「米国両議院税制委員会の対外直接投資報告書を読む」租税研究708号203頁（2008年），浅妻章如「国外所得免税（又は仕向地主義課税）移行論についてのアメリカの議論の紹介と考察」フィナンシャル・レビュー84号152頁（2006年）を参照されたい。

テムが採られている。原則として国内源泉所得のみが課税の対象となるテリトリアル・システムを採るほうが，国外源泉所得をも課税の対象とする外国税額控除制度を採用するよりも，課税ベースは狭くなる。完全合算システムにおいては，課税ベースは広くなるので，この制度を支持する論者は，同時に税率の引き下げを行うことを主張しているようである。

本章の主題であるサブパートＦ税制との関係で注目すべきことは，第一に，両論陣の論者が，サブパートＦ税制を課税繰延防止のための制度として捉えていることである。第二に，両論陣の論者が，外国子会社の所得に対する課税は国際法（ないし国際租税法）上当然に可能であると考えていることである。

まず，テリトリアル・システムを支持するグラッツは，その国際課税に関する著書においてサブパートＦ税制を課税繰延の文脈で説明している[39]。また，テリトリアル・システムの導入を主張する論文において，グラッツは，国外所得免税の対象は能動的所得（active business income）に限られる，つまり，サブパートＦ税制を維持すべきであると言っているが，その理由はほとんど述べられていない[40]。グラッツの議論を見ると，彼ですら，本来，外国子会社に対して課税しても構わないと考えているのではないかと推測される。政策的に課税を繰り延べているのが現行制度（外国税額控除制度）であり，むしろそれをさらに一歩進めて，国外所得免税を導入しようというのが，グラッツの論じるところである。そして，サブパートＦ税制を課税繰延の文脈で説明する以上，テリトリアル・システムにおいてサブパートＦ税制が必要なことを説明するのが困難なのは，当然である。

これに対して，完全合算システムにおいては，外国子会社の所得も例外なく合算して課税されるから，サブパートＦ税制は不要となる。このため，サブパートＦ税制をどのように理解するかということは，完全合算システム支持論自体からは必ずしも明らかでない。しかし，完全合算システム支持論者の書いた他の論文を見ると，少なくとも一部の者は，サブパートＦ税制を課税繰延防止のためのものと理解しているようである[41]。また，完全合算システムに

---

39) Michael J. Graetz, Foundations of International Income Taxation, 2003, 217-265.
40) Michael J. Graetz & Paul W. Oosterhuis, Structuring an Exemption System for Foreign Income of U.S. Corporations, 54 National Tax Journal 771 (2001).
41) Peroni, Fleming & Shay, *supra* note 25.

ついては，この考え方が，外国子会社の所得に対する課税が国際法上当然に可能であるということを前提としていることが指摘できる。

第3節　タックス・ヘイブン対策税制の意義と機能は何か

第1款　タックス・ヘイブン対策税制は課税繰延防止のための制度か

　タックス・ヘイブン対策税制は，課税繰延防止という文脈で説明されることがある[42]。実際，我が国の制度を見ても，外国子会社の留保金額を基準として計算された金額をその株主である内国法人の「収益の額」（あるいは，居住者の「雑所得にかかる収入金額」）とみなして課税しているから，本来配当されるはずである子会社所得が配当されていないことにより存在している課税繰延の利益を失わせるために外国子会社合算課税が行われていると見られなくもない。例えば，立案担当者の解説は，株主に対する合算課税という法律構成を採用した理由について次のように述べている。

> 「これは，株主たる内国法人あるいは居住者に係る課税対象留保金額が，通常であれば当該内国法人あるいは居住者に対する利益の配当又は剰余金の分配として交付されるべき性質のものであり，株主は子会社等にそうさせるだけの支配力をもっているにもかかわらず，子会社等が配当を全くあるいはわずかしか行わず，留保利益を蓄積しているところに税の回避を推認し得る，という考え方の表われといえよう。」[43]

---

42) 例えば，中里実「課税繰延の利益」同『金融取引と課税』15頁，22頁（有斐閣，1998年，初出1992年）は，「タックス・ヘイブン対策税制の適用は，このような外国子会社設立による（日本の課税権者による）課税の繰延を防止することを目的としている」と述べていた（もっとも，同「タックスヘイブン対策税制の取引類型に応じた類型化」〔2001年，同『デフレ下の法人課税改革』（有斐閣，2003年）に再録〕では，このような説明は行われていない）。浅妻章如「国際的租税回避」金子宏編『租税法の基本問題』629頁（有斐閣，2007年）は，課税繰延防止が「教科書的な趣旨説明」であるとしている。前述のように，アメリカでは，課税繰延防止という説明がむしろ一般的である。

43) 高橋元監修『タックス・ヘイブン対策税制の解説』93頁〔石山〕（清文社，1979年）。

「税の回避」という表現が使われているが，行われるべき配当が行われていないことを問題としているのであれば，この部分の叙述に限っては課税繰延防止の文脈で理解するほかなかろう。

また，国際課税の分野の大家であるブライアン・アーノルドらが著したIFA の General Report においてさえ，叙述の一部では，タックス・ヘイブン対策税制があたかも居住者・内国法人による課税の繰延に対処するためのものであるかのように描かれている[44]。さらに，アメリカの財務省が2000年に出した報告書でも，その標題で繰延という語が用いられている。第2節第4款で見たように，アメリカでは，多くの有力な学者たちが，もっぱら課税繰延の問題としてサブパートF税制を論じている[45]。

原則としては課税繰延を防止しつつ，政策的に促進すべき一定の国外投資についてのみ課税繰延を許容する。タックス・ヘイブン対策税制についてのこのような理解は，一応筋が通っているようにも見える。

しかし，タックス・ヘイブン対策税制が課税繰延防止のための制度であるという理解は，誤っている[46]。少なくとも，そのような理解で制度を運用すべきではない。

第一に，課税繰延防止が目的であるということは，本来，外国子会社の所得に対して親会社所在地国が当然に課税できるということを含意している。確かに，前述のとおり，アメリカの最近の議論においては，親会社所在地国が外国子会社の所得に対して課税することに何の制約もないとの理解が一般的である。しかし，少なくとも我が国やヨーロッパにおいては，外国の法人に対して，それが国内に恒久的施設を有しない場合にその事業所得に対して総合課税することは許されない（「恒久的施設なければ（事業所得）課税なし」）と考えられている。そうだとすれば，外国子会社に対して当然に課税できることを前提とするよう

---

44) Brian J. Arnold & Patrick Dibout, General Report, Cahiers de Droit Fiscal International, 86b (Limits on the Use of Low-Tax Regimes by Multinational Business: Current Measures and Emerging Trends), 2001, 21-89, 39.
45) *See e.g.*, Peroni, Fleming & Shay, *supra* note 25; Engel, *supra* note 14.
46) Yoshihiro Masui, Comment: A Japanese View, 52 S.M.U.L. Rev. 541 (1999) は，ペローニらの論文のような課税繰延の文脈のみでのサブパートF税制への理解に対して疑問を示し，日本では租税回避防止が立法趣旨であると考えられていることを対置する。

な説明を採るべきではない[47]）。

　第二に，課税繰延防止が目的であるとすれば，外国子会社がまっとうな事業活動を行っているような場合にタックス・ヘイブン対策税制の適用がないことの説明がつかない。政策的に一定の国外投資を促進しているとしても，なぜ，独立当事者間の取引を通じて得られた，また（投資と対置される意味での）事業活動からの所得（active income）に対象が限定されるのか，説明が困難である。

　第三に，課税繰延が防止されているのは，あくまで見かけ上のものである。確かに，タックス・ヘイブン対策税制においては，本来課税が繰り延べられるはずの所得への課税が前倒しして行われているように見える。少なくとも，そのような法律構成が採られている。しかし，それは全体の絵の一部にすぎない。制度の全体を見れば，「繰り延べられてしかるべき外国子会社からの配当について課税の前倒し」というのは，内国法人＝親会社について生じているはずの所得に対して課税するための擬制である。

第2款　タックス・ヘイブン対策税制は租税回避防止のための制度か

1　序　論

　タックス・ヘイブン対策税制は租税回避防止のための制度であるといわれることがある。立案担当者の解説は次のように，「租税回避防止論」が本制度の趣旨であるという。

> 「タックス・ヘイブン対策税制の目的は，軽課税国——いわゆるタックス・ヘイブン——にある子会社等で我が国株主により支配されているようなものに我が国株主が所得を留保し，我が国での税負担を不当に軽減することを規制することにあるが，軽課税国に所在する子会社等であっても，そこに所在するのに十分な経済合理性があれば，それは我が国の税負担を不当に減少させるための手段とはなっていないと考えられる。逆に子会社等が十分な経済合理性を欠くようなものであるときは，それは我が国株主によって租税回避のために利用され

---

[47]　中里実「タックスヘイブン対策税制」税研124号72頁（2005年）は，我が国のタックス・ヘイブン対策税制が一般的に租税条約と抵触すると主張する。タックス・ヘイブン対策税制を課税繰延防止のための制度と考える場合には，この議論は説得力を有する。

ていると考えられ，子会社等が留保する所得を我が国における課税の枠組みの中に取り込む必要が生じてくる。しかし子会社等は，仮に経済合理性を欠くようなものであっても，所在地国の法律に基づいて設立された外国法人であり，親会社等とは別個の法人格をもつものであることは否定し得ず，また我が国は本店所在地国主義をとっている。これらを前提としてなお国内株主の租税回避を防止しようとすれば，合算課税方式により国内株主に課税することが最適の解決法になってくる。」[48]

この叙述は様々に読めるが，軽課税国に設立された子会社を利用して，「我が国での税負担」，すなわち「我が国株主」の税負担が不当に軽減されることこそが「租税回避」の内実であると考えるべきである。引用部分には「我が国株主」が子会社に所得を留保することへの言及があるが，子会社に所得が生じること自体は，（タックス・ヘイブン対策税制の文脈では）租税回避と考えるべきではない（①）。また，留保した所得を配当しないことも租税回避と捉えるべきではない（②）。

2 配当しないことが租税回避か

まず，②についていえば，1978年当時にどのように考えられていたかはともかく，現在では，会社法上，すべからく会社は株主に対して配当を行うべきであるということはできないし[49]，ましてや税制が配当を強制することは適当でない。配当が行われた場合と比べて課税繰延の利益が株主に生じるとしても，配当が行われないこと＝所得の留保自体は租税回避とは言えない。

所得が生じているように見えることではなく，それが配当されずに留保されていることが問題であるという②のような誤解は非常に頻繁に見られる。そもそも，アメリカのforeign personal holding companiesのもとになった国内法の規定である，留保利益税や人的保有会社課税についても，そのターゲットは留保されていることよりも所得が生じること（より正確にいえば，そのように見

---

48) 高橋監修・前掲註43) 92頁〔石山〕。
49) 配当に関するミラー・モジリアーニの定理によれば，企業が配当するか内部留保するかの選択は，企業の株主に影響を与えない。藤田友敬「株式会社の企業金融(7)」法学教室270号62頁（2003年）参照。

えること）であるはずだが，この点は必ずしも理解されてこなかったようである[50]。

3 子会社に所得が生じることが租税回避か

①についていえば，子会社の所得がどのようにごまかされていようとも，「我が国での税負担」には関係ないはずである。法人格単位の規律の下では，外国法人である子会社の所得が「我が国での税負担」に影響を及ぼすのは，それが「我が国株主」に対して分配されそれに応じて外国税額控除が認められる場面に限られる。そして，過大な外国税額控除に対しては，外国法人税の厳密な定義，控除限度額の設定，といった方法で，外国税額控除制度の内部で対処がなされている。

子会社に所得が留保される前提として子会社に所得が生じているように見えることは，むしろ，「我が国株主」の所得の額が過少に現れていることの反射的効果と考えるべきである。「我が国株主」と外国子会社の間では，財産の売買や役務の提供，資金のやり取り等が行われているが，その際の対価を時価と違えることにより，「我が国株主」の所得（厳密には，益金〔法人税法〕ないし収入金額〔所得税法〕）を減額することが可能である。そして，その際，原則として，外国子会社の所得は同額だけ増額されることになる。この見かけの上で増えている外国子会社の所得ではなく，「我が国株主」の所得が過少に現れていることこそが，タックス・ヘイブン対策税制のターゲットである[51]。

要するに，タックス・ヘイブン対策税制は，「我が国株主」の「適正な」所得を算定するための制度である。ここで「適正な」所得とは，①納税者と課税庁の間に情報の非対称性が存在せず，②納税者にタックス・ヘイブンに子会社を設立するインセンティブが存在しないような場合に，実現したはずの所得のことである。

---

50) 我が国の特定同族会社に対する特別税率（法人税法67条，いわゆる留保金課税）についても同様の誤解が存在するのではないかと考えられるが，この点については第2章で検討する。

51) タックス・ヘイブン対策税制の文脈に限らず，shifting of income（「利益の付け替え」〔中里・後掲註53〕（「金融取引課税」〕）あるいは「所得振替」〔増井良啓『結合企業課税の理論』13頁（東京大学出版会，2002年，初出1991年）〕と訳される）という概念は，厳密には，同一性を保った「所得」ないし「利益」が法人間を移転するのではなく，本文のような現象を比喩的に表現する概念であると考えるべきである。

アメリカ法について紹介したのと同様、日本でも、関連者間の取引の問題に対処するのは困難である。第2節第3款3で紹介したとおり、関連者間の取引を時価に引き直す場合の時価の判定が難しいということに加え、そもそも、納税者が主張するような内容の取引（とりわけ、役務の提供や資金の融通）が行われたのかということに関する事実認定が困難である。例えば、タックス・ヘイブンに設立された子会社が実際には何も行っていなかった（すなわち、適正な対価はゼロということになる）としても、そのことを課税庁が立証することは甚だ難しい。

このような関連者間の取引を利用して、「我が国株主」の所得が過少に現れていることが、タックス・ヘイブン対策税制において問題とされている「租税回避」である。言い換えると、タックス・ヘイブンがなかったとしたら「我が国株主」の所得として現されているはずの額と、実際に「我が国株主」の所得として申告されている額との差額に対応する税額が「租税回避」として問題にされている。

第3款　租税回避防止論についての補足

1　租税回避行為とインセンティブの構造の区別

ここでは、タックス・ヘイブン対策税制を租税回避防止のための制度であると主張するに際してありうる誤解を避けるためにいくつかの説明を行う。

第一に、学説による租税回避の標準的な定義と第2款で説明した租税回避の概念は、文脈が異なることを明らかにしておきたい。学説による租税回避の標準的な定義は、実は、租税回避「行為」を定義している[52]。これは、そのような個々の租税回避行為を、一般的ないし個別的な否認規定によって課税庁が否認できるかということを問題にしてきたからである。

これに対して、タックス・ヘイブン対策税制が問題としている租税回避とは、そのような個々の行為それ自体ではない。むしろ、そのような行為が納税者たちによって合理的なものとして選択されるようなメカニズムないしインセンティブの構造である。具体的に言えば、ある国の税率が低いことにより、その国

---

52)　渕圭吾「アメリカにおける租税回避否認法理の意義と機能（1）」学習院大学法学会雑誌38巻2号91頁（2003年）で整理した。また、本書第1部補論も参照。

に子会社を設立し，その子会社を経由して様々な取引を行う（あるいは行ったことにする）インセンティブが生じる。それによって，「我が国株主」の所得が，当該インセンティブが存在しなかった場合と比べて少なくなり，それに対応する税額も減少する。当該インセンティブが存在しなかったとしたら実現したであろう所得の額をもとに税額を算定するのが，タックス・ヘイブン対策税制の主たる機能である（第4款1参照）。なお，インセンティブの構造を変えるために，法を通じて，別の方向のインセンティブを与えるのが個別的否認規定であり[53]，タックス・ヘイブン対策税制は部分的にはそのような機能を果たしているとも考えられる（第4款2参照）。

2 主観面は問題とならないことについて

第二に，タックス・ヘイブン対策税制の文脈で問題とされている租税回避を，納税義務者の個別の行為（租税回避「行為」）として理解するのではなく，以上に述べたように納税義務者等の経済合理的な行動によって結果的に生じる，（その原因がなかったと仮定した場合と比べた）ある納税義務者にとっての租税負担の減少と理解するならば，納税義務者等の主観面（意図や目的等）は全く問題とならない。

このようなことをわざわざ述べるのは，個別の租税回避行為に対する否認の問題と，インセンティブの構造としての租税回避とが混同された上に，後者についてのルールの適用に際して（せいぜい前者についてしか観念しえない）主観面が考慮されることが少なくないからである。

例えば，アメリカの最初期の租税回避への個別的否認規定とも言える，1913年歳入法で導入された留保利益税は，所得税回避の目的を要件のひとつとする（内国歳入法典532条）など納税者の主観面を考慮したことによって，結果とし

---

[53] 租税の存在（正確に言えば，それに加えて，課税所得算定や徴収の際の情報の非対称性の存在）により納税義務者やその関係者の行動が変化することがある。そして，その変化がなかったとした場合の課税標準（例えば，所得）を採用するのが適切な場合に，一見，所得課税の諸原則から乖離するような制度を導入する必要がある。この点については，アメリカの内国歳入法典469条を紹介する，中里実「金融取引課税と利益の付け替え」同『キャッシュフロー・リスク・課税』137頁（有斐閣，1999年，初出1998年），同「利益・損失の付け替えと課税」石黒一憲ほか『国際商取引に伴う法的諸問題(7)〔トラスト60研究叢書〕』145頁（1998年），吉村政穂「金融所得課税をめぐるいくつかの問題」租税研究662号42頁（2004年），および，渕圭吾「アメリカ内国歳入法典469条のメカニズム」ジュリスト1290号123頁（2005年）等参照。

てうまく機能せず，人的保有会社（personal holding companies）課税が別途必要になった。

また，含み益のある財産が課税管轄権から離脱するような場面を規律するルールである内国歳入法典367条の中に，その前身が成立した1932年から1984年までの長きにわたり，主観的要件が盛り込まれていた[54]。課税管轄権から離脱する財産について清算的な課税（あるいは取得価額の調整）を行うことは，キャピタル・ゲインを課税の対象とするアメリカの連邦所得税の本質に根ざしている。このため，そのような清算的な課税を行うに際して，財産移転を行った納税者の主観面を問うことに意味はない。しかし，実際には，立法者自身がこのような制度趣旨を理解せず，租税回避「行為」の否認に類似した主観的要件を課していたのである。1984年になってやっと主観的要件が削除されたが，このような長年の誤解は，法現象としての租税回避と個別の租税回避行為が混同されていたことを如実に示している。

第4款　タックス・ヘイブン対策税制の機能

1　内国親会社の「適正な」所得を算定する手段としてのタックス・ヘイブン対策税制

以上，タックス・ヘイブン対策税制の意義について述べてきた。ここでは，タックス・ヘイブン対策税制が果たしている二つの機能について述べる。

タックス・ヘイブン対策税制は，第一に，また主として，内国親会社の「適正な」所得を算定するための手段として機能している。ここで，「適正な」所得とは，先に述べたとおり，①納税者・課税庁間の情報の非対称性と②タックス・ヘイブンを利用するインセンティブ，の両者が存在しない場合に実現すると考えられる所得のことである。

まず，納税者と課税庁との間には，情報の非対称性が存在するため，課税庁は所得の存在を十分に立証できず，結果として所得の額は過少に表示される。タックス・ヘイブン対策税制は，外国子会社の所得の額を内国親会社の所得に加算することによって，課税庁の負う立証の困難を排除している[55]。

---

54) 詳しくは，第1部第4章第3節第4款参照。
55) 水野・前掲註3) 269〜271頁では，アメリカ法において，租税回避に対する様々な個別的否認

厳密にいえば，このような所得は，元来，内国親会社によって申告されるべきものであり，仮装行為ないし脱税によって，あたかもそれが存在しないかのように見えている。課税庁としては，このような所得の存在について立証する，あるいは，移転価格税制のような手段を用いて取引ごとにその適正な対価を認定していきたいところである。しかし，そのような立証や認定が極めて困難であることから，このような推計課税類似の課税方法が採用されたと考えられる。

 もっとも，納税者がタックス・ヘイブンに子会社を設立する場合，その子会社に（仮装行為や脱税に基づくのではなく）真に所得が生じていると言えることも少なくない。そして，それに対応して内国親会社の所得は，タックス・ヘイブンが存在しなかった場合と比べて，減少しているはずである。そこで，内国親会社の所得計算にあたって，タックス・ヘイブンを利用するインセンティブが存在しなかったとした場合に実現したであろう所得，というものを観念することができる。タックス・ヘイブン対策税制は，このように観念される所得を算出し，それを課税の対象とするという機能をも果たしている。

2 タックス・ヘイブン子会社の利用に対するディスインセンティブとしてのタックス・ヘイブン対策税制

 タックス・ヘイブン対策税制は，第二に，そして副次的に，タックス・ヘイブン子会社の利用に対するディスインセンティブ（負のインセンティブ）として機能することがある。すなわち，タックス・ヘイブン国が存在し，そこに自由に会社を設立することができ，その法人格が居住地国によって否認されないような場合[56]，タックス・ヘイブン国に子会社を設立し，そこを通じて活動することが合理的である。このようなタックス・ヘイブンを利用するインセンティ

規定が，立証の困難を解消するために導入されたことが示唆されている。なお，日本法においてはやや一般的な否認規定である同族会社の行為計算否認規定について，「証拠法の観点からみた157条のひとつの機能が，同業者比準にもとづく更正・決定を承認し，立証を緩和することにある」と指摘されることがある。増井良啓「所得税法157条を適用して過大不動産管理料の必要経費算入を否定した事例（租税判例研究・東京地判平成元年4月17日訟務月報35巻10号2004頁）」ジュリスト965号101頁，102頁（1990年）。

56) 法人を株主から独立した納税者とすることが国際課税の基本枠組みの前提のひとつとなっていると指摘する岡村忠生「国際課税」岩村正彦ほか編『岩波講座現代の法8 政府と企業』287頁，294頁（岩波書店，1997年）参照。Masui, *supra* note 46 は，岡村論文から説き起こし，タックス・ヘイブン対策税制を論じている。

ブは，タックス・ヘイブン対策税制という課税ルールが存在することで，減殺される。

なお，ここでは，タックス・ヘイブンがなかったとしたら内国親会社に生じるはずの所得よりも大きい額が課税の対象となる可能性がある。

この点を説明するために簡単な数値例を導入しよう。

まず，タックス・ヘイブンが存在しない状況を考える。内国親会社が製造した商品を外国（仕向地国）で子会社を通じて販売する事例を想定する。そして，内国親会社が100，仕向地国子会社が100の所得をそれぞれ得るとしよう。言うまでもなく，前者が製造からの所得，後者が販売からの所得である。

では，法人所得税率ゼロのタックス・ヘイブンが存在する場合にはどのような行動が生じるか。内国親会社はタックス・ヘイブンに子会社を設立する。そして，内国親会社は製造した商品をタックス・ヘイブン子会社にまず売却し，この子会社が今度は仕向地国子会社に商品を売却する。課税を回避するためには，内国親会社の所得がゼロ，仕向地国子会社の所得もゼロ，となるようにするのが合理的である。そうすると，タックス・ヘイブン子会社の所得は恐らく200となるであろう。

タックス・ヘイブン対策税制が導入されると，タックス・ヘイブン子会社の所得の額を参照して内国親会社の所得の額が決められることになる。この事例では，所得の額は200（＝0＋200）ということになる。これは，本来の（タックス・ヘイブンが存在しない場合の）内国親会社の所得の額よりも多い。タックス・ヘイブンに子会社を設立することへの非常に強いディスインセンティブとして，タックス・ヘイブン対策税制が機能することがわかる。

この例は，タックス・ヘイブン対策税制のディスインセンティブ機能が，その制度設計如何により，仕向地国との関係で強すぎることがある可能性を示唆する。この例において，内国親会社の所得200のうち100は，本来仕向地国の子会社の所得であるはずだからである。この問題は，仕向地国がタックス・ヘイブンに対して適切な対応策を講じられるかという点と関わっている。

さらに，タックス・ヘイブン国に子会社を設立することが租税以外の考慮に基づくことがあることを考えると，タックス・ヘイブン対策税制のディスインセンティブ機能が強すぎないよう，配慮が必要であろう[57]。

第4節　タックス・ヘイブン対策税制の法律構成

第1款　実質論と法律構成の乖離

　第3節で論じたように，タックス・ヘイブン対策税制は，実質的には内国法人に対する，そして基本的には国内源泉所得に対する課税であり，その限りで正当化されるはずである。しかし，実際には，各国のタックス・ヘイブン対策税制においては，この実質論とは異なった法律構成に基づく課税が行われている。

第2款　みなし配当方式

　まず，アメリカでは，国内の personal holding companies に対する課税の代替として，foreign personal holding companies が構想されていた。すなわち，株主に対する課税の代替としてのエンティティ段階での課税，そのさらに代替としてエンティティから株主に配当があったとみなして課税するという法律構成が採用されたのである。この foreign personal holding companies 課税における法律構成は，サブパートF税制においても踏襲された。いわゆるみなし配当である。
　この法律構成の長所は，実際に外国子会社から内国親会社へと配当が行われた場合に，所得のダブルカウントが生じないことである。本書の立場からは，合算課税を行うということは，合算される金額だけ外国子会社自体の所得を減額すべきということになる。しかし，外国会社についてそのような減額を行う手続は存在しない。そこで，合算課税の対象となる額を配当されたとみなすことで，実際に配当される場合に生じる実質的な二重課税を排除することができる。

---

57)　宮武敏夫『国際租税法』134頁（有斐閣，1993年）。

もちろん，この法律構成には短所もある。配当という法律構成を採用するため，合算課税の対象とできる額が，配当可能利益に縛られてしまう。また，タックス・ヘイブンに親会社を設立する場合に，タックス・ヘイブン対策税制が機能しないことが指摘されているが[58]，配当という法律構成を採る場合は特に，この問題に対して脆弱である。

　日本でも，タックス・ヘイブン対策税制の法律構成としてみなし配当が採用されていると理解する見解が存在する[59]。しかし，アメリカのように留保金課税から制度が発展してきたわけではない以上，みなし配当という法律構成を採用する必然性も必要性も存在しない。第3節第2款2で述べたとおり配当をしないこと自体は問題ではないのであるから，みなし配当という法律構成を採用することは誤解を招く恐れがある[60]。

　なお，みなし配当と言わずに，株主段階での未実現の利得（外国子会社の株式価値の増加分）に対して課税しているという法律構成も考えられるが，第3節で述べた実質論に代えてこのような法律構成を採ることを基礎づける積極的な理由はない。

第3款　外国子会社に対する直接の課税

　これに対して，内国親会社の所得が減少している分，外国子会社に直接課税してしまうという法律構成もありうる。フランスのかつての制度はそのような法律構成を採用していたと，フランス国務院判決は理解しているようである[61]。

　外国の会社に直接課税すると構成する場合，外国法人課税の基本的な仕組み

---

58) 中里実「タックスヘイブン親会社」税研125号92頁（2006年）。
59) 例えば，今村隆「タックス・ヘイブン対策税制の課税要件と立法趣旨——最近の裁判例を分析して」租税研究697号114頁，122頁（2007年），本庄資「タックス・ヘイブン対策税制と租税条約」同編著『租税条約の理論と実務』426頁，436頁（清文社，2008年）。
60) 租税法研究36号132〜133頁（2008年）の租税法学会「国際租税法の新たな潮流」におけるシンポジウムにおいて，村井正は，みなし配当という理解に基づくと，タックス・ヘイブンの子会社に対して国内税法を域外適用していることになるのではないか，そうするとOECDの「追っかけ課税の禁止」に抵触するのではないか，と指摘している。なお，報告者の吉村典久は，適切にも，「親会社の所得の計算上CFCの想定される数値上の金額を加算している」と応答している。
61) 中里・前掲註47) 参照。

との抵触が問題となる。すなわち，外国法人にはその国内源泉所得に対してのみ課税し，とりわけその事業所得に対しては「恒久的施設なければ（事業所得）課税なし」の原則が妥当する，というのが国際的に広く受容されている課税ルールであり，各国の国内法や租税条約では，この旨が規定されている。ところが，タックス・ヘイブン対策税制に基づいて国内に恒久的施設を有しない外国法人に直接課税すると構成し，この外国法人の所得のうち事業所得に対しても課税するならば，その限りで「恒久的施設なければ（事業所得）課税なし」の原則との抵触が生じてしまう。

このような抵触の可能性を招来する以上，アメリカにおいて論じられているように外国子会社の所得に対して当然に課税できるという前提をとるのでない限り，外国子会社に対する直接の課税という法律構成をとるべきではないと考えられる。

第4款 「内国親会社に対する課税」という法律構成

1 序　論

むしろ，第3節で論じたとおりタックス・ヘイブン対策税制とは内国親会社に対する適正な所得算出のための制度だと理解するならば，内国親会社の所得を算定するために，外国子会社の所得の額（として現れている額）を参照しているにすぎない，と考えるべきである[62]。タックス・ヘイブン対策税制の意義に忠実であるばかりか，次に述べるように，租税条約との抵触の問題も（相当杜撰な制度設計をしない限り）生じないからである。

2 租税条約との関係

タックス・ヘイブン国と租税条約が締結されている場合の，我が国のタックス・ヘイブン対策税制と租税条約との関係については次のように考えられる[63]。

---

62) 金子宏『租税法』（弘文堂）では，みなし配当という法律構成をとるように読める第2版（1988年）以来の記述が，第11版（2006年）から「擬制収益ないし擬制配当」という表現に変更されている。本書の立場は，そこにいう擬制収益という考え方とほぼ同じだと考えられる。叙述の変更の指摘は，浅妻章如「タックス・ヘイヴン対策税制（CFC税制）――租税条約との関係及び適用除外要件について」租税研究706号137頁，139頁（2008年）に負う。
63) 紙幅の関係上，結論のみ述べる。他に引用しているものに加えて，ドイツの議論状況を早い時

第2部　第1章　タックス・ヘイブン対策税制の意義と機能

　タックス・ヘイブン対策税制は居住地国がその内国法人の所得に対して行う課税であるという制度の本質からは，当該所得は，原則として，（形式的にはともかく）実質的には国内源泉所得あるいは租税条約相手国＝タックス・ヘイブン国以外（仕向地国）の国外源泉所得であるということになる。すなわち，当該所得は租税条約相手国を源泉とする所得ではないから，原則として，そもそも租税条約との関係は問題とならないということになる。

　ただし二点問題がある。

　第一に，実質的に仕向地国を源泉とする部分を含む所得に対して居住地国が課税を行っているということになるので，仕向地国も独自に当該部分に対して課税を行っている場合には，二重課税が生じる。また，第3節第4款2で述べたこととかかわるが，仕向地国との間に租税条約がある場合には，源泉地国（この場合仕向地国）課税を優先するという原則との関係で問題がある[64]。

　第二に，タックス・ヘイブン対策税制が十分に精密に制度設計されていない場合，①内国法人の②実質的にはタックス・ヘイブン国を源泉としない所得に対する課税である，という実質論が成り立たない可能性が出てくる。この場合，あくまで内国法人に対して課税されていることに注目して，所得のないところに課税が行われている，という批判を向けることができよう[65]。法人に対する所得課税において課税標準が理論的な所得から乖離すること自体は許容されるが，極端に理論的な所得を上回り，それを正当化する理由がない場合には（もはや所得課税ではないということで）違憲となる場合があるかもしれない[66]。法人でなく自然人の株主の場合には，理論的な所得（包括的所得概念）にこだわる必要性がより高いため，厳密な制度設計が求められる。

　　期に紹介していた谷口勢津夫『租税条約論』185頁以下（清文社，1999年，初出1993年）を参照した。

[64]　See e.g., Tillinghast, *supra* note 18, 262-263.

[65]　検討すべき法的論点は，かつて話題になったアメリカ諸州によるいわゆるユニタリー・タックスの場合と同じである。ユニタリー・タックスについては，中里実「国際租税法上の諸問題」総合研究開発機構編『多国籍企業の法と政策』87頁，161～177頁（三省堂，1986年），ジュリスト822号（1984年）の特集「合算課税と日米摩擦」所収の諸論文参照。

[66]　個人所得税の文脈であるが，純所得と言えない部分に対して所得税を課すことは違憲の疑いがあるという，最判昭和60年3月27日民集39巻2号247頁（大嶋訴訟）における谷口正孝裁判官の補足意見参照。

第5節　むすびにかえて

　最後に，タックス・ヘイブン対策税制と国際的二重課税排除措置との関係について一言しておこう。

　本書のように内国親会社に対する課税としてタックス・ヘイブン対策税制を理解するならば，それは，居住地国による国際的二重課税排除措置（外国税額控除制度ないし国外所得免税制度）とは論理的に独立である[67]。すなわち，居住地国による国際的二重課税排除措置としていかなるものを採用するとしても，それと別に，タックス・ヘイブン対策税制はなお必要である。

　平成21年度税制改正において，間接外国税額控除制度が廃止され，代わりに外国子会社からの配当が益金に算入されないこととなった。このような制度改正に伴い，タックス・ヘイブン対策税制において，タックス・ヘイブンに存する子会社（「特定子会社等」）が支払う配当が合算課税の対象とされる金額の計算上控除されないことになった。つまり，国際的二重課税排除措置の方式の変更によっては，タックス・ヘイブン対策税制に基づいて内国親会社の課税の対象となる所得の額は変わらないということである。これは，本書のようなタックス・ヘイブン対策税制の理解と軌を一にするものであると考えられる。

---

67) フランスについての，また，タックス・ヘイブン対策税制についてではなく国際的租税回避防止のための制度一般についての叙述であるが，中里実『国際取引と課税』49頁（有斐閣，1994年，初出1991年）参照。

第2章　タックス・ヘイブン対策税制と同族会社の留保金課税の共通性

第1節　はじめに[1]

　本章では，タックス・ヘイブン対策税制（租税特別措置法40条の4以下および同66条の6以下）と特定同族会社の留保金課税（法人税法67条。以下，単に「同族会社の留保金課税」とか「留保金課税」などと呼ぶ場合がある）とが，共通の起源を有し，共通の法的仕組みに基づいているという仮説を提示し，それを裏づけるいくつかの話題を提供する。

　日本のタックス・ヘイブン対策税制は，アメリカのサブパートF税制を参考にして，昭和53（1978）年に導入された[2]。1962年に制定されたアメリカのサブパートF税制の原型は，1937年歳入法の外国人的保有会社（Foreign Personal Holding Companies）に対する課税である。そして，これは合衆国憲法第16修正後の最初の所得税制である1913年法（Tariff Act of 1913の一部をなす）に盛り込まれた留保利益税（Accumulated Earnings Tax）にその起源を有する。

　ところで，この留保利益税は，イギリスの同様の規定とともに，大正9（1920）年の法人の留保所得に対する課税の導入[3]に際して，参照されたと考えられる。このことは，大正9年改正に携わった藤澤弘（大蔵省国税課）が退官後に著した書物でこれらの国の制度に言及していることから，ほぼ間違いないと言ってよい[4]。英米の制度の参照はその後も続く。大正12（1923）年改正では

---

1)　本章では，戦前の条文，判決文，その他の文章について，適宜，平仮名・現在の仮名遣いに直し，また，句読点を補って引用する。
2)　高橋元監修『タックス・ヘイブン対策税制の解説』44〜49頁，50〜58頁（清文社，1979年）にはアメリカ法の紹介があり，立法の際に参考にしたと断言してよいと思われる。
3)　大正9年改正後の法人所得課税については，第1部第1章第1節第1款3参照。
4)　藤澤弘『保全会社と所得税』（日本租税学会，1925年。ただし，ほぼ同内容・同表題の書物が1923年に公刊されている）。

保全会社に対する株主への配当の擬制が導入され，さらに，大正15（1926）年改正では，留保所得への課税と配当の擬制に代えて，同族会社の留保所得に対する加算課税（当時の所得税法21条の2）が設けられるが，大正14（1925）年の時点で大蔵省主税局では「英米両国の保全会社に関する規定」という報告書が作成されていた[5]。また，主としてドイツ法を参照する田中勝次郎による昭和初期の所得税法の概説書でも，同族会社の留保所得に対する加算課税を説明する際には，英米両国の同様の制度が紹介されている[6]。確かに，現行の特定同族会社の留保金課税の直接の起源は，昭和29（1954）年改正による同族会社の特別税率（当時の所得税法17条の2）であるとされるが[7]，さらに遡れば，その起源が大正9（1920）年改正の留保所得に対する課税にあることは一般に承認されているといってよい[8]。

　このように，アメリカの留保利益税は，一方ではサブパートF税制を通じて日本のタックス・ヘイブン対策税制に，他方では日本の留保金課税に，影響を与えている。しかし，日本では，アメリカの留保利益税に関する研究が存在するものの[9]，そのような研究を踏まえた日本の留保金課税，タックス・ヘイブン対策税制に関する分析も行われてこなかった。しかも，留保金課税について，多くの論者は否定的な評価を下してきたが[10]，その評価の基礎となっている留保金課税についての理解は必ずしもその元来の趣旨を踏まえたものではないように思われる。留保金課税の趣旨について正当な理解を示す研究は存在するものの，この研究は主としてフランス法を研究対象としており，その性格上，日本の制度の母法たるアメリカ法についてはほとんど触れていない[11]。

---

[5]　国立公文書館デジタルアーカイブ・昭和財政史資料第2号第51冊16（［請求番号］分館-05-059-00・平15財務00218100［件名番号］016［作成部局］大蔵省財務総合政策研究所財政史室［年月日］大正14年09月22日［マイクロフィルム］008100［開始コマ］0623）。

[6]　田中勝次郎『所得税法精義〔初版〕』362～363頁（巌松堂書店，1930年）。

[7]　武田昌輔編著『DHCコンメンタール法人税法』4174頁（第　法規，1979年）。

[8]　武田編著・前掲註7）4177～4177の3頁。

[9]　留保利益税に言及する研究として，水野忠恒『アメリカ法人税の法的構造』258頁以下（有斐閣，1988年，初出1985年）。また，同「アメリカにおける中小企業課税」日税研論集4号133頁，186～197頁（1987年）は，詳細な研究であり，有益である。

[10]　数多くの論考があるが，例えば，品川芳宣「留保金課税の今日的課題と方向性」税理48巻8号2頁（2005年）がよく整理されている。

[11]　中里実「所得税・法人税は所得に対して課される租税か」一橋論叢91巻6号787頁（1984年），同「フランスにおける中小企業課税」租税法研究13号118頁（1985年）。

そこで，本章では，アメリカにおける留保利益税の本質をめぐる議論（第2節）および昭和15（1940）年改正前における日本の同様の制度をめぐる議論を紹介する（第3節）。それらを通じて，タックス・ヘイブン対策税制と同族会社の留保金課税が共通の法的仕組みに基づいていることを明らかにし，付随するいくつかの問題について考察を加える（第4節）。

第2節　アメリカ法

第1款　留保利益税とは何か

留保利益税とは，通常の所得税に加えて，法人等を利用して（通常の）所得税の課税を回避したと認められる一定の場合に課される，追加的な租税である。その起源は，個人所得税の課税が始まった1913年法にある。個人所得税が超過累進税率であり，その税率が法人所得税の税率よりも概して高かったため，法人形態を通じて事業ないし投資活動を行い，株式の形態で資産を子孫に承継させる，あるいは株式売却益というキャピタル・ゲインの形でリターンを得ることで，個人として事業ないし投資活動を行う場合と比べて節税することが可能であった。こうした節税策への対策として設けられたのが留保利益税である。

2013年現在，留保利益税は，内国歳入法典のサブタイトルA（Subtitle A）の「所得税」のうち第1章（Chapter 1）の「通常の租税および付加税（Normal Taxes and Surtaxes）」，そのサブチャプターG「株主の所得税を回避するために用いられる法人（Corporations Used to Avoid Income Tax on Shareholders）」に規定されている。このサブチャプターは四つの部（Parts）から成る。第一部は留保利益税について，第二部は人的保有会社（Personal Holding Companies）について，それぞれ定めている。第三部（551条から558条）は，外国人的保有会社について定めていたが，これらの規定は2004年に廃止された[12]。第四部は，株主に対しての配当の控除（後述）に関する規定である。

---

12)　Joseph Isenbergh, International Taxation, 3rd ed., 2010, 189.

留保利益税は，株主の所得税を回避する目的で設立または利用されている全ての法人に対して課される（532条a項。ただし，例外として，同条b項）。その課税標準は「留保課税所得（accumulated taxable income）」である。この留保課税所得とは，535条a項によれば，通常の所得税にいう意味での課税所得から，一定の調整をした上で（535条b項参照），株主に対する配当を控除し（561条），さらに「留保利益税額控除（accumulated earnings credit）」を控除して求められる。税率は20パーセントである[13]。

ここで，留保利益税に関する規定の変遷をみておこう。

まず，個人への所得課税が始まった1913年法では，大要，次のように規定されていた（Section II, A. Subdivision 1）。すなわち，第一に，利得および利益（gains and profits）を配当せずに留保することで配当に対する課税を回避するために設立されまたは詐害的に用いられている（formed or fraudulently availed of）あらゆる法人等の利益，および利益のうちもし配当されたとしたら得られたはずの持分が，この付加税（additional tax）との関係で，各個人の課税所得である。第二に，法人等が単なる持ち株会社（mere holding company）であるという事実，または，利益および利益を事業の合理的な必要を超えて留保することが許容されているという事実は，上記租税を回避するという詐害的目的（a fraudulent purpose）を推定させる証拠（prima facie evidence）である。しかし，第三に，この場合，利益および利益が留保することを許容され剰余金となっているという事実は，上記租税を回避する目的の証拠と解釈されてはならない。ただし，財務省長官がその意見においてこうした留保が事業の目的として不合理であると認証する場合はこの限りでない。

1913年法の枠組みは現在に至るまでほぼ維持されているが，1918年法において「詐害的」という文言が削除された。1918年法（Revenue Act of 1918）制定にあたって，上院の財政委員会により提出された報告書では次のようなことが述べられていた[14]。閉鎖会社には事業に用いない利益（earnings）を配当として分配しないインセンティブが存在すること，配当を促すためには閉鎖会社について（通常の法人とは）異なる税率を適用するよりも現行法（220条）を改正したほうがよい。現行法では未分配利益を株主の所得の一部として付加税（sur-

---

13) 2012年までは15パーセントであった。
14) S. Rep. No. 617, 65th Cong., 3d Sess., 5 (1918).

tax）に服させようとしているが，これはあまり意味がなかった。というのは，個別のケースにおいて詐害意思（intended fraud on the revenue）を立証しなくてはならなかったからである。本委員会はこの要件を削除し，利得および利益を留保するために設立されまたは用いられている会社について，パートナーシップの利益がパートナーに対して課税されているのと同じように課税することにする。

第2款 留保利益税の本質——*Helvering v. National Grocery Co.*, 304 U.S. 282 （1938）

1 問題状況

留保利益税が導入されてから20年以上経って初めて，最高裁判所で留保利益税の本質が問われることになった。事案は比較的単純であるが，留保利益税の合憲性，法律の解釈そして事実認定が争われた。事案の紹介に先立って，問題となった当時の留保利益税の条文（1928年歳入法104条）を掲げておく（304 U.S. 284に引用されているものを参照した）。

> 「(a) 利得および利益（gains and profits）を配当又は分配するのではなく留保することを可能にするような媒体を通じて株主に対する付加税（surtax）の課税を回避する，という目的で設立ないし利用されている（formed or availed of）法人（corporation）は，それがどのように作られまた組織されていようと，各課税年度において当該法人の純所得に対してその額の50パーセントの額の租税を，13条に従って課される租税に加えて，賦課・徴収され，そして支払わなくてはならない。
> (b) 利得および利益を事業の合理的な必要を超えて留保することが許されているという事実は，付加税を回避する（escape）という目的が存在することを推定させる証拠（prima facie evidence）である。」

前述のように，留保利益税はもともと株主に対して課されるものとして構成されていた[15]。しかし，株式配当（stock dividend）は第16修正にいう所得では

---
15) Partnership に対する課税方式のように，会社の所得が株主に対して，持株割合に応じて帰属させられていた。

ないから株式配当に対する所得税の課税は違憲であるとしたマコンバー判決[16]を受けて、連邦議会はこの法律構成を変更した。下院歳入委員会から提出された報告書によれば、「株式配当に関する最近の最高裁判決により、現行法〔引用者注：1918年法〕の合憲性にはかなりの疑問が存在する。そこで法案の226条は、現行法220条を上記の性格を有する法人〔引用者注：株主に対する付加税を回避するために用いられている法人のこと〕に対してその純所得の25パーセントに比例税率の付加的（additional）所得税を課すように修正することを、提案する。しかし、株主が同意するならば、株主に対して法人の純所得の持分的割合に応じて、partnership の構成員に対するのと同じやり方で、課税しても構わない。この場合、この租税は法人に対する〔引用者注：上記の〕所得税の代わりである」[17]。つまり、原則として法人に対する租税として構成しつつ、例外的に株主の同意がある場合に限り、従来どおり、株主に対する租税として構成したのである。このような法人に対する租税という法律構成は、現在に至るまで維持されている。

　それにしても、なぜ、マコンバー判決により留保利益税が憲法違反になると考えられたのか。それは、未実現の利得に対して課税することが憲法違反だと考えられたからではない。未実現の利得に対する課税は所得税ではなく property tax であり、それは人口調査または算定によらなければ賦課することができない（合衆国憲法第1条第9節第4項参照）と考えられたからである[18]。

2　事案の概要

　ニュージャージー法人である National Grocery Company（以下、X）の唯一の株主はコール（Henry Kohl）という人物であった。1931年1月31日に終了する事業年度（以下、本件事業年度という）において、同社のコールに対する給与（salary）および（普通所得に対する）法人税（12パーセント）の支払後の純利益（net profit）は68万2850ドル余であり、この事業年度において帳簿上の剰余金（surplus）は69万3141ドル余増加していた。また、配当は行われなかっ

---

16)　*Eisner v. Macomber*, 252 U.S. 189 (1920).

17)　H. R. Rep. No. 350, 67th Cong., 1st Sess., 12-13 (1921).

18)　Harry J. Rudick, Section 102 and Personal Holding Company Provisions of the Internal Revenue Code, 49 Yale L.J. 171, 173 (1939).

た。

　内国歳入庁長官（以下，Y）は，コールに対する付加税の賦課を回避するためにXが利用されたとして，1928年歳入法104条に基づき，Xに対して47万7322ドル余の租税を課した。

　Xによる再決定の申立てに対して，租税訴願庁（the Board of Tax Appeals）はYによる決定を是認した。Xが控訴したところ，第三巡回区控訴裁判所はXの主張を認め，原判決を取り消した[19]。これに対して，Yがサーシオレイライを求め，これが認められた[20]。

　控訴審段階までは，付加税回避目的で法人が利用されているか，また，そのことを推定させる事実である合理的な必要を超える留保の存否，が争われていた。ところが，最高裁段階で，Xは，①規定の合憲性，および，②「利得および利益」があると判断する際のYと租税訴願庁の法解釈の誤り，に関する主張を行った。

　私の見るところでは，規定の合憲性に関する両当事者の主張および最高裁判所（ブランダイス裁判官が法廷意見を執筆している）の判断の中に，留保利益税の本質に関わる意見の対立が凝縮されている。そこで，以下，合憲性に関するXの主張とそれに対するYの反論，そして最高裁判所の判断を一つずつ見ていくことにする[21]。

3　会社の内部関係への規制ではないか

　最高裁判所の整理によれば，Xは，五つの理由を挙げて，104条の掲げる目的に「利用されている」正当な事業法人（legitimate business corporation）に対して同条を適用することは許されない（void as applied to ～）と主張している[22]。

　理由の一つは，Xに対する104条の適用が第10修正に違反するということ

19）　*National Grocery Co. v. Helvering*, 92 F. 2d 931 (3d Cir. 1937).
20）　*Helvering v. National Grocery Co.*, 303 U.S. 630 (1938).
21）　以下では，Xの準備書面における順序ではなく，最高裁判所の判決で取り上げられた順序に従って記述する。
22）　Xは，連邦議会が明らかに租税回避を唯一の目的として設立された法人に対して所得税を課す権限を有することは承認し，また，連邦議会が歳入に対する詐欺であるような取引にペナルティを科す可能性も承認する（Brief for Respondent〔＝X準備書面〕, 55-56）。最高裁判所は，このようなXの主張を適用違憲の主張であると整理した（304 U.S. 286）。

385

第 2 部　第 2 章　タックス・ヘイブン対策税制と同族会社の留保金課税の共通性

である（304 U.S. 286）。第 10 修正は，「この憲法によって合衆国に委任されず，また州に対して禁止されていない権限は，それぞれの州または人民に留保される」と定めている[23]。X の主張によれば，真に事業活動を行っている会社に対して 104 条を適用することは所得税の賦課ではなく規制（regulation）にあたる。そして，会社の内部関係を規制することは合衆国（連邦議会）の権限ではないのだから，X への 104 条の適用は第 10 修正に反して違憲であるというのである[24][25]。

この主張に関して，裁判所は，104 条が法人の権能（powers）を制約しているのではなく，法人に対して租税を課しているにすぎないという。さらに，「歳入を獲得するために，議会は，それが課すことを選択した租税の帰着を阻害するものを排除するための，付随的な権限（incidental power）を有する」[26]というラーニッド・ハンド裁判官の書いた判決の一節が引用される（304 U.S. 286-287）。

コールの 1931 年の個人所得税は 3 万 2034 ドル余であり，仮に X の本件事業年度の純所得の額がコール個人の所得として申告されていれば，コールには 11 万 5000 ドル以上の租税が加算される反面，104 条による租税は X に対して課されなかったはずだ，と裁判所は認定している。

このように，配当を行っていたほうが X とコールを通じた租税負担が軽い以上，法人の権能は制約されていないということになる，というのが（はっきりとは書かれていないが）裁判所の論理であろう。ただし，X の主張は（少なくとも X に適用される場合に）104 条が租税ではなく規制ではないか，ということであり，この主張に対する裁判所の応答が十分に理由づけられているとは言い難い。

---

23)　日本語訳は，初宿正典 = 辻村みよ子編『新解説世界憲法集〔第 2 版〕』79 頁〔野坂泰司〕（三省堂，2010 年）に負う。
24)　Brief for Respondent, 55-61.
25)　1937 年までの連邦裁判所が X の主張のような判断を行っていたことにつき以下の文献参照。Erwin Chemerinsky, Constitutional Law, 4th ed., 2011, 325. なお，租税という名称であっても実質的には規制と言えるものについては，規制権限を持つ政府（連邦，州，自治体等）でないと賦課することができないかどうかについてのドイツにおける議論につき，渕圭吾「政策税制と憲法」海外住宅・不動産税制研究会編著『欧米 4 か国における政策税制の研究』92 頁（日本住宅総合センター，2014 年）参照。
26)　*United Business Corporation v. Commissioner*, 62 F. 2d 754, 756 (1933).

4　PENALTY であって所得税ではないのではないか

104条の課している義務（liability）は所得に対する租税ではなく，法人に留保金（earnings）を分配することを強いるための penalty であるから，違憲である，というのが X の第二の主張である（304 U.S. 288）。

先の主張と似ているが，ここでは，第16修正との関係が問題とされている。1913年に成立した第16修正は，「連邦議会は，いかなる源泉から生ずる所得に対しても，各州の間に配分することなく，また国勢調査または人口算定に準拠することなしに，所得税を賦課徴収する権限を有する」と定めている[27]。104条の課す義務が所得税でないとすると，第16修正を根拠として連邦議会がこの義務を課すわけにはいかないということになる[28]。

X の主張に対して，裁判所は次のように応答した。「コールが事業を個人で営んでいれば，一年間の全利益について，彼に対して課税される。もし，partner がいて，事業が partnership として行われているのであれば，一年間の全利益は，partnership により留保され分配されていないとしても，partners 個人に対して課税される。……事業の唯一の owner であるコールは，事業を法人として行うことで，議会が彼の一年間の利益に対して課税することを（もし議会がそのようにすることを選択したのであれば）妨げることはできない。議会は，もし望むのであれば，104条がしているように，法人に対して租税をかけることもできる。この賦課は刑事的性質（penal nature）を有するが，それだからといって無効だということにはならない，というのも，この租税はその他の点では（otherwise）憲法上許容されているからである」（304 U.S. 288-289）。

納税義務者が個人でなくても，仕組みの全体から見て個人所得税の代替として機能する租税であれば，それは個人所得税としての性質を有する，ということであろうか。

5　目的ないし心理状態に対する課税であって所得税ではないのではないか

裁判所によれば，X は，104条が付加税の賦課を回避するという目的に対す

---

[27]　日本語訳は，初宿＝辻村編・前掲註23）81頁〔野坂〕に負う。
[28]　なお，日本では，憲法39条の二重処罰の禁止との関係で，加算税が刑罰か否か，ということが問題となる。渕・前掲註25）参照。

る課税，心理状態（state of mind）に対する直接税ではないか，と主張している（304 U.S. 289）。これもまた，第16修正との関係を問題にしている。

この主張は「目的（purpose）」という語の辞書的意味が心理状態を意味するということを根拠としているが[29]，必ずしも揚げ足取りに留まらない。というのも，テクニカルに言えば，X は，104条の課税物件が所得ではなくて心理状態ではないか，という疑問を提起していると考えられるからである。

裁判所はこの主張に対して，次のように答えている。まず，104条の租税は法人の純所得に対して課されている。一定の目的の存在は租税債務を賦課するための前提条件であって，このような目的が存在するからといって第16修正にいう意味の真の所得税でなくなるわけではない。目的ないし心理状態が所得税の帰着を決定する例は少なくない（304 U.S. 289）。

私の考えでは，この裁判所の判断にはやや不十分なところがある。先の論点では104条が個人所得税であると述べたにもかかわらず，この論点においては104条が法人に対する所得税であると言っている。もちろん，第16修正にいう所得税とは個人に対するそれと法人に対するそれの両方を含むので，104条を個人所得税だと断言する必要はない。しかし，104条が法人の純所得を課税標準としているという理由は，いかにも形式論理であって，法人の株主の立場からの X の主張への反論としては弱いように思う。

6 　適正手続違反

裁判所は，次に，適正手続（due process）によらない財産の収奪として第5修正に反する，すなわち，不明確な基準に基づく課税である，遡及的な課税である，配当方針につき同意しない少数株主に対して不公平であるという主張を取り上げている[30]。ただ，不明確な基準に基づく課税であるという主張に対して再びラーニッド・ハンド裁判官の書いたものを引用している他は，ほとんど理由を述べずに X の主張を排斥している。

7 　白紙委任禁止原則違反

X の最後の主張は，104条が内国歳入庁長官に対して立法権を委任したもの

---

29) Brief for Respondent, 40-41.
30) Brief for Respondent, 62-65.

であるから，合衆国憲法第1条第1節，第1条第8節第18項に違反する，というものである。裁判所は，この主張もあっさりと退けている。

8 小　括

このように，本判決は，1928年歳入法104条の合憲性を肯定した。さらに，法律の解釈・事実認定でもYの主張を支持し，Yによる租税の賦課は適法だったと判断した。

本判決のpenaltyではないと判断した部分を引用して，ビトカーは，本判決によれば，少なくとも一人会社ないし閉鎖会社について，連邦議会の心配は杞憂だったことになると述べている[31]。このようなビトカーによる本判決の読解が正しいとすれば，本判決は次のようなことを述べたことになる。すなわち，たとえ会社の留保利益を参照して課税標準が決まるとしても，個人所得税を補完するための仕組みであれば，それもまた個人所得税としての性質を帯びる，ということである。

第3款　留保利益税適用のための主観的要件── United States v. Donruss Co., 393 U.S. 297（1969）

1　問題状況

National Grocery で示された（と考えられる）留保利益税が実質的には個人所得税に他ならないという命題と緊張関係にあるのが，留保利益税が課されるための要件として「目的（purpose）」という主観的要素が規定されているという事実である。留保利益税が実質的に個人所得税なのであれば，「あるべき所得の額」は客観的に決まるはずで，当該個人や会社の主観によって左右されるはずはないのではないか，という疑問が生じる。実際，主観的要素を問うからその執行が難しくなり，別途，人的保有会社に対する規定を設けて個人所得税の回避に対応せざるをえなくなったのであった[32]。

しかし，人的保有会社に関する規定等が設けられた後も，留保利益税は存続している。そこで，留保利益税を適用するための要件たる主観的要素は果たしてどのようなものか，ということが問題になった。この問題に最高裁判所とし

---

31) Boris I.Bittker, Federal Income Taxation of Corporations and Shareholders, 1959, 180.
32) 第1章第3節第3款2参照。

て決着を付けたのが，*Donruss* である。

2　事案の概要と判旨

事実関係は至って単純であり，争点も明確である。The Donruss Company（以下，X）の全株式は，ウィーナー（Don B. Wiener）という人物により保有されていた。Xに対して内国歳入庁長官が留保利益税を課したため，Xはこの租税を支払った後に，連邦政府（Y）に対して還付請求を行った。事実審裁判所で，政府は裁判所に対し，陪審に「利益の不合理な留保であると言うためには，株主の租税を回避することが唯一の目的である必要はなく，それが会社の留保政策の複数の目的の一つであれば十分である」と説示するように要請した。しかし，裁判所はこの要請を拒絶し，結局，Xが勝訴した。これに対して，Yが控訴し，第六巡回区控訴裁判所は「陪審は留保利益税を課すために租税回避が留保の唯一の目的でなくてはならないと信じさせられていたかもしれない」として事実審をやり直すために差し戻したが，同裁判所は同時に，租税回避が留保の「主たる動機」でなくてはならないと述べていた。そこでYはサーシオレイライを求め，最高裁判所は控訴裁判所レベルでの判断が区々に分かれていることに鑑み，サーシオレイライを認めた。

当時の内国歳入法典では，まず，531条が留保利益税を課すということを定めており，次に，532条はこの租税を課される法人の範囲を定めていた。すなわち，「531条によって留保利益税が課される法人は，利得および利益（earnings and profits）を分割ないし分配する代わりに留保することを許容することにより，その株主ないしそれ以外の法人の株主の所得税を回避する目的で設立ないし利用される，あらゆる法人である」。そして，533条a項は「532条において，法人の利得および利益が事業の合理的な必要を超えて留保することが許容されているという事実は，株主の所得税を回避する目的を決定づける（be determinative of）。ただし，法人は証拠の優越によってそうではないということを証明できる」，と定めていた。

マーシャル裁判官による法廷意見によれば，争点は次の点である（393 U.S. 301）。すなわち，内国歳入法典533条a項における推定を覆すために，納税者が証拠の優越によって示さなくてはならないのは株主の租税回避が「目的の一つ（one of the purposes）」でないことなのか（これがYの主張），それとも，それ

が留保の「主たる (dominant, controlling, or impelling)」理由でないことなのか（これがXの主張），いずれなのか，ということである。

両当事者が文言を根拠として論じるのに対して，裁判所は立法史に着目する。前述のように，1913年に留保利益税が導入され，1918年に「詐害」という文言が削除される。そして，1934年には人的保有会社に対する租税が導入され，1936年にはほとんど全ての会社に対して未分配利益に付加税（surtax）が課される。1938年には上院での提案に従い，明らかな証拠の優越により株主の付加税を回避する目的がないことを証明する責任は納税者にあるということが明確化された。

このような経緯をふまえて，裁判所は，留保の「目的」を確認するのが大変に難しいこと，また，一定の場合に正当かつ合理的な事業目的から留保が必要な場合があることという二点を議会が認識していたと述べる。そして，議会は租税を賦課するための要件として「不合理な留保（unreasonable accumulation）」であるということを強調していたと結論づける（393 U.S. 309）。

このような立法者意思の検討から直ちに導かれるとは言えないようにも思われるのではあるが，裁判所は，Yの主張が正しいと断定した（393 U.S. 301）。

第3節　日　本　法

第1款　大正9年改正による法人の留保所得への課税

1　規　　定

大正9（1920）年改正前の段階では，法人の所得（第一種所得），公社債の利子（第二種所得），それ以外の個人の所得（第三種所得）に対する課税が行われていた[33]。第一種所得および第二種所得に対する源泉徴収課税は，個人の所得税に対する代替物という面があったので，法人から個人株主に対する配当への課税は行われていなかった。しかし，大正9年改正前の時点の状況については，

---

33) 第1部第1章第1節第1款参照。

「特に法人対個人又は大所得者対少所得者間の負担の権衡に付ては尚多大の欠陥を蔵し，延ては専ら租税の逋脱を目的として個人事業を法人組織に改むるもの続出し，所謂合法的脱税会社の弊頗る顕著なるものあるに至れり」[34]，と評されていた[35]。

大正9年改正の主眼は，個人の所得について総合課税を行うことにあった[36]。すなわち，法人から個人株主に対する配当も，この個人の第三種所得として課税に服することになった。第三種所得に対しては，累進税率の度合いを高めることになった。要するに，まだ改善の余地があったとはいえ，個人所得税があらゆる所得を包含する総合累進所得税として登場したのが，大正9年改正だったのである。

受取配当も課税標準に含めたこととセットで導入されたのが，法人の留保所得に対する課税（所得税法9条）だった。関連する条文をここに掲げよう。

「第3条　所得税は左の所得に付之を賦課す
　第一種
　甲　法人の超過所得
　乙　法人の留保所得
　丙　法人の配当所得
　丁　法人の清算所得
　戊　本法施行地に本店又は主たる事務所を有せざる法人の本法施行地に於ける
　　　資産又は営業より生ずる所得
〔以下省略〕」

「第4条　法人の所得は各事業年度の総益金より総損金を控除したる金額に依る
　但し保険会社に在りては各事業年度の利益金又は剰余金に依る
〔以下省略〕」

「第8条　本法に於て積立金と称するは積立金其の他名義の何たるを問わず法人

---

34)　藤澤弘『改正所得税法通義』10～11頁（大阪屋号商店，1920年）。
35)　より詳細な分析として，関口健一郎「個人経営の事業を会社の経営に移す一動機」経済論叢8巻5号700頁（1919年）がある。
36)　第1部第1章第1節第1款3参照。

の所得中其の留保したるものを謂う」

「第9条　法人の各事業年度の所得中積立金と為したる金額を以て法人の留保所得とす
　　法人が積立金を減少したるときは其の減少額を填補するに至る迄其の後の各事業年度の留保所得に付所得税を課せず
　〔以下省略〕」

「第21条　第一種の所得に対する所得税は左の税率に依り之を賦課す
　〔中略〕
　　法人の事業年度末に於ける留保所得の合計金額が其の事業年度末に於ける払込株式金額，出資金額又は基金及び之に代えるべき積立金の合計金額の2分の1に相当する金額を超過するときは其の超過金額に属する其の事業年度の留保所得に対する税率は100分の10とし其の事業年度末に於ける払込株式金額，出資金額又は基金及び之に代えるべき積立金の合計金額に相当する金額を超過するときは其の超過金額に属する其の事業年度の留保所得に対する税率は100分の20とす但し其の事業年度に於ける所得の20分の1に相当する金額以内の金額については其税率は100分の5とす」

2　立案担当者による説明

　大正9 (1920) 年改正について，大蔵省関係者は次のように説明していた。まず，渡邊善蔵は以下のように言う[37]。

「留保所得とは法人の各事業年度の所得中，積立金となしたる金額を謂う（法9条）。積立金とは名義の如何を問わず法人の所得中より社内に留保し又は留保したりと認めらるる一切の金額なること既に説明したる所の如し。
　留保所得に課税する理由の第一は，個人に対する綜合課税を避けんが為め留保を名として課税の軽減若は逋脱を図るものなきやの虞あるを以て，之れを予防せんとするの政策に出ず。即ち彼の個人的会社の如きは，其の純益を株主又は社員に配当するも，之れを留保金として無限に蓄積するも，其の実に於て変る

---
37) 渡邊善蔵『所得税法講義』108〜109頁（東京財務協会，1921年）。

所なきを以て，若し配当したる場合に於てのみ課税し，積立金に何等の課税を行わずとせば純益の総てを留保するに至ること必然にして，負担の権衡を害し綜合課税主義の根本を破壊せらるるに至るべし。留保課税は積立金を少なからしめ，法人の基礎を危くすとの非難あれども，配当したる場合の課税に比し決して重き負担となるものにあらざるを以て，積立を少なからしむるの理由なく，仮に之れありとするも，課税の公平を第一の目的とする租税政策の見地に於ては寔に已むを得ざるの手段なり。又仮に脱税の弊恐るるに足らずとするも，若し此の留保所得に課税せずとせば，国家の歳入に著しき減少を来し，他の税率を非常に昂上せしめざるべからずして実行の困難を伴う。之れ留保所得に課税するの第二の理由なり。」

次に，藤澤弘によれば以下のとおりである[38]。

「法人の留保所得は理論上其の留保所得あることを以て，特別の担税力ありと為す課税理由の説明絶対に不可能なりと為すべからずと雖，留保所得の蓄積たる積立金を減少したるときは，其の減少額を填補するに至る迄，其の後の各事業年度に於ける留保所得に付課税を為さざるの規定（税法第9条第2項）を設け，以て其の二重課税を防止したる。課税組織より之を観察するときは，其の課税を必要としたる理由は法人に於て其の所得を留保することなく株主又は社員に分配したるとき，其の利益の配当を受くる各個人は其の配当に付第三種の所得税の課税を受くべきものなるを以て課税上の権衡を保持すべく，仮に其の留保を無制限に放任せんか，或は故意に其の所得を留保して以て課税を免れんとする者簇出し，啻に負担の公平を失するのみならず租税収入の減少を来し財政計画に少なからざる悪影響を与うることなきを保せず，故に此の弊害を防止する為特に一の制限的課税を必要と為すに至りたるものと解するを相当と信ず。故に其の課税は寧ろ之を一種の源泉課税に属するものと為さざるべからず。」

法人自体の担税力に基づく課税（法人の超過所得に対する課税）と性質が異なるとはっきり述べていることが注目される[39]。

---

38) 藤澤・前掲註34) 67～68頁。
39) 大正9（1920）年改正による留保所得への課税が法人実在説的な考え方に基づいていないこと

第3節 日本法

第2款 大正12年改正による配当の擬制

大正12 (1923) 年改正により，所得税法に次のような規定が加えられた。

「第73条の2
　政府は法人の株主又は社員の一人及び其の親族，使用人其の他特殊の関係ありと認むる者の株式金額又は出資金額の合計が其の法人の株式金額又は出資金額の2分の1以上に相当する法人に付ては其の留保したる所得中左の各号の一に該当するものに限り之を株主又は社員に配当したるものと看做すことを得
　1　事業年度末に於ける積立金及其の事業年度の所得中留保したる金額の合計金額が其の事業年度末に於ける払込株式金額又は出資金額の2分の1に相当する金額を超過するときは其の超過金額に属する其の事業年度の所得中留保したる金額より其の事業年度に於ける所得の20分の1に相当する金額を控除したる金額
　2　各事業年度所得中留保したる金額が其の事業年度に於ける所得の10分の3に相当する金額を超過するときは其の超過金額
　各事業年度所得中留保したる金額が其の事業年度末に於ける払込株式金額又は出資金額に対し年30分の1の割合を以て算出したる金額を超過せざるものに付ては前項第2号の規定を適用せず」

「第73条の3
　前条の法人と其の株主又は社員及び其の親族，使用人其の他特殊の関係ありと認むる者との間に於ける行為に付所得税逋脱の目的ありと認むる場合に於いては政府は其の行為に拘らず其の認むる所に依り所得金額を計算することを得」

「第73条の4
　政府は前2条の規定を適用せんとするときは所得審査委員会の決議により之を決定す」

の指摘として，神野直彦「馬場税制改革案の法人課税改正案」ジュリスト702号96〜97頁 (1979年) 参照。

このように，法人の留保所得に対する課税に加えて，一定の法人（所得税法上の「保全会社」とでも言うべきもの）に対して留保所得を株主等に配当したものとみなして課税されるようになった[40]。これについては，「其の一般的に必要なる程度を超過するものと認めらるる所得の留保に付ては，之を利益配当と為すときの其の配当に対する所得税の個人的課税を免れんとする意思に因るものと看做して，敢て其の認定的配当の個人課税を行わんとするものである」と説明されている[41]。

第3款　大正15年改正による同族会社の留保所得に対する加算課税

大正15（1926）年改正において，法人の留保所得に対する課税がなくなり，保全会社に対して配当したとみなしてする課税が，同族会社の留保所得に対する加算課税へと再編された。所得税法3条および同9条に規定されていた留保所得に関する規定，同74条の4に規定されていた所得審査委員会の決議を要する旨の規定が削除され，以下のような規定が設けられ，あるいは規定の修正・移動が行われた[42]。

「第21条の2
　　同族会社が各事業年度に於て留保したる金額中左の各号の一に該当する金額あるときは政府は其の事業年度の普通所得を年額に換算したる金額中5万円以下の金額に100分の10，5万円を超ゆる金額に100分の15，10万円を超ゆる金額に100分の20，50万円を超ゆる金額に100分の25，100万円を超ゆる金額に100分の30を乗じたる合計金額の普通所得年額に対する割合を求め之を税率として左の各号の一に該当する金額（各号共に該当する場合には其の多額なる一方）に付適用して算出したる税額を普通所得に対する所得税に加算することを得
　1　事業年度の普通所得中留保したる金額が其の事業年度に於ける普通所得の10分の3に相当する金額を超過するときは其の超過金額

---

[40]　この課税方法が，既に大正9（1920）年改正の時点で検討されていたことにつき，藤澤・前掲註4）90〜91頁参照。
[41]　藤澤・前掲註4）57頁。
[42]　この改正については，神野・前掲註39）99〜100頁参照。

2　事業年度末に於ける積立金及其の事業年度の普通所得中留保したる金額の合計が其の事業年度末に於ける払込株式金額又は出資金額の2分の1に相当する金額を超過するときは其の超過金額但し其の事業年度に於ける積立金が払込株式金額又は出資金額の2分の1を超過する場合に於ては其の超過額は之を控除す

　本法に於て同族会社と称するは株主又は社員の一人及び之と親族，使用人等特殊の関係ある者の株式金額又は出資金額の合計が其の法人の株式金額又は出資金額の2分の1以上に相当する法人を謂う」

「第73条の2
　同族会社の行為又は計算にして其の所得又は株主社員若は之と親族，使用人等特殊の関係ある者の所得に付所得税逋脱の目的ありと認めらるるものある場合に於ては其の行為又は計算に拘らず政府は其の認むる所に依り此等の者の所得金額を計算することを得」

　以上のような規定の整備について，次の三点を指摘しておきたい。

　第一に，法人の留保所得に対する課税の廃止により，一般的に法人の設立・利用が個人の所得税負担を軽減することにつながるという大正9 (1920) 年改正時点での問題意識は，背後に押しやられることになった。

　第二に，同族会社の行為・計算否認規定においては，改正前と異なり，法人の背後にいる個人の所得税負担のみならず，法人（ここでは「同族会社」）自身の租税負担（「其の所得」）も問題とされることになった。以上二点の背後には，法人自体の担税力に基づいて法人所得税を課すという発想が進展してきたことがある。個人所得税の補完のための租税であるという考え方は，その分，退潮した。

　第三に，上記の点にもかかわらず，同族会社の留保所得に対する加算課税については，依然として，法人成りせずに事業を行う個人と，法人成りして事業を行う法人のオーナーとして振る舞う個人の，個人所得課税上の中立性を維持するための措置として理解する他ないと考えられる。すなわち，大正9年改正による法人の留保所得に対する課税および大正12年改正による保全会社の配当の擬制と，共通の性格を持っていると考えられる。

第2部　第2章　タックス・ヘイブン対策税制と同族会社の留保金課税の共通性

第4款　同族会社の留保所得に対する加算課税に関する戦前の議論

　同族会社の留保所得に対する加算課税の立法趣旨は何か。この点に関して，行政裁判所の判例が示していた見解に対し，学説が厳しい批判を加えていた。しかし，この議論の応酬は，戦後においては全く顧みられることがなかった。
　ここでは，判例とそれを批判した学説を紹介することを通じて，戦前の日本において学説が留保所得に対する課税の本質について正鵠を射ていたことを示したい。

1　行政裁判所の判例

　所得税法21条の2（大正15〔1926〕年改正により新設）については，正当な理由があって留保した場合にも同条の適用があるのかということが行政裁判所で争われた。この点に関するリーディング・ケースである行判昭和4年3月22日行録40輯327頁では，裁判所は次のように述べて，繰越欠損金の塡補に充てられた部分は加算課税の対象にならないと判断した。

　「按ずるに，同族会社に関する所得税法第21条ノ2の規定は同族会社に商法上利益の配当を為すことを得べき普通所得あるに拘らずこれを配当せずその社員又は株主をして配当所得の綜合課税を不当に免れしむる如き場合に限り例外的にこれを適用すべきものにして，正当の理由により普通所得金額を留保したる場合には同族会社が普通所得金額を留保したる場合と同様にこれを取扱うべく，従ってかかる場合には第21条の2を適用し所得税額増加の決定を為すべきものに非ずと解するを正当とす。而して，原告が前期繰越欠損金77,471円を有したること係争事業年度に於ける原告の普通所得は31,362円にしてその金額を右欠損金の塡補に充てたることは当事者間に争なく，かつ，商法第67条・第105条に依れば合資会社は損失を塡補したる後に非ざれば利益の配当を為すことを得ざるが故に，係争事業年度に於いては原告は普通所得金額を留保するにつき正当の理由を有したるものと為すを相当とす。」[43]

---

43) この判決は行政裁判所第二部（清水澄〔裁判長〕，関口健一郎，澤田竹治郎，阿部文二郎，玉井忠一郎の各評定官）によるものである。

2 美濃部達吉の見解

この判決に対し，美濃部達吉は，「判旨賛成し難い」として，次のように述べる。

> 「法律が同族会社の留保所得に対し加算課税を為すべきものとしている主たる目的は，個人所得税との権衡を得せしめようとするにあり，而してこの点からいえば，繰越欠損金の填補に充てた場合でも，等しく加算課税を排除すべき理由のないものである。これを法律の明文からいっても，法律には単に『同族会社が各事業年度に於て留保したる金額』云々といっているのであるから，繰越欠損填補のために留保したものは当然除外せらるるものと解するのは，法律の明文を無理に曲げた解釈といわねばならぬ。」[44]

美濃部は，この見解を繰り返し述べており，行判昭和16年7月17日行録52輯179頁に対する評釈でも，「所得税法（旧）第21条ノ2はその明文の示す如く普通所得を留保した総ての場合に適用せらるべきもので，その事由の如何を問わず苟も留保所得が法定の割合を超過すれば当然税額を加算し得べきものである。それは同族会社に対する課税を個人所得税に比較して権衡を得せしむるが為めにするものであり，敢て所得税逋脱の目的を以って不当に普通所得を留保した場合に限って適用されるべきものとする趣旨ではない」と言っている[45]。

3 田中二郎の見解

田中二郎も，美濃部と同様の見解を示していた。行判昭和6年3月26日行録42輯3巻285頁に対する評釈で，次のように述べていた。

> 「　私は，立法論としては尚多少問題の余地あることを認めるけれども，大体二個の理由からこの判例に対しては賛成しえないものである。
> 　まず第一に行政裁判所の所得税法第21条の2の解釈について疑がある。行政裁判所は原告の主張を容れて，同条は，『その社員又は株主をしてその配当

---

44) 美濃部達吉『評釈公法判例大系下巻』591頁（有斐閣，1933年）。
45) 美濃部達吉「判批」法学協会雑誌59巻11号1865頁，1866〜1867頁（1942年）。

第2部　第2章　タックス・ヘイブン対策税制と同族会社の留保金課税の共通性

所得の綜合課税を不当に免れしむる如き場合に限り例外的にこれを適用すべきものにして正当の理由により普通所得金額を留保したる場合には同条を適用し所得税額増加の決定を為すべきものに非ず』と主張するのであるけれども，同条の立法の精神は寧ろ被告の述べている如く，個人が同族会社を設立し個人の財産をその会社の所有に帰せしめその財産より生ずる収入をもその会社の収入となし，以て個人の所得に対する所得税の綜合課税を免れんとするものと，然らざるものとの間の所得税負担の権衡を得しめんとするにあるもので，即ち同族会社の財産及びこれより生ずる収入が直接その個人に属するものと看做して計算した場合の所得税額即ち個人が同族会社を設立しない場合に於て正当に負担すべき所得税額に相当する負担を課することを目的とするものである。

　いわゆる同族会社は多くの場合に於て個人とその取扱を異にする理由なく，それはその所得税については一層適切にこれを主張し得るものであるが，個人については過去の損失を全く顧慮することなく，当該年度の所得全額を標準として所得税を賦課せられる関係にあるものであるに反して〔引用者注：括弧内省略〕，同族会社の加算税については，繰越欠損金を填補して後始めてこれを賦課し得べきものと解するのは如何にも不権衡のそしりを免れない〔引用者注：括弧内省略〕。

　税法の趣旨は一定額以上の留保金については何ら特別の制限なく，個人所得税と等しく一定の累進率に基き加算するにあるものと解せねばならぬ。かくして始めて負担の均衡を得るからである。

　第二に行政裁判所は，所得税法第21〔条〕の2の適用を，商法上利益の配当を為すことを得るに拘らず，これを配当せざる場合に限定し，商法67条，105条に基き繰越欠損金を填補するために留保したるが如き，正当の理由により普通所得金額を留保したる如き場合には，その適用なしと為すのであるが，かかる見解は正当ではない。

　商法第67条が，会社は損失を填補した後でなければ利益の配当を為すことを得ない旨を規定したのは，全く別の目的に出づるもので，税法の規定とは全然無関係であり，殊にその適用を制限するの趣旨でないことは言うをまたない。従って商法上利益の配当を為すことを得ざるものであり，留保が商法上正当の理由に基くということは，決してその留保金に対し加算決定を為し得ないことの根拠を与えるものではない。商法の規定する所に従って留保した場合であってもそれが税法に定むる一定額を越える以上，加算して課税することは当然と言わねばならない。法の趣旨は正しくそこにあるものと解すべきであろう。

ただここに多少の問題となるのは，他の事件に於て原告側の主張している通り，不幸にして欠損ある会社が，欠損なく従って商法上留保の必要のない幸なる会社よりも常に多くの加算決定を受けねばならぬ結果となる点である。かかる点の考慮も加って，今日，法律の改正，特に加算税率の低下が問題とされている。」[46]

4 小 括

以上のように，学説は，大正9（1920）年改正当初の立法趣旨に忠実な解釈論を展開していた。法律の解釈としては彼らの言うとおりであろう。ただし，加算課税が実際には大蔵省主税局の通達により必ずしも規定どおりには執行されていなかったことに注意する必要がある[47]。行政裁判所は，通達によって緩和されていた執行を前提として，判断していたのかもしれない。

第4節 若干の考察

第1款 個人所得税の補完税としての法人課税

私はかつて，法人所得課税の本質から，法人税の納税義務者の範囲を考えようとしたことがある[48]。法人に対して，その所得を課税標準（課税ベース）として，租税を課す。このことの本質を踏まえないと，現行法人税の納税義務者のあるべき範囲について，立法論という観点からの提案はできないのではないかと考えたのである。その際に，法人所得課税について，個人所得税の「前取り」として正当化する見解についても検討した。そして，この見解によれば

---

46) 田中二郎「判批」国家学会雑誌45巻9号1237頁，1240～1241頁（1931年）。
47) 大阪朝日新聞1926（大正15）年5月9日記事，「同族会社の加算税額に関する規定適用方の件」（1926〔大正15〕年6月24日），「同族会社に対する所得税法第21条の2の加算税額に関する規定等の適用取扱方通牒の件」（1926〔大正15〕年8月9日）（以上2件はいずれも国立公文書館デジタルアーカイブにあり）参照。
48) 渕圭吾「法人税の納税義務者」金子宏編『租税法の基本問題』418頁（有斐閣，2007年）。

「法人税が所得を課税ベースとしていること自体には積極的な意義はないということになる」と述べた[49]。にもかかわらず，私自身はその時点で，個人所得税の「前取り」という考え方からどのような課税標準が要請されるのかということについて，確たることを言うことができなかった。また，私は当時，漠然とではあるが，法人税が個人所得税の「前取り」であるというときに，法人の持分権者（equity holders）である個人の所得税が問題となっていると考えていた[50]。言い換えると，民法上の組合契約に基づいて生じる所得について，組合自体を納税義務者としてエンティティ段階での課税を行うか，それとも，各組合員に所得が生じたものとみて彼らを納税義務者として個人所得税の課税を行うか，という問題を中心に物事をとらえていた。

　その後，私はタックス・ヘイブン対策税制を研究する過程で，日本のタックス・ヘイブン対策税制がその成立過程で参照していたと考えられるアメリカのサブパートF税制（1962年）の起源に遡った[51]。そして，個人所得税が出発した時点での「法人成り」対策である留保利益税（Accumulated Earnings Tax）（1913年）やその強化版である人的保有会社（Personal Holding Companies）に対する課税（1934年），そして外国人的保有会社（Foreign Personal Holding Companies）に対する課税（1937年）がサブパートF税制の元になっており，これらの制度とサブパートF税制とは，その基本的な法的仕組みにおいて共通していることを確認した。すなわち，サブパートF税制を含めたこれらの制度は皆，あるカテゴリーの納税義務者（甲・乙としよう）に対して所得課税が行われることを前提に[52]，甲によって支配される法人Sを利用することによって，（何らかの事情により）法人Sを利用できない乙と比較して甲の租税負担が減少するということが合理的に予想される場合に，法人Sを利用できない場合に甲が得るはずの所得の水準に対応する租税（すなわち乙の支払う租税と同じ額の租税）をとることを目指している。例えば，サブパートF税制について言えば，甲・乙は内国法人であり，法人Sはタックス・ヘイブンに設立される子会社である。

　このようなタックス・ヘイブン対策税制の研究を通じて，私は，法人税が個

---

49) 渕・前掲註48) 432頁。
50) 渕・前掲註48) 435〜436頁の叙述は，そうではない可能性を検討するものではあったが。
51) 第1章参照。
52) 以下，本文での説明は，所得課税（個人所得税・法人所得税）の租税負担のみを考慮している。

人所得税の「前取り」という場合に，先の組合契約に対する課税方式の選択の問題とは次元の異なる，もう一つの問題を意識する必要を感じた。個人が「法人成り」を通じて個人所得税を軽減するインセンティブに対する対抗策として，形式的に（つまり，実質的には個人に対する所得課税として）法人に対して租税を課すことが考えられるのではないか。日本法に即して言えば，特定同族会社に対する留保金課税（法人税法 67 条）を視野に入れるべきではないか，ということである。言うまでもなく，このような租税はこれまで個人所得税の「前取り」として論じられてきた法人所得課税とは，重なりうるけれども基本的には異なるものである。そこで，留保金課税のような法人に対する租税を例えば「個人所得税の補完税としての法人課税」と呼んで，個人所得税とパラレルに法人の所得に対して課される法人所得税と区別すべきなのではないだろうか。アメリカ法では，留保利益税が通常の所得税とは異なる付加税（surtax）として整理されており，その独特の性格が理解しやすい。これに対して現在の日本の留保金課税は「特別税率」と規定されているためわかりにくいが，単に税率が高いのではなく，その高い税率に対応する租税は通常の法人税とは性格が違うと考えるべきであろう。

第 2 款　中立性確保のための法的仕組み

タックス・ヘイブン対策税制について論じた第 1 章においては，同税制と留保金課税とのつながりについては論じることができなかった[53]。そこで，本章では，個人所得税の補完税としての法人課税の諸相を，アメリカ法については留保利益税，日本法については昭和 10 年代までの留保金課税をそれぞれ題材として，描写した。

　その結果，留保金課税もタックス・ヘイブン対策税制も，課税繰延を防止するための制度ではなく，むしろ，一定の者に着目して（投資の媒介としての）組織形態に関わらず中立的な課税を行うための法的仕組みであるということを立法当時の資料やその後の判例・学説から裏づけることができた。嚙み砕いて言えば，留保金課税とは，主として給与所得を得ている自然人（つまり，サラリー

53）　なお，第 1 章註 50）参照。

マン）および個人事業形態で事業を行う自然人（つまり，個人事業者）と，法人の株主として当該法人の行う事業のリターンを間接的に得る自然人（つまり，「法人成り」した中小企業のオーナー）との間の課税の中立性を確保するための制度である。形式的には確かに法人に対する課税が行われているが，実質的にはその株主たる自然人の所得税の代替である。また，タックス・ヘイブン対策税制も，タックス・ヘイブンを利用しないで投資・事業のリターンを得る個人・法人とタックス・ヘイブンを利用して投資・事業のリターンを得る個人・法人の間の課税の中立性を確保するためのものであると考えるべきである。

タックス・ヘイブン対策税制についても，また，同族会社の留保金課税についても，それが課税繰延に対処するためのものであるとしばしば説明されてきた[54]。これらの制度の適用の結果として課税繰延を抑制ないし禁圧することになるのは確かであるが，配当をしないことがよろしくない，というわけではないことに注意すべきである。

第3款　株主に対する課税の補完であることによる法的な問題点

留保金課税を株主に対する課税と構成することも，会社自体に対する課税と構成することも可能であることは，アメリカ・日本両国の制度の変遷からも明らかである。後者の法律構成を採用するとしても，課税を受ける法人自体の担税力に着目した租税でないということをよく理解する必要がある。

もっとも，前者の法律構成を採用する場合にも問題がないわけではない。すなわち，留保金課税を株主に対する課税と考える場合，（少なくとも形式的には）所得のないところに，所得があると擬制して課税すると説明することなる。このような説明は，法人税法22条2項に関する「適正所得算出説」の場合と同様に，「所得のないところに所得税を課すのはおかしいのではないか」という批判に直面する。私は現時点では，確かに所得がないところに課税しているが，所得税の仕組みからしてしかたがない，と開き直るしかない，と考えている。

---

[54]　タックス・ヘイブン対策税制については，第1章第3節第1款参照。留保金課税についても，「同族会社の留保金課税の基本的な趣旨は，内部留保による所得税の課税繰延べに対処することにある」（増井良啓「同族会社の留保金課税のあり方：コメント」税研82号68頁，69頁〔1998年〕）といった説明がされることがある。

第4節 若干の考察

ただ，どのような擬制ならば許されるか，ということは，難しい問題である。私は，法人税法22条2項については，費用収益の人的な対応関係ということから説明を試みた[55]。留保金課税やタックス・ヘイブン対策税制の場合は，タックス・ヘイブン子会社を利用せずに投資・事業を行っていたとしたら課されたはずの，個人／内国親会社の税額が比較の規準となろう。そして，結果としてこれより重い負担を課されるのはおかしいという主張が考えられる。とはいえ，少しでもこの基準額を超えたら所得のないところへの課税として違法（ないし違憲）になるかというと，そこまでは言えないようにも思う。この点は今後の検討課題としたい。

さらに，留保金課税およびタックス・ヘイブン対策税制によって課される義務が本当に「租税」債務なのか，「所得税」債務なのかという問題もある。この点は，アメリカにおいてそうであったように憲法との関係で問題となるのみならず，租税条約や通商・投資関係条約との関係で問題となりうる。

第4款　この場面での課税の中立性は適切な目標か

さて，なぜ「法人成り」した法人のオーナーと個人事業者・サラリーマンとの間の課税の中立性を維持しなくてはならないのか。意外と答えるのが難しい。「法人成り」した法人も数多くの株主から構成される法人（以下「公開会社」）も同じ法人であり，同一の課税方式に服させればいいのではないか，という見解に対して，どのように応答すればよいのか。私の考えはまだ完全に固まっていないが，「法人に対する所得課税」自体には本源的な意義は存在しないという方法論的前提に立った上で[56]，例えば，次のような三つの議論ができるのではないか。

第一に，「法人成り」した法人の意思決定は専らオーナーの利益を反映してしまい，（租税債権者が法人の少数株主と同質の利害を有するという）法人に対する所得課税＋法人から株主への分配に対する所得課税，という課税方式がうまく機能しない。

第二に，公開会社に対する上記の課税方式は，多数の株主が存在していて

---

55) 渕圭吾「適正所得算出説を読む」金子宏編『租税法の発展』209頁（有斐閣，2010年）。
56) 中里実「法人課税の再検討に関する覚書」租税法研究19号1頁，7〜10頁（1991年）。

個々の株主の所得を判定することが困難な場合の代替的方法なのだから，むしろ個人事業者になぞらえた課税方式を採用するほうが原則である。

　第三に，個人事業者と「法人成り」した法人のオーナーの課税上の中立性は，個人事業者を法人に揃えることでも達成できるが，個人の所得を基準として累進課税を通じて再分配を行う以上，それ以外の個人（サラリーマン等）も含めた課税上の中立性こそが重要である。

第5款　組合に対するパス・スルー課税との異同

　先に，留保金課税の一環として法人の所得の額を基準とした額を株主の個人所得に加算することと，組合方式のパス・スルー課税とは違うと述べた。しかし，アメリカでは，留保利益税についてパートナーシップと同じ課税方式であるとの説明があった[57]。留保金課税と組合に対するパス・スルー課税は同じなのかそれとも違うのか？　違うとして，どう違うのだろうか？

　これは，組合のパス・スルー課税の本質をどのように理解するかに依存する面があるのかもしれないが，基本的には違うと考える。仮に，法人段階の所得課税を所与としていわば法人税の二重課税排除の手段として法人段階の所得を組合員に配賦する，と考えるのであれば，それは留保金課税とは明らかに違う。次に，個人（組合員）に対する所得課税の際に未実現の利得（組合から組合員に分配されていない利得）も対象とするという選択をした，と考えるのであれば，かなり留保金課税に近い。しかし，私の理解では，留保金課税においては，もし個人事業者であったとしたら……という思考実験の結果出てくる額を所得として擬制するわけだから，現実の未実現の利得と必ず一致するとは限らないのではないだろうか。

第6款　同族会社の行為・計算否認規定について

　なお，本章の主題とはやや離れるが，次の点を指摘しておきたい。大正12

---

[57] また，水野忠恒「同族会社の留保金課税と所得税・法人税統合論のゆくえ」税研63号7頁（1995年）も，留保金課税の問題と中小法人に対する組合方式での課税の問題とを連続した問題としてとらえている。

(1923) 年改正において，保全会社に対する留保金課税と行為否認規定[58]は一体として導入されたのであり，同族会社の行為・計算否認規定がこのような文脈から切り離して論じられる過程で，ひとつの重要な点が見失われたのではないか。それは，元来，保全会社の行為否認規定においてターゲットとされていた「所得税逋脱」とは，保全会社のオーナーである自然人の所得税があるべき水準を下回っていることを意味していた，ということである。留保金課税と切り離して，やや系統の異なるドイツ法の議論を参照し[59]，また，（個人所得税の前取りではなく）法人自体の担税力に基づく法人所得税という考え方が有力になる過程[60]で，同族会社の行為・計算否認規定がもともと何のための規定だったかということが忘れられてしまったのではないだろうか。

第7款 今後の検討課題

本章では，昭和15（1940）年改正前の同族会社の加算課税についての議論を紹介したのみで，その後の改正，特にシャウプ勧告後の制度の変遷について紹介できなかった。この点については，別の機会に紹介・検討を行いたい。また，個人事業者と法人成りした事業のオーナーとの課税の中立性という意味では，かつてのみなし法人課税制度（平成4〔1992〕年改正前の租税特別措置法25条の2）についても検討する必要があろう[61]。アメリカ法と並んで1920年代に参照されていたイギリスの制度の変遷も，調べてみる価値がありそうである。こうした課題を残しているという意味で不十分なものではあるが，本章が留保金課税およびタックス・ヘイブン対策税制に関する議論に寄与することができれば幸いである。

---

58) 同族会社の行為・計算否認規定については，筆者自身，渕圭吾「アメリカにおける租税回避否認法理の意義と機能（1）」学習院大学法学会雑誌38巻2号91頁，96頁以下（2003年）で検討を開始していたが，学説の概要を記述するにとどまっていた。
59) 田中勝次郎「ミトロパ事件と同族会社の逋脱行為」同『所得税法精義〔改訂4版〕』497頁（厳松堂書店，1936年），清永敬次『租税回避の研究』（ミネルヴァ書房，1995年）。
60) この点については，神野・前掲註39）参照。
61) 佐藤英明「みなし法人課税制度に関する一考察」神戸法学雑誌39巻1号103頁，2号411頁（1989年），同「みなし法人課税制度の検討と今後の問題点」租税法研究19号40頁（1991年）。

あ と が き

　本書のもとになったのは，私が2001年3月に東京大学大学院法学政治学研究科に提出した助手論文「取引・法人・管轄権——企業課税の国際的側面」である．その後，幸いにして学習院大学において研究・教育の機会を与えられた．その成果を活かして助手論文を改訂し，法学協会雑誌，ジュリスト，および，学習院大学法学会雑誌に掲載した．また，2008年から2009年にかけてタックス・ヘイブン対策税制の本質について考える機会を得，フィナンシャル・レビューおよび有斐閣から刊行された論文集に論文を掲載することができた．これらも，助手論文を基にした論文と密接に関係するため，今回併せて一冊の書物の形にした．現在，国際租税法の分野では，立法や判例がめまぐるしく動いている．本書において，私は，最新の情報を追うのではなく，私たちが今当たり前だと思っている制度や考え方がどのようにして形成されたのか，ということを明らかにすることを試みた．立法や判例，文献の情報が初出時あるいは執筆時の情報にとどまっている部分が少なくないが，この点，読者の皆様のご海容をお願いする．

　なお，本書のもとになった諸論文の初出は次のとおりである．

第1部
　　緒　論　　法学協会雑誌121巻2号123～137頁
　　第1章　　法学協会雑誌121巻2号137～212頁
　　第2章　　法学協会雑誌127巻8号1151～1210頁，9号1279～1330頁，
　　　　　　　ジュリスト1406号149～156頁，1408号164～171頁
　　第3章　　法学協会雑誌127巻9号1331～1360頁，10号1529～1546頁
　　第4章　　法学協会雑誌127巻10号1546～1601頁，11号1862～1892頁
　　結　論　　法学協会雑誌127巻11号1892～1907頁
　　補　論　　学習院大学法学会雑誌44巻2号13～48頁
第2部
　　第1章　　フィナンシャル・レビュー94号74～96頁

あとがき

第2章　中里実ほか編著『タックス・ヘイブン対策税制のフロンティア』（有斐閣）203～230頁

　本書の出版に至るまでには，非常に多くの方にお世話になった。東京大学の中里実先生には，大学4年の夏学期に開講されていた租税法の授業の一受講生であった私の研究者の道に進みたいという願いを叶えてくださって以来，現在に至るまで，言葉に尽くせないほど，お世話になっている。先生の拓かれた自由闊達な法学研究のフォーラムがあるからこそ，こうして日々知的好奇心をかき立てられながら研究を続けてこられたのだと思う。東京大学名誉教授の金子宏先生には，先生が主催されている租税法研究会等の研究会に入れていただいただけではなく，学習院大学の研究室等で親しくご指導いただく機会を頂戴している。金子先生から賜わるお言葉は，私にとっての宝物である。金子門下で，年齢の近い先輩にあたる，佐藤英明先生，増井良啓先生，渋谷雅弘先生からは，研究会で，また，書いた原稿に対して，いつも的確なアドバイスをいただいている。三先生は，私にとって研究者としてのお手本であり，できることなら超えてみたい目標でもある。同世代の研究者で，忌憚なく意見交換ができる同志でもある浅妻章如，吉村政穂，藤谷武史，神山弘行がいなかったら，私は研究者として今の一割の業績も挙げられていなかったのではないか。彼らとの議論からアイデアを得て，また，彼らに少しでも面白いと思ってもらえるようにと願って，研究を続けてきた。

　全ての方々のお名前を挙げることができないのが残念であるが，租税法分野の諸先生には，租税法学会，租税法研究会，租税判例研究会といった場を通じて，大変お世話になっている。また，東京大学在籍時には様々な先生からご指導をいただいたし，学習院大学および神戸大学では多くの同僚の先生からアドバイスを頂戴し，また，刺激を受けた。各大学では，教育研究助成に携わる皆様や事務職員の皆様にも大いに助けていただいた。友人たち，そして，家族の存在も大きい。それぞれの持ち場でしっかりと何事かを成し遂げている友人たち。近くで，あるいは，遠くで，見守ってくれている家族や親戚。これらの人々への感謝の念は尽きない。そして何より，妻・麻依子には心よりの感謝を捧げたい。

　本書が成るにあたっては，有斐閣の皆様，とりわけ，書籍編集第一部の栁澤

あとがき

雅俊氏に何から何までお世話になっている。本書が初出論文より少しでも読みやすくなっているとすれば，それは全て栁澤さんのおかげである。なお，本書は公益財団法人全国銀行学術研究振興財団の助成を得て刊行された。

　2016年夏

渕　　圭　吾

索　引

数字／欧文

50/50 法 …………………………………272
foreign personal holding corporations ……346
GATT ……………………………………171
IFP（独立工場価格）………………135, 271
OECD ……………………………………159
　　──BEPS プロジェクト ……………3
　　──恒久的施設への利得の帰属に関する
　　　報告書 ……………………………302
　　──モデル租税条約 7 条 ……………155
OEEC ……………………………………155
PE　→　恒久的施設
SPC ………………………………………69

あ

アーノルド ………………………………364
アイゼンバーグ …………………………269
アヴィヨナ ………………………………360
浅妻章如 …………………………………6
アダムズ …………………………104, 250, 254
アメリカ 1937 年歳入法 ………………346
アメリカ内国歳入法典
　　──367 条 …………………………274
　　──482 条 ……………………11, 350
　　──861 条 …………………………267
　　──863 条 …………………………270
　　──865 条 …………………………266
　　──957 条 …………………………353

い

一号所得 ……………………………36, 40, 52
移転価格税制 ……………………………10
今村隆 ……………………………………334
岩崎政明 …………………………………202
インセンティブ …………………………368
インテル判決（アメリカ）……………272

う

ヴォーシ …………………………………279

え

エイナウディ ……………………………84
役務提供 ……………………………67, 142
　　──の対価基準 ……………………131
エンゲル …………………………………279

お

オウブンシャホールディング事件………75
岡村忠生 ……………………………10, 334

か

外国基盤会社所得 ………………………354
外国子会社合算税制　→　タックス・ヘイ
　ブン対策税制
外国子会社に対する直接の課税 ………374
課税管轄権 ……………………14, 123, 245
課税繰延 …………………………………363
課税に適する事件 ………………………238
課税物件の帰属 …………………………317
課税要件事実の認定 ……………………323
金子宏 ……………………9, 309, 320, 375
完全合算システム ………………………361

き

企　業 ……………………………………141
帰属所得主義 ………………………12, 37
基盤国 ……………………………………355
木村弘之亮 ………………………………201
キャピタル・ゲイン ……………………62
キャロル …………………………………120
行政裁判所昭和 4 年 3 月 22 日判決（日本）
　………………………………………398
居住地 ………………………………86, 91
清永敬次 …………………………………313

413

索　引

銀行業 …………………………………137, 165
金　銭 ……………………………………67

く

クラーマー …………………………………264
クラシカル・システム ………………21, 243
グラッツ …………………………………362
グラッツ＝オヒア（共著論文）…………6
グリックリッチ＝ライトナー（共著論文）…279
クルーゼ …………………………197, 330
黒田英雄 …………………………………27
クンプ ……………………………………215

け

経済委員会（国際連盟）………………97, 175
経済財 ……………………………………202
経済的貢献 ………………………………86, 253
ケイマン …………………………………69
ケネディ …………………………………352
源泉地（所得の）…………………………91
源泉徴収 …………………………………52

こ

コイク（クノベコイク）…………………209
行為計算否認規定（同族会社の）………27, 406
恒久的施設 ……………36, 41, 103, 114, 125, 153, 161
公正・衡平待遇 …………………………173
神山弘行 …………………………………274
国際的二重課税　→　二重課税
国際連盟 …………………………………82
　──経済委員会 ……………………97, 175
　──財政委員会 ……………………84
国際連盟規約23条ｅ項 ……………98, 169
国際連盟の報告書
　──（1923年報告書）………………30, 83
　──（1925年報告書）………………88
　──（1927年条約草案）……………102
　──（1928年条約草案）……………110
　──（1933年条約草案）……………143
　──（1943年条約草案〔メキシコ草案〕）
　　………………………………………151, 187
　──（1946年条約草案〔ロンドン草案〕）
　　………………………………………153, 187

固定資産 …………………………………62
小寺彰＝松本加代（共著論文）………171
個別的ソース・ルール ………………42, 52

さ

最恵国待遇 ………………………………170
財政委員会（国際連盟）………………84
サイモンズ ………………………………232
サブパートＦ所得 ………………………354
サブパートＦ税制 ………………………352
　──（租税条約との抵触）……………358
　──（みなし配当）……………360, 373
サリー ……………………………………350
サリー＝ウォーレン（共著論文）………263

し

事　業 ……………………………………37
事業所（ドイツ法）………………………194
事業所得
　──（OEEC）………………………156
　──（国際連盟）………93, 105, 112, 125, 144
　──（日本法）…………………………44, 54
事業放棄 …………………………………200
時空間 ……………………………………319
資産からの所得 …………………………49
「事実認定による否認」論 ……………334
実　現 …………………………………162, 236
　利益──（ドイツ法）……………199, 207
支　店 ……………………………………127
私　法
　──上の法律行為 ……………………314
　租税法の解釈に際して参照される── …330
　取引の前提としての── ……………327
資本鏡像説 ………………………………224
借用概念 …………………………………312
主観面 ……………………………………369
商工業 ……………………………………127
所　得
　──の源泉地 …………………………91
　──の人的帰属（ドイツ法）…………197
　資産からの── ………………………49
所得概念 …………………………………231
所得税法（明治20〔1887〕年）（日本）……19

414

処分証書 …………………………………341
所有権移転基準 ……………………………260
ジョンソン・ブロンズ会社事件（アメリカ）
 ………………………………………………356
人　税……………………………………………90

す

スタティックなルール……………………44
スタンプ……………………………………84, 254

せ

税制改正
　――（明治 32〔1999〕年）……………20
　――（大正 2〔1913〕年）………………22
　――（大正 9〔1920〕年）…………23, 391
　――（大正 12〔1923〕年）……………395
　――（大正 15〔1926〕年）…………27, 396
　――（昭和 15〔1940〕年）………………31
　――（昭和 22〔1947〕年）………………33
　――（昭和 27〔1952〕年）………………33
　――（昭和 29〔1954〕年）………………34
　――（昭和 37〔1962〕年）………………35
　――（昭和 40〔1965〕年）………………37
　――（平成 26〔2014〕年）………………3
セール・アンド・リースバック ………240
セリグマン……………84, 120, 235, 250, 253
全所得主義 ……………………………11, 37

そ

総合所得税　→　人　税
総財産……………………………………………13
ソース・ルール
　アメリカ法の―― ………………244, 259
　日本法の―― ………………………40, 44
租税委員会（国際連盟）…………………114
租税回避 ………………………275, 321, 333, 365
租税条約…………………………………………81
租税条約草案
　――（国際連盟, 1927 年）…………30, 102
　――（国際連盟, 1928 年）……………110
　――（国際連盟, 1933 年）……………143
　――（国際連盟, 1943 年〔メキシコ草案〕）
 …………………………………………151, 187

索　引

　――（国際連盟, 1946 年〔ロンドン草案〕）
 …………………………………………153, 187
租税法の解釈に際して参照される私法 ……330
租税法の適用 ……………………………323
租税離脱　→　離脱法理

た

代替可能性（金銭の）………………68, 284, 305
代替可能性アプローチ ……………………166
ダイナミックなルール……………………53
多国間条約 ……………………116, 117, 118
タックス・ヘイブン対策税制 ………345, 379
　――（租税条約との関係）……………375
棚卸資産 ………………………………45, 54, 268
田中勝次郎……………………………………28
田中二郎………………………………………399
谷口勢津夫 ……………………………6, 195
ダブル SPC スキーム ……………………72

ち

中立性 …………………………………………403

つ

追跡アプローチ ……………………………166
通商・投資関係条約 ……………………168

て

定式配分法……………………………………11, 130
ディスインセンティブ ……………………371
ディトラー・ブラザーズ事件（アメリカ）…277
ティプケ ………………………………197, 208
適正所得算出説 ……………………………404
「適正な」所得……………………………367, 370
テリトリアル・システム …………………361

と

ドイツ財務省通達
　――（1990 年 2 月 12 日）………………217
　――（1992 年 6 月 3 日）………………220
ドイツ連邦財政裁判所 1969 年 7 月 16 日判決
 …………………………………………………203
当事者の意図 ……………………………338

索　引

同族会社
　　——の行為計算否認規定……………27, 406
　　——の留保金課税………………………27, 379
独立会計法………………………………………130
独立価格比準法……………………………………46
独立企業の原則…………………………………289
独立工場価格（IFP）…………………135, 271
独立代理人………………………………106, 114
独立手数料基準…………………………………133
独立当事者間基準………………………11, 147, 161
独立の帳簿………………………………………130
独立販売業者価格基準…………………………134
取引の前提としての私法………………………327
ドンラス判決（アメリカ）……………………389

な

内国親会社に対する課税………………………375
内国歳入法典　→　アメリカ内国歳入法典
内国民待遇………………………………171, 177
中里実………………………14, 195, 305, 316, 319, 334
ナショナル・グロサリー判決（アメリカ）…383
ナットウエスト事件（アメリカ）……………289

に

二重課税……………………………………………9, 81
認　識……………………………………………237

の

ノイバウアー……………………………………213
ノン・リコース…………………………241, 287

は

敗者復活戦肯定論…………………………………53
配　当……………………………………………366
売　買……………………………………………142
　　——基準……………………………………132
パス・スルー課税（組合に対する）…………406
払出し……………………………………200, 202, 207
バラノフスキ判決（アメリカ）………………264

ひ

ビーマー…………………………………………358
ビール……………………………………………245
ピチオット…………………………………………6
ビトカー…………………………………244, 279, 355

ふ

ファンラート……………………………………141
フィルム・リース………………………………241
フォーゲル………………………………202, 211
藤澤弘……………………………………………25, 394
藤谷武史…………………………………………14, 232
物　税………………………………………………89
不認識……………………………………………243, 274
付与資本…………………………………………223
ブルインス…………………………………………84
分類所得税　→　物　税

へ

ヘイグ……………………………………………232

ほ

包括的所得概念…………………………………9, 232
包括的ソース・ルール………………………42, 52
法人格………………………………………………14
法人格内部の財産の移転（・役務の提供）
　　——（アメリカ法）………………………256
　　——（ドイツ法）…………………………200
　　——（日本法）……………………………53, 74
　　——（本支店間「取引」）……15, 162, 227
法人税法（日本）
　　——22条2項………………………………404
　　——51条（旧）……………………………76
法人成り…………………………………………405
法人への課税……………………………243, 401
補完税……………………………………………401
本支店間「取引」………………………15, 162, 227

ま

マグワイア………………………………………248
マコンバー判決（アメリカ）…………………237
増井良啓………………………………10, 16, 174

み

水野忠恒…………………………………………6, 310
みなし配当………………………………360, 373

416

美濃部達吉 …………………………… 399

む

無差別条項 ……………………… 173, 188
無体財産権 ……………………………… 66
村井正 ………………………………… 313

め

メキシコ草案 …………………… 151, 187

も

モデル租税条約 → OECDモデル租税条約, 租税条約草案

よ

吉村政穂 ………………………………… 14

り

利益の配賦 ……………… 115, 116, 118
利子（費用）……… 139, 149, 164, 223, 280, 284
離脱法理 …………………………… 200, 207
留保金課税（同族会社の）……… 27, 379
留保利益税 …………………………… 381

る

ルッペ ………………………………… 198

れ

レオンデュフォー ……………………… 92

ろ

ロンドン草案 …………………… 153, 187

わ

渡邊善蔵 ……………………………… 393
ワン ………………………………… 103

〈著者紹介〉

渕　圭吾（ふち　けいご）

1975 年　長崎県大村市に生まれる。
　　　　　筑波大学附属駒場高等学校を経て，
1998 年　東京大学法学部卒業。租税法専攻。
現　在　神戸大学大学院法学研究科教授

所得課税の国際的側面
2016 年 8 月 30 日　初版第 1 刷発行

著　者	渕　　圭　吾	
発行者	江　草　貞　治	
発行所	株式会社　有　斐　閣	

郵便番号 101-0051
東京都千代田区神田神保町 2-17
電話 (03) 3264-1314〔編集〕
電話 (03) 3265-6811〔営業〕
http://www.yuhikaku.co.jp/

印刷・大日本法令印刷株式会社／製本・牧製本印刷株式会社
© 2016, Keigo Fuchi. Printed in Japan
落丁・乱丁本はお取替えいたします。
★定価はカバーに表示してあります。

ISBN 978-4-641-22712-5

JCOPY　本書の無断複写（コピー）は、著作権法上での例外を除き、禁じられています。複写される場合は、そのつど事前に、(社)出版者著作権管理機構（電話03-3513-6969, FAX03-3513-6979, e-mail:info@jcopy.or.jp）の許諾を得てください。